Die Gründung einer Schiedsinstitution

Europäische Hochschulschriften Recht

European University Studies in Law

Publications Universitaires Européennes de Droit

Band/Volume 6726

Nico Gielen

Die Gründung einer Schiedsinstitution

Eine Analyse am Beispiel des Deutschen Medienschiedsgerichts

PETER LANG

Bibliografische Information der Deutschen Nationalbibliothek
Die Deutsche Nationalbibliothek verzeichnet diese Publikation in der Deutschen Nationalbibliografie; detaillierte bibliografische Daten sind im Internet über http://dnb.d-nb.de abrufbar.

Zugl.: Münster (Westfalen), Univ., Diss., 2022

D 6
ISSN 0531-7312
ISBN 978-3-631-88278-8 (Print)
E-ISBN 978-3-631-88732-5 (E-PDF)
E-ISBN 978-3-631-88733-2 (EPUB)
DOI 10.3726/b20068

Peter Lang – Berlin · Bern · Bruxelles · New York · Oxford · Warszawa · Wien

Diese Publikation wurde begutachtet.

www.peterlang.com

Vorwort

Die vorliegende Arbeit wurde im Sommersemester 2022 von der Rechtswissenschaftlichen Fakultät der Westfälischen Wilhelms-Universität Münster als Dissertation angenommen.

Mein herzlicher Dank gebührt den Menschen, die mir auf dem Weg zur Promotion beigestanden haben. Zunächst sind hier die ehemaligen Kolleginnen und Kollegen vom Institut hervorzuheben, denen ich in tiefer Freundschaft verbunden bleibe. Sie haben die Promotionszeit nicht nur um die kleinen Freuden des Lebens bereichert, sondern sie durch einen unverwechselbaren Zusammenhalt maßgeblich getragen. Stellvertretend genannt seien Lisa Rabovskaja, Marten Tiessen, Steffen Uphues und Julia Werner, denen ich für zahlreiche gehaltvolle Diskussionen besondere Dankbarkeit schulde. Im gleichen Maße dankbar bin ich Daniel Schmitz und Christian Johannes Wahnschaffe für die Durchsicht des Manuskripts, eine geduldige Korrektur und wertvolle Hinweise.

Tief empfundene Dankbarkeit gilt Nele Klostermeyer, die mir nicht nur mit stets klugem Rat, sondern auch mit fortwährender Ermutigung und Herzlichkeit zur Seite stand. Schließlich bin ich meiner Familie zu außerordentlichem Dank verpflichtet. Eine Promotion wäre ohne ihren Rückhalt und Zuspruch zweifellos undenkbar gewesen.

Münster, im Oktober 2022

Nico Gielen

Inhaltsübersicht

Inhaltsverzeichnis

Abkürzungsverzeichnis

AAA	*American Arbitration Association*
BAC	*Beijing Arbitration Commission*
CAfA	*Court of Arbitration for Art*
CAS	*Court of Arbitration for Sport*
AAA	*American Arbitration Association*
BAC	*Beijing Arbitration Commission*
CAfA	*Court of Arbitration for Art*
CAS	*Court of Arbitration for Sport*
CEAC	*Chinese European Arbitration Centre*
CIArb	*Chartered Institute of Arbitrators*
CIETAC	*China International Economic and Trade Arbitration Commission*
CUII	*Clearingstelle Urheberrecht im Internet*
DIS	*Deutsche Institution für Schiedsgerichtsbarkeit*
DMS	*Deutsches Medienschiedsgericht*
DPMA	*Deutsches Patent- und Markenamt*
DSS	*Deutsches Sportschiedsgericht*
ELArb	*European-Latinamerican Arbitration Center*
EPGÜ	*Übereinkommen über ein Einheitliches Patentgericht*
GeschGehG	*Geschäftsgeheimnisschutzgesetz*
GMAA	*German Maritime Arbitration Association*
HKIAC	*Hong Kong International Arbitration Centre*
IBA	*International Bar Association*
ICC	*International Court of Arbitration of the International Chamber of Commerce*
ICDR	*International Centre for Dispute Resolution*
ICSID	*International Centre for Settlement of Investment Disputes*
IFTA	*International Film & Television Alliance*
IGE	*Schweizerische Behörde für Geistiges Eigentum*
LCIA	*London Court of Arbitration*

Model Law	*UNCITRAL Model Law on International Commercial Arbitration*
MStV	*Medienstaatsvertrag*
NAF	*National Arbitration Forum*
New York Convention	*Convention on the Recognition and Enforcement of Foreign Arbitral Awards*
QMU	*Queen Mary University of London*
RBeitrStV	*Rundfunkbeitragsstaatsvertrag*
SAC	*Swiss Arbitration Center, Swiss Arbitration Centre*
SCC	*Arbitration Institute of the Stockholm Chamber of Commerce*
SGH	*Schiedsgerichtshof Deutscher Notare*
UDRP	*Uniform Dispute Resolution Policy*
UNCITRAL	*United Nations Commission On International Trade Law*
VIAC	*Vienna International Arbitral Centre*
WIPO	*World Intellectual Property Organization*

Siehe für die übrigen Abkürzungen:
Kirchner (Begr.), Abkürzungsverzeichnis der Rechtssprache, 10. Auflage, Berlin 2001

Einleitung

A. Problemaufriss

Die Gründungen der ersten modernen Schiedsinstitutionen liegen noch nicht allzu weit zurück: 1892 wurde der London Court of Arbitration (LCIA), 1923 der International Court of Arbitration (ICC) und 1926 die American Arbitration Association (AAA) gegründet.[1] Seitdem ist nicht nur die Beliebtheit der Schiedsgerichtsbarkeit signifikant angestiegen.[2] Weltweit ist auch ein rasantes Wachstum an neu gegründeten Schiedsinstitutionen zu verzeichnen.[3] Darunter befinden sich zunehmend auf bestimmte Branchen spezialisierte Schiedsinstitutionen. Zum Beispiel wurde 2008 das Deutsche Sportschiedsgericht (DSS) in Köln und 2018 der Court of Arbitration for Art (CAfA) in Den Haag gegründet.[4]

---

1 Zum LCIA *Konrad/Hunter*, in: Schütze, Institutionelle Schiedsgerichtsbarkeit, LCIA-SchO, Einl. Rn. 1; *Scherer/Richman/Gerbay*, S. 2; zur ICC *Reiner/Petkutė/Kern*, in: Schütze, Institutionelle Schiedsgerichtsbarkeit, ICC-SchO, Einl. Rn. 1; *Verbist/Schäfer/Imhoos*, S. 13; zur AAA *Gusy/Hosking*, S. 2.

2 *Born*, International Commercial Arbitration, S. 94; *Fouchard/Gaillard et al.*, Rn. 53; *Gerbay*, The Functions of Arbitral Institutions, S. 29 ff.; *Horvath*, in: Kröll/Mistelis et al., FS Bergsten, 251 (253); *Kalra*, in: Sanders, New Trends in the Development of International Commercial Arbitration and the Role of Arbitral and Other Institutions, 82 (84); *Mourre*, in: Berg, Arbitration, 86 (89); *Najar*, 25 Arb. Int. 2009, 515 (516); *QMU*, 2015 International Arbitration Survey, S. 17; *Warwas*, S. 100.

3 *Abrahamson*, in: Berg, Arbitration, 354 (359); *Arroyo*, in: Cadiet/Hess/Isidro, Privatizing Dispute Resolution, 617 (622); *Berger*, Institutional Arbitration, S. 6; *Bond*, 11 Arb. Int. 1995, 273 (273); *Cremades*, in: Glossner, Jahrbuch für die Praxis der Schiedsgerichtsbarkeit, Band 4, 31 (40); *Droulers*, in: Hobér/Magnusson/Öhrström, FS Franke, 141 (143); *Gaillard*, 31 Arb. Int. 2015, 1 (5); *Gerbay*, The Functions of Arbitral Institutions, S. 33 ff.; *Gremminger*, S. 123; *Horvath*, in: Kröll/Mistelis et al., FS Bergsten, 251 (263); *Landau*, 13 J. Int. Arb. 1996, 113 (114); *Lew/Mistelis/Kröll*, Rn. 3-24; *Melis*, 13 Comp. Law Y.B. Int'l Bus. 1991, 107 (109); *Melis*, TvA 1988, 25 (26); *Moser/Yeoh*, In-House Persp. 2006, 18 (18); *Paulsson/Rawding/Reed*, S. 62; *Redfern/Hunter*, Rn. 1.157; *Schlaepfer/Petti*, in: Geisinger/Voser, International Arbitration in Switzerland, 13 (13); *Slate II*, Wake Forest L. Rev. 1996, 41 (50); *Smit*, Colum. J. Transnat'l L. 1986, 9 (12); *Wilske*, 1 Contemp. Asia Arb. J. 2008, 21 (24).

4 Siehe die Webseite des CAfA, abrufbar unter go.wwu.de/sy5a3; ein weiteres Beispiel bildet der Court of Arbitration for Sport (CAS), auf den noch ab S. 216 eingegangen wird.

Teilweise wird allerdings die Beobachtung gemacht, dass unter den zahlreichen Schiedsinstitutionen einige, wenn nicht die meisten, niemals zum Einsatz kommen: "*Unfortunately, a number of arbitration institutions have rules and a name, but no cases at all.*"[5] Eine Schiedsinstitution, auf welche diese Behauptung zutrifft, ist das Deutsche Medienschiedsgericht (DMS). Seit seiner Errichtung am 1. September 2016 wurde es noch nicht zu einer einzigen Streitbeilegung aufgefordert.

Dabei betonte der ehemalige Chef der sächsischen Staatskanzlei und Initiator des DMS, dass bei ihm viele Vertreter der Medienwirtschaft ihr Interesse an medienrechtlichen Schiedsverfahren bekundet hätten.[6] Neidvoll blickte man wohl auch deswegen auf die Schiedsgerichtsbarkeit, da man am Gerichtsverfahren um die Tagesschau-App, welches 2011 begann und immer noch nicht final beendet ist,[7] die Schwächen der staatlichen Justiz erkannte.[8] Einen Bedarf nach dem DMS sahen offenkundig auch die zahlreichen Rundfunkanstalten und die Interessenverbände der Medienwirtschaft, die Mitglieder des Trägervereins des DMS wurden.[9] Der juristische Direktor des MDR meinte, die „*Aussichten sind gut*“[10], dass eine Schiedsinstitution diesen Bedarf decken könne.

Trotz der anfänglichen Euphorie wurden schnell skeptische Stimmen laut. In Fachpublikationen betonten einige die Schwachstellen im Regelwerk des

---

5 *Droulers*, in: Hobér/Magnusson/Öhrström, FS Franke, 141 (143); ebenso *Cremades*, in: Glossner, Jahrbuch für die Praxis der Schiedsgerichtsbarkeit, Band 4, 31 (37 f.); *Paulsson*, 25 ICSID Rev. 2010, 339 (355).

6 *Medienpolitik.net*, Interview v. 25.7.2016.

7 Siehe zu diesem Verfahren *BGH*, Beschl. v. 15.2.2018, I ZR 216/16, BeckRS 2018, 2359; *BGH*, Beschl. v. 14.12.2017, I ZR 216/16 (unveröffentlicht); *BGH*, Urt. v. 30.4.2015, I ZR 13/14, MMR 2015, 842; *OLG Köln*, Urt. v. 30.9.2016, 6 U 188/12, ZUM 2017, 247; *OLG Köln*, Urt. v. 20.12.2013, 6 U 188/12, MMR 2014, 199; *LG Köln*, Urt. v. 27.9.2012, 31 O 360/11, JZ 2013, 100; das BVerfG hat die Verfassungsbeschwerde des NDR nicht zur Entscheidung angenommen, siehe Beschl. v. 23.2.2022, 1 BvR 717/18.

8 So die Geschäftsstellenleiterin des DMS, siehe *DPA*, Pressemitteilung v. 17.9.2017; so auch der Initiator des DMS, siehe *Medienpolitik.net*, Interview v. 25.7.2016; dazu, ob die Streitigkeit für ein Schiedsverfahren geeignet gewesen wäre, ab S. 30.

9 Die Mitgliederliste ist abrufbar unter go.wwu.de/xvknc: Allianz Deutscher Produzenten, Bundesverband Digitale Wirtschaft, Freistaat Sachsen, Leipziger Messe, Medienstiftung der Sparkasse Leipzig, Mitteldeutsche Medienförderung, MDR, Verband Deutscher Zeitschriftenverleger, VG Media, Verband Privater Medien, Weidinger Richtscheid, ZDF.

10 *Falkowski*, Deutschlandfunk vom 20.8.2016.

DMS und folgerten daraus, das DMS sei ein „*zahnloser Tiger*"[11]. Zudem wurde die Fallflaute dahin gehend gedeutet, dass das DMS von „*der Branche nicht benötigt*"[12] werde. Zu Beginn verteidigte sich das DMS noch und hob hervor, Schiedsinstitutionen „*würden erst dann angerufen, wenn Schiedsklauseln in Verträge übernommen worden seien.*"[13] Mehrere Jahre nach der Gründung jedoch löste sich der Trägerverein des DMS Ende 2020 auf, da mangels Fallzahlen eine „*kostenauslösende Struktur*"[14], insbesondere eine Geschäftsstelle, nicht benötigt werde. Die Trägerschaft wurde der Medienstiftung der Sparkasse Leipzig überlassen und das DMS in den Ruhezustand versetzt.[15] Seitdem wartet es darauf, durch die erste Streitigkeit wiederbelebt zu werden.

B. Forschungsfrage

Diese Entwicklung provoziert eine Forschungsfrage: Warum scheitern neue Schiedsinstitutionen? Diese Arbeit gibt darauf am Beispiel des DMS eine Antwort. Dabei liegt das Ziel nicht darin, lediglich die Schwachstellen des DMS aufzulisten. Diese sollen nur als Illustration für die Schwierigkeiten dienen, die mit der Gründung einer Schiedsinstitution verbunden sind. Auf dieser Grundlage werden Lösungen entwickelt, um typische Probleme bei der Gründung überwinden zu können oder gar nicht erst entstehen zu lassen. Diese Handlungsempfehlungen, die am Ende der Arbeit zusammengefasst werden,[16] sollen dem DMS und anderen neuen Schiedsinstitutionen eine Orientierungshilfe bieten.

C. Gang der Untersuchung

Vorwiegend sind es keine rechtlichen, sondern ökonomische Erwägungen, die zwei Parteien dazu verleiten, sich auf eine bestimmte Schiedsinstitution zu einigen. Deswegen erscheint es zweckmäßig, in **Teil 1** zunächst auf zwei ökonomische Vorfragen einzugehen. In **Kapitel 1** soll beantwortet werden, ob für medienrechtliche Schiedsverfahren überhaupt eine Nachfrage erkennbar ist. Danach wird in **Kapitel 2** untersucht, ob einer etwaigen Nachfrage schon ein

11 *Lissner*, GRUR-Prax 2016, 522 (524); siehe auch die Kritik von *Lederer*, Kluwer Arbitration Blog v. 29.3.2017.

12 *Nünning*, Medienkorrespondenz v. 20.12.2020.

13 *DPA*, Pressemitteilung v. 17.9.2017.

14 *Nünning*, Medienkorrespondenz v. 20.12.2020.

15 *Stawowy*, Flurfunk: Das Medienblog v. 18.12.2020.

16 Siehe ab S. 239.

Angebot gegenübersteht und mit welcher Konkurrenz eine neue Schiedsinstitution zu rechnen hat.

Nachdem diese zwei Vorfragen beantwortet sind, wird in **Teil 2** das DMS einer umfassenden Analyse unterzogen, insbesondere werden seine Schwachstellen identifiziert und Verbesserungsvorschläge entwickelt. Hierfür ist es zwar erforderlich, allerdings nicht ausreichend, einen rechtlichen Maßstab anzulegen. Das Schiedsverfahrensrecht belässt einen großen Gestaltungsspielraum und dieser sollte im Interesse der Parteien genutzt werden. Da sie in erster Linie ein effizientes Schiedsverfahren erwarten, wird in **Kapitel 1** zuerst untersucht, ob das DMS-Schiedsverfahren diesem Interesse der Parteien entspricht. Den Untersuchungsgegenstand bilden dabei die Musterschiedsvereinbarung und die Schiedsgerichtsordnung des DMS. Die Schiedsgutachten- und Schlichtungsverfahren werden nur am Rande behandelt. Danach wird in **Kapitel 2** die Spezialisierung des DMS auf medienrechtliche Schiedsverfahren untersucht. Diese impliziert einerseits, dass die Medienbranche besondere Anforderungen an ein Schiedsverfahren stellt, und andererseits, dass die Gründer des DMS meinten, diese zu erfüllen – beide Prämissen werden einer kritischen Analyse unterzogen. Abschließend wird in **Kapitel 3** problematisiert, dass eine neue Schiedsinstitution der Schwierigkeit unterliegt, die ersten „Kunden“ zu gewinnen. Als Ursache wird ein Legitimitätsdefizit identifiziert, für dessen Abbau ebenfalls Vorschläge unterbreitet werden.

Teil 1 Hoher Wettbewerbsdruck für neue Schiedsinstitutionen

Das DMS stellt ein (vorerst) gescheitertes Experiment dar. Nach nur wenigen Jahren wurde die Trägerorganisation, der DMS-Verein, mangels eingehender Fälle wieder aufgelöst. Um die Gründe hierfür zu ergründen, ist man geneigt, geradewegs die Schiedsinstitution, also ihren Aufbau und ihre Funktionsweise zu untersuchen; eine solche Analyse soll auch in dieser Arbeit nicht fehlen. Allerdings soll zuvor der Markt untersucht werden, den das DMS zu betreten versuchte. Denn aus Sicht einer neuen Schiedsinstitution weist dieser „*Markt der Streitbeilegung*"[17] Barrieren auf, die ihr den Marktzutritt erschweren und die es daher zu überwinden gilt.[18]

Bevor ein Unternehmen ein Produkt auf den Markt bringt, ist es gut beraten, zuvor zu prüfen, ob hierfür überhaupt eine Nachfrage besteht und, wenn ja, ob diese bereits abgedeckt ist. In gleicher Weise kann ein ökonomischer Blick einer Schiedsinstitution bei der Feststellung helfen, ob für sie überhaupt ein Markt besteht. Zwar mag es seltsam anmuten, den Bereich der Streitbeilegung einer Ökonomisierung zu unterwerfen, weil dieser eben nicht nur einen Dienstleistungsmarkt darstellt,[19] sondern auch von entscheidender Bedeutung für das Funktionieren eines Rechtsstaates ist.[20] Dennoch ist nicht zu leugnen, dass auch für die Streitbeilegung Angebot und Nachfrage existieren, durch deren Zusammentreffen nach ökonomischer Lehre nicht nur ein Preis, sondern in erster Linie ein Markt entsteht.[21] So stehen auf der einen Seite Personen, die professionelle Hilfe zur Lösung eines Rechtsstreits nachfragen und auf der anderen Seite stehen

---

17 *Eidenmüller*, in: Schütze/Klötzel/Gebauer, FS Thümmel, 125 (128); ähnliche Begriffe finden sich bei *Dezalay/Garth*, 21 Law & Soc. Inquiry 1996, 285 (306); *Dilanni*, 18 Sup. Ct. Econ. Rev. 2010, 203 (203); *Elsing*, SchiedsVZ 2011, 114 (115); *Landes/Posner*, 8 J. Legal Stud. 1979, 235 (236); *Wagner*, Rechtsstandort Deutschland im Wettbewerb, S. 21.

18 Für eine ausführliche ökonomische Definition einer Marktzutrittsbarriere siehe *Bain*, S. 3 ff.; *Fisher*, 19 Q. Rev. Econ. Bus. 1979, 7 (23 ff.); *Stigler*, S. 67 ff.; *Weizsäcker*, 11 The Bell Journal of Economics 1980, 399 (400).

19 Siehe zum Beispiel *Cremades*, in: Glossner, Jahrbuch für die Praxis der Schiedsgerichtsbarkeit, Band 4, 31 (32).

20 *Möller*, S. 46; *Wagner*, Rechtsstandort Deutschland im Wettbewerb, S. 21.

21 *Möller*, S. 46; siehe für die ökonomische Definition des Begriffes „Markt": *Herdzina/Seiter*, S. 152; *Klitzsch*, S. 457; *Pindyck/Rubinfeld*, S. 29.

zahlreiche Foren als Anbieter der Streitbeilegung, die in einen Wettbewerb zueinander treten.[22]

Um diesen Markt und damit auch die Wettbewerbssituation des DMS besser zu verstehen, wird zunächst die Nachfrage nach medienrechtlichen Schiedsverfahren untersucht (**Kapitel 1**). Danach wird die Angebotsseite betrachtet, indem die verschiedenen Anbieter der Streitbeilegung sowie ihre wettbewerblichen Eigenheiten dargestellt werden (**Kapitel 2**).

22 *Oebbecke*, DÖV 2007, 177 (178 ff.); *Wagner*, Rechtsstandort Deutschland im Wettbewerb, S. 23; *Wagner*, 62 Buff. L. Rev 2014, 1085 (1094); *Wernicke*, NJW 2017, 3038 (3038); *Wolf*, RIW 2019, 258 (259).

Kapitel 1 Nachfrage nach Schiedsverfahren

Im Allgemeinen unterscheidet sich die Nachfrage nach Schiedsverfahren durch besondere Merkmale von der Nachfrage nach staatlichen Gerichtsverfahren (**A**). Nachdem diese dargestellt wurden, wird am Beispiel des DMS untersucht, ob eine Nachfrage konkret für medienrechtliche Schiedsverfahren besteht, die diese Merkmale erfüllt (**B**).

A. Merkmale der Nachfrage nach Schiedsverfahren

Die Nachfrage nach Schiedsverfahren ist – im Gegensatz zum staatlichen Gerichtsverfahren – bilateral, was sich erheblich auf die Angebotsseite auswirkt (**I**). Im Übrigen kann festgestellt werden, dass ein Schiedsverfahren meist nur bestimmte Arten von Streitigkeiten anzieht (**II**).

I. Bilaterale Nachfrage nach Schiedsverfahren

Im staatlichen Gerichtsverfahren gilt im Grundsatz der allgemeine Gerichtsstand, wonach der Kläger die Klage am Gerichtsstand des Beklagten zu erheben hat (§ 12 ZPO).[23] Jedoch können besondere Gerichtsstände ermöglichen, dass Kläger sich unter mehreren Gerichtsständen einen aussuchen können. Zum Beispiel bestimmen § 32 ZPO und § 14 Abs. 2 S. 2 UWG, dass eine Klage nicht nur in dem Gerichtsbezirk erhoben werden kann, wo die schädigende Handlung vorgenommen wurde (Handlungsort), sondern auch überall dort, wo ein Schaden eingetreten ist (Erfolgsort).[24] Insbesondere bei medienrechtlichen Streitigkeiten, zum Beispiel bei Rechtsverletzungen durch die Presse oder im Internet,

---

23 Hierzu grundlegend *Köhler*, WRP 2013, 1130 (1130).

24 *BGH*, Urt. v. 5.5.2011, IX ZR 176/10, GRUR 2011, 758 (760); *BGH*, Urt. v. 29.3.2011, VI ZR 111/10, NJW 2011, 2059 (2059 f.); *BGH*, Urt. v. 2.3.2010, VI ZR 23/09, NJW 2010, 1752 (1752); *BGH*, Urt. v. 25.11.1993, IX ZR 32/93, NJW 1994, 1413 (1414 f.); *BGH*, Beschl. v. 14.12.1989, I ARZ 700/89, NJW 1990, 1533 (1533); *BGH*, Urt. v. 3.5.1977, VI ZR 24/75, GRUR 1978, 194 (195); dies gilt auch für Wettbewerbsverstöße, siehe *Albert*, in: Götting/Nordemann, UWG, § 14 Rn. 14; *Büscher*, in: Fezer/Büscher/Obergfell, UWG, § 14 Rn. 27; *Ehricke*, in: MüKo UWG, § 14 Rn. 43; *Feddersen*, in: Köhler/Bornkamm/Feddersen, UWG, § 14 Rn. 16; *Retzer/Tolkmitt*, in: Harte-Bavendamm/Henning-Bodewig, UWG, § 14 Rn. 59; *Sosnitza*, in: Ohly/Sosnitza, UWG, § 14 Rn. 10.

tritt der Schaden an mehreren Orten auf, sodass sich der Kläger einen Gerichtsstand aussuchen kann (fliegender Gerichtsstand).[25] Nur allmählich versucht der Gesetzgeber diese Möglichkeit einzuschränken, zuletzt durch eine Änderung des UWG.[26]

Wenn dem Kläger nun mehrere Gerichtsstände zur Verfügung stehen, wählt er aus ökonomischer Sicht stets dasjenige, das für ihn den höchsten Nutzen verspricht.[27] Wenn somit die Wahl eines Forums dem Kläger überlassen wird, richtet sich auch die Angebotsseite danach aus.[28] Selbst bei staatlichen Gerichten kann man erkennen, wie manche Standorte eine klägerfreundliche Rechtsprechung entwickeln.[29] Als Motive hierfür werden die Steigerung der Reputation und eine Verbesserung des Standortes, zum Beispiel durch die Einnahme von mehr Gerichtsgebühren, genannt.[30] Wenn die Angebotsseite sich jedoch in diesem Maße nach den Bedürfnissen der Kläger ausrichtet, bedeutet dies gleichzeitig, dass auf der Nachfrageseite im Wesentlichen nur der Kläger steht.[31]

Während sich Parteien eines staatlichen Gerichtsverfahrens oft konfrontativ gegenüberstehen, beabsichtigen Parteien eines Schiedsverfahrens meist eine Fortsetzung ihrer Geschäftsbeziehung, sodass eine Interessenüberschneidung

---

25 *Danckwerts*, GRUR 2007, 104 (104 ff.); *Deister/Degen*, NJOZ 2010, 1 (1); *Hoeren/Prinz*, ZRP 2009, 223 (223); *Köhler*, WRP 2013, 1130 (1131 ff.); *Mühlberger*, WRP 2008, 1419 (1419 ff.); *Schlüter*, GRUR-Prax 2014, 272 (272 ff.).

26 Hierzu *Lerach*, GRUR-Prax 2020, 37 (38 f.); *Möller*, NJW 2021, 1 (8 f.); *Motejl/Rosenow*, WRP 2021, 699 (703 f.); *Rüther*, WRP 2021, 726 (726 ff.); *Sosnitza*, GRUR 2021, 671 (677 f.); *Wettig/Kiparski*, CR 2021, 177 (177 ff.).

27 Diese Kosten-Nutzen-Analyse auf den Zivilprozess anwendend *Adams*, S. 3 ff.; *Bone*, S. 20 ff.; *Cooter/Ulen*, S. 386 ff.; *Lewisch*, in: Lewisch/Rechberger, 100 Jahre ZPO, 97 (102); *Polinsky*, S. 133 ff.; *Stix*, S. 163; *Wagner*, Rechtsstandort Deutschland im Wettbewerb, S. 31 ff.; *Wagner*, 62 Buff. L. Rev 2014, 1085 (1103 ff.); zum Strafprozess *Landes*, 14 J.L. & Econ. 1971, 61 (61); unter Berücksichtigung außergerichtlicher Streitbeilegungsmöglichkeiten *Posner*, 2 J. Legal Stud. 1973, 399 (417 ff.); *Shavell*, 24 J. Legal Stud. 1995, 1 (12 ff.).

28 *Dilanni*, 18 Sup. Ct. Econ. Rev. 2010, 203 (213); *Landes/Posner*, 8 J. Legal Stud. 1979, 235 (254); *Wagner*, 62 Buff. L. Rev 2014, 1085 (1113 ff.).

29 So eine Studie im Hinblick auf deutsche Gerichtsverfahren in Presse- und Patentstreitigkeiten *Bechtold/Frankenreiter/Klerman*, 92 S. Cal. L. Rev. 2019, 487 (489): „*forum selling thrives in Germany*"; siehe ebenfalls *Jürgens*, NJW 2014, 3061 (3064); *Wagner*, Rechtsstandort Deutschland im Wettbewerb, S. 37 f.

30 *Bechtold/Frankenreiter/Klerman*, 92 S. Cal. L. Rev. 2019, 487 (513 ff., 535 f.).

31 *Landes/Posner*, 8 J. Legal Stud. 1979, 235 (254); *Wagner*, 62 Buff. L. Rev 2014, 1085 (1099).

besteht.[32] In gleicher Weise ist somit auch die Nachfrage nach Schiedsverfahren nicht unilateral, sondern bilateral.[33] Die Parteien müssen sich gemeinsam entscheiden, ein Schiedsverfahren durchzuführen, indem sie eine Schiedsvereinbarung schließen (§ 1029 ZPO). Dies verhindert, dass der Kläger einseitig das für ihn günstigste Forum auswählen kann. Stattdessen besteht bei der Wahl des Forums die Maxime darin, sich für ein Schiedsverfahren zu entscheiden, welches die Interessen und Erwartungen beider Parteien möglichst effizient abbilden kann.[34] Auf der Nachfrageseite stehen mithin beide Parteien.

Während also ein unilateraler Wettbewerb Anreize für parteiische Gerichte – oder ein race to the bottom – setzt, provoziert ein bilateraler Wettbewerb ein race to the top. Für eine Schiedsinstitution besteht die Erkenntnis somit darin, dass sie nachfrageorientiert handelt, wenn sie den Interessen beider Parteien durch ein effizientes Schiedsverfahren bestmöglich Rechnung trägt.[35]

II. Eingrenzung typischer Streitigkeiten für Schiedsverfahren

Die Nachfrage nach Schiedsverfahren zeichnet sich nicht nur durch ihre Bilateralität aus, sondern auch dadurch, dass sie regelmäßig nur bei bestimmten Arten von Streitigkeiten besteht. Von allen auftretenden Rechtsstreitigkeiten eignen sich in der Praxis schließlich nur relativ wenige für ein Schiedsverfahren. Insbesondere drei Faktoren grenzen den Kreis der geeigneten Streitigkeiten ein: Erstens sind Streitigkeiten der Beilegung durch ein Schiedsverfahren von vornherein unfähig, wenn es ihnen an der Schiedsfähigkeit mangelt (§ 1030 ZPO). Das betrifft insbesondere Streitigkeiten aus dem Strafrecht[36] und teilweise aus dem Öffentlichen Recht.[37] Somit haben vor allem zivilrechtliche Streitigkeiten das Potenzial, Gegenstand eines Schiedsverfahrens zu werden, wobei auch

32 *Mattli*, in: Koremenos/Lipson/Snidal, The Rational Design of International Institutions, 159 (174).

33 *Wagner*, Rechtsstandort Deutschland im Wettbewerb, S. 29 f.

34 *Arroyo*, in: Cadiet/Hess/Isidro, Privatizing Dispute Resolution, 617 (623 ff.); *Wagner*, Rechtsstandort Deutschland im Wettbewerb, S. 46 ff.; *Wagner*, 62 Buff. L. Rev 2014, 1085 (1119 ff.).

35 Vgl. *Dilanni*, 18 Sup. Ct. Econ. Rev. 2010, 203 (224); *Landes/Posner*, 8 J. Legal Stud. 1979, 235 (249); *Wagner*, Rechtsstandort Deutschland im Wettbewerb, S. 77; *Wagner*, 62 Buff. L. Rev 2014, 1085 (1157).

36 Zur Schiedsgerichtsbarkeit im Strafrecht *Mourre*, in: Mistelis/Brekoulakis, Arbitrability, 207 (218 ff.).

37 Hierzu noch ausführlich ab S. 119.

hier – darauf wird noch eingegangen[38] – Diskussionen rund um die Schiedsfähigkeit geführt werden.

Zweitens können Streitigkeiten nur Gegenstand eines Schiedsverfahrens werden, wenn die streitenden Parteien eine Schiedsvereinbarung (§ 1029 ZPO) geschlossen haben. Zwar können sich Parteien auch ex post, also nach der Entstehung eines Streits, auf ein Schiedsverfahren einigen. Der Streit verhindert aber meist eine solche Vorgehensweise, sodass man Schiedsvereinbarungen in der Regel zwischen solchen Parteien antrifft, die bereits eine Vertragsbeziehung unterhalten und sich in ihrem Hauptvertrag ex ante auf eine Schiedsklausel einigen.[39]

Drittens wird das Schiedsverfahren meistens von Unternehmen in Anspruch genommen.[40] Dies ergibt sich bereits aus der Tatsache, dass insbesondere institutionelle Schiedsverfahren aufgrund der damit einhergehenden Kosten erst bei höheren Streitwerten wirtschaftlich sinnvoll sind.[41] Dementsprechend werden Schiedsinstitutionen meistens erst bei hochwertigen Streitigkeiten angerufen.[42] Zum Beispiel lag der durchschnittliche Streitwert bei der Deutschen Institution für Schiedsgerichtsbarkeit (DIS) 2020 bei über 17 Millionen Euro.[43] Vor diesem Hintergrund verwundert es auch nicht, dass das DMS ausweislich seiner Schiedsgerichtsordnung (DMS-SchO) Streitigkeiten mit einem Streitwert von unter 100.000 Euro nicht annimmt (§ 18 Abs. 2 S. 2 DMS-SchO).

Zusammengefasst ist der typische Nachfrager eines Schiedsverfahrens ein Unternehmen, das einen zivilrechtlichen Streit gegen ein anderes Unternehmen

---

38 Siehe dazu unten ab S. 108.

39 *Prütting*, in: Prütting/Gehrlein, ZPO, § 1029 Rn. 3; *Schlosser*, in: Stein/Jonas, ZPO, § 1029 Rn. 13; *David*, Rn. 51; *Eidenmüller*, in: Schütze/Klötzel/Gebauer, FS Thümmel, 125 (132); *Lachmann*, Handbuch für die Schiedsgerichtspraxis, Rn. 264; *Lew/Mistelis/Kröll*, Rn. 6-5; *Redfern/Hunter*, Rn. 2.02; *Schütze/Tscherning/Wais*, Rn. 47; *Wagner*, 62 Buff. L. Rev 2014, 1085 (1101); *Welser*, in: Fitz/Kalss et al., FS Torggler, 1279 (1285); siehe auch *WIPO*, Guide to WIPO Arbitration, S. 13.

40 *Gremminger*, S. 257; *Raeschke-Kessler/Berger*, Rn. 11, 13; vgl. auch *Wagner*, in: Geimer/Kaissis/Thümmel, FS Schütze, 679 (687).

41 *Münch*, in: MüKo ZPO, Vor § 1025 Rn. 91; *Gruber*, ZRP 1990, 172 (173); *Hamann/Lennarz*, JA 2012, 801 (806); *Hennerkes/Schiffer*, BB 1992, 1439 (1441); *Holzberger*, S. 12; *Kreindler/Schäfer/Wolff*, Rn. 12; *Lachmann*, Handbuch für die Schiedsgerichtspraxis, Rn. 4693; *Parise Kuhnle*, S. 250; *Raeschke-Kessler/Berger*, Rn. 109; *Schütze/Tscherning/Wais*, Rn. 892; siehe auch die Umfrageergebnisse bei *Ebbing*, S. 51.

42 *Wagner*, Rechtsstandort Deutschland im Wettbewerb, S. 117.

43 Siehe die Statistik auf der Webseite der DIS, abrufbar unter go.wwu.de/118qg; ein ähnliches Bild ergibt sich bei dem SAC, siehe die Statistik unter go.wwu.de/rvcad.

führt. Die Streitigkeit weist meistens einen hohen Streitwert auf und entstammt einem Hauptvertrag, in den eine Schiedsklausel aufgenommen wurde.

B. Nachfrage nach medienrechtlichen Schiedsverfahren

Ausgehend von diesen allgemeinen Erwägungen ist nun die Frage, ob eine solche Nachfrage auch nach *medienrechtlichen* Schiedsverfahren existiert. Im Hinblick auf das DMS ist man zunächst geneigt, eine Nachfrage von vornherein abzulehnen, schließlich hat dieses nie einen Fall administriert. Da hierfür aber auch andere Ursachen in Betracht kommen, insbesondere ein ineffizientes Schiedsverfahren,[44] verdient die Frage nach der Nachfrage eine genaue Untersuchung. Hierbei stößt man zunächst auf ein Definitionsproblem, da weder das „Medienrecht" noch die „medienrechtliche Streitigkeit" klar definiert werden können (**I**). Gleichwohl soll versucht werden, typische Streitigkeiten aus dem Medienbereich zu benennen, die sich für ein Schiedsverfahren eignen (**II**). Zuletzt werden Studien und statistische Berichte daraufhin gesichtet, ob eine Nachfrage nach medienrechtlichen Streitigkeiten identifiziert werden kann (**III**).

I. Bestimmtheit der medienrechtlichen Streitigkeit

Der Begriff der medienrechtlichen Streitigkeit teilt die Unschärfe mit dem Begriff des Medienrechts.[45] Im Medienrecht bieten zwar auf bestimmte Medien zugeschnittene Gesetze Orientierung, wie die Pressegesetze für Druckerzeugnisse, die Landesmediengesetze sowie länderübergreifende Staatsverträge für den Rundfunk und das Telemediengesetz für elektronische Medien. Eine Kontur erhält das Medienrecht dadurch gleichwohl kaum. So werden medienrechtliche Bezüge auch im Unionsrecht, Verfassungsrecht, Urheberrecht, Kartellrecht, Telekommunikationsrecht, Lauterkeitsrecht, gewerblichen Rechtsschutz, allgemeinen Zivilrecht, Handelsrecht, Arbeitsrecht, Verlagsrecht, Datenschutzrecht und Strafrecht ausgemacht.[46] Mithin durchzieht das Medienrecht nahezu die gesamte Rechtsordnung, stellt ein Sammelbecken für alle Rechtsfragen rund

---

44 Siehe hierzu ab S. 57.

45 Zu Definitionsversuchen siehe *Beater*, JZ 2005, 822 (822), der das Medienrecht als „*das Sonderunternehmensrecht der Massenmedien*" definiert; siehe außerdem *Castendyk*, in: Wandtke/Ohst, Praxishandbuch Medienrecht, 81 (83 ff.).

46 Siehe nur die Kommentare zum Medienrecht: *Gersdorf/Paal*; *Paschke/Berlit et al.*; *Wandtke/Ohst*.

um Medien dar und ist daher ein Musterbeispiel für eine Querschnittsmaterie.[47] Obgleich teilweise der Versuch unternommen wird, das Medienrecht als eigenes Rechtsgebiet zu verstehen und ihm so eine Kontur zu verleihen,[48] wohnt dem Begriff nach wie vor eine erhebliche Unbestimmtheit inne.

Das DMS möchte dem Rechnung tragen und den Begriff der medienrechtlichen Streitigkeit daher konkretisieren. So bestimmt § 3 Abs. 2 DMS-SchO:

> *„Eine medienrechtliche Streitigkeit liegt vor, wenn von mindestens einer der am Verfahren unmittelbar beteiligten Parteien Medien geschaffen, verwertet, genutzt oder vertrieben werden und die Streitigkeit sich im Schwerpunkt auf diese Tätigkeiten bezieht. Medien im Sinne von Satz 1 sind Kommunikationsmittel, die durch technische Vervielfältigung und Verbreitung mittels Schrift, Bild oder Ton Inhalte an Nutzer weitergeben. Hierzu zählen insbesondere Printmedien (z. B. Zeitungen, Zeitschriften, Plakate, Flugblätter) und elektronische Medien (z. B. Rundfunk und Online-Dienste).“*

Nach dieser Definition sind alle in der Medienwelt involvierten Personen erfasst, von der Produktion über die Verwertung bis hin zur Nutzung von Medien. Auch der Begriff des Mediums wird nicht weiter eingeengt. Der Mehrwert der Definition liegt somit im Wesentlichen in der Aussage, dass nur eine Partei des Schiedsverfahrens einen Bezug zur Medienbranche aufweisen muss. Da aber auch die Streitigkeit schwerpunktmäßig einen solchen Bezug aufweisen muss, bedeutet dies nur einen geringen Mehrwert. Es bleibt also auch nach diesem Definitionsversuch dabei, dass man unter eine medienrechtliche Streitigkeit eine Vielzahl von Streitigkeiten subsumieren kann, deren Herkunft nicht durch ein Rechtsgebiet klar definiert ist.

II. Typische medienrechtliche Schiedsverfahren

Trotz dieser Begriffsunschärfe existieren gleichwohl Streitigkeiten, die gemeinhin als medienrechtlich verstanden werden. Zum Beispiel hoben die Vertreter des DMS oftmals die Streitigkeit um die Tagesschau-App als typische medienrechtliche Streitigkeit hervor.[49] Damit bezog man sich auf eine Wettbewerbsklage von Zeitungsverlagen gegen Rundfunkanstalten auf Unterlassung der

---

47 *Dörr/Schwartmann*, Rn. 32 ff.; *Fechner*, Rn. 1; *Oster*, S. 1; *Paschke*, Medienrecht, Rn. 4; *Welser*, in: Wandtke/Ohst, Praxishandbuch Medienrecht, 201 (207).

48 *Beater*, JZ 2005, 822 (822 ff.); *Castendyk*, in: Wandtke/Ohst, Praxishandbuch Medienrecht, 81 (81 ff.); *Paschke*, ZUM 1990, 209 (218).

49 So die Geschäftsstellenleiterin des DMS, siehe *DPA*, Pressemitteilung v. 17.9.2017; so auch der Initiator des DMS, siehe *Medienpolitik.net*, Interview v. 25.7.2016.

Verbreitung des Telemedienangebots Tagesschau-App.[50] Das Verfahren wurde mit einem Streitwert von über einer Million Euro beziffert.[51] Die Anforderungen an eine medienrechtliche Streitigkeit als Gegenstand eines Schiedsverfahrens waren damit überwiegend erfüllt: Die Parteien waren keine Privatpersonen, die Streitigkeit war zivilrechtlicher Natur sowie schiedsfähig und der Streitwert war hoch.

Dennoch ist es zweifelhaft, ob dieses Verfahren den Idealfall einer medienrechtlichen Streitigkeit für das DMS darstellt. Denn eine entscheidende Voraussetzung für ein Schiedsverfahren fehlte: ein Vertrag. Zwischen den Rundfunkanstalten und den Zeitungsverlagen bestand keine vertragliche Beziehung, in der man die Schiedsklausel mit dem Verweis auf das DMS hätte einfügen können. Zudem ist es, wie beschrieben, eher unwahrscheinlich, dass sich Parteien auf ein Schiedsverfahren einigen, sobald ein Streit einmal aufgekommen ist. Somit ist nicht anzunehmen, dass das Tagesschau-App-Verfahren vor dem DMS verhandelt worden wäre, hätte es zu diesem Zeitpunkt schon existiert.

Ein aussagekräftigeres Bild über die typischen Streitgegenstände im Medienbereich kann hingegen die Word Intellectual Property Organization (WIPO) vermitteln, die über ihr Streitbeilegungszentrum auch explizit Verfahren für den Medienbereich anbietet.[52] Die WIPO hat in diesem Zusammenhang einige Vertragsformen identifiziert, die besonders häufig auftreten. Dazu zählen Verträge rund um die Finanzierung, Produktion und Verbreitung von Medien, Verträge über die Nutzung von Immaterialgüterrechten und Geheimhaltungsabkommen.[53] Ferner findet man Schiedsklauseln auch in vielen medienrechtlichen Verträgen,

---

50 Siehe zu diesem Verfahren *BGH*, Beschl. v. 15.2.2018, I ZR 216/16, BeckRS 2018, 2359; *BGH*, Beschl. v. 14.12.2017, I ZR 216/16 (unveröffentlicht); *BGH*, Urt. v. 30.4.2015, I ZR 13/14, MMR 2015, 842; *OLG Köln*, Urt. v. 30.9.2016, 6 U 188/12, ZUM 2017, 247; *OLG Köln*, Urt. v. 20.12.2013, 6 U 188/12, MMR 2014, 199; *LG Köln*, Urt. v. 27.9.2012, 31 O 360/11, JZ 2013, 100; das BVerfG hat die Verfassungsbeschwerde des NDR nicht zur Entscheidung angenommen, siehe Beschl. v. 23.2.2022, 1 BvR 717/18.

51 *OLG Köln*, Urt. v. 20.12.2013, 6 U 188/12, BeckRS 2014, 242.

52 WIPO Expedited Arbitration Rules for Film and Media, abrufbar unter go.wwu.de/v6zle; hierzu ausführlich *Baur*, S. 273 ff.

53 Die vollständige Übersicht findet sich auf der Webseite der WIPO, abrufbar unter go.wwu.de/aezma; siehe ebenfalls *ICC Commission on International Arbitration*, 9 ICC Bulletin 1998, 37 (41); siehe weiterhin *Hooft*, in: Meulemeester/Berlingin/Kohl, FS Cepani, 301 (302); *Nolan/Gaspar et al.*, in: Pierce/Gunter, The Guide to IP Arbitration, 65 (65 f.); ähnlich zu technologie-bezogenen Schiedsverfahren *Benton/Andersen*, 74 Disp. Resol. J. 2020, 1 (5 f.).

die einen internationalen Bezug aufweisen, zum Beispiel in der Filmbranche.[54] Zuletzt sei noch darauf hingewiesen, dass der Gesetzgeber Streitigkeiten für das DMS auch im Urheberrecht vermutet, denn in der Gesetzesbegründung zu § 32f UrhG (Streitigkeiten zwischen Urhebern und Werknutzern über die angemessene Vergütung) verweist er auf das DMS als geeignete Streitbeilegungsstelle.[55]

III. Häufigkeit medienrechtlicher Schiedsverfahren

Nun besteht die Frage, ob für solche medienrechtlichen Streitigkeiten auch eine entsprechende Nachfrage besteht, die die Errichtung einer darauf spezialisierten Schiedsinstitution rechtfertigt. Für eine solche Nachfrage spricht zunächst, dass die Medienbranche kontinuierlich wächst. Dies zeigt der jährlich erscheinende und vom BMWi in Auftrag gegebene Monitoringbericht, der die Entwicklung der Kultur- und Kreativwirtschaft nachzeichnet. Damit werden die Wirtschaftssegmente beleuchtet, die man auch der Medienbranche zuordnet (Buch, Presse, Rundfunk, Film, Musik etc.).[56] Der Monitoringbericht enthält zwei wichtige Erkenntnisse: Erstens trägt die Kreativ- und Kulturwirtschaft jährlich über 100 Milliarden Euro zur deutschen Wirtschaft bei und wird damit nur vom Fahrzeug- und Maschinenbau übertroffen.[57] Zweitens kann man in den letzten zehn Jahren ein stetiges Wachstum beim Umsatz und der Beschäftigtenzahl beobachten.[58] Mit Blick auf eine UNESCO-Studie kann hinzugefügt werden, dass auch der globale Export von Kulturgütern deutlich steigt.[59] Somit wird deutlich, dass die Medienbranche eine starke und steigende Wirtschaftskraft aufweist.

Bestehen damit diverse wirtschaftliche Transaktionen im Medienbereich, gehen damit naturgemäß auch rechtliche Streitigkeiten einher. Solche Streitigkeiten werden nicht nur durch die staatlichen Gerichte beigelegt, vielmehr

---

54 *Merk*, ZUM 2004, 777 (778).

55 BT-Drs. 19/27426, S. 84.

56 *Goldmedia/HMS/Wink*, Monitoringbericht, S. 3.

57 Es handelt sich hierbei um einen Vergleich in der Bruttowertschöpfung (BWS), siehe *Goldmedia/HMS/Wink*, Monitoringbericht, S. 11.

58 *Goldmedia/HMS/Wink*, Monitoringbericht, S. 14, allerdings wird aufgrund der COVID-19-Pandemie teilweise mit einem Einbruch der Zahlen gerechnet, siehe *Goldmedia/HMS/Wink*, Monitoringbericht, S. 12 f.

59 *UNESCO Institute for Statistics*, in: United Nations Educational, Scientific and Cultural Organization, The Globalisation Of Cultural Trade, S. 69; siehe zur UNESCO-Definition von Kulturgütern *UNESCO Institute for Statistics*, in: United Nations Educational, Scientific and Cultural Organization, The Globalisation Of Cultural Trade, S. 14.

bestehen auch außergerichtliche Streitbeilegungsverfahren. Unter diesen ist die Uniform Domain Name Dispute Resolution Policy (UDRP) wohl am bekanntesten.[60] Seit 1999 werden mithilfe der UDRP zahlreiche Domainstreitigkeiten beigelegt, wobei sich das Verfahren durch seine Schnelligkeit und niedrigen Kosten auszeichnet[61] und damit eine effiziente Alternative zum Gerichtsverfahren darstellt.[62] Ein weiteres Streitbeilegungsverfahren, das zwar nicht ebenso bekannt, dessen Gründung aber erst im Januar 2021 erfolgte, ist die Clearingstelle Urheberrecht im Internet (CUII). Dieses private Streitbeilegungsverfahren ist darauf gerichtet, über eindeutig urheberrechtsverletzende Webseiten eine Netzsperre zu verhängen.[63] Das Verfahren der CUII kann innerhalb weniger Wochen zu einer Netzsperre führen und bietet somit ebenfalls eine effiziente Alternative zum langwierigen Gerichtsverfahren.[64] Ungeachtet der Tatsache, dass die Verfahren der UDRP und der CUII keine Schiedsverfahren darstellen[65] und zudem erheblicher Kritik ausgesetzt sind,[66] zeigt deren Entstehung gleichwohl, dass im Medienbereich Bedarf an außergerichtlicher Streitbeilegung besteht.

Darüber hinaus bestehen weitere Anhaltspunkte, die einen Bedarf an medienrechtlichen Schiedsverfahren nahelegen. Zum Beispiel veröffentlichte die Queen Mary University of London (QMU) 2016 eine Studie zu Streitigkeiten in den Bereichen Technologie, Medien und Telekommunikation. Die Befragten, die

---

60 Die UDRP ist abrufbar unter go.wwu.de/q6vbe.

61 *Christie*, in: Torremans, Research Handbook on Cross-border Enforcement of Intellectual Property, 642 (655 f.); *Efroni*, Colum. J.L. & Arts 2003, 335 (356); *Fuchs*, Y.B. Com. Arb. 2010, 305 (307); *Thornburg*, 6 J. Small & Emerging Bus. L. 2002, 191 (204).

62 Zu den Schwächen des staatlichen Gerichtsverfahrens in diesem Bereich siehe *Fuchs*, Y.B. Com. Arb. 2010, 305 (306); *Gibson*, CRi 2001, 33 (34); *Rooksby*, 80 Brooklyn Law Review 2015, 857 (880 f.).

63 Das Regelwerk der CUII ist abrufbar unter go.wwu.de/dnzs5.

64 *Hentsch*, MMR-Aktuell 2021, 438500

65 Zur UDRP *Callies*, ZfRSoz 2002, 185 (203 f.); *Christie*, in: Torremans, Research Handbook on Cross-border Enforcement of Intellectual Property, 642 (662 ff.); *Hörnle*, S. 187; *Sorkin*, 18 Computer & High Technology Law Journal 2001, 35 (41 f.); *Ware*, J. Small & Emerging Bus. L. 2002, 145 (160 ff.); zur CUII *Gielen*, DFN-Infobrief Recht 7/2021, 7 (11).

66 Siehe zur UDRP *Efroni*, Colum. J.L. & Arts 2003, 335 (351 ff.); *Klerman/Reilly*, 89 Southern California Law Review 2016, 241 (297); *Mueller*, The Information Society 2001, 151 (161); *Sorkin*, 18 Computer & High Technology Law Journal 2001, 35 (53 f.); *Thornburg*, 6 J. Small & Emerging Bus. L. 2002, 191 (219 ff.); siehe zur CUII *Gielen*, DFN-Infobrief Recht 7/2021, 7 (10 f.); *Keber*, CR 2021, 391 (392 ff.); demgegenüber die CUII verteidigen *Müller/Nordemann*, ZUM 2021, 507 (508 ff.).

sich wohlgemerkt nur zu zwei Prozent der Medienbranche zuordneten,[67] gaben an, dass 13 Prozent der von ihnen begleiteten Streitigkeiten in den letzten fünf Jahren einen medienrechtlichen Bezug aufgewiesen hätten.[68] Dies deutet zum einen darauf hin, dass selbst außerhalb des Medienbereichs eine nicht unerhebliche Zahl an medienrechtlichen Streitigkeiten auftritt. Bemerkenswert ist zum anderen, dass die Befragten angaben, die Schiedsgerichtsbarkeit für diese Streitigkeiten für geeigneter zu halten als die staatliche Gerichtsbarkeit.[69]

Einen weiteren Hinweis auf eine bestehende Nachfrage geben die Statistiken von diversen Schiedsinstitutionen. Zum Beispiel führt der LCIA auf, dass zwei Prozent seiner Verfahren im Jahr 2019 aus der Medienbranche stammten.[70] Die Zahl der Verfahren in diesem Bereich lag die Jahre zuvor erst bei einem Prozent.[71] Beim LCIA ist also eine Zunahme medienrechtlicher Streitigkeiten zu verzeichnen. Bei den US-amerikanischen Schiedsinstitutionen, der AAA und dem International Centre for Dispute Resolution (ICDR), wurde die Medienbranche erstmals 2019 explizit aufgelistet und diese machte von Beginn einen nicht unerheblichen Anteil aus.[72] Bei der WIPO entstammten 2020 13 Prozent der Fälle aus dem Urheberrecht, wozu dort auch medienrechtliche Streitigkeiten gezählt werden.[73] Hingegen wies dieser Bereich vier Jahre zuvor erst einen Anteil von sieben Prozent auf.[74] Dass die Nachfrage hier steigt, erkennt man zudem daran, dass die WIPO seit einigen Jahren eine separate Schiedsgerichtsordnung für den Medienbereich vorhält.[75]

Im Übrigen werden medienrechtliche Streitigkeiten von den Schiedsinstitutionen auch in anderen Kategorien berücksichtigt. Zum Beispiel findet man bei einigen Schiedsinstitutionen eine Kategorie für immaterialgüterrechtliche Streitigkeiten und Lizenzstreitigkeiten. In diesem Bereich verzeichnete das Swiss Arbitration Center (SAC) bis 2015 nur einen Anteil von fünf Prozent,[76] der dann

67 *QMU*, Pre-empting and Resolving Technology, Media and Telecoms Disputes, S. 37.
68 *QMU*, Pre-empting and Resolving Technology, Media and Telecoms Disputes, S. 9.
69 *QMU*, Pre-empting and Resolving Technology, Media and Telecoms Disputes, S. 20.
70 *LCIA*, 2019 Annual Casework Report, S. 7.
71 Siehe *LCIA*, 2018 Annual Casework Report, S. 5; *LCIA*, Facts and Figures 2017, S. 5 und *LCIA*, Facts and Figures 2016, S. 6.
72 *AAA/ICDR*, 2019 B2B Dispute Resolution.
73 *WIPO*, Guide to WIPO Arbitration, S. 17.
74 *WIPO*, Resolving IP and Technology Disputes Through WIPO ADR, S. 5.
75 WIPO Expedited Arbitration Rules for Film and Media, abrufbar unter go.wwu.de/v6zle; hierzu ausführlich *Baur*, S. 273 ff.
76 *SAC*, Arbitration Statistics 2015, S. 2; die Swiss Chambers' Arbitration Institution (SCAI) wurde 2021 in das neu errichtete SAC überführt.

aber 2019 auf neun Prozent anstieg.[77] Auch andere Schiedsinstitutionen weisen einen nicht unerheblichen Anteil immaterialgüterrechtlicher Fälle auf, zum Beispiel die ICC zwölf Prozent,[78] das Hong Kong International Arbitration Centre (HKIAC) drei Prozent,[79] das Arbitration Institute of the Stockholm Chamber of Commerce (SCC) elf Prozent,[80] und das Vienna International Arbitral Centre (VIAC) drei Prozent.[81] Auch die Tatsache, dass sich die Eingangszahlen bei der immaterialgüterrechtlich spezialisierten WIPO in den letzten zehn Jahren mehr als vervierfacht haben,[82] deutet auf eine steigende Nachfrage hin.[83]

Zuletzt findet man in den Statistiken mitunter eine Kategorie für technologische Streitigkeiten, die ebenfalls einen medienrechtlichen Bezug aufweisen können. Zum Beispiel bei AAA/ICDR macht dieser mit einem Finanzvolumen von 327 Millionen US-Dollar den viertgrößten Bereich aus.[84] Auch hier sind deutlich steigende Fallzahlen zu verzeichnen.[85]

C. Ergebnis

Insgesamt zeigt sich, dass eine bisher relativ kleine, aber steigende Nachfrage nach medienrechtlichen Schiedsverfahren besteht.[86] Zwar ist dabei zu beachten, dass nicht alle genannten Studien und Statistiken auf den deutschen Markt bezogen sind. Dennoch deuten die betrachteten Zahlen in ihrer Gesamtheit auf einen Trend hin, der auch für Deutschland Geltung beanspruchen kann.

---

77 *SAC*, Arbitration Statistics 2019, S. 2.

78 Die Statistik hierzu stammt bereits aus dem Jahr 1998, siehe *ICC Commission on International Arbitration*, 9 ICC Bulletin 1998, 37 (40).

79 *HKIAC*, Annual Report, S. 9.

80 *SCC*, Statistics 2019.

81 *VIAC*, Statistics 2020.

82 Siehe die Webseite der WIPO unter go.wwu.de/9uv30.

83 So auch *Hooft*, in: Meulemeester/Berlingin/Kohl, FS Cepani, 301 (301); *ICC Commission on International Arbitration*, 9 ICC Bulletin 1998, 37 (50); *Legler/Schäffler*, in: Pierce/Gunter, The Guide to IP Arbitration, 217 (217).

84 *AAA/ICDR*, 2019 B2B Dispute Resolution.

85 *Benton/Andersen*, 74 Disp. Resol. J. 2020, 1 (3).

86 So auch die Feststellung von *Merk*, ZUM 2004, 777 (778).

Kapitel 2 Angebot von Streitbeilegungsmitteln

Anbieter von Streitbeilegungsmitteln sind vor allem die staatlichen Gerichte, deren Existenz und Unterhaltung staatlich gewährleistet ist (**A**). Vollkommen abhängig von der Nachfrage ist hingegen die privatrechtlich organisierte Schiedsgerichtsbarkeit, die ein alternatives Forum zu den staatlichen Gerichten bietet (**B**). Um die Nachfrage wetteifert die Schiedsgerichtsbarkeit zudem mit weiteren Formen der Streitbeilegung, insbesondere der Mediation und der Schlichtung (**C**).

A. Staatliche Gerichtsbarkeit

In einem Rechtsstaat ist die staatliche Gerichtsbarkeit das primäre Forum der Streitbeilegung – so auch in Deutschland.[87] Das Gewaltmonopol steht dem Staat zu, sodass er der einzige Anbieter eines Streitbeilegungsverfahrens ist, der seine Entscheidungen eigenständig vollstrecken kann.[88] Dafür verpflichtet der allgemeine Justizgewährungsanspruch den Staat zur Herstellung einer Gerichtsbarkeit, die den Bürgern einen effektiven Rechtsschutz bietet.[89] Aus dieser Aufgabenzuweisung folgt auch die Notwendigkeit, die Gerichte aus dem Haushalt des Bundes und der Länder zu finanzieren.[90] Hierdurch wird die staatliche Gerichtsbarkeit in erheblichem Umfang von der Nachfrage entkoppelt und den Mechanismen des Marktes entzogen.[91]

---

87 *Wagner*, Rechtsstandort Deutschland im Wettbewerb, S. 58.

88 *Wagner*, Rechtsstandort Deutschland im Wettbewerb, S. 58.

89 *BVerfG*, Beschl. v. 8.11.2006, 2 BvR 578/02, 2 BvR 796/02, BVerfGE 117, 71 (121 f.); *BVerfG*, Beschl. v. 7.10.2003, 1 BvR 10/99, BVerfGE 108, 341 (347); *BVerfG*, Beschl. v. 30.4.2003, 1 PBvU 1/02, BVerfGE 107, 395 (401); *BVerfG*, Beschl. v. 12.2.1992, 1 BvL 1/89, BVerfGE 85, 337 (345); *BVerfG*, Beschl. v. 11.6.1980, 1 PBvU 1/79, BVerfGE 54, 277 (291); *Grzeszick*, in: Maunz/Dürig, GG, Art. 20 (Rechtsstaat) Rn. 133; *Schulze-Fielitz*, in: Dreier, GG, Art. 20 (Rechtsstaat) Rn. 211 f.; *Sommermann*, in: Von Mangoldt/Klein/Starck, GG, Art. 20 Rn. 322.

90 Siehe dazu für das Jahr 2020 das Haushaltsgesetz des Bundes, Einzelplan 07, abrufbar unter go.wwu.de/7znim, und das Haushaltsgesetz von NRW, Einzelplan 04, abrufbar unter go.wwu.de/gy3g7.

91 *Brunet*, 62 Tul. L. Rev. 1987, 1 (47); *Mattli*, in: Koremenos/Lipson/Snidal, The Rational Design of International Institutions, 159 (165 ff.); *Najar*, 25 Arb. Int. 2009, 515 (523); *Wagner*, Rechtsstandort Deutschland im Wettbewerb, S. 59.

Dies bedeutet für die staatliche Gerichtsbarkeit aber nicht nur einen Wettbewerbs*vorteil.*[92] Es ist auch zu beachten, dass sie nur im eingeschränkten Maße in der Lage ist, auf die Nachfrage entsprechend zu reagieren. Vielmehr bedarf sie zur Änderung prozessualer Rahmenbedingungen oftmals der Mithilfe des Gesetzgebers.[93] Für entsprechende Bemühungen des deutschen Gesetzgebers kann beispielhaft darauf verwiesen werden, dass er, wie in vielen anderen Ländern auch,[94] spezialisierte Wirtschaftskammern einrichtet.[95] Hiermit möchte man wirtschaftsrechtliche Streitigkeiten anziehen, die bisher vorwiegend vor Schiedsgerichten verhandelt werden.[96] Der Standort London, an dem seit dem 19. Jahrhundert der London Commercial Court und der LCIA in Koexistenz bestehen, zeigt jedoch, dass die Errichtung von Wirtschaftskammern kein Ende für die konkurrierende Schiedsgerichtsbarkeit bedeuten muss.[97] Außerdem unterliegen auch solche Spezialkammern weiterhin den engen Spielräumen des Zivilprozessrechts.[98] Gleichwohl wird deutlich, dass der Staat Maßnahmen ergreift, um gegenüber der Schiedsgerichtsbarkeit konkurrenzfähiger zu werden. Auch auf internationaler Ebene ist dies festzustellen, zum Beispiel anhand von Rechtsinstrumenten, welche die grenzüberschreitende Vollstreckung von Urteilen verbessern sollen.[99]

---

92 *Landes/Posner*, 8 J. Legal Stud. 1979, 235 (250).

93 *Wagner*, Rechtsstandort Deutschland im Wettbewerb, S. 58 f.

94 *Walker*, in: Cadiet/Hess/Isidro, Privatizing Dispute Resolution, 597 (597 ff.); für einen European Commercial Court: *Rühl*, in: Europäisches Parlament, Building Competence in Commercial Law in the Member States, Legal and Parliamentary Affairs, Study for the JURI Committee, S. 58 ff.; zu diesem Vorschlag *Stürner*, JZ 2019, 1122 (1124 f.).

95 Solche Kammern gibt es bereits seit 2010 in Köln (siehe go.wwu.de/nc412), seit 2018 in Frankfurt a.M. (siehe go.wwu.de/uwme0) und Hamburg (siehe go.wwu.de/jlzpp), seit 2020 in Stuttgart und Mannheim (siehe go.wwu.de/jtxqk) sowie seit 2021 in Berlin (siehe go.wwu.de/xldn0); hierzu *Bork/Roth*, in: Stein/Jonas, GVG, Vor § 184 ff. Rn. 4 f.; *Grupp*, EuZW 2017, 974 (979 f.); *Hoffmann*, IWRZ 2018, 58 (59); *Wagner*, Rechtsstandort Deutschland im Wettbewerb, S. 212 ff.; siehe auch BR-Drs. 219/21.

96 BT-Drs. 19/1717, S. 1.

97 *Hwang*, 31 Arb. Int. 2015, 193 (196 f.); *Loh*, in: Schütze/Klötzel/Gebauer, FS Thümmel, 501 (513); *Menon*, 5 Asian J. Int. Law 2015, 219 (238).

98 So die Kritik von *Sendetska/Bär*, Kluwer Arbitration Blog v. 26.4.2021.

99 Siehe Verordnung (EU) Nr. 1215/2012 vom 12. Dezember 2012 über die gerichtliche Zuständigkeit und die Anerkennung und Vollstreckung von Entscheidungen in Zivil- und Handelssachen (EuGVVO); siehe außerdem die Convention on the Recognition and Enforcement of Foreign Judgments in Civil or Commercial Matters v. 2.7.2019; es wird erwartet, dass die Europäische Union dem Übereinkommen beitritt, siehe *Fuchs*, GWR 2019, 395 (399); siehe im Übrigen auch die Convention on Choice Court

Hinsichtlich des Medienrechts gilt ebenfalls, dass die staatliche Gerichtsbarkeit das primäre Streitbeilegungsmittel darstellt.[100] Dies kann man vor dem Hintergrund der oben festgestellten Nachfrage nach medienrechtlichen Schiedsverfahren als Indiz dafür verstehen, dass schlicht ein entsprechendes Angebot fehlt. Insbesondere in Deutschland liegt dies aber auch darin begründet, dass die staatliche Gerichtsbarkeit, insbesondere im Immaterialgüterrecht, eine signifikante Expertise aufweist und damit eine starke Konkurrenz darstellt.[101] Dies ist unter anderem auf die Konzentration von Zuständigkeiten auf bestimmte Gerichtsstandorte und die Schaffung des Bundespatentgerichts zurückzuführen.[102] Damit wird in diesem Bereich ein entscheidender Vorteil der Schiedsgerichtsbarkeit abgedämpft – die Auswahl eines Schiedsrichters, der sachkundiger ist als der staatliche Richter.[103]

Darüber hinaus profitiert die staatliche Gerichtsbarkeit davon, dass medienrechtlichen Streitigkeiten mitunter keine Vertragsbeziehungen vorhergehen.[104] Wenn solche nicht-vertraglichen, insbesondere deliktischen Streitigkeiten einmal aufgekommen sind, ist die Vereinbarung eines Schiedsverfahrens unwahrscheinlich, schließlich befinden sich die Parteien dann bereits unmittelbar im Streit.[105] Solche Fälle werden daher regelmäßig vor den staatlichen Gerichten verhandelt.[106] Auch deswegen stellen die staatlichen Gerichte im

---

Agreements v. 30.6.2005, hierzu *Hoeren*, Rn. 1256; *Reuter/Wegen*, ZVglRWiss 2017, 382 (382 ff.); *Wagner*, 62 Buff. L. Rev 2014, 1085 (1125).

100 *QMU*, Pre-empting and Resolving Technology, Media and Telecoms Disputes, S. 22; vgl. auch *Legler/Schäffler*, in: Pierce/Gunter, The Guide to IP Arbitration, 217 (217); *WIPO*, 2013 Survey on Dispute Resolution in Technology Transactions, S. 20.

101 Vgl. *Kröll*, in: Bosman, ICCA International Handbook on Commercial Arbitration, 1 (6).

102 Siehe hierzu noch ausführlich ab S. 111.

103 *Lachmann*, Handbuch für die Schiedsgerichtspraxis, Rn. 130; *Rosenthal*, in: Arroyo, Arbitration in Switzerland, Kap. 5 Rn. 32; zur Bedeutung des Rechts zur Auswahl eines sachkundigen Schiedsrichters *Born*, International Commercial Arbitration, S. 1764 ff.; *Schwab/Walter*, Kap. 1 Rn. 8.

104 So zum Beispiel in Bezug auf das Medienrecht *Nolan/Gaspar et al.*, in: Pierce/Gunter, The Guide to IP Arbitration, 65 (65).

105 *Wagner*, Rechtsstandort Deutschland im Wettbewerb, S. 45.

106 *Köhler*, in: Schütze/Klötzel/Gebauer, FS Thümmel, 439 (439); *Legler/Schäffler*, in: Pierce/Gunter, The Guide to IP Arbitration, 217 (218); *QMU*, Pre-empting and Resolving Technology, Media and Telecoms Disputes, S. 27; *WIPO*, 2013 Survey on Dispute Resolution in Technology Transactions, S. 21.

Medienrecht – zumindest in Deutschland – insgesamt eine starke Konkurrenz für Schiedsinstitutionen dar.[107]

B. Schiedsgerichtsbarkeit

Im Gegensatz zur staatlichen Gerichtsbarkeit, die in Zivilsachen trotz der dargestellten Stärken rückläufige Verfahrenszahlen verzeichnet, ist bei der Schiedsgerichtsbarkeit ein zunehmender Trend zu beobachten.[108] Dies provoziert die Frage, welche Eigenschaften die Schiedsgerichtsbarkeit auszeichnen, die diese Beliebtheit erklären können. Um dies zu ergründen, wird zunächst ein kurzer Überblick über die Schiedsgerichtsbarkeit gegeben (**I**), um danach die Rolle von Schiedsinstitutionen in den Fokus zu nehmen (**II**).

I. Überblick

Die Schiedsgerichtsbarkeit ist eine private Streitbeilegungsform, deren Grundpfeiler die Privatautonomie ist.[109] Durch einen Vertrag – die Schiedsvereinbarung – entziehen die Parteien eine Streitigkeit der Zuständigkeit der staatlichen Gerichtsbarkeit und unterwerfen sie der Entscheidung durch ein Schiedsgericht (§ 1029 Abs. 1 ZPO). Dies unterscheidet ein Schiedsverfahren zum Beispiel von Schieds*stellen*verfahren, die etwa in urheberrechtlichen Streitigkeiten bei Beteiligung einer Verwertungsgesellschaft (§§ 92 ff. VGG) oder bei Arbeitnehmererfindungen (§§ 28 ff. ArbnErfG) möglich sind. Hierbei kann die Schiedsstelle, die kein Schiedsgericht, sondern ein Verwaltungsorgan darstellt,[110] unilateral angerufen werden (§ 97 Abs. 1 S. 1 VGG, § 31 Abs. 1 S. 1 ArbnErfG).

---

107 *Eidenmüller*, in: Schütze/Klötzel/Gebauer, FS Thümmel, 125 (140).

108 Siehe für einen Überblick über die Entwicklung *Wagner*, Rechtsstandort Deutschland im Wettbewerb, S. 93 ff.; siehe für eine internationale Perspektive *Hess*, in: Cadiet/Hess/Isidro, Privatizing Dispute Resolution, 17 (19).

109 *BAG*, Urt. v. 23.8.1963, 1 AZR 469/62, NJW 1964, 268 (269); *Geimer*, in: Zöller, ZPO, Vor § 1025 Rn. 3; *Hillgruber*, in: Maunz/Dürig, GG, Art. 92 Rn. 87; *Dütz*, S. 239; *Ebbing*, S. 22 ff.; *Habscheid*, in: Grunsky/Stürner et al., FS Baur, 425 (438); *Jahnke*, S. 33; *Lachmann*, Handbuch für die Schiedsgerichtspraxis, Rn. 3; *Prütting*, in: Bachmann/Breidenbach et al., FS Schlosser (708); *Schütze*, ZVglRWiss 2000, 241 (242); *Steiner*, SchiedsVZ 2013, 15 (16); *Stober*, NJW 1979, 2001 (2005); *Vollmer*, Satzungsmässige Schiedsklauseln, S. 92.

110 Zum VGG-Schiedsstellenverfahren *BVerfG*, Beschl. v. 28.7.2016, 1 BvR 1567/16, BeckRS 2016, 51421; *Freudenberg*, in: BeckOK UrhR, § 124 VGG Rn. 1; *Reinbothe*, in: Schricker/Loewenheim, VGG, Vor §§ 92 Rn. 20; *Schulze*, in: Dreier/Schulze, VGG,

Den Parteien eines Schiedsverfahrens ist die Zusammensetzung des Schiedsgerichts überlassen (§ 1035 Abs. 1 ZPO) und auch im Übrigen können sie das Verfahren weitgehend ihren eigenen Regeln unterwerfen (§ 1042 Abs. 3 ZPO). Sie können dem Schiedsgericht auch das in der Sache anwendbare Recht vorschreiben (§ 1051 Abs. 1 ZPO). Außerdem müssen sie sich nicht um die Öffentlichkeit sorgen, denn diese ist im Grundsatz ausgeschlossen.[111] Im internationalen Kontext besteht zudem der Vorteil, dass die Parteien für das Schiedsverfahren einen neutralen Drittstaat aufsuchen können, sodass keine Partei einen „Heimvorteil" genießt.[112]

Am Ende eines Schiedsverfahrens steht prototypisch ein Schiedsspruch, der die Wirkung eines rechtskräftigen Urteils hat (§ 1055 ZPO). Auch dies unterscheidet das Schieds- von einem Schiedsstellenverfahren, denn Letzteres ist nur darauf gerichtet, eine gütliche Beilegung herbeizuführen (§ 102 Abs. 1 VGG, § 28 S. 2 ArbnErfG). Ein Schiedsspruch ist finaler Natur, einen Instanzenzug mitsamt Berufung und Revision gibt es nicht.[113] Diese Besonderheit kann dazu führen, dass das Schiedsverfahren eine kürzere Verfahrensdauer aufweist als ein staatliches Gerichtsverfahren. Gerade diese potenzielle Schnelligkeit wurde von den Befürwortern des DMS als besonders vorteilhaft angesehen:

> *„Es ist eine Binsenwahrheit, dass die Medienbranche schnelllebig ist und dass hier das Recht von der technischen Entwicklung häufig überholt zu werden droht. Kommt es zu einer letztinstanzlichen Entscheidung, so können sich die technischen und wirtschaftlichen Gegebenheiten in einer Weise geändert haben, dass diese ins Leere greift. Dies lässt die Einrichtung eines Medienschiedsgerichts […] als sinnvoll erscheinen"*[114].

Die Streitbeilegung im Wege eines Schiedsverfahrens kann jedoch länger dauern, wenn ein Schiedsspruch mithilfe eines Aufhebungsantrages angegriffen wird (§ 1059 ZPO) oder wenn beim staatlichen Gericht die Vollstreckung des

---

§ 124 Rn. 1; *Staats*, in: Wandtke/Bullinger, UrhG, § 124 VGG Rn. 2, *Ungern-Sternberg*, in: Ohly/Bodewig et al., FS Schricker, 567 (579).

111 Zu diesem Themenkomplex ausführlich ab S. 135.

112 *Born*, International Commercial Arbitration, S. 71 ff.; *Cohn*, 14 ICLQ 1965, 132 (133 f.); *Lachmann*, Handbuch für die Schiedsgerichtspraxis, Rn. 177f.; *Lionnet*, in: Berger/Ebke et al., FS Sandrock, 603 (605 f.); *Raeschke-Kessler/Berger*, Rn. 34; *Redfern/Hunter*, Rn. 1.100; *Stumpf*, in: Böckstiegel/Glossner, FS Bülow, 217 (218 f.).

113 *Anders*, in: BLHAG, ZPO, § 1055 Rn. 2; *Münch*, in: MüKo ZPO, § 1055 Rn. 3; *Saenger*, in: Saenger, ZPO, § 1055 Rn. 3; *Schlosser*, in: Stein/Jonas, ZPO, § 1055 Rn. 1; *Zimmermann*, in: Zimmermann, ZPO, § 1059 Rn. 1; *Goksu*, SchiedsVZ 2016, 606 (606); *Schmidt*, SchiedsVZ 2013, 32 (36 f.); *Schroth*, SchiedsVZ 2007, 291 (291).

114 *Degenhart*, Themen + Frequenzen 03/2016, 24 (24).

Schiedsspruchs verlangt wird (§ 1060 ZPO). Die Möglichkeit der Vollstreckbarerklärung besteht dabei nicht nur national, sondern aufgrund der Convention on the Recognition and Enforcement of Foreign Arbitral Awards (New York Convention) auch international.[115] Diese internationale Vollstreckbarkeit stellt einen besonderen Vorteil eines Schiedsspruchs gegenüber einem Urteil dar.[116] Zumindest im Immaterialgüterrecht existiert kein Übereinkommen, das eine ähnliche internationale Vollstreckung eines gerichtlichen Urteils ermöglicht.[117]

II. Rolle von Schiedsinstitutionen

Die Schiedsgerichtsbarkeit unterfällt in zwei Unterformen. Zunächst können Parteien ein Schiedsverfahren ad hoc vereinbaren, wodurch das Schiedsverfahren alleine durch das mit Schiedsrichtern besetzte Schiedsgericht durchgeführt wird.[118] Die meisten Schiedsverfahren werden aber nicht ad hoc geführt, sondern im Rahmen der institutionellen Schiedsgerichtsbarkeit.[119] Hierbei führt und entscheidet zwar auch ein Schiedsgericht das Schiedsverfahren. Allerdings beauftragen die Parteien zusätzlich eine Einrichtung damit, das Schiedsverfahren zu administrieren – eine Schiedsinstitution. Dies ist eine ständige Organisation, der durch eine Parteivereinbarung Kompetenzen eingeräumt werden, um ein Schiedsverfahren zu unterstützen.[120]

---

115 Die Anzahl der Mitgliedstaaten liegt momentan (Stand: Oktober 2021) bei 168, die Liste wird laufend aktualisiert unter go.wwu.de/61wv2.

116 *Benson*, 8 EJLE 1999, 91 (93); *Casella*, 40 European Economic Review 1996, 155 (157); *Drahozal*, 33 Vand. J. Transnat'l L. 2000, 79 (94 f.); *Lachmann*, Handbuch für die Schiedsgerichtspraxis, Rn. 183; *Schütze*, ZVglRWiss 2000, 241 (249 f.).

117 In der Convention on the Recognition and Enforcement of Foreign Judgments in Civil or Commercial Matters v. 2.7.2019 wurde das Immaterialgüterrecht ausdrücklich ausgenommen, siehe *Araujo/Nardi*, 7 RSTPR 2019, 198 (207); *Fuchs*, GWR 2019, 395 (396); *Stewart*, 113 Am. J. Int. Law 2019, 772 (777).

118 Zur Differenzierung der ad hoc- von der institutionellen Schiedsgerichtsbarkeit allgemein *Born*, International Commercial Arbitration, S. 189 ff.; *Redfern/Hunter*, Rn. 1.140 ff.; *Schwab/Walter*, Kap. 1 Rn. 10.

119 *Eidenmüller*, in: Schütze/Klötzel/Gebauer, FS Thümmel, 125 (136); *QMU*, 2006 International Arbitration Survey, S. 12; *QMU*, 2008 International Arbitration Survey, S. 4; *QMU*, 2015 International Arbitration Survey, S. 17; *Schmidt-Diemitz*, DB 1999, 369 (370).

120 *Münch*, in: MüKo ZPO, Vor § 1025 Rn. 18; *Gerbay*, The Functions of Arbitral Institutions, S. 18; vgl. auch *Berger*, Institutional Arbitration, S. 9 f.; *Droulers*, in: Hobér/Magnusson/Öhrström, FS Franke, 141 (142); *Gremminger*, S. 122; *Melis*, 13 Comp.

Das Konzept der Schiedsinstitution kann anhand einer Typologie illustriert werden (1). Hervorzuheben ist des Weiteren, dass unter den Schiedsinstitutionen ein steigender Wettbewerbsdruck besteht (2).

1. Typologie von Schiedsinstitutionen

Allen Schiedsinstitutionen ist gemein, dass man unter ihrer Schirmherrschaft Schiedsverfahren durchführen kann und dass sie zu diesem Zweck in einer Schiedsgerichtsordnung gefasste Verfahrensregeln vorhalten (a). Erhebliche Unterschiede bestehen allerdings zwischen den Schiedsinstitutionen bezogen auf den Grad ihrer Spezialisierung (b) und ihrer internationalen Ausrichtung (c). Zudem kann man Schiedsinstitutionen danach differenzieren, wie stark sie das Schiedsgericht unterstützen und in das Schiedsverfahren eingreifen (d).

a) Schiedsgerichtsordnung

Das deutsche Schiedsverfahrensrecht stellt hinsichtlich der Durchführung eines Schiedsverfahrens nur Grundregeln auf und belässt im Übrigen einen großen Spielraum (§ 1042 Abs. 3 ZPO). Dieser Spielraum wird durch privatautonom festgelegte Verfahrensregeln der Parteien gefüllt. Dies gilt in der institutionellen Schiedsgerichtsbarkeit jedoch nur in methodischer Hinsicht. Denn die Parteien entwickeln hier keine eigenen Verfahrensregeln, sondern entlasten sich um diese Formulierungsarbeit, indem sie in ihrer Schiedsvereinbarung auf die Schiedsgerichtsordnung einer Schiedsinstitution verweisen, die hierdurch in die Schiedsvereinbarung inkorporiert wird.[121]

Nahezu jede Schiedsinstitution entwickelt eine solche Schiedsgerichtsordnung und bietet diese öffentlich an,[122] so auch das DMS.[123] Im Wettbewerb

---

Law Y.B. Int'l Bus. 1991, 107 (109); *Schroeter*, 10 Contemp. Asia Arb. J. 2017, 141 (185); *Schütze*, in: Schütze, Institutionelle Schiedsgerichtsbarkeit, Einl. Rn. 1 ff.

121 *Born*, International Commercial Arbitration, S. 1498; *Buchwitz*, S. 22 f.; *Moser/Yeoh*, In-House Persp. 2006, 18 (19); *Redfern/Hunter*, Rn. 1.150; *Rüßmann*, in: Bruns/Kern et al., FS Stürner, 481 (483); *Schlaepfer/Petti*, in: Geisinger/Voser, International Arbitration in Switzerland, 13 (20); *Slate II*, Wake Forest L. Rev. 1996, 41 (53).

122 *Aaron*, S. African L.J. 1991, 306 (306); *Born*, International Commercial Arbitration, S. 190; *Gerbay*, The Functions of Arbitral Institutions, S. 13 f.; *Gremminger*, S. 123; *Onyema*, S. 72 f.; *Redfern/Hunter*, Rn. 1.157; *Schäfer*, in: Piers/Aschauer, Arbitration in the Digital Age, 86 (92); *Schwartz*, 65 Arbitration 1999, 321 (321); *Smit*, Colum. J. Transnat'l L. 1986, 9 (20).

123 Siehe im Anhang ab S. 252.

um potenzielle Parteien stellt ein solches Regelwerk einen erheblichen Faktor dar.[124] Sie bestimmt, wie ein Schiedsverfahren eingeleitet wird, das Schiedsgericht zusammengesetzt wird, das Verfahren abläuft, ein Schiedsspruch zustande kommt und schließlich, wie über die Kosten zu entscheiden ist. Eine Schiedsgerichtsordnung bildet mithin das „Prozessrecht" eines Schiedsverfahrens. Aufgrund ihres Stellenwerts wird sie regelmäßig an die aktuellen Entwicklungen des Schiedsverfahrensrechts angepasst.[125] Diese Anpassungen erfolgen binnen weniger Jahre, sodass die Revisionen vieler Schiedsgerichtsordnungen nur wenige Jahre zurückliegen.[126] Mitunter bieten Schiedsinstitutionen sogar mehrere Schiedsgerichtsordnungen an, zum Beispiel solche, die ein beschleunigtes Verfahren versprechen.[127] Zusätzlich empfehlen Schiedsinstitutionen oftmals eine Formulierung für die Schiedsvereinbarung der Parteien, die den rechtswirksamen Verweis auf ihre Schiedsgerichtsordnung gewährleisten soll.[128]

b) Spezialisierung

Viele Schiedsinstitutionen weisen eine Spezialisierung auf.[129] Allein in Deutschland existieren unzählige spezialisierte Schiedsinstitutionen, die mit einer bestimmten Branche eng verknüpft sind.[130] Ein traditionsbewährter Standort für auf bestimme Branchen zugeschnittene Schiedsverfahren ist beispielsweise Hamburg.[131] Dort werden unter der Schirmherrschaft der Handelskammer Schiedsverfahren für kaufmännische Angelegenheiten, für Konflikte des Deutschen Kaffeeverbands und für Streitigkeiten der Logistikbranche geführt.[132]

---

124 *Arroyo*, in: Cadiet/Hess/Isidro, Privatizing Dispute Resolution, 617 (622); *Eidenmüller*, in: Schütze/Klötzel/Gebauer, FS Thümmel, 125 (134); *Karton*, S. 66.

125 *Arroyo*, in: Cadiet/Hess/Isidro, Privatizing Dispute Resolution, 617 (622); *Born*, International Commercial Arbitration, S. 196; *Buchwitz*, S. 23; *Eidenmüller*, in: Schütze/Klötzel/Gebauer, FS Thümmel, 125 (134); *Karton*, S. 67; *Redfern/Hunter*, Rn. 1.149; *Schlaepfer/Petti*, in: Geisinger/Voser, International Arbitration in Switzerland, 13 (20).

126 Siehe zum Beispiel die Schiedsgerichtsordnungen von WIPO (2021), VIAC (2021), SAC (2021), ICC (2021), ICDR (2021), LCIA (2020), CAM (2020), DIS (2018), HKIAC (2018).

127 Siehe hierzu noch unten ab S. 91.

128 *Redfern/Hunter*, Rn. 1.157; zur DMS-Musterschiedsklausel siehe ab S. 59.

129 Sie hierzu auch ausführlich ab S. 107.

130 Siehe für einen Überblick *Münch*, in: MüKo ZPO, Vor § 1025 Rn. 109 ff.

131 Ausführlich zur Schiedsgerichtsbarkeit in Hamburg *Enzberg/Timmermann*, SchiedsVZ 2019, 81 (81 ff.).

132 Siehe für einen Überblick die Webseite der Handelskammer Hamburg, abrufbar unter go.wwu.de/kjd8n.

Daneben bieten in Hamburg auch die German Maritime Arbitration Association (GMAA),[133] das Chinese European Arbitration Centre (CEAC)[134] und das European-Latinamerican Arbitration Center (ELArb)[135] spezielle Schiedsverfahren an.

In Deutschland gab es bis zur Errichtung des DMS zwar keine Schiedsinstitution, die sich auf medienrechtliche Schiedsverfahren spezialisierte. Eine Konkurrenz ist in diesem Bereich gleichwohl auf internationaler Ebene zu verzeichnen. So administriert beispielsweise die WIPO ebenfalls medienrechtliche Schiedsverfahren.[136] Zudem gibt es weitere kleinere Einrichtungen, die ihre Schiedsverfahren ebenfalls auf medien- oder immaterialgüterrechtliche Streitigkeiten zugeschnitten haben. So existiert in der internationalen Filmbranche die Independent Film & Television Alliance (IFTA), die seit den 1980ern Schiedsverfahren insbesondere für Filmstreitigkeiten anbietet.[137] Daher finden sich in internationalen Filmverträgen meistens IFTA-Schiedsklauseln.[138] Ein weiteres Beispiel bildet das Mediations- und Schiedszentrum für Patentsachen, das auf EU-Ebene zusammen mit dem Einheitlichen Patentgericht errichtet werden soll (Art. 35 EPGÜ).[139]

Die großen Schiedsinstitutionen, wie die ICC oder der LCIA, weisen zwar keine Spezialisierung auf.[140] Gleichwohl gibt es unter ihnen auch einige, die gesonderte Schiedsgerichtsordnungen für immaterialgüterrechtliche Streitigkeiten oder zumindest Listen mit spezialisierten Schiedsrichtern anbieten.[141] Im Übrigen können meistens auch allgemeine Schiedsgerichtsordnungen auf Streitigkeiten aus speziellen Rechtsgebieten angewendet werden, auch wenn sie nicht in optimaler Weise auf

133 Siehe die Webseite der GMAA, abrufbar unter go.wwu.de/0goft.

134 Siehe die Webseite der CEAC, abrufbar unter go.wwu.de/v2pko.

135 Siehe die Webseite des ELArb, abrufbar unter go.wwu.de/k3xvk.

136 Siehe oben ab S. 30.

137 *Hoffman/Gendron*, 17 UCLA Ent. L. Rev. 2010, 1 (10); siehe auch *Frohne*, ZUM 2004, 793 (793 ff.).

138 *Hoffman/Gendron*, 17 UCLA Ent. L. Rev. 2010, 1 (10); *Schwarz*, in: Schwarz, Handbuch Filmrecht, Kap. 187 Rn. 7.

139 Dazu *Hooft*, in: Meulemeester/Berlingin/Kohl, FS Cepani, 301 (307 ff.); *Kaneko*, S. 86 ff.

140 *Fouchard/Gaillard et al.*, Rn. 338.

141 Siehe zum Beispiel die Resolution of Patent Disputes – Supplementary Rules der AAA, abrufbar unter go.wwu.de/4keno; CPR Rules for Patent & Trade Secret Disputes, abrufbar unter go.wwu.de/1kk1e; siehe außerdem das Panel of Arbitrators for Intellectual Property Disputes des HKIAC, abrufbar unter go.wwu.de/kz984.

sie zugeschnitten sind.[142] Diese Flexibilität einer Schiedsgerichtsordnung mag erklären, warum die ICC nicht nur die größte Schiedsinstitution ist, sondern eben auch die beliebteste für Streitigkeiten in den Bereichen Telekommunikation, Medien und Technologie.[143] Für das DMS folgt daraus insbesondere auf internationaler Ebene eine erhebliche Konkurrenz.

c) *Internationalität*

Ein weiteres Differenzierungskriterium ist die internationale Ausrichtung einer Schiedsinstitution. Diese kann sich zunächst dadurch auszeichnen, dass die Schiedsgerichtsordnung, die Musterschiedsvereinbarung und die Internetpräsenz in mehreren Sprachen verfügbar sind. Die Anforderungen an eine internationale Schiedsinstitution gehen allerdings weit darüber hinaus. Erforderlich ist vor allem eine entsprechende Diversität der Mitarbeiter und Schiedsrichter, die eine Verständigung zwischen verschiedenen Nationalitäten ermöglicht.[144] Eine Diversität der Schiedsinstitution spiegelt sich zudem regelmäßig in den Nationalitäten der Parteien wider, welche die Schiedsinstitution anrufen.[145] Zudem kann von einer international ausgerichteten Schiedsinstitution erwartet werden, dass sie ein Schiedsverfahren an jedem Ort administrieren kann.[146] Zu dieser Gruppe gehören unter anderem die ICC, der LCIA und das ICDR.[147] Zum Beispiel verfügt die ICC über ein personalstarkes Sekretariat von 80 Anwälten, die insgesamt alle weitverbreiteten Sprachen beherrschen.[148] Neben dem Hauptsitz in Paris unterhält die ICC weitere Büros in New York City, Hongkong, Singapur, São Paulo und Abu Dhabi.[149] Im Jahr 2019 kamen die Parteien, welche die ICC anriefen, aus 147 Ländern und die gewählten Schiedsrichter aus 89 Jurisdiktionen.[150] Schiedsverfahren wurden in 62 Ländern administriert.[151]

---

142 Hinsichtlich des Immaterialgüterrechts *Politano*, in: Halket, Arbitration of International Intellectual Property Disputes, 185 (219).

143 *QMU*, Pre-empting and Resolving Technology, Media and Telecoms Disputes, S. 33; *WIPO*, 2013 Survey on Dispute Resolution in Technology Transactions, S. 22.

144 *Fouchard/Gaillard et al.*, Rn. 335; *Redfern/Hunter*, Rn. 1.163; vgl. auch *Mourre*, in: Berg, Arbitration, 86 (107 f.).

145 *Gerbay*, The Functions of Arbitral Institutions, S. 25 f.

146 *Born*, International Commercial Arbitration, S. 195 f.

147 *Gerbay*, The Functions of Arbitral Institutions, S. 25 f.; *Paulsson/Rawding/Reed*, S. 62; zum Selbstverständnis der ICC *Carlevaris*, in: Malatesta/Sali, The Rise of Transparency in International Arbitration, 123 (126).

148 Siehe die Webseite der ICC unter go.wwu.de/1jyj7.

149 Siehe die Webseite der ICC unter go.wwu.de/g6995.

150 *ICC*, ICC Dispute Resolution: 2019 Statistics, S. 9, 13.

151 *ICC*, ICC Dispute Resolution: 2019 Statistics, S. 14.

Einen solchen Grad der Internationalität weisen die meisten Schiedsinstitutionen jedoch nicht auf.[152] Auch das DMS ist nicht derart international ausgerichtet. Zwar richtet es sich in englischer Sprache auch an „*internationale Medienunternehmen*“[153]. Sein Sitz ist aber allein in Leipzig, weitere Büros werden nicht unterhalten.[154] Zudem wurde das DMS vom sächsischen Freistaat und auch im Übrigen ausschließlich deutschen Mitgliedern gegründet.[155] Schließlich führen die Regelungen der DMS-SchO zu einer territorialen Fixierung des Schiedsverfahrens.[156]

Eine mangelnde Internationalität disqualifiziert eine Schiedsinstitution aber nicht. Im Gegenteil ist weltweit eine steigende Anzahl regionaler Schiedsinstitutionen zu verzeichnen.[157] Auch besteht seitens der Nutzer der Schiedsgerichtsbarkeit ein hohes Interesse an regional ausgerichteten Schiedsinstitutionen.[158] Dies hängt damit zusammen, dass Parteien nicht selten die Schiedsinstitution wählen, die ihnen geografisch am nächsten ist,[159] etwa weil diese in der jeweiligen Region mehr Akzeptanz genießt oder ein auf die Region angepasstes Angebot anbietet.[160] In einem solchen Fall rücken die Vorteile eines *internationalen* Schiedsverfahrens in den Hintergrund, sodass es für eine Schiedsinstitution umso wichtiger ist, die übrigen Vorteile eines Schiedsverfahrens gegenüber einem staatlichen Gerichtsverfahren zu nutzen.[161]

---

152 *Gerbay*, The Functions of Arbitral Institutions, S. 25; *Karton*, S. 64.

153 So die Selbstbeschreibung auf der Webseite des DMS, abrufbar unter go.wwu.de/165gd.

154 § 1 Abs. 2 DMS-Satzung, siehe im Anhang ab S. 269; § 2 DMS-SchO, siehe im Anhang ab S. 252.

155 So die Selbstbeschreibung auf der Webseite des DMS. „*Es ist von der Sächsischen Staatskanzlei initiiert worden […]. Gründungsmitglieder sind neben dem Freistaat Sachsen die Medienstiftung der Sparkasse Leipzig, der Mitteldeutsche Rundfunk und die Mitteldeutsche Medienförderung GmbH*“, abrufbar unter go.wwu.de/165gd.

156 Siehe hierzu ab S. 79.

157 *Baker/Greenwood*, in: Wautelet/Kruger/Coppens, FS Houtte, 15 (19 f.); *Droulers*, in: Hobér/Magnusson/Öhrström, FS Franke, 141 (146); *Paulsson/Rawding/Reed*, S. 62.

158 *QMU*, 2006 International Arbitration Survey, S. 12; *Wilske*, 1 Contemp. Asia Arb. J. 2008, 21 (53).

159 Vgl. *WIPO*, 2013 Survey on Dispute Resolution in Technology Transactions, 4, 22; siehe auch *Wagner*, Rechtsstandort Deutschland im Wettbewerb, S. 80.

160 Siehe dazu die Sichtweise einiger Schiedsinstitutionen, dargestellt bei *Berg*, S. 700 ff.

161 Siehe insbesondere für den Aspekt der Vertraulichkeit ab S. 135.

d) Grad der Einflussnahme

Die Praxis der Schiedsinstitutionen unterscheidet sich enorm in der Intensität der Einflussnahme auf das Schiedsverfahren. Grob kann hierbei zwischen Schiedsinstitutionen differenziert werden, die sich nur im geringen Maße in das Schiedsverfahren einbringen (hands-off-Ansatz) und solchen, die das Verfahren maßgeblich mitbestimmen (hands-on-Ansatz).[162] Gerade wenn sich Parteien gegen ein ad-hoc-Schiedsverfahren und für ein institutionelles Schiedsverfahren entscheiden, bevorzugen sie es meist auch, wenn sich eine Schiedsinstitution einbringt.[163] Eine größere Einflussnahme der Schiedsinstitution hat den Vorteil, dass sie den Parteien und dem Schiedsgericht alle nicht-essenziellen Aufgaben abnehmen kann. Das Schiedsgericht kann sich durch diese Entlastung auf die rasche Lösung des Streits konzentrieren.[164] Eine geschickte Aufgabenaufteilung zwischen der Schiedsinstitution und dem Schiedsgericht kann also zu einer erhöhten Effizienz des Schiedsverfahrens führen.

Die Aufgaben, die eine Schiedsinstitution übernehmen kann, sind im Einzelnen sehr vielfältig. Zunächst kann sie logistische Unterstützung anbieten, indem sie die technisch-organisatorischen Voraussetzungen eines Schiedsverfahrens, zum Beispiel Räumlichkeiten und IT-Equipment, bereitstellt.[165] Auch kann sie ihr Personal zur Verfügung stellen.[166] Daneben kann sie die Kommunikation zwischen dem Schiedsgericht und den Parteien erleichtern, indem sie den Schriftverkehr organisiert.[167]

Neben diesen rein administrativen Aufgaben kann die Schiedsinstitution dem Schiedsgericht aber auch bedeutsamere Entscheidungen abnehmen. Zum Beispiel kann sie den Ort des schiedsrichterlichen Verfahrens festlegen, wenn

162 *Gerbay*, The Functions of Arbitral Institutions, S. 104 ff.; *Lew/Mistelis/Kröll*, Rn. 3-19; *Redfern/Hunter*, Rn. 1.163; *Schäfer*, in: Piers/Aschauer, Arbitration in the Digital Age, 86 (87).

163 Mit Verweis auf eine unveröffentlichte Statistik *Gerbay*, The Functions of Arbitral Institutions, S. 46; siehe im Übrigen *QMU*, 2018 International Arbitration Survey, S. 14.

164 *Gremminger*, S. 127.

165 *Elrifai/Hasaan/Lozano*, 19 Cardozo J. Conflict Resol. 2018, 309 (311); *Gerbay*, The Functions of Arbitral Institutions, S. 35 f.; *Gremminger*, S. 122; *Hoellering*, Disp. Resol. J. 1994, 12 (15); *Redfern/Hunter*, Rn. 4.180; *Schütze/Tscherning/Wais*, Rn. 29; *Slate II*, Wake Forest L. Rev. 1996, 41 (57).

166 *Born*, International Commercial Arbitration, S. 191; *Melis*, 13 Comp. Law Y.B. Int'l Bus. 1991, 107 (109); *Melis*, TvA 1988, 25 (27); vgl. *Redfern/Hunter*, Rn. 1.151, 1.163.

167 *Elrifai/Hasaan/Lozano*, 19 Cardozo J. Conflict Resol. 2018, 309 (311); *Hofmann*, S. 294.

die Parteien keine Vereinbarung darüber getroffen haben.[168] Zudem kann sie die Zusammensetzung des Schiedsgerichts mitbestimmen, indem sie die Schiedsrichter benennt oder über Ablehnungsanträge gegen Schiedsrichter entscheidet.[169] Teilweise entscheiden Schiedsinstitutionen auch über die Wirksamkeit einer Schiedsvereinbarung und damit die Zuständigkeit des Schiedsgerichts.[170] Weiterhin kann eine Schiedsinstitution das Schiedsgericht um die Abwicklung der finanziellen Aspekte eines Schiedsverfahrens entlasten.[171] Einige Schiedsinstitutionen überprüfen sogar den Schiedsspruch.[172] Das genaue Ausmaß der Einflussnahme bestimmt dabei die Schiedsinstitution durch die Formulierung ihrer Schiedsgerichtsordnung. Auch das DMS räumt sich durch die DMS-SchO einige Befugnisse ein, die noch im Detail untersucht werden.[173]

2. Zunehmender Wettbewerb unter Schiedsinstitutionen

Schon eingangs wurde erwähnt, dass sich das Konzept der Schiedsinstitution schnell durchsetzen konnte, sodass die Anzahl von Schiedsinstitutionen stark angestiegen ist.[174] Für das rasante Wachstum kann exemplarisch nach China

---

168 *Born*, International Commercial Arbitration, S. 170; *Gerbay*, The Functions of Arbitral Institutions, S. 64 ff.

169 *Münch*, in: MüKo ZPO, Vor § 1025 Rn. 18; *Born*, International Commercial Arbitration, S. 190; *Elrifai/Hasaan/Lozano*, 19 Cardozo J. Conflict Resol. 2018, 309 (312, 315 ff.); *Gerbay*, The Functions of Arbitral Institutions, S. 79 ff.; *Gremminger*, S. 122; *Liebscher*, in: Oberhammer, Schiedsgerichtsbarkeit in Zentraleuropa, 61 (70); *McAsey*, in: Baetens, Legitimacy of Unseen Actors in International Adjudication, 51 (63 ff.); *Onyema*, S. 73 ff.; *Schwartz*, 65 Arbitration 1999, 321 (321); *Slate II*, Wake Forest L. Rev. 1996, 41 (56 f.); *Timár*, ELTE LJ 2013, 103 (119); *Wallgren-Lindholm*, in: Cordero-Moss, International Commercial Arbitration, 61 (67).

170 *Elrifai/Hasaan/Lozano*, 19 Cardozo J. Conflict Resol. 2018, 309 (313); *Gerbay*, The Functions of Arbitral Institutions, S. 68 ff.; *McAsey*, in: Baetens, Legitimacy of Unseen Actors in International Adjudication, 51 (63); *Onyema*, S. 73; *Wallgren-Lindholm*, in: Cordero-Moss, International Commercial Arbitration, 61 (67).

171 *Elrifai/Hasaan/Lozano*, 19 Cardozo J. Conflict Resol. 2018, 309 (311, 321 ff.); *Gerbay*, The Functions of Arbitral Institutions, S. 38, 86 ff.; *Onyema*, S. 75; *Timár*, ELTE LJ 2013, 103 (120); *Wallgren-Lindholm*, in: Cordero-Moss, International Commercial Arbitration, 61 (67).

172 Das ist nicht nur bei der ICC der Fall, siehe *Elrifai/Hasaan/Lozano*, 19 Cardozo J. Conflict Resol. 2018, 309 (325 f.).

173 Siehe Teil 2, Kap. 1 ab S. 57.

174 Diese Beobachtung wird weltweit gemacht, siehe *Abrahamson*, in: Berg, Arbitration, 354 (359); *Arroyo*, in: Cadiet/Hess/Isidro, Privatizing Dispute Resolution, 617 (622); *Berger*, Institutional Arbitration, S. 6; *Bond*, 11 Arb. Int. 1995, 273 (273); *Cremades*,

geblickt werden.[175] Dort folgten der 1956 gegründeten China International Economic and Trade Arbitration Commission (CIETAC)[176] im Jahr 1985 das HKIAC[177] und 1995 die Beijing Arbitration Commission (BAC).[178] Dies sind allerdings nur die international bekanntesten Schiedsinstitutionen, daneben entstanden in den letzten Jahrzehnten weitere hunderte Einrichtungen.[179]

Auch in Deutschland ist eine Vielzahl von Schiedsinstitutionen zu verzeichnen. Einige spezialisierte wurden bereits genannt,[180] ebenso die 1992 gegründete DIS als die bekannteste deutsche Schiedsinstitution.[181] Auf dem deutschen Markt agieren zudem Schiedsinstitutionen aus dem Ausland. Zum Beispiel administriert das SAC einen nicht unerheblichen Teil deutscher Fälle.[182] Die ICC führt etwa fünf Prozent ihrer Schiedsverfahren mit deutscher Beteiligung durch.[183] Bei der VIAC und dem LCIA werden ebenfalls Schiedsverfahren mit deutschen Parteien geführt.[184] Daran wird deutlich, dass unter

---

in: Glossner, Jahrbuch für die Praxis der Schiedsgerichtsbarkeit, Band 4, 31 (40); *Droulers*, in: Hobér/Magnusson/Öhrström, FS Franke, 141 (143); *Gaillard*, 31 Arb. Int. 2015, 1 (5); *Gerbay*, The Functions of Arbitral Institutions, S. 33 ff.; *Gremminger*, S. 123; *Horvath*, in: Kröll/Mistelis et al., FS Bergsten, 251 (263); *Landau*, 13 J. Int. Arb. 1996, 113 (114); *Lew/Mistelis/Kröll*, Rn. 3-24; *Melis*, 13 Comp. Law Y.B. Int'l Bus. 1991, 107 (109); *Melis*, TvA 1988, 25 (26); *Moser/Yeoh*, In-House Persp. 2006, 18 (18); *Paulsson/Rawding/Reed*, S. 62; *Redfern/Hunter*, Rn. 1.157; *Schlaepfer/Petti*, in: Geisinger/Voser, International Arbitration in Switzerland, 13 (13); *Slate II*, Wake Forest L. Rev. 1996, 41 (50); *Smit*, Colum. J. Transnat'l L. 1986, 9 (12); *Wilske*, 1 Contemp. Asia Arb. J. 2008, 21 (24).

175 Zur institutionellen Schiedsgerichtsbarkeit in Asien *Chen*, S. 40 ff.; *Lim*, 80 Arbitration 2014, 370 (370 ff.); *Wagner*, Rechtsstandort Deutschland im Wettbewerb, S. 85.

176 Siehe die Webseite der CIETAC unter go.wwu.de/me34u.

177 Siehe die Webseite der HKIAC unter go.wwu.de/zawsc.

178 Siehe die Webseite der BAC unter go.wwu.de/7tn92.

179 Einen ausführlichen Überblick bietet *Chen*, S. 40 ff.

180 Siehe für die spezialisierten deutschen Schiedsinstitutionen oben ab S. 44.

181 Allgemein hierzu *Suh*, in: Nacimiento/Kröll/Böckstiegel, AiG, DIS-SchO, Einl. Rn. 1; *Theune*, in: Schütze, Institutionelle Schiedsgerichtsbarkeit, DIS-SchO, Einl. Rn. 1.

182 So wurden in 6 Prozent der in 2019 administrierten Fälle deutsches Recht angewendet, siehe *SAC*, Arbitration Statistics 2019, S. 4.

183 *ICC*, ICC Dispute Resolution: 2019 Statistics, S. 9 f.; wobei der Anteil deutscher Parteien in immaterialgüterrechtlichen Verfahren wesentlich höher ist, siehe *ICC Commission on International Arbitration*, 9 ICC Bulletin 1998, 37 (40).

184 *VIAC*, Statistics 2020.

den Schiedsinstitutionen länderübergreifend ein immenser Wettbewerbsdruck besteht.[185]

III. Zwischenergebnis

Die Anzahl und Ausgereiftheit bestehender Schiedsinstitutionen bedeuten für eine neu gegründete Schiedsinstitution eine starke Konkurrenz. Eine Neugründung kann es daher nur bedingt mit den etablierten Akteuren aufnehmen. Es ist von einer kleinen branchenspezifischen Schiedsinstitution beispielsweise nicht zu erwarten, dass sie Büros in mehreren Ländern und eine starke Personalstruktur aufweist. Der Vergleich macht deutlich: Je genereller und je internationaler der Anspruch einer Neugründung ist, desto geringer sind die Erfolgschancen, da die etablierten Akteure einer neu gegründeten Schiedsinstitution insoweit überlegen sind.

C. Sonstige Formen der Streitbeilegung

Streitbeilegung muss weder durch ein staatliches Gericht noch durch ein Schiedsgericht erfolgen. Auch sonstige Formen der Streitbeilegung können Parteien die gewünschte Befriedung ermöglichen. Die bekanntesten sind Mediation und Schlichtung.[186] Während ein Mediator die Parteien zu einer eigenständigen Lösung führen soll,[187] liegt die Aufgabe eines Schlichters darin, den Parteien einen unverbindlichen Lösungsvorschlag zu unterbreiten.[188]

---

185 *Arroyo*, in: Cadiet/Hess/Isidro, Privatizing Dispute Resolution, 617 (617); *Carbonneau*, 56 U.Miami L. Rev. 2002, 773 (796); *Drahozal*, 33 Vand. J. Transnat'l L. 2000, 79 (100); *Karton*, S. 63; *Knoblach*, S. 60; *Melis*, in: Fitz/Kalss et al., FS Torggler, 859 (859); *Mourre*, in: Berg, Arbitration, 86 (91); *Münch*, in: MüKo ZPO, Vor § 1025 Rn. 104; *Rogers*, 54 Kansas L. Rev. 2006, 1301 (1313 ff.); *Rutledge*, Ga. L. Rev. 2004, 151 (164); *Wagner*, Rechtsstandort Deutschland im Wettbewerb, S. 68, 138; *Wagner*, 62 Buff. L. Rev 2014, 1085 (1133); *Wetter*, S. 241; hierzu von den Schiedsinstitutionen selbst bei *Berg*, S. 690 ff.; zur Lage in China *Chen*, S. 43 ff.

186 Zum Schlichtungsverfahren des DMS siehe ab S. 99.

187 *Ulrici*, in: MüKo FamFG, Anh. zu § 36a, MediationsG Rn. 17, 20; *Breidenbach/Peres*, SchiedsVZ 2010, 125 (126); *Dendorfer/Lack*, SchiedsVZ 2007, 195 (197); *Forster/Schwarz*, ZUM 2004, 800 (808); *Griss*, in: Fitz/Kalss et al., FS Torggler, 359 (360); *Kreissl*, SchiedsVZ 2012, 230 (234); *Picker*, S. 38; *Pitkowitz/Richter*, SchiedsVZ 2009, 225 (226); *Prütting*, in: Prütting, Außergerichtliche Streitschlichtung, 1 (2); *Stubbe*, SchiedsVZ 2006, 150 (152); *Unberath*, NJW 2011, 1320 (1321); vgl. auch § 1 Abs. 2 MediationsG.

188 *Bonne*, in: Margellos/Bonne et al., Mediation, 34 (35); *Breidenbach/Peres*, SchiedsVZ 2010, 125 (128); *Forster/Schwarz*, ZUM 2004, 800 (806); *Griss*, in: Fitz/Kalss et al., FS

Auch mit diesen Formen der Streitbeilegung tritt die Schiedsgerichtsbarkeit in Konkurrenz.[189] Insbesondere die Mediation erfreut sich großer Beliebtheit, da sie regelmäßig noch günstiger, schneller und weniger konfrontativ ist als ein Schiedsverfahren.[190] So wird die Mediation für medienrechtliche Streitigkeiten ebenfalls als geeigneter angesehen als die staatliche Gerichtsbarkeit und wird von der Schiedsgerichtsbarkeit nur knapp übertroffen.[191]

Eine häufig anzutreffende Vorgehensweise von Schiedsinstitutionen ist es, solche Streitbeilegungsverfahren ebenfalls anzubieten.[192] Durch die Übernahme dieser Verfahren erwehren sich Schiedsinstitutionen gleichzeitig der Konkurrenz durch Anbieter von sonstigen Formen der Streitbeilegung.[193] Auch das DMS bietet neben einem Schiedsverfahren Schlichtungs- und Schiedsgutachtenverfahren an.[194]

D. Ergebnis

Einer wachsenden – wenn auch relativ geringen – Nachfrage nach medienrechtlichen Schiedsverfahren stehen bereits zahlreiche Anbieter gegenüber, die aufgrund ihrer Erfahrung und Expertise eine erhebliche Anerkennung genießen.

Torggler, 359 (360); *Herrmann*, in: Sanders, New Trends in the Development of International Commercial Arbitration and the Role of Arbitral and Other Institutions, 145 (154 ff.); *Kreissl*, SchiedsVZ 2012, 230 (233); *McIlwrath/Savage*, Rn. 4-005; *Prütting*, in: Prütting, Außergerichtliche Streitschlichtung, 1 (2); *Rüssel*, JuS 2003, 380 (382); *Stubbe*, SchiedsVZ 2006, 150 (152); *Unberath*, ZKM 2011, 44 (46); *Walter*, ZZP 103 (1990), 141 (155); siehe auch Art. 7 Abs. 4 S. 1 UNCITRAL Conciliation Rules, abrufbar unter go.wwu.de/7czxo.

189 *Wagner*, Rechtsstandort Deutschland im Wettbewerb, S. 74.

190 *Eidenmüller*, RIW 2002, 1 (2); *Pitkowitz/Richter*, SchiedsVZ 2009, 225 (225 f.); *QMU*, Pre-empting and Resolving Technology, Media and Telecoms Disputes, S. 20; *Wagner*, Rechtsstandort Deutschland im Wettbewerb, S. 74; darauf hinweisend, dass sich ein Mediationsverfahren erst bei höheren Streitwerten lohne *Eidenmüller*, in: Schütze/Klötzel/Gebauer, FS Thümmel, 125 (131 f.); *Gottwald*, in: Lüke/Mikami/Prütting, FS Ishikawa, 137 (143).

191 *QMU*, Pre-empting and Resolving Technology, Media and Telecoms Disputes, S. 20.

192 So bieten viele Schiedsinstitutionen beispielsweise ein Mediationsverfahren an, siehe für die ICC unter go.wwu.de/utzbj, für den LCIA unter go.wwu.de/2qti6, für die AAA unter go.wwu.de/t3nap, für die DIS unter go.wwu.de/drfbm und für die WIPO go.wwu.de/21ime.

193 *Dezalay/Garth*, 21 Law & Soc. Inquiry 1996, 285 (307 f.).

194 Hierzu noch ausführlich ab S. 99.

Dies betrifft nicht nur die staatlichen Gerichte, sondern auch die etablierten Schiedsinstitutionen. Aus Sicht einer neuen Schiedsinstitution ist der „*Markt der Streitbeilegung*“[195] somit generell, aber auch im Bereich des Medienrechts, stark umkämpft.

195 *Eidenmüller*, in: Schütze/Klötzel/Gebauer, FS Thümmel, 125 (128).

Teil 2 Förderung der Wettbewerbsfähigkeit neuer Schiedsinstitutionen

Der Konkurrenzdruck, dem eine neue Schiedsinstitution ausgesetzt ist, verdeutlicht, dass sie Maßnahmen ergreifen muss, die ihre Wettbewerbsfähigkeit erhöhen. In diesem Teil werden nun am Beispiel des DMS drei Aspekte vorgestellt, die einen wesentlichen Einfluss auf die Konkurrenzfähigkeit haben und somit besonderer Aufmerksamkeit bedürfen.

In **Kapitel 1** wird zunächst das „Aushängeschild" einer Schiedsinstitution untersucht – ihre Musterschiedsvereinbarung und ihre Schiedsgerichtsordnung. Diese beiden Instrumente bestimmen darüber, ob ein Schiedsverfahren rechtswirksam und effizient ausgestaltet ist. Daher sind sie von elementarer Bedeutung.

Nachfolgend behandelt **Kapitel 2** die vom DMS angestrebte Spezialisierung auf medienrechtliche Schiedsverfahren. Hierbei liegt das Augenmerk auf den Besonderheiten medienrechtlicher Streitigkeiten, die für die Herausbildung bestimmter Charakteristika eines Schiedsverfahrens sprechen.

Schließlich würdigt **Kapitel 3** die Tatsache, dass die größte Schwierigkeit einer neuen Schiedsinstitution darin liegt, die ersten Parteien davon zu überzeugen, sie zu wählen. Diese Problematik wird auf ein Legitimitätsdefizit zurückgeführt, dessen Abbau die Hauptaufgabe einer neuen Schiedsinstitution darstellt.

Kapitel 1 Angebot eines effizienten Schiedsverfahrens am Beispiel des DMS

Eine neue Organisation kann ihre Anerkennung steigern, indem sie bestimmte bereits bei der Konkurrenz etablierte Vorgehensweisen übernimmt. Hierdurch wird den Marktteilnehmern ein Anhaltspunkt zur Beurteilung der ansonsten unbekannten Organisation gegeben. Diese Übernahme von Funktionsweisen anderer Organisationen (sog. Isomorphismus) ist insbesondere auf solchen Märkten hilfreich, deren Nutzer eindeutige Erwartungen aufweisen. Diesen sollte eine neue Organisation Rechnung tragen, indem sie die Verhaltensweisen adaptiert, die bei der Konkurrenz anerkannt sind und von den Nutzern erwartet werden.[196]

Die Schiedsgerichtsbarkeit stellt einen ebensolchen Markt dar, denn unter Schiedsinstitutionen kann man etablierte Vorgehensweisen identifizieren, die entsprechende Erwartungen von Parteien widerspiegeln. In erster Linie lassen sich diese an den Schiedsgerichtsordnungen der Schiedsinstitutionen festmachen, die auch deswegen regelmäßigen Revisionen unterzogen werden, um weiterhin den Bedürfnissen der Parteien zu entsprechen.[197]

Die Erwartungen, die an eine Schiedsinstitution gestellt werden, können sich damit zwar verändern. Allerdings können auch einige unveränderliche Grundvorgaben ausgemacht werden. Es ist beispielsweise offensichtlich, dass die Schiedsgerichtsordnung einer Schiedsinstitution zu jeder Zeit in Übereinstimmung mit dem geltenden Schiedsverfahrensrecht stehen sollte. Da das Schiedsverfahrensrecht aber nur grobe Rahmenbedingungen vorgibt, geht die Erwartung der Parteien auch dahin, dass der dadurch eröffnete Gestaltungsspielraum in

---

196 Die Theorie des Isomorphismus' geht insbesondere zurück auf *DiMaggio/Powell*, 48 Am. Sociol. Rev. 1983, 147 (151 ff.), weitere grundlegende Beiträge gehen zurück auf *Dacin*, 40 AMJ 1997, 46 (48); *Deephouse*, 39 AMJ 1996, 1024 (1033); *Haveman*, 38 ASQ 1993, 593 (598 ff.); *Meyer/Rowan*, 83 AJS 1977, 340 (352); *Navis/Glynn*, 36 AMR 2011, 479 (485).

197 *Arroyo*, in: Cadiet/Hess/Isidro, Privatizing Dispute Resolution, 617 (622); *Born*, International Commercial Arbitration, S. 196; *Buchwitz*, S. 23; *Eidenmüller*, in: Schütze/Klötzel/Gebauer, FS Thümmel, 125 (134); *Karton*, S. 67; *Redfern/Hunter*, Rn. 1.149; *Schlaepfer/Petti*, in: Geisinger/Voser, International Arbitration in Switzerland, 13 (20).

ihrem Interesse genutzt wird. Hierbei besteht die Maxime darin, ein Schiedsverfahren anzubieten, dass den Interessen beider Parteien bestmöglich Rechnung trägt.[198] In mehreren Studien wurde festgestellt, dass bei den Parteien die Effizienz eines Schiedsverfahrens von hoher Priorität ist.[199] Diese Erwartungshaltung spiegelt sich zudem in diversen Schiedsgerichtsordnungen wider, welche die effiziente Verfahrensführung als allgemeines Verfahrensprinzip oder zumindest als maßgebliche Ermessenserwägung für das Schiedsgericht normieren.[200]

Belässt das Schiedsverfahrensrecht also einen Gestaltungsspielraum, sollte eine Schiedsinstitution diesen derart nutzen, dass die Ressourcen der Parteien möglichst wenig strapaziert werden. Hierbei sollte sie sich an den anerkannten Standards orientieren, die sich in anderen Schiedsgerichtsordnungen durchgesetzt haben.[201]

Nachfolgend wird untersucht, inwiefern die Musterschiedsvereinbarung und die Schiedsgerichtsordnung des DMS diesen Anforderungen entsprechen. Die einzelnen Problemfelder werden dabei gemäß der gesetzlichen Systematik des Schiedsverfahrensrechts im Zehnten Buch der ZPO behandelt. Daher werden anhand des DMS zunächst die Schiedsvereinbarung (**A**), sodann die Bildung des Schiedsgerichts (**B**) und seine Zuständigkeit (**C**), die Durchführung (**D**) und die Beendigung des Schiedsverfahrens (**E**) untersucht. Danach werden in einem Exkurs das Schiedsgutachten- und das Schlichtungsverfahren des DMS beleuchtet (**F**).

---

198 Hierzu bereits oben ab S. 25.

199 Siehe insbesondere *QMU*, 2018 International Arbitration Survey, S. 37 f., wonach die Effizienz von Schiedsverfahren die höchste Priorität haben solle; entsprechend stufen Nutzer Dauer und Kosten von Schiedsverfahren als besonders wichtig ein, siehe *Naimark/Keer*, 57 Disp. Resol. J. 2002, 78 (80); *Naimark/Keer*, 30 Int'l Bus. Law. 2002, 203 (206 f.); gleichzeitig sehen sie hier den größten Verbesserungsbedarf, siehe *QMU*, 2015 International Arbitration Survey, S. 7; *QMU*, 2018 International Arbitration Survey, S. 8.

200 Siehe zum Beispiel Art. 22 Abs. 1 ICC-SchO; Art. 14 Abs. 1 (ii) LCIA-SchO; Art. 37 lit. c S. 1 WIPO-SchO; Art. 19 Abs. 1 SIAC-SchO; Art. 2 Abs. 1 SCC-SchO; Rule 17 Abs. 1 S. 2 AIAC-SchO; Art. 27 Abs. 1 DIS-SchO, Art. 13 Abs. 5 HKIAC-SchO, Art. 17 Abs. 1 S. 2 UNCITRAL-SchO, Art. 22 Abs. 2 S. 1 ICDR-SchO, Art. 16 Abs. 1 S. 2 SAC-SchO, Art. 2 Abs. 1 SCC-SchO und Art. 28 Abs. 1 S. 1 VIAC-SchO.

201 *Melis*, TvA 1988, 25 (26).

A. Schiedsvereinbarung

Die Schiedsvereinbarung (§ 1029 ZPO) ist ein Vertrag zwischen den Parteien, in dem sie sich darauf verständigen, ein Schiedsverfahren durchzuführen. Obwohl sie das Fundament eines jeden Schiedsverfahrens darstellt, wird ihr oftmals nur wenig Aufmerksamkeit zuteil, zumindest wenn sie von den Parteien selbst formuliert wird.[202] Der Grund dafür ist, dass Parteien zu Beginn einer Geschäftsbeziehung ungern ansprechen, dass in der Zukunft möglicherweise ein Streit zwischen ihnen auftreten könnte.[203] Mit anderen Worten: „*[Parties] may not want to talk about the funeral while negotiating the terms of the marriage.*“[204] Die Folge ist nicht selten, dass den Parteien Fehler unterlaufen und die Schiedsvereinbarung pathologisch, also unwirksam ist. Allein hinsichtlich der Wirksamkeit einer Schiedsvereinbarung können sich dann langwierige Streitigkeiten zwischen den Parteien anschließen.[205]

Um dem vorzubeugen und sich von der fehleranfälligen Formulierungsarbeit zu entlasten, können Parteien, die ihr Schiedsverfahren von einer Schiedsinstitution administrieren lassen, auf die von ihr angebotene Musterklausel zurückgreifen. Die Erwartungshaltung der Parteien ist dabei, dass diese von Experten geprüft wurde und einer gerichtlichen Kontrolle standhält. Die Wirksamkeit einer Musterschiedsvereinbarung ist mithin essenziell, ansonsten würde nicht nur die Erwartung der Parteien enttäuscht. Eine unwirksame Schiedsvereinbarung entzieht einem Schiedsverfahren auch die Grundlage. Ein dennoch erlassener Schiedsspruch unterliegt der Aufhebbarkeit (§ 1059 Abs. 2 Nr. 1 lit. a Var. 2 ZPO).

Genau diese Gefahr besteht allerdings bei der Musterschiedsvereinbarung des DMS:

> *„Alle medienrechtlichen Streitigkeiten, die sich im Zusammenhang mit [Streitgegenstand genau bezeichnen] ergeben, werden nach der Schiedsgerichtsordnung des Deutschen Medienschiedsgerichts [unter Ausschluss des ordentlichen Rechtsweges endgültig/unter*

---

202 *Arntz*, SchiedsVZ 2014, 237 (238); *Charles*, 80 Arbitration 2014, 55 (56); *Hacking*, Arbitration 1979, 166 (168); *Nacimiento*, ZUM 2004, 785 (791 f.); *Plavec*, S. 190 ff.; *Stackpool-Moore*, in: Berg, Arbitration, 417 (429); *Tung*, in: Shaughnessy/Tung, FS Karrer, 359 (361).

203 *Hacking*, Arbitration 1979, 166 (168).

204 *Fraser*, Confidentiality in Arbitration, Vortrag v. 13.10.1998 in Paris, Zitat abgedruckt bei *Brown*, 16 Am. U. Int'l L. R. 2001, 969 (990).

205 *Nacimiento*, ZUM 2004, 785 (792).

fortwährender uneingeschränkter Zulässigkeit einer Klage vor einem staatlichen Gericht] entschieden.“[206]

Problematisch hieran ist der letzte Klammerzusatz, wonach sich die Parteien dafür entscheiden können, sich den Weg zum staatlichen Gericht fortwährend und uneingeschränkt offenzuhalten. Denn eine Schiedsvereinbarung ist gemäß § 1029 Abs. 1 ZPO eine Einigung darüber, die Weiche von der staatlichen Gerichtsbarkeit auf die Schiedsgerichtsbarkeit umzustellen; der staatliche Rechtsweg muss notwendigerweise ausgeschlossen sein.[207]

Daher liegt die Annahme nahe, dass der Klammerzusatz in der Musterschiedsvereinbarung diese Voraussetzung nicht erfüllt.[208] Allerdings könnte hiermit auch ein zulässiges Wahlrecht (**I**) oder die ebenfalls wirksame Möglichkeit angesprochen sein, den Schiedsspruch nachträglich aufzuheben und dann ein Gerichtsverfahren zu durchlaufen (**II**). Zuletzt kann noch versucht werden, die Musterschiedsvereinbarung geltungserhaltend zu reduzieren (**III**).

I. Vereinbarung eines Wahlrechts

Parteien dürfen sich in einer Schiedsvereinbarung das Recht vorbehalten, zwischen der staatlichen Gerichtsbarkeit und der Schiedsgerichtsbarkeit zu wählen.[209] Dieses Wahlrecht erschöpft sich allerdings durch die einmal erfolgte Wahl

---

206 Die vollständige Musterschiedsvereinbarung ist abgedruckt im Anhang auf S. 251.

207 *BGH*, Urt. v. 29.10.2008, XII ZR 165/06, NJW-RR 2009, 637 (637); *BGH*, Beschl. v. 27.5.2004, III ZB 53/03, NJW 2004, 2226 (2227); *BGH*, Urt. v. 23.11.1983, VIII 197/82 1984, 669 (669); *Münch*, in: MüKo ZPO, § 1029 Rn. 90; *Saenger*, in: Saenger, ZPO, § 1029 Rn. 7; *Schütze*, in: Wieczorek/Schütze, ZPO, § 1025 Rn. 22; *Voit*, in: Musielak/Voit, ZPO, § 1029 Rn. 20; *Wolf/Eslami*, in: BeckOK ZPO, § 1029 Rn. 10 f.

208 So *Lissner*, GRUR-Prax 2016, 522 (522); dementgegen *Münch*, in: MüKo ZPO, Vor § 1025 Rn. 111a.

209 *BGH*, Urt. v. 10.10.1991, III ZR 141/90, NJW 1992, 575 (576); *BGH*, Urt. v. 18.12.1975, III ZR 103/73, NJW 1976, 852 (852); *DIS-Schiedsgericht*, Zwischenschiedsspruch v. 20.2.2007, DIS-SV-B 606/06, SchiedsVZ 2007, 166 (168); *OLG Bremen*, Beschl. v. 28.6.2006, 2 Sch 03/06, SchiedsVZ 2007, 51 (52); *OLG Naumburg*, Beschl. v. 20.5.2005, 10 Sch 01/05, SchiedsVZ 2006, 103 (104); *Geimer*, in: Zöller, ZPO, § 1029 Rn. 35; *Münch*, in: MüKo ZPO, § 1029 Rn. 96; *Saenger*, in: Saenger, ZPO, § 1029 Rn. 12; *Schütze*, in: Wieczorek/Schütze, ZPO, § 1029 Rn. 8; *Schwab/Walter*, Kap. 3 Rn. 22; *Voit*, in: Musielak/Voit, ZPO, § 1029 Rn. 21; *Wolf/Eslami*, in: BeckOK ZPO, § 1029 Rn. 11; *Bälz/Stompfe*, SchiedsVZ 2017, 157 (163); *Gottwald*, in: Rosenberg/Schwab/Gottwald, ZPO, § 176 Rn. 5; *Walter*, JZ 1989, 590 (590).

der ordentlichen Gerichtsbarkeit oder der Schiedsgerichtsbarkeit.[210] Aufgrund dieser Exklusivität verstößt ein Wahlrecht nicht gegen die oben beschriebene Voraussetzung, mit einer Schiedsvereinbarung die staatliche Gerichtsbarkeit ausschließen zu müssen.

Der Wortlaut der DMS-Musterschiedsvereinbarung („*unter fortwährender uneingeschränkter Zulässigkeit einer Klage vor einem staatlichen Gericht*") lässt allerdings nicht bloß auf ein Wahlrecht schließen. Vielmehr wird durch sie ein Gleichlauf zwischen einem Schiedsverfahren und der Zuständigkeit der staatlichen Gerichtsbarkeit vereinbart. Ein Blick auf § 31 DMS-SchO unterstützt dieses Verständnis:

> *„Rechtsbehelfe gegen den Schiedsspruch sind nur nach Maßgabe von § 1059 ZPO möglich. Vor Beginn des Schiedsverfahrens dürfen die Parteien jedoch davon abweichend vereinbaren, dass die Klage vor einem staatlichen Gericht uneingeschränkt zulässig bleiben soll."*

Obwohl gegen einen Schiedsspruch nur der Rechtsbehelf des § 1059 ZPO zulässig ist, soll die ordentliche Gerichtsbarkeit „*davon abweichend*" angerufen werden können. Diese Vorschrift verdeutlicht damit, dass die Anrufung der ordentlichen Gerichte selbst nach dem Abschluss eines Schiedsverfahrens möglich „*bleiben soll*". Es soll mithin kein exklusives Wahlrecht zwischen der staatlichen Gerichtsbarkeit und der Schiedsgerichtsbarkeit geschaffen werden.

II. Aufhebung des Schiedsspruchs

Während ein Schiedsspruch im Wege des gerichtlichen Verfahrens aufgehoben werden kann (§ 1059 ZPO), steht es den Parteien ebenfalls frei, die Rechtskraft des Schiedsspruchs durch Vereinbarung aufzuheben. Dies ist ihnen zum einen möglich, indem sie die Wirkung eines Schiedsspruchs durch Parteivereinbarung nachträglich aufheben.[211] Zum anderen können sie bereits in der

---

210 *OLG München*, Urt. v. 31.7.1958, 6 U 1226/58, NJW 1959, 2220 (2221); *Schwab/Walter*, Kap. 3 Rn. 23; *Voit*, in: Musielak/Voit, ZPO, § 1029 Rn. 21; *Habscheid/Calavros*, KTS 1979, 1 (2); *Schütze/Tscherning/Wais*, Rn. 46.

211 *BayObLG*, Beschl. v. 24.2.1984, 3 Z 197/83, BayOblGZ 1984, 45 (48); *OLG Bremen*, Urt. v. 14.12.1956, 1 U 369/55, NJW 1957, 1035 (1036); *Geimer*, in: Zöller, ZPO, § 1055 Rn. 10; *Münch*, in: MüKo ZPO, § 1055 Rn. 28; *Saenger*, in: Saenger, ZPO, § 1055 Rn. 9; *Gottwald*, in: Rosenberg/Schwab/Gottwald, ZPO, § 181 Rn. 32; *Homfeldt*, S. 83; *Lühmann*, S. 197 f.; *Pika*, ZZP 131 (2018), 225 (237 f.); *Schütze/Tscherning/Wais*, S. 264; *Wagner*, Prozeßverträge: Privatautonomie im Verfahrensrecht, S. 715 f.; a.A. *Voit*, in: Musielak/Voit, ZPO, § 1055 Rn. 6; *Bosch*, S. 84; *Gaul*, in: Berger/Ebke et al., FS Sandrock, 285 (323 f.); *Löhr*, S. 15; *Loritz*, ZZP 105 (1992), 1 (13); *Schwab/Walter*, Kap. 21 Rn. 7; *Spohnheimer*, S. 24 f.

Schiedsvereinbarung die Wirkung des Schiedsspruchs von der Bedingung abhängig machen, dass innerhalb einer bestimmten Frist nach seinem Erlass der ordentliche Rechtsweg nicht beschritten wird.[212] Beide Mechanismen wahren die Exklusivität der Schiedsgerichtsbarkeit, indem sie dazu führen, dass das staatliche Gericht erst angerufen werden kann, nachdem das Schiedsverfahren in rechtlicher Hinsicht beseitigt wurde.

Von diesen Regelungsmöglichkeiten hat das DMS in seiner Musterklausel aber ebenfalls keinen Gebrauch gemacht. Die Schiedsvereinbarung des DMS macht weder deutlich, dass ein erlassener Schiedsspruch wieder aufgehoben werden muss, bevor ein staatliches Gericht angerufen werden kann, noch macht sie die Wirkung eines Schiedsspruchs von dem Ablauf einer Frist abhängig. Vielmehr soll sie eine Zweigleisigkeit zwischen Schiedsgerichtsbarkeit und staatlicher Gerichtsbarkeit schaffen. Dies ist mit der Exklusivität von Schiedsverfahren und Gerichtsverfahren nicht vereinbar.[213]

III. Geltungserhaltende Reduktion

Schließlich gelingt es auch nicht, die Schiedsvereinbarung zu retten, indem man den unwirksamen Teil, also den Zusatz zur fortwährenden Zuständigkeit der ordentlichen Gerichte streicht und den Rest der Vereinbarung aufrechterhält. Dafür spricht zwar die allgemeine Regel, dem Willen der Parteien zur schiedsrichterlichen Entscheidung Wirkung zukommen zu lassen.[214] Dagegen spricht jedoch in diesem Fall, dass die Parteien durch die Vereinbarung des problematischen Zusatzes demonstrieren, dass sie nicht den Willen aufweisen, ein Schiedsverfahren unter Ausschluss der staatlichen Gerichtsbarkeit durchzuführen. Denn der Zusatz ist nur eine Wahlmöglichkeit, ebenso hätten sie sich für „*unter Ausschluss des ordentlichen Rechtsweges endgültig*" entscheiden können.

---

212 *BGH*, Beschl. v. 1.3.2007, IIII ZB 7/06, SchiedsVZ 2007, 160 (162); *Hammer*, Rn. 150; *Kröll*, SchiedsVZ 2008, 62 (63); *Wilske/Markert*, in: BeckOK ZPO, § 1055 Rn. 5; a.A. *OLG Frankfurt a.M.*, Beschl. v. 20.12.2005, 26 Sch 29/05, BeckRS 2006, 12536; *Münch*, in: MüKo ZPO, § 1029 Rn. 90; *Voit*, in: Musielak/Voit, ZPO, § 1029 Rn. 20.

213 *BGH*, Urt. v. 23.5.1960, II ZR 75/58, NJW 1960, 1462 (1462 f.); *OLG Koblenz*, Beschl. v. 17.6.1999, 2 Sch 2/99, NJW-RR 2000, 1365 (1365); *Saenger*, in: Saenger, ZPO, § 1029 Rn. 12; *Schmidt*, SchiedsVZ 2013, 32 (36 f.).

214 *OLG Karlsruhe*, Urt. v. 4.4.2007, 1 U 232/06, NJOZ 2007, 5365 (5370); *Schwab/Walter*, Kap. 3 Rn. 1a; *Seiler*, in: Thomas/Putzo, ZPO, § 1029 Rn. 6; *Trittmann/Hanefeld*, in: Nacimiento/Kröll/Böckstiegel, AiG, § 1029 Rn. 19; zum Model Law *Born*, International Commercial Arbitration, S. 684 f.

IV. Zwischenergebnis

Im Ergebnis können Parteien nicht auf die Wirksamkeit der Musterschiedsvereinbarung des DMS vertrauen. Die Aufgabe einer Schiedsinstitution – die Parteien von der Formulierungsarbeit und möglichen Fehlerquellen zu entlasten – wird somit verfehlt. Dabei ist es auch für eine neue Schiedsinstitution nicht erforderlich, eine Musterklausel gänzlich neu zu gestalten. Genauso wie Parteien empfohlen wird, keine Formulierungsexperimente zu wagen, sondern bewährte Musterklauseln anerkannter Schiedsinstitutionen zu verwenden, kann auch einer neuen Schiedsinstitution geraten werden, anerkannte Musterklauseln als Vorlage zu verwenden. Beispielsweise kann das DMS die bewährte Musterklausel der DIS[215] als Vorlage verwenden, da diese unzweifelhaft die Anforderungen des deutschen Schiedsverfahrensrechts an eine Schiedsvereinbarung erfüllt.[216] Gemünzt auf das DMS lautet sie:

> Alle Streitigkeiten, die sich aus oder im Zusammenhang mit diesem Vertrag oder über dessen Gültigkeit ergeben, werden durch ein Schiedsverfahren nach der Schiedsgerichtsordnung des Deutschen Medienschiedsgerichts (DMS) unter Ausschluss des ordentlichen Rechtsweges endgültig entschieden.

Überdies kann man es den Parteien noch überlassen, die Anzahl der Schiedsrichter, den Schiedsort, die Verfahrenssprache und das anwendbare Recht bereits in der Schiedsvereinbarung zu benennen. Für eine wirksame Schiedsvereinbarung reicht die dargestellte Formulierung allerdings bereits aus.[217]

B. Bildung des Schiedsgerichts

Die Bildung eines Schiedsgerichts unterscheidet sich wesentlich von der Bildung des Spruchkörpers eines staatlichen Gerichts. Im staatlichen Gerichtsverfahren wird die Zuständigkeit eines Richters im Voraus durch Rechtsnormen und Geschäftsverteilungspläne determiniert.[218] Eine Abweichung kann einen Entzug des gesetzlichen Richters und damit einen Verfassungsverstoß bedeuten (Art. 101 Abs. 1 S. 2 GG). Damit soll einer sachfremden Einflussnahme auf die

---

215 Die DIS-Musterklausel ist abrufbar unter go.wwu.de/j4pi2.

216 *Wolrich*, in: Flecke-Giammarco/Boog et.al, Intro, § 1.03 Rn. 9.

217 *Saenger*, in: Saenger, ZPO, § 1029 Rn. 13; *Wolf/Eslami*, in: BeckOK ZPO, § 1029 Rn. 12.

218 *Classen*, in: Von Mangoldt/Klein/Starck, GG, Art. 101 Rn. 13; *Degenhart*, in: Sachs, GG, Art. 101 Rn. 6a; *Jachmann-Michel*, in: Maunz/Dürig, GG, Art. 101 Rn. 47 ff.; *Kment*, in: Jarass/Pieroth, GG, Art. 101 Rn. 11 ff.; *Morgenthaler*, in: BeckOK GG, Art. 101 Rn. 11 ff.; *Schulze-Fielitz*, in: Dreier, GG, Art. 101 Rn. 18.

Rechtsprechung entgegengewirkt werden, die historisch von der Exekutive zu befürchten war.[219]

Dieser ideengeschichtliche Hintergrund gilt für die Schiedsgerichtsbarkeit nicht. Stattdessen wird das Schiedsverfahren durch die Privatautonomie geprägt. So dürfen die Parteien die Zusammensetzung des Schiedsgerichts (§ 1034 Abs. 1 S. 1 ZPO), die Bestellung (§§ 1035 Abs. 1, 1039 Abs. 2 ZPO) und die Ablehnung der Schiedsrichter (§§ 1036 Abs. 2 S. 1 Alt. 2, 1037 Abs. 1 ZPO) nach einem eigenen Verfahren regeln.

Zu diesen Freiheiten gehört das als Strukturprinzip des Schiedsverfahrens anerkannte Recht der Parteien, die Schiedsrichter auswählen zu dürfen.[220] Diese Eigenheit der Schiedsgerichtsbarkeit ist insbesondere vorteilhaft, wenn eine Streitigkeit eine Spezialmaterie zum Gegenstand hat.[221] Während Richter bei staatlichen Gerichten über die Besonderheiten einer Branche oder eines Rechtsgebiets mitunter erst aufgeklärt werden müssen, kann dieses Wissen bei Schiedsrichtern, die gerade aufgrund ihrer Expertise ausgewählt werden, vorausgesetzt werden.

Diesen Vorteil möchte auch das DMS nutzen, indem es über zwanzig Schiedsrichter aufführt, die eine beeindruckende Expertise im Medienrecht aufweisen.[222] Diese Liste fachkundiger Schiedsrichter ist begrüßenswert, achten Parteien bei der Wahl einer Schiedsinstitution doch darauf, ob eine Liste mit

---

219 *BVerfG*, Urt. v. 20.3.1956, 1 BvR 479/55, BVerfGE 4, 412 (416); *Jachmann-Michel*, in: Maunz/Dürig, GG, Art. 101 Rn. 4; *Schulze-Fielitz*, in: Dreier, GG, Art. 101 Rn. 1.

220 *Born*, International Commercial Arbitration, S. 80; *Ebbing*, S. 51; *Lachmann*, Handbuch für die Schiedsgerichtspraxis, Rn. 133; *Lionnet*, in: Berger/Ebke et al., FS Sandrock, 603 (604); *Schütze*, ZVglRWiss 2000, 241 (247); *Schwab/Walter*, Kap. 1 Rn. 8; *Stumpf*, in: Böckstiegel/Glossner, FS Bülow, 217 (221); *Walker*, in: Cadiet/Hess/Isidro, Privatizing Dispute Resolution, 597 (607); siehe auch *QMU*, 2006 International Arbitration Survey, S. 6; *QMU*, 2015 International Arbitration Survey, S. 6; *QMU*, 2018 International Arbitration Survey, S. 7.

221 So in Bezug auf immaterialgüterrechtliche Schiedsverfahren *Bridgeman*, in: Halket, Arbitration of International Intellectual Property Disputes, 223 (241); *Celli/Benz*, 3 European Business Organization Law Review 2002, 593 (596); *Herrington/O'Dell/Mgaloblishvili*, in: Pierce/Gunter, The Guide to IP Arbitration, 7 (13); *Niblett*, in: WIPO, Worldwide Forum on the Arbitration of Intellectual Property Disputes, 197 (198 f.); *QMU*, Pre-empting and Resolving Technology, Media and Telecoms Disputes, S. 26; aber auch hinsichtlich benachbarter Rechtsgebiete siehe *Benton/Andersen*, 74 Disp. Resol. J. 2020, 1 (4) mit Verweis auf *Benton/Compton/Schiefelbein*, SVAMC Survey 2017; siehe hinsichtlich des Patentrechts *Nikolova*, S. 131 f.

222 Siehe die Webseite des DMS, abrufbar unter go.wwu.de/8dbxh.

kompetenten Schiedsrichtern geführt wird.[223] Einschränkend muss jedoch hervorgehoben werden, dass die beim DMS gelisteten Schiedsrichter ihre Dienste nicht exklusiv dem DMS zur Verfügung stellen, sondern das Schiedsrichteramt ebenso in einem Schiedsverfahren übernehmen können, das von einer anderen Schiedsinstitution administriert wird.

Im Übrigen sind einige Vorschriften in der DMS-SchO zur Bildung des Schiedsgerichts diskussionswürdig, da sie eine negative Abweichung sowohl vom gesetzlichen Leitbild als auch von der Vorgehensweise anderer Schiedsinstitutionen darstellen. Dies betrifft die Anzahl der Schiedsrichter im Schiedsgericht (**I**), deren Bestellung (**II**) und Ablehnung (**III**).

I. Anzahl der Schiedsrichter

Die ZPO überlässt die Entscheidung über die Anzahl der Schiedsrichter zunächst den Parteien (§ 1034 Abs. 1 S. 1 ZPO). Nur für den Fall, dass eine solche Einigung nicht vorliegt, statuiert das Gesetz eine Standardbesetzung des Schiedsgerichts mit drei Schiedsrichtern (§ 1034 Abs. 1 S. 2 ZPO). Mit § 12 Abs. 2 DMS-SchO liegt allerdings eine Regelung vor, die dieser gesetzlichen Bestimmung vorgeht:

> *„Der Spruchkörper kann eine Kammer mit drei Mitgliedern, eine große Kammer mit fünf Mitgliedern oder ein Senat mit sieben Mitgliedern sein. Welcher Spruchkörper gebildet werden soll, entscheiden die Parteien abschließend, wobei sie diese Entscheidung bereits in der Schiedsvereinbarung treffen sollen. Anderenfalls erfolgt diese Entscheidung […] spätestens zwei Wochen nach Eingang des verfahrenseinleitenden Antrags […] beim Medienschiedsgericht; kommt eine einvernehmliche Entscheidung der Parteien nicht zustande, ist das Schiedsverfahren gescheitert."*

An dieser Vorschrift ist zunächst zu kritisieren, dass ein Schiedsverfahren scheitern soll, wenn die Parteien sich nicht über die Anzahl der Schiedsrichter einigen können. Damit wird einer Partei, der das Schiedsverfahren unerwünscht ist, ein geeignetes Mittel zum Boykott in die Hand gegeben.[224] Demgegenüber ist die gesetzliche Regelung zu favorisieren, da sie mit der subsidiären Regelung einer Dreierbesetzung anstrebt, das Schiedsverfahren aufrechtzuerhalten.

Weiterhin verwehrt die Regelung der DMS-SchO den Parteien, einen Einzelschiedsrichter auszuwählen. Dies schränkt nicht nur die Auswahlmöglichkeiten

---

223 *Eidenmüller*, in: Schütze/Klötzel/Gebauer, FS Thümmel, 125 (136); *QMU*, 2021 International Arbitration Survey, S. 11 f.

224 So ausdrücklich zu dieser Regelung der DMS-SchO *Lederer*, Kluwer Arbitration Blog v. 29.3.2017: *„As such, one party may effectively block arbitration proceedings by simply not engaging in discussions with the other party about the number of the arbitrators"*.

der Parteien von vornherein ein. Es steht darüber hinaus im Widerspruch zu vielen Schiedsgerichtsordnungen anerkannter Schiedsinstitutionen, nach denen ein Schiedsgericht mit einem Einzelschiedsrichter den Regelfall darstellt.[225] Ein Einzelschiedsrichter kann insbesondere bei weniger komplizierten Fällen sinnvoll sein, da dieser das Schiedsverfahren allein effizienter führen kann und die Vergütungskosten relativ gering bleiben.[226]

Im Übrigen werden Schiedsgerichte maximal mit drei Schiedsrichtern besetzt, da die finanzielle Kompensation von mehr Schiedsrichtern selten gerechtfertigt ist.[227] Eine Ausnahme stellen nur zwischenstaatliche Schiedsverfahren dar, in denen es üblich geworden ist, ein Schiedsrichterkollegium mit fünf Schiedsrichtern zu bestellen.[228] Das DMS richtet sich aber nicht an Staaten, sondern in erster Linie an Medienunternehmen. Dennoch sieht es die Möglichkeit vor, das Schiedsgericht mit fünf und sogar mit sieben Schiedsrichtern zu besetzen.

Beim DMS ergibt sich hierdurch zudem ein Widerspruch in der Schiedsgerichtsordnung, der darauf zurückzuführen ist, dass jede Partei zusätzlich zwei Ersatzschiedsrichter bestellen muss (§ 12 Abs. 4 S. 4 DMS-SchO). Würden sich Parteien für ein Schiedsgericht mit sieben Schiedsrichtern entscheiden, müssten sie inklusive der Ersatzschiedsrichter elf Schiedsrichter bestellen. Allerdings verpflichtet sich das DMS nur dazu, eine Liste von zehn Schiedsrichtern vorzuweisen (§ 6 Abs. 1 DMS-SchO). Da die Schiedsrichterliste geschlossen ist,[229] könnten die Parteien auch nicht auf externe Schiedsrichter zurückgreifen. Zwar führt das DMS mittlerweile mehr als elf Schiedsrichter auf seiner Liste, sodass sich die Inkonsistenz der DMS-SchO zurzeit nicht materialisieren würde. Jedoch ist ein Widerspruch in der Schiedsgerichtsordnung schon deswegen zu vermeiden, weil die Abweichung von einem vereinbarten Verfahren zur Bildung des Schiedsgerichts die Aufhebbarkeit eines Schiedsspruchs nach sich ziehen kann (§ 1059 Abs. 2 Nr. 1 lit. d ZPO). Dabei gilt ein Verfahren zur Bildung des

225 Art. 12 Abs. 2 S. 1 ICC-SchO; Art. 14 lit. b WIPO-SchO; Art. 5 Abs. 8 LCIA-SchO; Art. 9 Abs. 1 SIAC-SchO; Rule 16 lit. a AAA-SchO; Art. 12 ICDR-SchO; Art. 9 Abs. 2 SAC-SchO; Art. 14 Abs. 2 CAM-SchO; Art. 11 Abs. 2 MIAC-SchO.

226 *Meyer*, S. 109; *Thorn*, in: Pierce/Gunter, The Guide to IP Arbitration, 50 (58); *Welser*, in: Fitz/Kalss et al., FS Torggler, 1279 (1285).

227 *Born*, International Arbitration and Forum Selection Agreements, S. 80; *Born*, International Commercial Arbitration, S. 1798.

228 *Born*, International Commercial Arbitration, S. 1797 f.; *Daly/Goriatcheva/Meighen*, Rn. 4.03; *Marsman*, Rn. 34-001.

229 Hierzu ausführlich ab S. 67.

Schiedsgerichts auch als vereinbart, wenn es sich aus einer Schiedsgerichtsordnung ergibt.[230]

Im Ergebnis ist daher folgende Regelung vorzuziehen:

> [1]Die Parteien können sich auf eine ungerade Anzahl von Schiedsrichtern, in der Regel nicht mehr als drei, einigen. [2]Wenn sich die Parteien bis 15 Tage nach Beginn des Schiedsverfahrens nicht geeinigt haben, entscheidet der Präsident, ob das Schiedsgericht aus einem Einzelschiedsrichter oder drei Schiedsrichtern besteht. [3]Hierbei berücksichtigt er insbesondere den Streitwert, die Komplexität und den Umfang der Streitigkeit sowie das Interesse der Parteien an einer zügigen Streitbeilegung.

II. Bestellung der Schiedsrichter

Wenn die Anzahl der Schiedsrichter geklärt ist, besteht der nächste Schritt darin, ausgewählte Personen als Schiedsrichter zu bestellen. Das gesetzliche Verfahren zur Bestellung eines Schiedsrichters sieht vor, dass jede Partei einen Schiedsrichter beruft, woraufhin diese Schiedsrichter ihrerseits einen weiteren Schiedsrichter als Vorsitzenden wählen (§ 1035 Abs. 3 S. 2 ZPO). Obgleich Parteien eines DMS-Schiedsverfahrens die Schiedsrichterauswahl auch auf den Präsidenten des DMS übertragen können, steht ihnen das originäre Recht der Schiedsrichterwahl zu (§ 12 Abs. 1 S. 2 DMS-SchO). Eine Einschränkung ergibt sich allerdings in der Hinsicht, dass die Parteien die Schiedsrichter von einer geschlossenen Liste des DMS auswählen müssen (1). Außerdem bedingt die DMS-SchO die Vorschriften ab, die im Falle von Meinungsverschiedenheiten über die Wahl eines Schiedsrichters einem Scheitern des Schiedsverfahrens vorbeugen (2).

1. Geschlossene Schiedsrichterliste

Die Schiedsrichterliste des DMS ist geschlossen, sodass es den Parteien verwehrt ist, einen Schiedsrichter außerhalb der Liste zu wählen (§ 12 Abs. 1 S. 1 DMS-SchO). Ein solcher Listenzwang ist zwar zulässig.[231] Gleichwohl wird damit ein fundamentaler Eckpfeiler der Schiedsgerichtsbarkeit – die freie Auswahl eines Schiedsrichters – stark eingeschränkt.[232] Dies wirkt beim DMS besonders

---

230 *Münch*, in: MüKo ZPO, § 1059 Rn. 32; *Voit*, in: Musielak/Voit, ZPO, § 1059 Rn. 17; *Wilske/Markert*, in: BeckOK ZPO, § 1059 Rn. 48.

231 *BGH*, Urt. v. 7.6.2016, KZR 6/15, NJW 2016, 2266 (2269); *OLG Frankfurt a.M.*, Beschl. v. 28.10.2010, 26 SchH 3/09, BeckRS 2010, 29009; dem folgt *Münch*, in: MüKo ZPO, Vor § 1025 Rn. 18.

232 *Buchwitz*, S. 23; *Hantke*, SchiedsVZ 2003, 269 (272); hinsichtlich der geschlossenen Schiedsrichterliste in IFTA-Schiedsverfahren kritisch *Frohne*, ZUM 2004, 793 (798);

einschränkend, da es aktuell nur 25 Schiedsrichter aufführt.[233] Im Vergleich dazu beschränkt selbst die WIPO die Parteien nicht auf ihre Schiedsrichterliste, obwohl diese über 1500 Schiedsrichter umfasst.[234]

Es wirkt auch nicht vertrauenerweckend, wenn bei Schiedsverfahren einer Schiedsinstitution ständig dieselben Schiedsrichter gewählt werden.[235] Auf lange Sicht passiert dies bei einer geschlossenen Schiedsrichterliste jedoch zwangsläufig. Umgekehrt kann es die Anerkennung einer Schiedsinstitution fördern, wenn die Schiedsrichterliste geöffnet und ständig erweitert wird.[236] Somit verwundert es nicht, dass ein Listenzwang bei Schiedsinstitutionen unüblich geworden ist.[237] Auch Parteien sprechen sich zum großen Teil gegen eine geschlossene Liste aus.[238]

Demgegenüber könnte ein Argument für die geschlossene Schiedsrichterliste gewesen sein, hierdurch die Expertise der Schiedsrichter zu gewährleisten. Es ist ausweislich § 6 Abs. 2 DMS-SchO das Ziel des DMS, *„[v]ermittelt durch die Vielfalt seiner Schiedsrichter […] über fachliche Kompetenzen in allen wesentlichen Bereichen der Medien [zu] verfügen.“* Um diese Expertise zu gewährleisten, ist es allerdings nicht notwendig, die Schiedsrichterliste zu schließen. Man kann die Liste auch öffnen und dennoch die aufgeführten Anforderungen an die Expertise der Schiedsrichter beibehalten, indem man diese vor der jeweiligen Bestellung eines Schiedsrichters prüft.

Ferner ist zu berücksichtigen, dass eine geschlossene Schiedsrichterliste zu einer Überlastung führen kann, wenn mehrere Streitigkeiten an das DMS getragen würden. Zwar können Schiedsrichter auch mehrere Verfahren übernehmen. Zum einen sind aber auch ihre Kapazitäten beschränkt. Zum anderen würde

---

ebenfalls ablehnend beim CAS-Schiedsverfahren *Brandner/Kläger*, SchiedsVZ 2015, 112 (117, 119); *Lungstras*, S. 296; *Orth*, in: Cherkeh/Momsen/Orth, Handbuch Sportstrafrecht, Kap. 2 S. 47; a.A. *Heermann*, SchiedsVZ 2015, 78 (79).

233 Siehe die Webseite des DMS, abrufbar unter go.wwu.de/8dbxh.

234 Siehe die Webseite der WIPO, abrufbar unter go.wwu.de/ec9qu.

235 *Berg*, S. 674; ebenso *Chen*, S. 38.

236 *Berg*, S. 686, 694.

237 *Bridgeman*, in: Halket, Arbitration of International Intellectual Property Disputes, 223 (239 f.); *Buchwitz*, S. 23; *Hofbauer/Burkart et al.*, in: Habegger/Hochstrasser et al., Arbitral Institutions under Scrutiny, 1 (12); *Schlosser*, Das Recht der internationalen privaten Schiedsgerichtsbarkeit, Rn. 467; vgl. auch *Habscheid/Habscheid*, JZ 1994, 945 (951).

238 *BLP Law*, International Arbitration Survey, S. 12.

damit die Gefahr einer Interessenkollision steigen, zumal sich das DMS an eine bestimmte Branche richtet.[239]

Zuletzt spricht für eine Öffnung der Schiedsrichterliste auch der Trägerwechsel beim DMS. Nach der Auflösung des DMS-Vereins, der ursprünglich für die Aufnahme neuer Schiedsrichter auf die Liste zuständig war, ist nun unklar, ob diese Aufgabe von der Nachfolgeorganisation fortgeführt wird. Das könnte zu einer Stagnation bei der Anzahl der Schiedsrichter führen. Im Ergebnis sollte § 12 Abs. 1 S. 1 DMS-SchO also gestrichen werden, um die Schiedsrichterliste zu öffnen.

2. *Scheitern des Schiedsverfahrens*

Sollte eine Partei innerhalb eines Monats keinen Schiedsrichter bestellt haben, kann die andere Partei das zuständige Oberlandesgericht damit beauftragen, die Bestellung zu übernehmen (§ 1035 Abs. 3 S. 3 ZPO). Selbst wenn die Parteien ein eigenes Bestellungsverfahren vereinbart haben, wird dieses gesetzlich abgesichert, indem auch hier das Gericht auf Antrag einer Partei erforderliche Maßnahmen treffen kann (§ 1035 Abs. 4 ZPO). Diese Reservefunktion der staatlichen Gerichtsbarkeit wahrt die Integrität des Schiedsverfahrens.[240]

Sie gilt allerdings nur in Abwesenheit spezieller Parteivereinbarungen (§§ 1035 Abs. 1, 1039 Abs. 2 ZPO). Die DMS-SchO enthält eine solche spezielle Bestimmung, wodurch der gesetzliche Sicherungsmechanismus abbedungen wird. Gemäß § 12 Abs. 3 S. 2 DMS-SchO soll ein Schiedsverfahren ausdrücklich scheitern, wenn das Schiedsgericht nicht innerhalb von zwei Monaten nach Erhebung der Schiedsklage konstituiert werden konnte. In diesem Fall ist es für die Parteien nicht möglich, das zuständige staatliche Gericht um Hilfe zu bitten. Ein solcher Mechanismus ist eine Einladung für eine obstruktive Partei, ein Schiedsverfahren durch bloßen Zeitablauf zu blockieren.

Die meisten Schiedsinstitutionen halten andere Mechanismen zur Bestellung der Schiedsrichter vor.[241] Teilweise überlassen sie es den Parteien überhaupt nicht, die Schiedsrichter selbst auszuwählen, sondern übernehmen diese Aufgabe selbst.[242] Die Mehrheit der Schiedsinstitutionen jedoch überlässt den

239 Siehe hierzu noch ab S. 230.

240 *OLG München*, Beschl. v. 29.1.2010, 34 SchH 11/09, SchiedsVZ 2010, 168 (168 f.); *BayObLG*, Beschl. v. 20.6.2000, 4Z SchH 12/99, BayOblGZ 2000, 187 (189); *Nacimiento/Abt/Stein*, in: Nacimiento/Kröll/Böckstiegel, AiG, § 1035 Rn. 28; *Matusche-Beckmann/Spohnheimer*, in: Kronke/Thorn, FS Hoffmann, 1029 (1036).

241 *Stackpool-Moore*, in: Berg, Arbitration, 417 (420).

242 Art. 13 Abs. 1 DIS-SchO; Art. 5 Abs. 7 LCIA-SchO.

Parteien zunächst die Auswahl der Schiedsrichter, lässt dieses Auswahlrecht jedoch auf die Schiedsinstitution übergehen, falls sich die Parteien nicht entscheiden können.[243] Durch Auffangregelungen dieser Art wird einerseits ein Scheitern des Schiedsverfahrens verhindert, indem der Schiedsinstitution die Entscheidungsgewalt über die Bestellung der Schiedsrichter übertragen wird. Andererseits wird hierdurch verhindert, dass ein staatliches Gericht involviert werden muss. Eine Bestellung durch die Schiedsinstitution zu ermöglichen, gebietet damit das Gebot der Effizienz.[244] Zudem wahrt dieser Mechanismus die Privatautonomie, da er voraussetzt, dass die Parteien zuvor nicht selbst zu einer Entscheidung gelangen konnten. Demnach sollte das Bestellverfahren wie folgt geregelt werden:

> (1) [1]Die Parteien können sich auf ein Verfahren zur Bestellung der Schiedsrichter einigen. [2]Liegt keine Vereinbarung vor, erfolgt die Bestellung nach den folgenden zwei Absätzen.
> (2) [1]Im Falle eines Einzelschiedsrichters fordert der Präsident die Parteien auf, die Bestellung innerhalb von 30 Tagen gemeinsam vorzunehmen. [2]Erfolgt die Bestellung des Schiedsrichters nicht fristgerecht, nimmt der Präsident die Bestellung vor.
> (3) [1]Im Falle eines Schiedsrichterkollegiums fordert der Präsident die Parteien auf, innerhalb von 30 Tagen jeweils die Hälfte der beisitzenden Schiedsrichter zu bestellen. [2]Sollte ein beisitzender Schiedsrichter nicht fristgerecht bestellt werden, nimmt der Präsident die Bestellung vor. [3]Sind alle beisitzenden Schiedsrichter bestellt, werden sie vom Präsidenten aufgefordert, innerhalb von 30 Tagen gemeinsam einen weiteren Schiedsrichter zu bestellen, der den Vorsitz des Schiedsgerichts übernimmt. [4]Erfolgt die Bestellung des Vorsitzenden nicht fristgerecht, nimmt sie der Präsident vor.

III. Ablehnung eines Schiedsrichters

Die Bestellung eines Schiedsrichters kann durch ein Ablehnungsverfahren wieder rückgängig gemacht werden. Sowohl bezüglich der Ablehnungsgründe als auch hinsichtlich des Ablehnungsverfahrens besteht erneut die Maxime der Privatautonomie, es sei denn, das Gesetz enthält zwingende Vorgaben (§§ 1036 Abs. 2 S. 1 Hs. 2, 1037 Abs. 1 ZPO). Diese Gelegenheit nutzt das DMS und sieht

---

243 Art. 12 Abs. 3 S. 2, Abs. 4 S. 2 ICC-SchO; Art. 10 Abs. 3, Abs. 11 S. 1 SAC-SchO; Art. 17 Abs. 3 S. 2, Abs. 4 S. 3 SAC-SchO; Art. 10 Abs. 2, Art. 11 Abs. 2 SIAC-SchO; Art. 19(a) WIPO-SchO; Art. 13 Abs. 3 S. 1 ICDR-SchO; Rule 12 lit. b S. 4 AAA-SchO; Art. 7 Abs. 2, 3, Art. 8 Abs. 1 lit. c S. 2 HKIAC-SchO; Art. 17 Abs. 4 S. 2 SCC-SchO; Art. 4 lit. a Hs. 2 CAM-SchO, Rule 4 Abs. 4 lit. b, Abs. 5 lit. b AIAC-SchO.

244 *Lachmann*, Handbuch für die Schiedsgerichtspraxis, Rn. 3044.

in seiner Schiedsgerichtsordnung Sonderregelungen sowohl hinsichtlich der Ablehnungsgründe (1) als auch des Ablehnungsverfahrens (2) vor.

1. *Ablehnungsgründe*

Ein Schiedsrichter kann abgelehnt werden, wenn berechtigte Zweifel an seiner Unabhängigkeit *oder* Unparteilichkeit bestehen (§ 1036 Abs. 2 S. 1 Hs. 1 ZPO). Allerdings bestimmt § 13 Abs. 1 S. 1 lit. b DMS-SchO:

> *„Ein Schiedsrichter kann abgelehnt werden, wenn […] Umstände vorliegen, die berechtigte Zweifel an seiner Unparteilichkeit und Unabhängigkeit aufkommen lassen […].“*

Diese Formulierung schränkt den gesetzlichen Ablehnungsgrund auf die Situation ein, dass berechtigte Zweifel an Unparteilichkeit *und* Unabhängigkeit vorliegen. Damit können berechtigte Zweifel an der Unparteilichkeit nicht zur Ablehnung führen, wenn nicht solche zugleich an der Unabhängigkeit bestehen – und umgekehrt. Da die gesetzlichen Ablehnungsgründe durch Parteivereinbarung aber nicht abdingbar sind,[245] ist die Vorschrift insoweit unwirksam. Sie sollte daher angepasst werden.

2. *Ablehnungsverfahren*

Das gesetzliche Ablehnungsverfahren sieht vor, dass das gesamte Schiedsgericht – mitsamt dem angefochtenen Schiedsrichter – über die Ablehnung entscheidet (§ 1037 Abs. 2 S. 2 ZPO). Wird ein Schiedsrichter abgelehnt, werden Ersatzschiedsrichter bestellt (§ 1039 Abs. 1 S. 1 ZPO).

Das Ablehnungsverfahren beim DMS weicht hiervon ab. Zunächst soll das Schiedsverfahren erneut scheitern können, wenn mehr als zwei Schiedsrichter erfolgreich abgelehnt werden (§ 13 Abs. 7 S. 2 DMS-SchO). Wie bereits die Regelungen zur Anzahl und Bestellung der Schiedsrichter[246] gefährdet auch diese Regelung die Integrität des Schiedsverfahrens und ist somit zu streichen.

Außerdem statuiert § 13 Abs. 5 S. 2 DMS-SchO:

> *„Tritt der abgelehnte Schiedsrichter von seinem Amt nicht zurück oder stimmt die andere Partei der Ablehnung nicht zu, so entscheidet die Mehrheit der anderen Schiedsrichter des Spruchkörpers des Medienschiedsgerichtes über die Ablehnung mit einfacher Mehrheit.“*

---

245 *Geimer*, in: Zöller, ZPO, § 1036 Rn. 6, 10; *Nacimiento/Abt/Stein*, in: Nacimiento/Kröll/Böckstiegel, AiG, § 1036 Rn. 4; *Voit*, in: Musielak/Voit, ZPO, § 1036 Rn. 11; *Froitzheim*, Rn. 291 ff.

246 Siehe oben ab S. 65 (Anzahl) und S. 67 (Bestellung).

Für einen solchen Ausschluss des angefochtenen Schiedsrichters („*so entscheidet die Mehrheit der anderen Schiedsrichter*") spricht zunächst, dass niemand in eigener Sache entscheiden darf.[247] Gleichwohl ist diese Regelung vor dem Hintergrund des Gleichbehandlungsgrundsatzes bedenklich (a). Für das DMS stehen stattdessen Regelungen offen, die das Ablehnungsverfahren zum einen rechtmäßig und zum anderen effizient gestalten (b).

a) Ausschluss des angefochtenen Schiedsrichters

Wenn der Schiedsrichter, der von einer Partei gewählt wurde, nicht über seine Ablehnung entscheiden darf, verfügt diese Partei bei der Ablehnungsentscheidung über weniger Einfluss auf die Zusammensetzung des Schiedsgerichts als die andere Partei.[248] Es ist jedoch ein Grundgedanke des Schiedsverfahrensrechts, dass die Parteien den gleichen Einfluss auf die Bildung des Schiedsgerichts ausüben können müssen.[249] Daran wird deutlich, dass der Ausschluss des angefochtenen Schiedsrichters mit dem fundamentalen Prinzip der Gleichbehandlung der Parteien (§ 1042 Abs. 1 S. 1 ZPO) in Konflikt gerät. Somit besteht ein starker Grund für die Mitwirkung des angefochtenen Schiedsrichters.

Außerdem kann die Entscheidung des Schiedsgerichts über einen Ablehnungsantrag gerichtlich überprüft werden (§ 1037 Abs. 3 S. 1 ZPO). Wenn die Partei, welche die Ablehnung des Schiedsrichters beantragt hat, der Meinung ist, ihr Ablehnungsantrag sei zu Unrecht zurückgewiesen worden, steht ihr also noch während des Schiedsverfahrens ein weiterer Rechtsbehelf zur Verfügung. Diesen Rechtsschutz gewährleistet auch § 13 Abs. 6 DMS-SchO. Wenn aber der angefochtene Schiedsrichter ausgeschlossen wird und dem Antrag auf Ablehnung stattgegeben wird, besteht gegen diese Entscheidung kein entsprechender

---

247 Darauf verwies auch die Bundesregierung im Gesetzgebungsverfahren, siehe BT-Drs. 13/5274, S. 41; diese Bedenken hatte Deutschland bereits bei der Erstellung des Model Law angebracht, siehe *Secretary-General*, in: United Nations, International Commercial Arbitration, S. 24; dagegen dann aber der Rechtsausschuss, siehe BT-Drs. 13/9124, S. 46.

248 BT-Drs. 13/9124, S. 46; BT-Drs. 13/5274, S. 41; *Nacimiento/Abt/Stein*, in: Nacimiento/Kröll/Böckstiegel, AiG, § 1037 Rn. 10; *Mankowski*, SchiedsVZ 2004, 304 (305); kritisch für den Fall eines Einzelschiedsrichters *Berger*, Private Dispute Resolution in International Business, Rn. 23-48.

249 Das verdeutlicht insbesondere § 1034 Abs. 2 ZPO, siehe *Münch*, in: MüKo ZPO, § 1034 Rn. 2; *Nacimiento/Abt/Stein*, in: Nacimiento/Kröll/Böckstiegel, AiG, § 1034 Rn. 3; *Schwab/Walter*, Kap. 9 Rn. 4; *Voit*, in: Musielak/Voit, ZPO, § 1034 Rn. 1; *Wolf/Eslami*, in: BeckOK ZPO, § 1034 Rn. 2.

Rechtsschutz. Aus § 1037 Abs. 3 S. 1 ZPO geht deutlich hervor, dass der Rechtsweg nur gegen Entscheidungen offensteht, die einen Ablehnungsantrag abweisen („*Bleibt die Ablehnung […] erfolglos, so kann die ablehnende Partei […] bei Gericht eine Entscheidung über die Ablehnung beantragen […].*“).[250]

Es stellt auch keine Alternative dar, die Aufhebung der Ablehnungsentscheidung zu beantragen, denn ein solches Aufhebungsverfahren ist nur gegen Schiedssprüche statthaft (§ 1059 ZPO). Da einer Ablehnungsentscheidung diese Eigenschaft aber nicht zukommt,[251] bleibt nur, den endgültigen Schiedsspruch abzuwarten und gegen diesen die Aufhebung zu beantragen.[252] Während eines Schiedsverfahrens besteht mithin kein Rechtsschutz gegen eine positive Ablehnungsentscheidung.[253] Dieser Unterschied in den Rechtsschutzmöglichkeiten spricht ebenfalls dafür, einen angefochtenen Schiedsrichter auch über seine Ablehnung mitentscheiden zu lassen.[254]

b) Effiziente Alternativen

Aus den genannten Gründen ist die Regelung der DMS-SchO nicht zu befürworten. Allerdings ist auch an dem alternativen gesetzlichen Verfahren zu kritisieren, dass es zweistufig aufgebaut ist: Auf der ersten Stufe entscheidet erst das Schiedsgericht über den Ablehnungsantrag. Wird der Ablehnungsantrag zurückgewiesen, kann die ablehnende Partei auf zweiter Stufe noch eine gerichtliche Überprüfung nach § 1037 Abs. 3 S. 1 ZPO beantragen. Weil das zweistufige Verfahren mitunter als ineffizient angesehen wird,[255] die zweite Stufe aber zwingender Natur ist,[256] könnte man daher auf jedwedes vorgeschaltete Verfahren,

---

250 So sieht dies auch *Münch*, in: MüKo ZPO, § 1037 Rn. 21; die Hervorhebung im Gesetzestext wurde durch den Autor vorgenommen.

251 *Matusche-Beckmann/Spohnheimer*, in: Kronke/Thorn, FS Hoffmann, 1029 (1038).

252 *Matusche-Beckmann/Spohnheimer*, in: Kronke/Thorn, FS Hoffmann, 1029 (1038 ff.).

253 *Matusche-Beckmann/Spohnheimer*, in: Kronke/Thorn, FS Hoffmann, 1029 (1034 ff.).

254 *OLG München*, Beschl. v. 5.11.2013, 34 SchH 8/13, SchiedsVZ 2013, 334 (336); *Münch*, in: MüKo ZPO, § 1037 Rn. 16; *Nacimiento/Abt/Stein*, in: Nacimiento/Kröll/Böckstiegel, AiG, § 1037 Rn. 11; *Saenger*, in: Saenger, ZPO, § 1037 Rn. 4; *Schwab/Walter*, Kap. 14 Rn. 22; *Voit*, in: Musielak/Voit, ZPO, § 1037 Rn. 4; *Wolf/Eslami*, in: BeckOK ZPO, § 1037 Rn. 6; *Mankowski*, SchiedsVZ 2004, 304 (306); *Oetting*, S. 166; kritisch *Hilgard*, BB 2015, 456 (459).

255 *Reiner*, S. 122; vgl. auch *Wolf*, S. 132 f.

256 *Anders*, in: BLHAG, ZPO, § 1037 Rn. 3; *Münch*, in: MüKo ZPO, § 1037 Rn. 5; *Nacimiento/Abt/Stein*, in: Nacimiento/Kröll/Böckstiegel, AiG, § 1037 Rn. 3; *Prütting*, in: Prütting/Gehrlein, ZPO, § 1037 Rn. 2; *Seiler*, in: Thomas/Putzo, ZPO, § 1037

also die erste Stufe, verzichten. Zwar wäre eine solche Vorgehensweise zulässig.[257] Allerdings ist damit nur ein Effizienzgewinn verbunden, wenn man es mit dem vollständigen Durchlaufen des zweistufigen Verfahrens vergleicht.

Sinnvoller erscheint es demgegenüber, bereits die erste Stufe des Verfahrens zu verbessern, damit erst gar kein Bedarf für eine gerichtliche Überprüfung entstehen kann. Hierfür kann auf die von vielen Schiedsinstitutionen praktizierte Vorgehensweise verwiesen werden, wonach sie dem Schiedsgericht die Entscheidung über den Ablehnungsantrag abnehmen.[258] Dies ist nicht nur gemäß § 1037 Abs. 1 ZPO zulässig.[259] Damit umgeht man auch die oben aufgeworfenen Probleme, denn weder entscheidet ein Schiedsrichter in eigener Sache,[260] noch entsteht das Risiko einer Ungleichbehandlung der Parteien. Daneben ist das Verfahren auch effizient, da das Schiedsgericht um die Entscheidung über die Ablehnung entlastet wird.

Weil das Schiedsgericht gemäß § 1037 Abs. 3 S. 2 ZPO selbst während der gerichtlichen Überprüfung das Schiedsverfahren fortsetzen darf, muss dies erst recht gelten, wenn lediglich von einer Schiedsinstitution über die Ablehnung entschieden wird. Durch die Auslagerung der Ablehnungsentscheidung wird also gewährleistet, dass das Schiedsverfahren parallel zum Ablehnungsverfahren fortgesetzt werden kann und nur für den Fall unterbrochen werden muss, dass ein Ablehnungsgrund festgestellt wird.

Zur Umsetzung beim DMS bietet es sich an, dass der Präsident oder, falls dieser als Schiedsrichter tätig ist, der Vizepräsident, die Ablehnungsanträge

---

Rn. 1; *Voit*, in: Musielak/Voit, ZPO, § 1037 Rn. 2; *Wolf/Eslami*, in: BeckOK ZPO, § 1037 Rn. 3.

257 *OLG Hamburg*, Beschl. v. 12.7.2005, 9 SchH 1/05, SchiedsVZ 2006, 55 (56); *Anders*, in: BLHAG, ZPO, § 1037 Rn. 3, *Geimer*, in: Zöller, ZPO, § 1037 Rn. 1; *Nacimiento/Abt/Stein*, in: Nacimiento/Kröll/Böckstiegel, AiG, § 1037 Rn. 15; *Schütze*, in: Wieczorek/Schütze, ZPO, § 1037 Rn. 12; *Seiler*, in: Thomas/Putzo, ZPO, § 1037 Rn. 1; *Voit*, in: Musielak/Voit, ZPO, § 1037 Rn. 2; *Wolf/Eslami*, in: BeckOK ZPO, § 1037 Rn. 3; *Mankowski*, SchiedsVZ 2004, 304 (305); a.A. *Münch*, in: MüKo ZPO, § 1037 Rn. 5.

258 *Rogers*, Kluwer Arbitration Blog v. 15.3.2018; siehe Art. 14 Abs. 3 S. 1 ICC-SchO; Art. 10 Abs. 5 S. 1 LCIA-SchO; Art. 11 Abs. 9 S. 1 HKIAC-SchO; Art. 15 Abs. 4 DIS-SchO; Art. 29 S. 1 WIPO-SchO; Art. 16 Abs. 1 S. 1 SIAC-SchO; Art. 15 Abs. 3 ICDR-SchO; Rule 18 lit. c AAA-SchO; siehe auch *Hofbauer/Burkart et al.*, in: Habegger/Hochstrasser et al., Arbitral Institutions under Scrutiny, 1 (14 f.).

259 *Münch*, in: MüKo ZPO, § 1037 Rn. 6; *Saenger*, in: Saenger, ZPO, § 1037 Rn. 2; *Schwab/Walter*, Kap. 14 Rn. 21; *Voit*, in: Musielak/Voit, ZPO, § 1037 Rn. 2; *Wolf/Eslami*, in: BeckOK ZPO, § 1037 Rn. 3; zum zugrunde liegenden Model Law *Oetting*, S. 165.

260 *Lachmann*, Handbuch für die Schiedsgerichtspraxis, Rn. 3045.

bearbeitet. In Anlehnung an das gesetzliche Ablehnungsverfahren, aber mit den angesprochenen Anpassungen, lautet eine entsprechende Regelung für die DMS-SchO:

> (1) [1]Eine Partei kann beantragen, dass ein Schiedsrichter abgelehnt wird, wenn Umstände vorliegen, die berechtigte Zweifel an seiner Unparteilichkeit oder Unabhängigkeit begründen oder wenn er die zwischen den Parteien vereinbarten Voraussetzungen nicht erfüllt. [2]Eine Partei kann einen Schiedsrichter, den sie bestellt oder an dessen Bestellung sie mitgewirkt hat, nur aus Gründen ablehnen, die ihr erst nach der Bestellung bekannt geworden sind.
> (2) [1]Die Partei muss innerhalb von zwei Wochen, nachdem sie Kenntnis von der Bestellung des Schiedsrichters oder, wenn dies später sein sollte, dem Ablehnungsgrund erlangt hat, diesen dem Schiedsgericht, der anderen Partei und dem Präsidenten schriftlich darlegen. [2]Tritt der angefochtene Schiedsrichter von seinem Amt nicht zurück und stimmt die andere Partei der Ablehnung nicht zu, so entscheidet der Präsident über den Ablehnungsantrag, nachdem er den Parteien und den Schiedsrichtern Gelegenheit zur Stellungnahme gegeben hat. [3]Wenn der Präsident selbst als Schiedsrichter tätig ist, entscheidet der Vizepräsident.
> (3) [1]Das Schiedsgericht, inklusive dem angefochtenen Schiedsrichter, kann das Schiedsverfahren während des Ablehnungsverfahrens fortsetzen. [2]Bevor über den Ablehnungsantrag entschieden ist, darf das Schiedsverfahren nicht beendet werden.

IV. Zwischenergebnis

Die Vorschriften der DMS-SchO über die Bildung des Schiedsgerichts sind teilweise ineffizient oder sogar unwirksam. Gleich in mehrfacher Hinsicht weicht die DMS-SchO negativ von den gesetzlichen Vorschriften der ZPO und der Vorgehensweise anerkannter Schiedsinstitutionen ab.

C. Zuständigkeit des Schiedsgerichts

Ein Schiedsgericht entscheidet gemäß § 1040 Abs. 1 S. 1 ZPO über seine Zuständigkeit. Hält es sich für zuständig, entscheidet es durch Zwischenentscheid (§ 1040 Abs. 3 S. 1 ZPO). Nach § 3 Abs. 3 lit. b DMS-SchO ist es dem Schiedsgericht zudem möglich, seine Unzuständigkeit zu erklären:

> *„Das Medienschiedsgericht ist […] nicht zuständig für […] Streitigkeiten, für deren Entscheidung das Medienschiedsgericht sich für unzuständig erklärt. Eine Unzuständigkeitserklärung kann insbesondere aufgrund mangelnder Bedeutung der Sache für die Entwicklung des Medienrechts erfolgen.“*

Diese Bestimmung lässt offen, in welchen Fällen sich das Schiedsgericht für unzuständig erklären können soll und ist somit unbestimmt (**I**). Diese

Rechtsunsicherheit wird dadurch intensiviert, dass den Parteien kein Rechtsschutz gegen eine Unzuständigkeitserklärung zusteht (**II**).

I. Unbestimmtheit

Die Unzuständigkeitserklärung erscheint ohne Angabe von Gründen erfolgen zu können, weswegen die Regelung unbestimmt wirkt. Man kann nur versuchen, diese Unbestimmtheit anhand des zweiten Satzes („*aufgrund mangelnder Bedeutung der Sache für die Entwicklung des Medienrechts*") auszufüllen. Diese Formulierung erinnert an einen Begriff, der in nahezu jeder Prozessordnung Deutschlands zu finden ist – die grundsätzliche Bedeutung einer Rechtssache. Diese ist auch im Zivilprozessrecht bekannt als eine Voraussetzung für die Berufung (§ 511 Abs. 4 S. 1 Nr. 1 Var. 1 ZPO), die Revision (§ 543 Abs. 2 S. 1 Nr. 1 ZPO) und die Rechtsbeschwerde (§ 574 Abs. 2 Nr. 1 ZPO). Zu diesem Begriff hob das BVerfG hervor, dass es sich um einen „*in verschiedenen Gerichtszweigen auch bereits weithin ausgefüllten Rechtsbegriff*"[261] handle. Es ist also nicht ausgeschlossen, dass man Anleihen bei der Judikatur zu dem Begriff aus den Prozessordnungen nehmen kann.

Gleichwohl unterliegen Parteien aufgrund der Möglichkeit, dass sich das Schiedsgericht für unzuständig erklären kann, einer erheblichen Unsicherheit. Wenn sie vor der Entscheidung stehen, eine Schiedsklausel mit dem Verweis auf die DMS-SchO zu vereinbaren, können sie noch nicht absehen, ob ein eventuell in der Zukunft entstehender Streit Bedeutung für die Entwicklung des Medienrechts aufweisen wird. Zudem macht die DMS-SchO deutlich („*insbesondere*"), dass eine Unzuständigkeitserklärung auch in weiteren Fällen gerechtfertigt sein kann. Für diese unbenannten Fälle werden jedoch keinerlei Kriterien aufgeführt. Zwar kann man in systematischer Auslegung einen Vergleich zum benannten Grund der Bedeutung für das Medienrecht ziehen. Hinreichend bestimmbar werden die unbenannten Fälle dadurch gleichwohl nicht. Die Voraussetzungen für die Erklärung der Unzuständigkeit erzeugen daher eine erhebliche Rechtsunsicherheit.[262]

Im Ergebnis wird so ein Mittel geschaffen, durch das ein Schiedsgericht seine Zuständigkeit willkürlich ablehnen kann. Dieses Mittel wird dem Schiedsgericht

---

261 *BVerfG*, Beschl. v. 9.8.1978, 2 BvR 831/76, NJW 1979, 151 (151).

262 So auch ausdrücklich zum DMS-Schiedsverfahren *Lederer*, Kluwer Arbitration Blog v. 29.3.2017: „*this threshold is vague and may cause legal uncertainty for the parties*"; ebenso *Lissner*, GRUR-Prax 2016, 522 (523); siehe hierzu allgemein *Swoboda*, in: Plantey/Böckstiegel/Bredow, FS Glossner, 447 (451).

durch die Vereinbarung der DMS-SchO mittelbar von den Streitparteien eingeräumt. Eine Schiedsvereinbarung setzt aber voraus, dass die Parteien klar zum Ausdruck bringen, dass ein Schiedsgericht definitiv über ihre Sache entscheiden soll.[263] Mit dieser Voraussetzung steht es in Konflikt, wenn Parteien einem Schiedsgericht die Möglichkeit einräumen, seine Zuständigkeit beliebig ablehnen zu dürfen. Aus diesem Grund kann man an dem Willen der Parteien zweifeln, dass das Schiedsgericht in einem DMS-Schiedsverfahren einen Rechtsstreit definitiv entscheiden soll.[264] Mit dieser Argumentation kann die Schiedsvereinbarung angegriffen werden.

II. Rechtsschutz gegen eine Unzuständigkeitserklärung

Dieser Unsicherheit kann nicht mit dem Argument begegnet werden, dass die Parteien gegen eine Unzuständigkeitserklärung vorgehen können, falls das Schiedsgericht verkennen sollte, dass die Sache doch Bedeutung für das Medienrecht aufweist. Zwar kommt dem Schiedsgericht keine abschließende, also die staatliche Gerichtsbarkeit bindende Kompetenz-Kompetenz zu.[265] Entscheidet ein Schiedsgericht, es sei zuständig, kann eine Partei diese Entscheidung somit noch von einem staatlichen Gericht überprüfen lassen (§ 1040 Abs. 3 S. 2 ZPO). Im umgekehrten Fall, dass das Schiedsgericht seine Zuständigkeit ablehnt, besteht eine solche Überprüfungsmöglichkeit allerdings nicht. Zwar können Streitparteien gegen eine solche negative Zuständigkeitsentscheidung einen Antrag auf gerichtliche Aufhebung nach § 1059 ZPO stellen, allerdings ist in einem solchen Fall kein Aufhebungsgrund im Sinne des § 1059 Abs. 2 ZPO einschlägig.[266] Wenn das Schiedsgericht es ablehnt, eine Sachentscheidung zu

263 *Münch*, in: MüKo ZPO, § 1029 Rn. 90; *Saenger*, in: Saenger, ZPO, § 1029 Rn. 12; *Trittmann/Hanefeld*, in: Nacimiento/Kröll/Böckstiegel, AiG, § 1029 Rn. 19.

264 So im Ergebnis auch *Münch*, in: MüKo ZPO, Vor § 1025 Rn. 111a: „*unstatthafte[r] [...] gerichtliche[r] Annahmevorbehalt*".

265 *Schütze*, in: Wieczorek/Schütze, ZPO, § 1040 Rn. 10; *Schwab/Walter*, Kap. 6 Rn. 9; *Voit*, in: Musielak/Voit, ZPO, § 1040 Rn. 2.

266 *BGH*, Beschl. v. 6.6.2002, III ZB 44/01, SchiedsVZ 2003, 39 (40); *OLG Frankfurt a.M.*, Beschl. v. 17.1.2013, 26 Sch 24/12, SchiedsVZ 2013, 341 (343 f.); *OLG Hamburg*, Beschl. v. 30.8.2002, 11 Sch 02/00, abrufbar unter go.wwu.de/mkmat; *Huber/Bach*, in: Nacimiento/Kröll/Böckstiegel, AiG, § 1040 Rn. 43; *Saenger*, in: Saenger, ZPO, § 1040 Rn. 15; *Elsing*, JR 2003, 244 (244 ff.); *Geimer*, in: Ebke/Olzen/Sandrock, FS Elsing, 147 (148); *Horlach*, S. 161; *Sandrock*, IDR 2002, 43 (43 f.); *Wolff*, SchiedsVZ 2016, 293 (303 f.); zum Model Law *UNCITRAL*, in: United Nations, Report of the

treffen, erlischt des Weiteren die Schiedsvereinbarung.[267] Im Ergebnis besteht damit faktisch keine Möglichkeit, gegen eine falsche Unzuständigkeitserklärung vorzugehen.[268]

III. Zwischenergebnis

Mit der Unzuständigkeitserklärung kann das Schiedsgericht einem DMS-Schiedsverfahren die Grundlage entziehen, ohne dass hierfür Gründe angeführt werden müssen. Dagegen haben Parteien faktisch keine Rechtsschutzmöglichkeit. Hierdurch entsteht nicht nur eine erhebliche Rechtsunsicherheit. Zudem wird auch die Wirksamkeit der Schiedsvereinbarung gefährdet. Die entsprechende Vorschrift in der DMS-SchO sollte daher gestrichen werden.

D. Durchführung des Schiedsverfahrens

Unter Wahrung des zwingenden Schiedsverfahrensrechts dürfen Parteien die Durchführung des Schiedsverfahrens ihren eigenen Regeln unterwerfen und es dadurch den eigenen Bedürfnissen anpassen (§ 1042 Abs. 3 ZPO). In der institutionellen Schiedsgerichtsbarkeit wird dieser Gestaltungsraum durch die Auswahl einer Schiedsgerichtsordnung genutzt, die von den Parteien in ihre Schiedsvereinbarung inkorporiert wird.[269] Das DMS nutzt den zur Verfügung stehenden Spielraum allerdings nicht. Im Gegenteil schränkt es die Flexibilität des Schiedsverfahrens ein und macht das Verfahren nicht zuletzt für internationale Parteien unattraktiv (**I**). Stattdessen sollte man Maßnahmen ergreifen, die eine flexible Verfahrensführung fördern und das Schiedsverfahren beschleunigen (**II**).

United Nations Commission on International Trade Law on the Work of its Eighteenth Session, Rn. 163.

267 Bereits *RG*, Urt. v. 16.9.1924, VII 765/23, RGZ 108, 374 (379); siehe weiterhin *Münch*, in: MüKo ZPO, § 1029 Rn. 122; *Schwab/Walter*, Kap. 8 Rn. 2; *Beitzke*, ZZP 60 (1936/37), 317 (325 f.); *Dickler*, S. 115 f.; *Swoboda*, in: Plantey/Böckstiegel/Bredow, FS Glossner, 447 (450).

268 Kritisch gegenüber dieser Rechtslage *Kröll*, 29 Arb. Int. 2004, 55 (65 ff.); *Münch*, SchiedsVZ 2003, 41 (42 f.); *Voit*, in: Heinrich, FS Musielak, 595 (612); *Wolf*, S. 209 f.

269 *Born*, International Commercial Arbitration, S. 1498; *David*, Rn. 41; *Moser/Yeoh*, In-House Persp. 2006, 18 (19); *Redfern/Hunter*, Rn. 1.149 f.; *Rüßmann*, in: Bruns/Kern et al., FS Stürner, 481 (483); *Slate II*, Wake Forest L. Rev. 1996, 41 (53).

I. Unattraktivität für internationale Parteien

Bestimmte Vorteile der Schiedsgerichtsbarkeit stehen nur Parteien eines international durchgeführten Schiedsverfahrens offen. Zum einen können Parteien das Schiedsverfahren in einem neutralen Drittstaat durchführen,[270] zum anderen können Schiedssprüche nahezu weltweit vollstreckt werden.[271] Diese Gründe machen das Schiedsverfahren in internationalen Streitigkeiten zu dem primären Streitbeilegungsmittel.[272]

Bei internationalen Parteien, welche diese Vorteile nutzen wollen, ist Deutschland als Schiedsort allerdings nicht sonderlich beliebt.[273] Zwar setzte Deutschland weitgehend das UNCITRAL Model Law on International Commercial Arbitration (Model Law) um und folgte damit internationalen Standards.[274] Allerdings wird das deutsche Vollstreckungsverfahren im Vergleich zu anderen Staaten als umständlich angesehen.[275] Außerdem wird die Unbeliebtheit des deutschen Standorts auf eine mangelnde Vertrautheit mit der deutschen Sprache zurückgeführt.[276] Schließlich wird vermutet, dass das materielle Recht einen wesentlichen Einfluss auf die Wahl des Schiedsorts habe, das deutsche Recht international aber selten gewählt werde.[277]

Diesen Bedenken zum Trotz richtet sich das DMS jedoch ausdrücklich auch an internationale Medienunternehmen.[278] Diesem hohen Anspruch wird das

---

270 *Born*, International Commercial Arbitration, S. 71 ff.; *Cohn*, 14 ICLQ 1965, 132 (133 f.); *Lachmann*, Handbuch für die Schiedsgerichtspraxis, Rn. 178; *Lionnet*, in: Berger/Ebke et al., FS Sandrock, 603 (604 ff.); *Redfern/Hunter*, Rn. 1.100; *Stumpf*, in: Böckstiegel/Glossner, FS Bülow, 217 (218 f.).

271 *Kronke*, in: Kronke/Nacimiento et al., NYC, Intro S. 3; *Drahozal*, 33 Vand. J. Transnat'l L. 2000, 79 (95 f.); *Lachmann*, Handbuch für die Schiedsgerichtspraxis, Rn. 183; *Schütze*, ZVglRWiss 2000, 241 (249 f.).

272 *QMU*, 2021 International Arbitration Survey, S. 5.

273 *Ebbing*, S. 40; *Kröll*, in: Bosman, ICCA International Handbook on Commercial Arbitration, 1 (6); *Malcher*, SchiedsVZ 2021, 287 (288); *Meyer*, S. 75; *Raeschke-Kessler/Bühler*, ZIP 1987, 1157 (1158); *Sawang*, S. 248; *Wagner*, Rechtsstandort Deutschland im Wettbewerb, S. 15, 140; vgl. auch *QMU*, 2021 International Arbitration Survey, S. 6 f.

274 BT-Drs. 13/5274, S. 1.

275 *Sawang*, S. 249.

276 *Ebbing*, S. 41; *Kröll*, in: Bosman, ICCA International Handbook on Commercial Arbitration, 1 (6); *Wagner*, Rechtsstandort Deutschland im Wettbewerb, S. 15.

277 *Wagner*, Rechtsstandort Deutschland im Wettbewerb, S. 146.

278 So die Selbstbeschreibung auf der Webseite des DMS, abrufbar unter go.wwu.de/165gd.

DMS mit seiner Schiedsgerichtsordnung allerdings nicht gerecht. Zunächst knüpft das DMS das Schiedsverfahren eng an die allgemeinen Verfahrensgrundsätze der ZPO (1). Außerdem beschränkt es die Wahl des Schiedsorts auf Leipzig (2) und lässt auch hinsichtlich der Verfahrenssprache nur wenig Auswahlmöglichkeiten zu (3).

1. Verweis auf die Verfahrensgrundsätze der ZPO

Das Schiedsverfahrensrecht ist ein autonomes Rechtsgebiet: Obgleich es im Zehnten Buch der ZPO normiert ist, sind die übrigen Bücher der ZPO nicht anwendbar.[279] Mit diesem Grundsatz bricht § 20 Abs. 1 DMS-SchO:

> *„Das Medienschiedsgericht darf seiner Entscheidung nur das Tatsachenmaterial zugrunde legen, das von den Parteien vorgetragen ist. Das Medienschiedsgericht soll durch Erörterungen, Hinweise und Fragen auf eine Konkretisierung und Ergänzung des Sachvortrages, die Bezeichnung der Beweismittel und eine sachdienliche Antragstellung hinwirken. Im Übrigen gelten hinsichtlich der Verfahrensgrundsätze und zur Darlegungs- und Beweislast die Vorschriften der ZPO."*

Mit dieser Vorschrift werden der Beibringungs- und der Unmittelbarkeitsgrundsatz eingeführt – Prinzipien, die ansonsten nicht im Schiedsverfahren, sondern im staatlichen Gerichtsverfahren gelten.[280] Die Inkorporation der allgemeinen Verfahrensgrundsätze der ZPO wirkt sich zum Beispiel auf das Beweisverfahren eines DMS-Schiedsverfahrens aus. Im Allgemeinen ist dem Schiedsgericht hierfür freies Ermessen eingeräumt (§ 1042 Abs. 4 S. 2 ZPO). Daher darf es im Beweisverfahren eine aktivere Rolle einnehmen als ein staatliches Gericht.[281] Dies beginnt mit der Sachverhaltsermittlung. Statt des Beibringungsgrundsatzes im Zivilprozess gilt im Schiedsverfahren ein beschränkter Untersuchungsgrundsatz, wonach das Schiedsgericht befugt und im gewissen Rahmen auch verpflichtet ist, den Sachverhalt selbst zu ermitteln.[282] Zudem besteht keine

279 *Schlosser*, in: Stein/Jonas, ZPO, § 1042 Rn. 1; *Elsing*, SchiedsVZ 2004, 88 (91); *Lachmann*, Handbuch für die Schiedsgerichtspraxis, Rn. 186; *Triebel/Hafner*, SchiedsVZ 2009, 313 (314).

280 Zum Unmittelbarkeitsgrundsatz *Prütting*, in: Prütting/Gehrlein, ZPO, § 1042 Rn. 8; *Saenger*, in: Saenger, ZPO, § 1042 Rn. 16; *Schlosser*, in: Stein/Jonas, ZPO, § 1042 Rn. 60; *Voit*, in: Musielak/Voit, ZPO, § 1042 Rn. 22; zum Untersuchungsgrundsatz siehe Fn. 282.

281 *OLG München* v. 14.11.2011, 34 Sch 10/11, SchiedsVZ 2012, 43 (47); *Sachs/Lörcher*, in: Nacimiento/Kröll/Böckstiegel, AiG, § 1042 Rn. 36.

282 *Geimer*, in: Zöller, ZPO, § 1042 Rn. 30; *Münch*, in: MüKo ZPO, § 1042 Rn. 114; *Sachs/Lörcher*, in: Nacimiento/Kröll/Böckstiegel, AiG, § 1042 Rn. 33; *Eberl/Eberl*, in: Eberl,

Bindung an die im Zivilprozess geltenden Regeln der Beweiserhebung.[283] Somit bestehen auch keine Einschränkungen hinsichtlich der Art des Beweismittels.[284] Schließlich ist das Schiedsgericht auch bei der Beweiswürdigung nicht an die Beweisregeln des Zivilprozesses gebunden.[285]

Der Vorteil dieser Freiheit wird insbesondere bei internationalen Verfahren deutlich. Ist dem Schiedsgericht Ermessen eingeräumt, ist es bei Parteien aus dem angloamerikanischen Rechtskreis möglich, nach den Maximen des Common Law zu verfahren.[286] Sind Parteien aus Ländern sowohl des Civil Law als auch des Common Law beteiligt, kann das Schiedsgericht auf die IBA Rules on the Taking of Evidence zurückgreifen, die einen international anerkannten Kompromiss der verschiedenen Rechtsräume darstellen.[287]

Das DMS lässt diese Flexibilität aber nicht zu. Im Gegenteil engt die Aufnahme der allgemeinen Verfahrensgrundsätze der ZPO den Ermessensspielraum des Schiedsgerichts stark ein. Eine flexible Verfahrensgestaltung, die sich Parteien von einem Schiedsverfahren versprechen, wird damit versperrt.[288] Dies stellt auch deswegen einen Nachteil dar, weil ohnehin schon kritisiert wird, dass Schiedsverfahren durch formelle Durchführungsweisen immer mehr einem Gerichtsverfahren ähneln (sog. judicialization).[289] Zugleich wird dem eigenen

---

Beweis im Schiedsverfahren, § 1 Rn. 18; *Hilger*, BB 2000, 2 (3 ff.); *Laumen*, MDR 2015, 1276 (1277); *Quinke*, SchiedsVZ 2013, 129 (132); a.A. *Lionnet*, in: Plantey/Böckstiegel/Bredow, FS Glossner, 209 (209 ff.).

283 *Sachs/Lörcher*, in: Nacimiento/Kröll/Böckstiegel, AiG, § 1042 Rn. 39.

284 *Sachs/Lörcher*, in: Nacimiento/Kröll/Böckstiegel, AiG, § 1042 Rn. 43; *Voit*, in: Musielak/Voit, ZPO, § 1042 Rn. 22; *Eberl/Eberl*, in: Eberl, Beweis im Schiedsverfahren, § 1 Rn. 6; *Laumen*, MDR 2015, 1276 (1278 ff.).

285 *Laumen*, MDR 2015, 1276 (1280); *Sachs/Lörcher*, in: Nacimiento/Kröll/Böckstiegel, AiG, § 1042 Rn. 44; *Schütze*, in: Wieczorek/Schütze, ZPO, § 1042 Rn. 69; *Voit*, in: Musielak/Voit, ZPO, § 1042 Rn. 26; *Wilske/Markert*, in: BeckOK ZPO, § 1042 Rn. 28.

286 *Sachs/Lörcher*, in: Nacimiento/Kröll/Böckstiegel, AiG, § 1042 Rn. 38; vgl. auch *Hilger*, BB 2000, 2 (4).

287 Die Richtlinien sind abrufbar unter go.wwu.de/lse-d; zu ihrem internationalen Stellenwert siehe *Haller/Risse*, in: Eberl, Beweis im Schiedsverfahren, § 5 Rn. 9; *Laumen*, MDR 2015, 1276 (1277); *Schütze*, SchiedsVZ 2006, 1 (5).

288 So ausdrücklich zum DMS-Schiedsverfahren *Lederer*, Kluwer Arbitration Blog v. 29.3.2017; *Lissner*, GRUR-Prax 2016, 522 (524).

289 *Drahozal*, 33 Vand. J. Transnat'l L. 2000, 79 (96); *Gerbay*, 25 Am. Rev. Int. Arb. 2014, 223 (223 ff.); *Horvath*, in: Kröll/Mistelis et al., FS Bergsten, 251 (251 ff.); *QMU*, 2021 International Arbitration Survey, S. 14; *Trakman/Montgomery*, 30 Leiden Journal of International Law 2017, 405 (405 ff.); *Zeller*, 4 Perth Int'l L.J. 2019, 111 (111 ff.).

Anspruch widersprochen, international ausgerichtet zu sein. Aber selbst für nationale Sachverhalte werden Parteien an zivilprozessuale Grundsätze gebunden, von denen sie sich durch die Einigung auf ein Schiedsverfahren lösen wollen. § 20 Abs. 1 DMS-SchO sollte daher gestrichen werden.

2. *Ort des schiedsrichterlichen Verfahrens*

Der Ort des schiedsrichterlichen Verfahrens bestimmt darüber, welches Verfahrensrecht Anwendung findet (Territorialitätsprinzip).[290] Wenn der Schiedsort in Deutschland liegt, findet also das deutsche Schiedsverfahrensrecht Anwendung (§ 1025 Abs. 1 ZPO). Welcher Schiedsort gewählt wird, ist den Parteien anheimgestellt (§ 1043 Abs. 1 S. 1 ZPO). Gemäß der Musterschiedsvereinbarung des DMS soll Leipzig als Ort des Schiedsverfahrens gewählt werden.[291] Damit ist also auch deutsches Schiedsverfahrensrecht anwendbar.

Wenn Parteien das Verfahrensrecht eines anderen Staates wählen wollen, müssten sie im Allgemeinen nur die Musterschiedsvereinbarung abwandeln. Die Wahl eines ausländischen Schiedsorts widerspräche allerdings § 2 DMS-SchO: „*Der Sitz des Medienschiedsgerichtes ist Leipzig.*“ Nun könnte dies zunächst als bloße Erinnerung an den Satzungssitz des ehemaligen Trägervereins des DMS ausgelegt werden. Dies ist aber aus mehreren Gründen nicht überzeugend: Erstens ist eine solche Bestimmung weniger in der Schiedsgerichtsordnung, als vielmehr in der Vereinssatzung zu erwarten – wo sie auch zu finden war (§ 1 Abs. 2 DMS-Satzung).[292]

Zweitens wäre eine bloße Wiederholung des Satzungssitzes, wenn sie schon in der DMS-SchO erfolgen sollte, im zweiten Abschnitt („*Organisationsvorschriften*“) zu erwarten. § 2 DMS-SchO steht aber bei den für das Schiedsverfahren geltenden Vorschriften, die etwa die Zuständigkeit (§ 3 DMS-SchO) oder das anwendbare Recht (§ 4 DMS-SchO) regeln. Drittens wird der Begriff „Sitz“ auch als Synonym zum „Ort des Schiedsverfahrens“ verwendet.[293] Schließlich verweist § 2 DMS-SchO nicht auf den Trägerverein „Deutsches Medienschiedsgericht e. V.“ (anders als zum Beispiel § 6 Abs. 3 DMS-SchO), sondern auf

290 *Münch*, in: MüKo ZPO, § 1025 Rn. 10; *Saenger*, in: Saenger, ZPO, § 1025 Rn. 1; *Schlosser*, in: Stein/Jonas, ZPO, § 1025 Rn. 2; *Voit*, in: Musielak/Voit, ZPO, § 1025 Rn. 3; *Wolf/Eslami*, in: BeckOK ZPO, § 1025 Rn. 34.

291 Siehe die Musterschiedsvereinbarung im Anhang auf S. 251.

292 Die Satzung befindet sich im Anhang ab S. 269.

293 Siehe nur *Schwab/Walter*, Kap. 15 Rn. 39; außerdem *Born*, International Commercial Arbitration, S. 1662.

das „Medienschiedsgericht" als das die Entscheidung treffende Gremium (§ 1 Abs. 1 DMS-SchO). Die Auslegung von § 2 DMS-SchO ergibt somit, dass ein Abweichen von Leipzig als Ort des Schiedsverfahrens mit der DMS-SchO nicht vereinbar ist.

Dies bedeutet zwar nicht, dass die Streitparteien und das Schiedsgericht geografisch zwingend in Leipzig zusammenkommen müssen. Der rechtliche Ort des Schiedsverfahrens (§ 1043 Abs. 1 ZPO) ist vom tatsächlichen Tagungsort (§ 1043 Abs. 2 ZPO) abzugrenzen und muss mit diesem nicht zusammenfallen.[294] Mit der Fixierung des Schiedsverfahrens auf deutsches Territorium wird den Parteien allerdings die Wahl entzogen, ein anderes als das deutsche Schiedsverfahrensrecht anzuwenden. Auch deswegen ist das DMS-Schiedsverfahren für internationale Streitigkeiten unattraktiv.[295] Im Ergebnis sollte § 2 DMS-SchO gestrichen werden.

3. *Verfahrenssprache*

Weiterhin soll das Schiedsverfahren gemäß § 23 Abs. 2 DMS-SchO standardmäßig auf Deutsch durchgeführt werden. Als weitere Verfahrenssprache ist lediglich Englisch zulässig, wobei dies bereits in der Schiedsvereinbarung angegeben werden muss (§ 23 Abs. 1 DMS-SchO). Damit wird von § 1045 Abs. 1 S. 1 ZPO abgewichen, der den Parteien die Vereinbarung weiterer Sprachen erlaubt. Die zugelassenen Schiedsrichter geben auf der Webseite des DMS allerdings an, mitunter auch der französischen, spanischen, griechischen, italienischen und portugiesischen Sprache mächtig zu sein.[296] Weitere Sprachen beherrschen externe Schiedsrichter, für die man allerdings die Schiedsrichterliste öffnen müsste.[297] Durch die Sprachenregelung des DMS wird einer internationalen Ausrichtung

---

294 BT-Drs. 13/5274, S. 47; *Geimer*, in: Zöller, ZPO, § 1043 Rn. 1; *Münch*, in: MüKo ZPO, § 1043 Rn. 4; *Sachs/Lörcher*, in: Nacimiento/Kröll/Böckstiegel, AiG, § 1043 Rn. 8; *Schwab/Walter*, Kap. 15 Rn. 39; *Voit*, in: Musielak/Voit, ZPO, § 1043 Rn. 4; *Berger*, RIW 1993, 8 (10); *Binder*, International Commercial Arbitration and Conciliation in UNCITRAL Model Law Jurisdictions, S. 347; *Born*, International Commercial Arbitration, S. 1661; *Nakamura*, 15 Mealey's IAR 2000, 23 (24 f.); *Redfern/Hunter*, Rn. 3.61; *Schlosser*, in: Gottwald, Revision des EUGVÜ – Neues Schiedsverfahrensrecht, 163 (193); *Schwab/Walter*, Kap. 15 Rn. 39; a.A. *Kronke*, RIW 1998, 257 (261); *Schütze*, in: Kronke/Thorn, FS Hoffmann, 1077 (1082 f.).

295 So auch *Lissner*, GRUR-Prax 2016, 522 (522).

296 Siehe die Webseite des DMS, abrufbar unter go.wwu.de/8dbxh.

297 Dazu schon oben ab S. 67.

somit abermals entgegengewirkt. Deshalb sollte § 23 Abs. 2 DMS-SchO gestrichen werden, sodass wieder der weiter gefasste § 1045 ZPO anwendbar ist.

4. *Zwischenergebnis*

Durch eine starke Bindung an die ZPO und durch wenig Spielraum hinsichtlich des Schiedsorts und der Verfahrenssprache ist das Schiedsverfahren des DMS unattraktiv für internationale Medienunternehmen.

II. Vorschläge zur Effizienzsteigerung

Eine neue Schiedsinstitution sollte Wege suchen, die Effizienz ihres Schiedsverfahrens zu steigern. Wertvolle Hinweise gibt in diesem Zusammenhang die QMU, die in einer aktuellen Studie über eintausend Nutzer der Schiedsgerichtsbarkeit fragte, welche Änderungen eine Schiedsinstitution besonders attraktiv machen würden. Am häufigsten wünschten sich die Befragten von einer Schiedsinstitution, dass sie virtuelle Verhandlungen ermöglicht, indem sie logistische Unterstützung und entsprechende Vorschriften in der Schiedsgerichtsordnung anbietet.[298] Eine weitere auf eine Effizienzsteigerung abzielende Antwort war der Wunsch nach beschleunigten Schiedsverfahren, wofür ebenfalls entsprechende Schiedsgerichtsordnungen angeboten werden sollten.[299]

Diese Umfrage wird zum Anlass genommen, die Umsetzbarkeit dieser beiden Maßnahmen durch eine Schiedsinstitution zu prüfen, zunächst die Durchführung von virtuellen Verhandlungen (1) und sodann von beschleunigten Schiedsverfahren (2).

1. *Durchführung virtueller Verhandlungen*

Zur Steigerung der Effizienz eines Schiedsverfahrens bieten sich generell digitale Lösungsmodelle an, die zum Beispiel Kommunikationswege erleichtern und Reisen entbehrlich machen.[300] Es stellt mittlerweile auch keine Neuheit mehr dar, technologische Hilfsmittel im Schiedsverfahren einzusetzen. Ein bekannter Einsatz ist etwa die elektronische Übermittlung von Schriftsätzen und sonstigen Unterlagen statt der langwierigen postalischen Versendung.[301] Aber auch

---

298 *QMU*, 2021 International Arbitration Survey, S. 11.

299 *QMU*, 2021 International Arbitration Survey, S. 11.

300 Siehe beispielsweise die Aufforderung zu digitalen Lösungen im Hinblick auf den Beginn eines Schiedsverfahrens von *Veeder*, in: Berg, Arbitration Advocacy in Changing Times, 27 (29).

301 *Benton/Andersen*, 74 Disp. Resol. J. 2020, 1 (20); *Schäfer*, SchiedsVZ 2019, 195 (196).

darüber hinaus ist eine fortschreitende Technologisierung des Schiedsverfahrens zu erwarten.[302] Zum Beispiel gab die AAA jüngst einen Millionenbetrag für eine neue Online-Plattform aus, auf der ein Schiedsverfahren von der Einreichung der Schiedsklage über die Kommunikation zwischen den Beteiligten bis hin zum Erlass des Schiedsspruchs vollständig digital ausgetragen werden kann.[303] Eine solche Investition wird einer neuen Schiedsinstitution zwar oftmals nicht möglich sein. Allerdings soll ein Aspekt eines vollkommen digitalen Schiedsverfahrens herausgegriffen werden, der auch für eine neue Schiedsinstitution umsetzbar ist – die virtuelle Durchführung einer mündlichen Verhandlung.[304]

Die Pandemiezeit hat eindrücklich gezeigt, dass Videokonferenzen nicht nur Reiserestriktionen überwinden, sondern ein Schiedsverfahren auch effizienter gestalten können.[305] Dies gilt insbesondere, wenn ein Beteiligter weit entfernt lebt und für seine Aussage zur mündlichen Verhandlung anreisen muss.[306] Parteien sind auch zunehmend damit einverstanden, statt einer physischen eine virtuelle Verhandlung durchzuführen, insbesondere wenn Gesprächsgegenstand nur vorbereitende oder prozessuale Themen sind.[307] In der angesprochenen Studie der QMU sind zudem über die Hälfte der Befragten der Meinung, virtuelle Verhandlungen könnten die Effizienz eines Schiedsverfahrens erhöhen.[308]

Gleichwohl stehen einige Stimmen dem Einsatz von Videokonferenzen kritisch gegenüber.[309] Diese Zurückhaltung ist jedoch unberechtigt, denn nach dem

302 *Arsic*, 14 J. Int. Arb. 1997, 209 (210, 221); vgl. für Gerichtsverfahren insbesondere *Edinger*, DRiZ 1996, 290 (290); *Susskind*, S. 253.

303 *Benton/Andersen*, 74 Disp. Resol. J. 2020, 1 (21 f.).

304 Der Begriff der virtuellen Verhandlung wird verwendet von *Flecke-Giammarco/Bücheler/Zahner*, SchiedsVZ 2020, 133 (136 f.); *Lo*, 13 Contemp. Asia Arb. J. 2020, 85 (85 ff.); *Schmidt/Saam*, DRiZ 2020, 216 (217 ff.); *Susskind*, S. 57 ff.; *Wahab*, J. Int. Arb. 2004, 143 (161); *Wilske*, 13 Contemp. Asia Arb. J. 2020, 7 (12 ff.); *Zschieschack*, in: Schmidt, COVID-19, § 15 Rn. 78 ff.; demgegenüber den Begriff remote hearing bevorzugend *Scherer*, 37 J. Int. Arb. 2020, 407 (410 ff.).

305 *Lederer*, 34 Spain Arb. Rev. 2019, 63 (75); *Schäfer*, SchiedsVZ 2019, 195 (196 f.); *Scherer*, 37 J. Int. Arb. 2020, 407 (432); *Wahab/Katsh*, in: Piers/Aschauer, Arbitration in the Digital Age, 27 (37).

306 *Backsmann/Fröhlingsdorf*, in: Klausegger/Klein et al., Austrian Yearbook on International Arbitration 2020, 419 (422).

307 *QMU*, 2021 International Arbitration Survey, S. 14, 25 f.; siehe auch *Born/Day/Virjee*, 38 J. Int. Arb. 2021, 291 (305 f.).

308 *QMU*, 2021 International Arbitration Survey, S. 23, 26.

309 Auch in der Praxis gibt es noch Vorbehalte, siehe *Nappert/Cohen*, in: Piers/Aschauer, Arbitration in the Digital Age, 126 (132 f.).

deutschen Schiedsverfahrensrecht ist eine virtuelle Verhandlung zulässig (a). Daher sollte eine Schiedsinstitution eine Vorschrift in ihre Schiedsgerichtsordnung aufnehmen, die dem Schiedsgericht das Ermessen einräumt, eine virtuelle Verhandlung durchzuführen (b).

a) Zulässigkeit der virtuellen Verhandlung

In Bezug auf virtuelle Verhandlungen wird mitunter das Territorialitätsprinzip, wonach bei einem deutschen Schiedsort auch deutsches Schiedsverfahrensrecht Anwendung findet, infrage gestellt. Manche vertreten, ein derart durchgeführtes Schiedsverfahren sei keinem Sitzstaat zuzuordnen, also insoweit delokalisiert und könne demnach allenfalls der Kontrolle des Staates unterworfen werden, in dem ein Schiedsspruch vollstreckt wird.[310] Allerdings ist dies mit dem deutschen Schiedsverfahrensrecht nicht zu vereinbaren, denn danach muss ein Schiedsverfahren zwingend einen Sitz aufweisen, damit es auch während der Durchführung an eine Jurisdiktion gebunden ist.[311] Mit einer virtuellen Verhandlung geht eine Delokalisierung eines Schiedsverfahrens also nicht einher.[312]

Unbeachtlich ist auch, wenn sich die Parteien und das Schiedsgericht nur virtuell begegnen.[313] Denn der Ort des schiedsrichterlichen Verfahrens im Sinne des § 1043 ZPO ist fiktiv, er muss mit dem tatsächlichen Tagungsort also nicht zusammenfallen.[314] Sollte also der Schiedsort, der oftmals durch die Parteien in

---

310 *Arsic*, 14 J. Int. Arb. 1997, 209 (220); *Kadioglu/Habib*, Kluwer Arbitration Blog v. 13.7.2020; die Lehre vom delokalisierten Schiedsverfahren vertreten insbesondere *Lew*, 22 Arb. Int. 2006, 179 (179 ff.); *Paulsson*, 32 Int'l & Comp. L.Q. 1983, 53 (53 ff.); *Paulsson*, 30 Int'l & Comp. L.Q. 1981, 358 (358 ff.).

311 *Münch*, in: MüKo ZPO, § 1025 Rn. 10; *Saenger*, in: Saenger, ZPO, § 1025 Rn. 1; *Schlosser*, in: Stein/Jonas, ZPO, § 1025 Rn. 2; *Voit*, in: Musielak/Voit, ZPO, § 1025 Rn. 3; *Wolf/Eslami*, in: BeckOK ZPO, § 1025 Rn. 34; *Redfern/Hunter*, Rn. 3.81; dies entspricht auch dem Konsens gemäß der New York Convention, siehe *Lederer*, 34 Spain Arb. Rev. 2019, 63 (72 f.); *Markert/Burghardt*, 27 J. Arb. Stud. 2017, 3 (18 ff.); *Wahab*, J. Int. Arb. 2004, 143 (163).

312 *Gielen/Wahnschaffe*, SchiedsVZ 2020, 257 (258).

313 *Arsic*, 14 J. Int. Arb. 1997, 209 (219); *Hill*, J. Int. Arb. 1997, 103 (104); *Lederer*, 34 Spain Arb. Rev. 2019, 63 (72 f.); *López*, 21 Arb. Int. 2005, 343 (355 f.); dementgegen *Kadioglu/Habib*, Kluwer Arbitration Blog v. 13.7.2020.

314 BT-Drs. 13/5274, S. 47; *Geimer*, in: Zöller, ZPO, § 1043 Rn. 1; *Münch*, in: MüKo ZPO, § 1043 Rn. 4; *Sachs/Lörcher*, in: Nacimiento/Kröll/Böckstiegel, AiG, § 1043 Rn. 8; *Voit*, in: Musielak/Voit, ZPO, § 1043 Rn. 4; *Berger*, RIW 1993, 8 (10); *Binder*, International Commercial Arbitration and Conciliation in UNCITRAL Model Law Jurisdictions, S. 347; *Born*, International Commercial Arbitration, S. 1539; *Nakamura*, 15 Mealey's

der Schiedsvereinbarung bestimmt wird,[315] in Deutschland liegen, ist auch dann deutsches Schiedsverfahrensrecht anwendbar, wenn eine Verhandlung virtuell durchgeführt wird.[316]

Nach dem deutschen Schiedsverfahrensrecht sind gemäß § 1042 Abs. 1 ZPO zwei Verfahrensgrundsätze zwingend, zum einen der Gleichbehandlungsgrundsatz und zum anderen der Anspruch der Parteien auf rechtliches Gehör. Weder gegen den Ersten noch gegen den Zweiten wird mit einer virtuellen Verhandlung verstoßen (aa). Eine virtuelle Verhandlung stellt weiterhin eine mündliche Verhandlung im Sinne des § 1047 Abs. 1 S. 2 ZPO dar (bb). Zuletzt wird die Vertraulichkeit eines Schiedsverfahrens nicht durch eine virtuelle Verhandlung verletzt (cc).

aa) Vereinbarkeit mit Verfahrensgrundsätzen

Die Parteien eines Schiedsverfahrens sind gemäß § 1042 Abs. 1 S. 1 ZPO zwingend gleich zu behandeln. Eine virtuelle Verhandlung bedeutet im Grundsatz jedoch keine Ungleichbehandlung, da beide Parteien an dieser teilnehmen.[317] Nur im Einzelfall kann die unsachgemäße Durchführung einer virtuellen Verhandlung zu einer Ungleichbehandlung führen.[318] Beispielhaft kann hierfür der Fall angeführt werden, dass die Verbindung zu einer Partei abbricht, das Schiedsgericht das Verfahren aber nicht unterbricht.[319] Hieran wird deutlich, dass es besonders wichtig ist, dass die technischen Grundbedingungen, wie eine stabile Internetverbindung, erfüllt sind.[320] Aktuelle Erfahrungsberichte zeigen jedoch, dass sich die oft geäußerte Sorge vor technischen Schwierigkeiten meist nicht materialisiert hat.[321] Des Weiteren bedeutet es nicht automatisch

---

IAR 2000, 23 (24 f.); *Redfern/Hunter*, Rn. 3.61; *Schlosser*, in: Gottwald, Revision des EUGVÜ – Neues Schiedsverfahrensrecht, 163 (193); *Schwab/Walter*, Kap. 15 Rn. 39; a.A. *Kronke*, RIW 1998, 257 (261); *Schütze*, in: Kronke/Thorn, FS Hoffmann, 1077 (1082 f.).

315 *Yu/Nasir*, 20 J. Int. Arb. 2003, 455 (463 f.).

316 So im Ergebnis auch *Gielen/Wahnschaffe*, SchiedsVZ 2020, 257 (258).

317 *OGH Österreich*, Beschl. v. 23.7.2020, 18 ONc 3/20s, SchiedsVZ 2021, 163 (167); *Gielen/Wahnschaffe*, SchiedsVZ 2020, 257 (259); *Rezende*, in: González-Bueno, 40 under 40, 135 (141 f.); vgl. auch *Glunz*, S. 329 f.; *Nissen*, S. 167.

318 *Gielen/Wahnschaffe*, SchiedsVZ 2020, 257 (259); *Hill*, 15 Arb. Int. 1999, 199 (203); *Protopsaltou/Schultz/Magnenat-Thalmann*, 15 Info. & Comm. Tech. L. 2006, 157 (167).

319 *Markert/Burghardt*, 27 J. Arb. Stud. 2017, 3 (15 f.).

320 *Scherer*, 37 J. Int. Arb. 2020, 407 (435 ff.).

321 *Born/Day/Virjee*, in: Scherer/Bassiri/Wahab, International Arbitration and the COVID-19 Revolution, 137 (150); siehe auch die Erfahrungsberichte bei *Chawla*,

eine Ungleichbehandlung, wenn die Parteien über unterschiedliches technisches Equipment verfügen.[322] Das Gleichbehandlungsgebot fordert eben nicht, dass beide Parteien gleich aufgestellt sind, sondern nur, dass sie gleichbehandelt werden.[323]

Weiterhin fordert der gemäß § 1042 Abs. 1 S. 2 ZPO zwingende Anspruch auf rechtliches Gehör, dass jede Partei sich im Verfahren äußern und die Ausführungen der Gegenseite wahrnehmen kann sowie, dass das Schiedsgericht die Aussagen der Parteien berücksichtigt.[324] Der Anspruch auf rechtliches Gehör erfordert aber nicht, dass in einem Schiedsverfahren überhaupt eine mündliche Verhandlung durchgeführt wird.[325] Dann kann dieser Anspruch auch nicht verletzt sein, wenn man eine Verhandlung virtuell durchführt.[326] Auch kann darauf verwiesen werden, dass selbst im staatlichen Gerichtsverfahren Verhandlungen im Wege der Bild- und Tonübertragung zulässig sind (§ 128a ZPO).[327] Eine virtuelle Verhandlung bedeutet somit im Grundsatz keinen Verstoß gegen diesen Verfahrensgrundsatz.[328] Es kann hier ebenfalls nur eine Verletzung vorliegen, wenn die virtuelle Verhandlung unsachgemäß durchgeführt wird und

---

Kluwer Arbitration Blog v. 4.6.2020; *Honcharenko*, The Resolver 2020, 15 (16); *Wilske*, 13 Contemp. Asia Arb. J. 2020, 7 (13 f.).

322 *Gielen/Wahnschaffe*, SchiedsVZ 2020, 257 (260); *Honcharenko*, The Resolver 2020, 15 (18); *Lederer*, 34 Spain Arb. Rev. 2019, 63 (74); *Markert/Burghardt*, 27 J. Arb. Stud. 2017, 3 (15); *Wahab/Katsh*, in: Piers/Aschauer, Arbitration in the Digital Age, 27 (44).

323 *Münch*, in: MüKo ZPO, § 1042 Rn. 20.

324 *BGH*, Urt. v. 18.1.1990, III ZR 269/88, NJW 1990, 2199 (2200); *Lachmann*, Handbuch für die Schiedsgerichtspraxis, Rn. 1299; *Prütting*, in: Prütting/Gehrlein, ZPO, § 1042 Rn. 6; *Sachs/Lörcher*, in: Nacimiento/Kröll/Böckstiegel, AiG, § 1042 Rn. 11 ff.; *Schütze*, in: Wieczorek/Schütze, ZPO, § 1042 Rn. 8 f.; *Wilske/Markert*, in: BeckOK ZPO, § 1042 Rn. 8.

325 *Geimer*, in: Zöller, ZPO, § 1047 Rn. 1; *Münch*, in: MüKo ZPO, § 1047 Rn. 3; *Sachs/Lörcher*, in: Nacimiento/Kröll/Böckstiegel, AiG, § 1047 Rn. 3; *Schwab/Walter*, Kap. 16 Rn. 32; *Kaufmann-Kohler/Schultz*, Jusletter v. 5.12.2005, Rn. 173; *Lachmann*, Handbuch für die Schiedsgerichtspraxis, Rn. 1586; *Protopsaltou/Schultz/Magnenat-Thalmann*, 15 Info. & Comm. Tech. L. 2006, 157 (167).

326 *Gielen/Wahnschaffe*, SchiedsVZ 2020, 257 (259).

327 *Gielen/Wahnschaffe*, SchiedsVZ 2020, 257 (259).

328 *OGH Österreich*, Beschl. v. 23.7.2020, 18 ONc 3/20s, SchiedsVZ 2021, 163 (167); *Erney*, in: González-Bueno, 40 under 40, 171 (179 f.); *Gielen/Wahnschaffe*, SchiedsVZ 2020, 257 (259); *Lederer*, 34 Spain Arb. Rev. 2019, 63 (74); *Scherer*, 37 J. Int. Arb. 2020, 407 (439 ff.).

einer Partei damit Informationen vorenthalten werden oder ihr die Möglichkeit genommen wird, sich effektiv zur Sache zu äußern.[329]

bb) Anspruch auf eine mündliche Verhandlung

Obgleich der Anspruch auf rechtliches Gehör eine mündliche Verhandlung nicht zwingend erfordert, hat eine Partei gemäß § 1047 Abs. 1 S. 2 ZPO das Recht, eine mündliche Verhandlung zu beantragen. Zwar wird mitunter vertreten, eine solche Verhandlung erfordere eine physische Anwesenheit der Beteiligten.[330] Erblickt man den Sinn und Zweck der Mündlichkeit aber in einem direkten Kommunikationsaustausch zwischen den Beteiligten, muss man feststellen, dass dieser auch bei einer virtuellen Verhandlung erfüllt ist.[331] Somit ist eine virtuelle Verhandlung auch eine mündliche Verhandlung und daher mit § 1047 Abs. 1 S. 2 ZPO vereinbar.[332]

cc) Gewährleistung der Vertraulichkeit

Schließlich mag eine virtuelle Verhandlung Zweifel verursachen, ob die Vertraulichkeit des Schiedsverfahrens gewährleistet werden kann.[333] Allerdings ist jedes Kommunikationsmittel in gewisser Weise anfällig für die Ausnutzung von Sicherheitslücken.[334] Deswegen kann die virtuelle Durchführung einer mündlichen Verhandlung nicht pauschal in einen Gegensatz zur Vertraulichkeit gesetzt werden.[335] Vielmehr ist dem Thema der Datensicherheit besondere Aufmerksamkeit zu schenken, insbesondere durch die durchdachte Auswahl einer geeigneten Plattform, die für die virtuelle Verhandlung eingesetzt wird.[336]

---

329 *Gielen/Wahnschaffe*, SchiedsVZ 2020, 257 (259); *Hill*, 15 Arb. Int. 1999, 199 (203); *Kaufmann-Kohler/Schultz*, Jusletter v. 5.12.2005, Rn. 176; *Lo*, 13 Contemp. Asia Arb. J. 2020, 85 (91); *Scherer*, 37 J. Int. Arb. 2020, 407 (441 ff.).

330 *Münch*, in: MüKo ZPO, § 1047 Rn. 9.

331 *Gielen/Wahnschaffe*, SchiedsVZ 2020, 257 (262); *Glunz*, S. 292; *Nissen*, S. 139 ff.

332 *Gielen/Wahnschaffe*, SchiedsVZ 2020, 257 (262); *Prütting*, in: Prütting/Gehrlein, ZPO, § 1047 Rn. 2; *Scherer*, 37 J. Int. Arb. 2020, 407 (417 f.); *Schüttel*, S. 345; *Voit*, in: Musielak/Voit, ZPO, § 1042 Rn. 13; *Scherer*, 37 J. Int. Arb. 2020, 407 (417 f.).

333 *QMU*, 2021 International Arbitration Survey, S. 24; zur Vertraulichkeit im Schiedsverfahren noch ausführlich ab S. 135.

334 *Hill*, J. Int. Arb. 1997, 103 (106); *Lasprogata*, 19 J. Legal Stud. Educ. 2001, 107 (118).

335 *Gielen/Wahnschaffe*, SchiedsVZ 2020, 257 (261).

336 *Bajpai/Kala*, Indian J. Arb. L. 2019, 1 (13); *Scherer*, 37 J. Int. Arb. 2020, 407 (435); aus datenschutzrechtlicher Perspektive *Gielen/Wahnschaffe*, SchiedsVZ 2020, 257 (261); *John/Wellmann*, 1 Int. Cybersecur. Law Rev. 2020, 39 (39 ff.).

b) Umsetzung durch eine Schiedsinstitution

Nachdem die Vereinbarkeit einer virtuellen Verhandlung mit dem deutschen Schiedsverfahrensrecht festgestellt wurde, ist nun die Frage, welche Vorkehrungen eine Schiedsinstitution schaffen sollte. Die Möglichkeit, eine virtuelle Verhandlung durchzuführen, liegt zunächst in der privatautonomen Gestaltungsmacht der Parteien. Sie können virtuelle Verhandlungen verbieten, sie können sich die Möglichkeit einer virtuellen Verhandlung offenhalten oder sie können sie zwingend vorschreiben.[337] Da solche Vereinbarungen aber selten sein werden, ist es an der Schiedsinstitution, eine entsprechende Vorschrift in der Schiedsgerichtsordnung bereitzuhalten.[338]

Nach dem Ausbruch der COVID-19-Pandemie passten einige Schiedsinstitutionen ihre Schiedsgerichtsordnungen an, um den Parteien trotz Reiserestriktionen die Durchführung eines Schiedsverfahrens zu ermöglichen.[339] Dies betrifft zunächst den LCIA, der seit Oktober 2020 in Art. 19 Abs. 2 S. 3 LCIA-SchO regelt: "*[A] hearing may take place [...] virtually by conference call, videoconference or using other communications technology [...].*" In ähnlicher Weise regelt die ICC seit Januar 2021 in Art. 26 Abs. 1 S. 3 ICC-SchO: "*The arbitral tribunal may decide [...] that any hearing will be conducted [...] remotely by videoconference, telephone or other appropriate means of communication.*" Im März 2021 änderte außerdem das ICDR Art. 26 Abs. 2 seiner Schiedsgerichtsordnung: "*A hearing [...] may be held by video, audio, or other electronic means [...].*" Zuletzt wurde im Juli 2021 Art. 55 lit. a S. 3 WIPO-SchO geändert: „*The Tribunal shall decide, after consultation with the parties, whether the hearing will be conducted by videoconference, using online tools, or in-person.*" An diesen zahlreichen Änderungen der Schiedsgerichtsordnungen wird deutlich, dass eine virtuelle Verhandlung mittlerweile als Wettbewerbsfaktor aufgefasst wird.[340]

Vor diesem Hintergrund sollte auch das DMS die Voraussetzungen für virtuelle Verhandlungen schaffen. Hierzu gehört zunächst, den technischen Voraussetzungen erhöhte Aufmerksamkeit schenken.[341] Es bietet sich an, eine

---

337 *Gielen/Wahnschaffe*, SchiedsVZ 2020, 257 (260); *Hill*, 15 Arb. Int. 1999, 199 (203); *Scherer*, 37 J. Int. Arb. 2020, 407 (419 f.).

338 *Gielen/Wahnschaffe*, SchiedsVZ 2020, 257 (260).

339 *Erney*, in: González-Bueno, 40 under 40, 171 (173).

340 *Jarvin*, in: Ziadé, FS Saleh, 115 (131); zur Benachteiligung von kleinen Schiedsinstitutionen *Siefarth/Feiler*, in: Klausegger/Klein et al., Austrian Yearbook on International Arbitration 2020, 427 (431).

341 Siehe beispielsweise die zahlreichen Hinweise von *Schäfer*, SchiedsVZ 2019, 195 (195 ff.).

Räumlichkeit bereitzuhalten, welche die erforderliche technische Ausstattung aufweist. Weiterhin sollte das DMS eine Vorschrift in seine Schiedsgerichtsordnung übernehmen. Eine ausdrückliche Regelung gibt dem Schiedsgericht und den Parteien Rechtssicherheit, wodurch eine Inanspruchnahme einer virtuellen Verhandlung wahrscheinlicher wird.[342] Es erscheint sinnvoll, keinen Modus zwingend vorzuschreiben, sondern dem Schiedsgericht die Befugnis einzuräumen, eine virtuelle Verhandlung nach eigenem Ermessen anzuordnen.[343] Eine entsprechende Formulierung lautet beispielsweise:

> [1]Wenn die Parteien nichts anderes vereinbart haben, kann das Schiedsgericht entscheiden, eine mündliche Verhandlung mittels Videokonferenz oder anderer Telekommunikationsmittel durchzuführen. [2]Vor einer Entscheidung gibt das Schiedsgericht den Parteien Gelegenheit zur Stellungnahme.

2. *Beschleunigtes Verfahren*

Als weiteres Beispiel für eine Steigerung der Effizienz im Schiedsverfahren kann das Konzept eines beschleunigten Schiedsverfahrens angeführt werden. Mit diesen modifizierten Schiedsverfahren versuchen Schiedsinstitutionen dem zunehmenden Eindruck entgegenzuwirken, dass ein Schiedsverfahren allmählich die Eigenschaft der Schnelligkeit verliert.[344] Solche Verfahren kommen insbesondere in Betracht, wenn eine Streitigkeit nicht allzu kompliziert ist und sie daher eine vereinfachte Vorgehensweise erlaubt.[345] Außerdem können sie für solche Streitigkeiten sinnvoll sein, die aufgrund ihres Streitgegenstandes eine besonders schnelle Streitbeilegung erfordern.[346]

Vergleicht man einige Schiedsgerichtsordnungen, fallen einige Charakteristika von beschleunigten Schiedsverfahren auf.[347] Am prägnantesten ist, dass erhebliche Fristverkürzungen vorgesehen sind, insbesondere werden meist nur

---

342 *QMU*, 2021 International Arbitration Survey, S. 26 f.

343 *Gielen/Wahnschaffe*, SchiedsVZ 2020, 257 (264).

344 *Berger*, SchiedsVZ 2008, 105 (105 f.); *Schütt*, SchiedsVZ 2017, 81 (81); *Walker*, in: Cadiet/Hess/Isidro, Privatizing Dispute Resolution, 597 (610 f.); einige Effizienzmängel aufzählend *Welser*, in: Fitz/Kalss et al., FS Torggler, 1279 (1280 ff.).

345 *Berger*, SchiedsVZ 2008, 105 (110); *Fiebinger*, in: Salger/Trittmann, Internationale Schiedsverfahren, § 30 Rn. 56; *Schütt*, SchiedsVZ 2017, 81 (83).

346 Das kann insbesondere bei technologischen Streitigkeiten der Fall sein, siehe *Benton/Andersen*, 74 Disp. Resol. J. 2020, 1 (4) mit Verweis auf *Benton/Compton/Schiefelbein*, SVAMC Survey 2017.

347 Siehe zu den typischen Elementen beschleunigter Verfahren auch *Fiebinger*, in: Salger/Trittmann, Internationale Schiedsverfahren, § 30 Rn. 2 ff.

sechs Monate für den Erlass des Schiedsspruchs eingeplant.[348] Außerdem wird dem Schiedsgericht die Befugnis eingeräumt, die Anzahl und den Umfang von Schriftsätzen zu begrenzen.[349] Zudem befasst sich kein Schiedsrichterkollegium mit dem Fall, sondern nur ein Einzelschiedsrichter.[350] Schließlich findet eine mündliche Verhandlung entweder nur einmal oder gar nicht statt und wird dann durch ein schriftliches Verfahren ersetzt.[351] Die Verfahrensaspekte, auf die in einem beschleunigten Schiedsverfahren verzichtet wird, decken sich größtenteils mit denen, auf die auch Parteien zum Zwecke der Beschleunigung am ehesten verzichten würden.[352]

Einige Schiedsinstitutionen erfordern, dass die Parteien ein beschleunigtes Verfahren separat vereinbaren (opt-in-Verfahren). Sie gehen damit jedoch das Risiko ein, dass dieses Verfahren praktisch nur selten zur Anwendung kommt, weil die Parteien an der Vereinbarung prozessualer Detailfragen meist nicht interessiert sind.[353] Es ist vorteilhafter, wenn ein beschleunigtes Verfahren bereits Teil der Schiedsgerichtsordnung ist und sich die Parteien somit nur auf die Schiedsgerichtsordnung, nicht aber auf das das konkrete beschleunigte Verfahren einigen müssen.[354] Deswegen sehen einige Schiedsinstitutionen insbesondere bei geringeren Streitwerten eine automatische Anwendbarkeit des

348 Art. 1 Anlage 4 DIS-SchO; Art. 4 Abs. 1 S. 1 Appenidx VI ICC-SchO; Rule 5 Abs. 2 lit. d SIAC-SchO; Art. 42 Abs. 2 lit. e S. 1 SAC-SchO; Art. 45 Abs. 45 Abs. 9 S. 1 VIAC-SchO; siehe für noch kürzere Fristen Art. E-9 AAA-SchO; Art. 43 S. 1 Expedited SCC-SchO; Art. 6 Abs. 1 Annexe „D“ CAM-SchO; Art. E-10 S. 2 ICDR-SchO; Art. 58 lit. a S. 2 Expedited WIPO-SchO; Art. 16 Abs. 1 Expedited UNCITRAL-SchO.

349 Art. 3 Anlage 4 DIS-SchO; Art. 3 Abs. 4 S. 2 Appendix VI ICC-SchO; Art. 42 Abs. 2 lit. c SAC-SchO; Art. 5 Abs. 2 S. 2 Annexe „D“ CAM-SchO; Art. 57 Abs. 9 MIAC-SchO.

350 Art. 2 Abs. 1 Appendix VI ICC-SchO; Rule 5 Abs. 2 lit. b SIAC-SchO; Art. E-6 S. 1 ICDR-SchO; Art. E-4 lit. a AAA-SchO; Art. 42 Abs. 2 lit. a SAC-SchO; Art. 17 Expedited-SCC-SchO; Art. 3 Abs. 1 S. 1 Annexe „D“ CAM-SchO; Art. 45 Abs. 5 VIAC-SchO; Art. 57 Abs. 5 MIAC-SchO; Art. 14 lit. a S. 1 Expedited WIPO-SchO; Art. 7 Expedited UNCITRAL-SchO.

351 Art. 4 S. 1 Anlage 4 DIS-SchO; Art. 3 Abs. 5 Appendix VI ICC-SchO; Rule 5 Abs. 2 lit. c SIAC-SchO; Art. E-6 AAA-SchO; Art. 42 Abs. 2 lit. d SAC-SchO; Art. 33 Abs. 1 Expedited SCC-SchO; Art. 5 Abs. 5 S. 1 Annexe „D“ CAM-SchO; Art. 45 Abs. 9.3 VIAC-SchO; Art. 57 Abs. 10 MIAC-SchO; Art. 11 Expedited UNCITRAL-SchO.

352 Vgl. *QMU*, 2021 International Arbitration Survey, S. 13.

353 *Schütt*, SchiedsVZ 2017, 81 (82).

354 *Berger*, SchiedsVZ 2008, 105 (106).

beschleunigten Schiedsverfahrens vor (opt-out-Verfahren).[355] Die DIS versucht einen Kompromiss zwischen den beiden Ansätzen zu finden, indem sie das beschleunigte Schiedsverfahren zwar nicht vorschreibt, aber das Schiedsgericht dazu auffordert, die Parteien darauf aufmerksam zu machen.[356] Diese Methode ist überzeugend. Einerseits überlässt man damit die Anwendbarkeit eines beschleunigten Verfahrens der Entscheidung der Parteien. Andererseits sorgt man dafür, dass den Parteien die Möglichkeit einer solchen Verfahrensform bekannt gemacht wird, wodurch eine Vereinbarung, anders als beim reinen opt-in-Verfahren, dennoch realistisch ist. Allerdings kann man es der Schiedsinstitution überlassen, die Parteien an die Möglichkeit eines beschleunigten Verfahrens zu erinnern. Dies hat den Vorteil, dass die Erinnerung bereits vor der Konstituierung des Schiedsgerichts erfolgen kann.

Eine entsprechende Regelung für ein beschleunigtes Verfahren könnte wie folgt lauten:

> (1) [1]Vereinbaren die Parteien in ihrer Schiedsvereinbarung oder nachträglich, aber spätestens bis zur Klagebeantwortung, das Schiedsverfahren beschleunigt durchführen zu wollen, gelten die allgemeinen Vorschriften der DMS-SchO mit den folgenden Änderungen. [2]Der Präsident soll die Parteien auf die Möglichkeit eines beschleunigten Verfahrens hinweisen, sobald das DMS die Schiedsklage empfangen hat.
> (2) [1]Wenn die Parteien nichts anderes vereinbart haben, wird das Schiedsverfahren durch einen Einzelschiedsrichter durchgeführt. [2]Der Präsident fordert die Parteien auf, die Bestellung innerhalb von 15 Tagen gemeinsam vorzunehmen. [3]Erfolgt die Bestellung des Schiedsrichters nicht fristgerecht, nimmt der Präsident die Bestellung vor.
> (3) [1]Wenn das Schiedsgericht Fristen setzt, muss es dem Interesse der Parteien an einer beschleunigten Durchführung des Schiedsverfahrens Rechnung tragen. [2]Das Schiedsgericht hat die Befugnis, die Fristen in den allgemeinen Vorschriften zu verkürzen. [3]Das Schiedsgericht kann die Anzahl und den Umfang von Schriftsätzen begrenzen, insbesondere kann es bestimmen, dass nach Schiedsklage und Klagebeantwortung jede Partei nur noch einen Schriftsatz einreichen darf.
> (4) Wenn die Parteien auf eine mündliche Verhandlung nicht übereinstimmend verzichten, kann das Schiedsgericht bestimmen, dass nur eine mündliche Verhandlung stattfindet.
> (5) [1]Das Schiedsgericht hat das Schiedsverfahren innerhalb von sechs Monaten durch den Erlass eines Schiedsspruchs zu beenden. [2]Kann dieser Zeitraum nicht eingehalten

355 Art. 30 Abs. 3 lit. b ICC-SchO; Rule 5 Abs. 1 SIAC-SchO; Art. 1 Abs. 4 S. 1 ICDR-SchO; Rule 1 lit. b AAA-SchO; Art. 42 Abs. 1 SAC-SchO; Art. 1 Abs. 1 Annexe „D" CAM-SchO; Art. 57 Abs. 1 lit. b MIAC-SchO.

356 *Fiebinger*, in: Salger/Trittmann, Internationale Schiedsverfahren, § 30 Rn. 20; *Klötzel*, in: Schütze/Klötzel/Gebauer, FS Thümmel, 395 (399).

werden, verliert die Schiedsvereinbarung nicht ihre Wirksamkeit und das Schiedsgericht nicht seine Zuständigkeit.

Zusätzlich kann das DMS den Parteien, um die Vereinbarung des beschleunigten Verfahrens zu erleichtern, auch folgende Musterklausel bereitstellen:

Die Parteien vereinbaren, das Schiedsverfahren im Sinne der DMS-SchO beschleunigt durchzuführen.

E. Beendigung des Schiedsverfahrens

Ein Schiedsverfahren wird prototypisch durch einen Schiedsspruch beendet (§ 1056 Abs. 1 Var. 1 ZPO). Mit dem Schiedsspruch entscheidet das Schiedsgericht gemäß § 1057 ZPO auch über die Kosten des Verfahrens (**I**). Für eine sich daran anschließende Vollstreckung bedarf es jedoch zunächst einer Vollstreckbarerklärung durch ein staatliches Gericht (**II**).

I. Verfahrenskosten

Ein Schiedsverfahren wird zwar teilweise als kostengünstiger als ein staatliches Gerichtsverfahren eingeschätzt.[357] Mittlerweile kritisieren die meisten Stimmen jedoch, dass die Kosten eines Schiedsverfahrens zu hoch seien.[358] Obgleich unter den verschiedenen Beweggründen, eine Schiedsinstitution zu wählen, die Kosten nicht den wichtigsten Aspekt ausmachen,[359] stellen sie dennoch einen Wettbewerbsfaktor dar.[360] In der bereits erwähnten Studie der QMU gaben die Befragten an, dass sie erwägen würden, eine neue Schiedsinstitution zu wählen,

---

357 Siehe zum Beispiel *WIPO*, 2013 Survey on Dispute Resolution in Technology Transactions, S. 23.

358 *Arroyo*, in: Cadiet/Hess/Isidro, Privatizing Dispute Resolution, 617 (624 f.); *Celli/Benz*, 3 European Business Organization Law Review 2002, 593 (596 f.); *QMU*, 2015 International Arbitration Survey, S. 7; *QMU*, 2018 International Arbitration Survey, S. 8; *QMU*, 2021 International Arbitration Survey, S. 13; *QMU*, Pre-empting and Resolving Technology, Media and Telecoms Disputes, S. 26 ff.; *Walker*, in: Cadiet/Hess/Isidro, Privatizing Dispute Resolution, 597 (610).

359 *QMU*, 2015 International Arbitration Survey, S. 18; *QMU*, 2018 International Arbitration Survey, S. 14; dies gilt auch in den Bereichen Technologie, Medien und Telekommunikation, siehe *QMU*, Pre-empting and Resolving Technology, Media and Telecoms Disputes, S. 26; siehe auch *Eidenmüller*, in: Schütze/Klötzel/Gebauer, FS Thümmel, 125 (125, 127, 135); *Wagner*, Rechtsstandort Deutschland im Wettbewerb, S. 137.

360 *Karton*, S. 65 f.

wenn diese geringere Gebühren als die Konkurrenz anböte.[361] Daher stellt es eine preispolitisch sinnvolle Maßnahme einer neuen Schiedsinstitution dar, die Kosten konkurrierender Schiedsinstitutionen zu unterschreiten.

Vor diesem Hintergrund werden nachfolgend die Kosten eines Verfahrens vor dem DMS dargestellt (1). Zudem wird auch die Festsetzung der Kosten in den Blick genommen, die nach der DMS-SchO durch das DMS selbst vorgenommen werden soll (2).

1. *Kosten eines Verfahrens vor dem DMS*

Die Kosten eines Schiedsverfahrens beim DMS bestehen im Wesentlichen aus den Honoraren der Schiedsrichter und der Bearbeitungsgebühr des DMS (§ 18 Abs. 1 S. 1 DMS-SchO). Ein Schiedsverfahren mit einem Dreier-Schiedsgericht soll bei einem Streitwert von 1 Million Euro rund 60.000 Euro kosten.[362] Dementgegen kostet ein Schiedsverfahren bei der DIS rund 100.000 Euro.[363] Insgesamt ist ein Schiedsverfahren vor dem DMS also relativ kostengünstig.

2. *Kostenentscheidung*

Gemäß § 1057 ZPO ist es die Aufgabe des Schiedsgerichts, darüber zu entscheiden, zu welchem Anteil und in welcher Höhe die Parteien die Kosten des Schiedsverfahrens zu tragen haben. Dem Schiedsgericht ist es jedoch untersagt, die eigenen Honorare festzusetzen, da dies eine unzulässige Entscheidung in eigener Sache ist.[364] Vor dem Hintergrund dieser Leitlinie werden zwei Bestimmungen der DMS-SchO analysiert, zunächst zur Streitwertfestsetzung (a) und sodann zur Erhöhung des Schiedsrichterhonorars (b). Zuletzt wird eine Alternativregelung vorgeschlagen (c).

---

361 *QMU*, 2021 International Arbitration Survey, S. 10.

362 Vgl. die Kostentabelle als Anlage zu § 18 DMS-SchO, siehe im Anhang ab S. 267.

363 Vgl. den Gebührenrechner der DIS, abrufbar unter go.wwu.de/mcyci.

364 *BGH*, Beschl. v. 28.3.2012, III ZB 63/10, NJW 2012, 1811 (1811); *OLG Dresden*, Beschl. v. 11.12.2000, 11 SchH 1/00, BB 2001, 20 (20); *Geimer*, in: Zöller, ZPO, § 1057 Rn. 4 f.; *Münch*, in: MüKo ZPO, § 1057 Rn. 8; *Prütting*, in: Prütting/Gehrlein, ZPO, § 1057 Rn. 3; *Saenger*, in: Saenger, ZPO, § 1057 Rn. 7; *Schwab/Walter*, Kap. 33 Rn. 15; *Voit*, in: Musielak/Voit, ZPO, § 1057 Rn. 5; *Wilske/Markert*, in: BeckOK ZPO, § 1057 Rn. 10; *Schütze*, in: Fitz/Kalss et al., FS Torggler, 1105 (1105 ff.); *Wolf*, S. 149.

a) *Streitwertfestsetzung*

Es liegt keine Entscheidung in eigener Sache vor, wenn das Schiedsgericht den Streitwert eines Verfahrens bestimmt, auch wenn davon die Schiedsrichterhonorare als Teil der Verfahrenskosten abhängig sein sollten. Der Grund hierfür ist, dass es sich dabei nur um eine Streitwertfestsetzung mit eingeschränkter Reichweite handelt, womit die Schiedsrichter sich nicht selbst einen vollstreckbaren Titel über ihre Vergütung verschaffen.[365] Selbst wenn sich ein Schiedsgericht die eigenen Honorare titulieren würde, wäre dies ohne Wirkung, da die Entscheidungsmacht eines Schiedsgerichts auf die Parteien beschränkt ist.[366] Ein entsprechender Schiedsspruch wäre also insoweit aufhebbar.[367]

Mit diesen Vorgaben ist § 18 Abs. 2 S. 1 DMS-SchO vereinbar:

> *„[D]as Honorar für die Schiedsrichter […] bestimmt sich […] nach dem Streitwert, der vom Medienschiedsgericht nach pflichtgemäßem Ermessen festgesetzt wird."*

Gemäß dieser Vorschrift bestimmt die Festsetzung des Streitwerts zwar mittelbar die Höhe der Schiedsrichtervergütung, dennoch ist die Streitwertfestsetzung als solche unproblematisch, denn das Schiedsgericht soll danach nicht über seinen Vergütungsanspruch gegen die Parteien, sondern nur über die Verfahrenskosten entscheiden. Würde das Schiedsgericht einen überhöhten Streitwert festsetzen, um damit ein überhöhtes Schiedsrichterhonorar zu ermöglichen, wäre der Schiedsspruch ebenfalls insoweit aufhebbar.[368]

Das Schiedsgericht trifft allerdings nicht nur in prozessualer Hinsicht eine Kostenentscheidung. Zugleich setzt es mit der Festlegung des Streitwerts eine Bestimmung im Sinne des § 315 Abs. 1 BGB und bestimmt hierdurch die Höhe

---

365 *BGH*, Beschl. v. 2.3.2017, I ZB 42/16, SchiedsVZ 2017, 200 (202); *BGH*, Beschl. v. 28.3.2012, III ZB 63/10, NJW 2012, 1811 (1812); *KG Berlin*, Beschl. v. 12.8.2010, 20 Sch 2/10, NJOZ 2011, 650 (650); *OLG Dresden*, Beschl. v. 11.12.2000, 11 SchH 1/00, BB 2001, 20 (20); *Prütting*, in: Prütting/Gehrlein, ZPO, § 1057 Rn. 3; *Saenger*, in: Saenger, ZPO, § 1057 Rn. 7; *Voit*, in: Musielak/Voit, ZPO, § 1057 Rn. 5; *Wilske/Markert*, in: BeckOK ZPO, § 1057 Rn. 11; *Münch*, in: Bruns/Kern et al., FS Stürner, 355 (387); *Wolff*, SchiedsVZ 2006, 131 (134).

366 *Prütting*, in: Prütting/Gehrlein, ZPO, § 1057 Rn. 3; *Schlabrendorff/Sessler*, in: Nacimiento/Kröll/Böckstiegel, AiG, § 1057 Rn. 8; *Schlosser*, in: Stein/Jonas, ZPO, § 1057 Rn. 1; *Wolff*, SchiedsVZ 2006, 131 (134).

367 *Geimer*, in: Zöller, ZPO, § 1057 Rn. 5; *Münch*, in: MüKo ZPO, § 1057 Rn. 8; *Saenger*, in: Saenger, ZPO, § 1057 Rn. 7; *Schwab/Walter*, Kap. 33 Rn. 15.

368 *Wolff*, SchiedsVZ 2006, 131 (140); zumindest für grobe Fehlberechnungen *Münch*, in: Bruns/Kern et al., FS Stürner, 355 (Fn. 134).

der Schiedsrichterhonorare.[369] Allerdings ist das Honorar nur im Wege einer separaten Zivilklage durch einen Schiedsrichter durchsetzbar. Im Rahmen eines solchen Prozesses prüft das Gericht, ob die einseitige Bestimmung des Honorars durch das Schiedsgericht im Sinne des § 315 Abs. 3 S. 1 BGB der Billigkeit entspricht.[370] Ist dies nicht der Fall, etwa weil das Schiedsgericht einen zu hohen Streitwert und damit auch ein zu hohes Honorar angesetzt hat, ist die Bestimmung nicht verbindlich und das Gericht entscheidet (§ 315 Abs. 3 S. 2 BGB). Diese Kontrolle gewährleistet, dass der Schiedsrichter auch in materieller Hinsicht nicht willkürlich über seinen eigenen Anspruch entscheiden kann.

b) Erhöhung der Schiedsrichterhonorare

§ 18 Abs. 3 DMS-SchO ist kostenrechtlich jedoch kritisch:

> *„Der Präsident des Medienschiedsgerichtes kann das Honorar der Schiedsrichter abweichend von der Kostentabelle höher oder niedriger festsetzen, sollte dies aufgrund der besonderen Umstände des Einzelfalles notwendig erscheinen."*

Die Möglichkeit der Erhöhung eines Schiedsrichterhonorars ist für sich genommen nicht problematisch; auch andere Schiedsinstitutionen sehen eine solche Regelung vor.[371] Ein Richten in eigener Sache liegt nicht vor, weil das Schiedsgericht damit nur die Kostentragung zwischen den Parteien entscheidet.[372] Problematisch ist jedoch, dass der Präsident des DMS auch als Schiedsrichter gelistet ist und damit eine Doppelfunktion einnehmen kann.[373] Damit besteht für ihn die Möglichkeit, in einem Schiedsverfahren, das er als Schiedsrichter selbst führt, das eigene Honorar in der Funktion des Präsidenten zu erhöhen.[374] Ferner ist

369 *BGH*, Beschl. v. 28.3.2012, III ZB 63/10, NJW 2012, 1811 (1812); *Geimer*, in: Zöller, ZPO, § 1057 Rn. 5; *Schlabrendorff/Sessler*, in: Nacimiento/Kröll/Böckstiegel, AiG, § 1057 Rn. 10; *Schlosser*, in: Stein/Jonas, ZPO, § 1057 Rn. 1; *Schwab/Walter*, Kap. 33 Rn. 15; *Münch*, in: Bruns/Kern et al., FS Stürner, 355 (370 ff.); *Sandrock*, in: Aksen/Böckstiegel et al., FS Briner, 707 (718); *Strieder*, S. 133; *Theune*, SchiedsVZ 2021, 177 (202); *Wolff*, SchiedsVZ 2006, 131 (136 ff.).

370 *Bredow*, in: Cordero-Moss, International Commercial Arbitration, 144 (149).

371 *Warwas*, S. 51; siehe zum Beispiel Ziff. 2.5 S. 1 Anlage 2 DIS-SchO.

372 Anders sieht das *Lissner*, GRUR-Prax 2016, 522 (524), nach dem ein Verstoß gegen den ordre public vorliegt.

373 Siehe die DMS-Schiedsrichterliste, abrufbar unter go.wwu.de/8dbxh.

374 Diese Befugnis kam den anderen Schiedsrichtern des DMS allerdings nicht zu, so aber *Lissner*, GRUR-Prax 2016, 522 (524).

zu kritisieren, dass die Kriterien für eine Erhöhung des Schiedsrichterhonorars unklar sind.

c) Alternative Regelung

Es ist üblich, dass sich die Schiedsinstitution darum bemüht, dass die Parteien die Kostenvorschüsse leisten und häufig bestimmt sie auch die Kosten des Schiedsverfahrens mitsamt den Honoraren der Schiedsrichter.[375] Dementsprechend könnte man es auch dem DMS überlassen, über die Kostenfragen zu entscheiden. Eine solche Aufgabenaufteilung hat den Vorteil, dass bereits der Schein einer Entscheidung in eigener Sache verhindert wird. Außerdem geht damit eine Entlastung des Schiedsgerichts einher.[376]

Wenn hierfür innerhalb des DMS nicht die erforderlichen Ressourcen zur Verfügung stehen, sollte § 18 Abs. 3 DMS-SchO zumindest insoweit geändert werden, dass der Präsident des DMS nicht über eine Erhöhung des Schiedsrichterhonorars entscheiden kann, wenn er selbst Schiedsrichter ist. In einem solchen Fall sollte die Entscheidungsbefugnis auf den Vizepräsidenten übergehen. Zuletzt sollte spezifiziert werden, welche besonderen Umstände eine Honorarerhöhung rechtfertigen können. In Anlehnung an die DIS-SchO kann die DMS-SchO etwa eine hohe Komplexität, einen gesteigerten Zeitaufwand oder eine erhebliche wirtschaftliche Bedeutung als Kriterien anführen.[377] Eine Regelung könnte wie folgt lauten:

> [1]Der Präsident kann das Honorar der Schiedsrichter abweichend von der Kostentabelle höher oder niedriger festsetzen, sollte dies aufgrund der besonderen Umstände des Einzelfalles notwendig erscheinen. [2]Zu berücksichtigende Umstände sind insbesondere die Komplexität und die wirtschaftliche Bedeutung der Streitigkeit sowie der mit dem Schiedsverfahren einhergehende Aufwand für die Schiedsrichter. [3]Ist der Präsident selbst als Schiedsrichter tätig, geht die Befugnis nach Satz 1 auf den Vizepräsidenten über.

II. Vollstreckbarerklärung

Wenn durch einen Schiedsspruch die Streitigkeit und die Aufteilung der Verfahrenskosten entschieden wurde, kann allerdings noch keine Vollstreckung erfolgen. Um einen Schiedsspruch vollstrecken zu können, bedarf es zunächst einer gerichtlichen Vollstreckbarerklärung (§ 1060 Abs. 1 ZPO). Nach § 30 Abs. 3 lit. h DMS-SchO soll ein Schiedsspruch selbst „*eine Erklärung über die*

---

375 *Wallgren-Lindholm*, in: Cordero-Moss, International Commercial Arbitration, 61 (63).
376 *Lew/Mistelis/Kröll*, Rn. 3-23.
377 Siehe Ziff. 2.5 S. 2 Anlage 2 DIS-SchO.

Vollstreckbarkeit des Schiedsspruches im Sinne von §§ 1060 ff. der Zivilprozessordnung" enthalten. Hierbei wurde verkannt, dass für die Vollstreckbarerklärung weder das Schiedsgericht noch das DMS, sondern ein staatliches Gericht zuständig ist.[378] Den Parteien ist es zwar möglich, von der Zuständigkeit abzuweichen, indem sie durch Parteivereinbarung ein bestimmtes Oberlandesgericht für zuständig erklären (§ 1062 Abs. 1 Hs. 1 ZPO). Gegenstand dieser Vereinbarung kann aber nur die örtliche Zuständigkeit sein.[379] Dementgegen ist es unzulässig, die Zuständigkeit der staatlichen Gerichtsbarkeit generell abzubedingen und auf eine nicht-staatliche Stelle zu übertragen.[380] § 30 Abs. 3 lit. h DMS-SchO ist damit unwirksam und sollte gestrichen werden. Im Falle eines Verfahrens vor dem DMS mit dem Schiedsort Leipzig ist damit gemäß § 1062 Abs. 1 Hs. 2 ZPO das OLG Dresden für eine Vollstreckbarerklärung zuständig.

F. Exkurs: Schiedsgutachten- und Schlichtungsverfahren

Das DMS bietet in seiner Schiedsgerichtsordnung nicht nur Schiedsverfahren, sondern auch Schiedsgutachten- und Schlichtungsverfahren an. Durch ein Schiedsgutachten wird kein Streit entschieden, sondern ein Teil eines Rechtsverhältnisses durch einen Dritten verbindlich festgestellt oder geregelt.[381] Entsprechend regelt § 38 Abs. 1 S. 2 DMS-SchO, dass der Gegenstand des Schiedsgutachtenverfahrens „*die Begutachtung eines Elementes einer Entscheidung, die Bestimmung der Leistung oder Leistungsmodalität oder eine Vertragsanpassung sein*" kann. Für solche Leistungsbestimmungen ist es charakteristisch,

---

378 Ebenfalls kritisch *Münch*, in: MüKo ZPO, Vor § 1025 Rn. 111a.

379 *OLG München*, Beschl. v. 16.6.2014, 34 Sch 15/13, SchiedsVZ 2014, 257 (260); *OLG München*, Beschl. v. 21.12.2011, 34 SchH 11/11, SchiedsVZ 2012, 111 (112); *BayObLG*, Beschl. v. 25.10.2001, 4Z SchH 6/01, NJW-RR 2002, 323 (323); *Wilske/Markert*, in: BeckOK ZPO, § 1062 Rn. 2; hingegen auch für eine Prorogation der sachlichen Zuständigkeit *Münch*, in: MüKo ZPO, § 1062 Rn. 22.

380 *Münch*, in: MüKo ZPO, § 1062 Rn. 29.

381 *BGH*, Beschl. v. 24.11.2005, VII ZB 76/05, SchiedsVZ 2006, 217 (218); *BGH*, Urt. v. 17.5.1967, VIII ZR 58/66, NJW 1967, 1804 (1804); *BGH*, Urt. v. 25.6.1952, II ZR 104/51, NJW 1952, 1296 (1296); *Münch*, in: MüKo ZPO, Vor § 1025 Rn. 76; *Schlosser*, in: Stein/Jonas, ZPO, Vor § 1025 Rn. 42; *Schütze*, in: Wieczorek/Schütze, ZPO, § 1025 Rn. 58 f.; *Lachmann*, Handbuch für die Schiedsgerichtspraxis, Rn. 74; *Wegen*, in: Schütze/Klötzel/Gebauer, FS Thümmel, 959 (960 f.).

dass sie gemäß § 319 Abs. 1 S. 1 BGB durch ein Gericht auf Billigkeit überprüft werden können.[382]

Hingegen ist ein Schlichtungsverfahren darauf gerichtet, *„die Streitigkeit einvernehmlich beizulegen“* (§ 36 Abs. 1 DMS-SchO). Ein Schlichtungsverfahren zeichnet sich dadurch aus, dass die Schlichter den Parteien einen unverbindlichen Lösungsvorschlag unterbreiten können.[383] Entsprechend sieht auch § 36 Abs. 3 S. 1 DMS-SchO vor, dass die Schlichter einen Vorschlag zur Lösung des Streits präsentieren können. Einem solchen Vorschlag kommt aber keine rechtliche, sondern allenfalls eine faktische Bindungswirkung zu.[384]

Bei der Umsetzung dieser Streitbeilegungsformen durch das DMS ist zum einen auffällig, dass keinerlei Musterklauseln angeboten werden (**I**). Zum anderen ist es kritisch zu beurteilen, dass ein Schlichtungsverfahren in ein Schiedsverfahren übergehen kann, während die vorherigen Schlichter die Position der Schiedsrichter einnehmen können (**II**).

I. Kein Angebot von Musterklauseln

Das DMS stellt weder für das Schiedsgutachtenverfahren noch für das Schlichtungsverfahren entsprechende Mustervereinbarungen zur Verfügung. Dabei ist es die Aufgabe einer Schiedsinstitution, schlecht formulierten oder, im

---

382 Bereits *RG*, Urt. v. 21.8.1936, II 154/36, JW 1937, 219 (220); siehe außerdem *BGH*, Urt. v. 4.7.2013, III ZR 52/12, NJW-RR 2014, 492 (493); *BGH*, Urt. v. 25.1.1979, X ZR 40/77, NJW 1979, 1885 (1885); *BGH*, Urt. v. 21.5.1975, VIII ZR 161/73, NJW 1975, 1556 (1557); *BGH*, Urt. v. 17.5.1967, VIII ZR 58/66, NJW 1967, 1804 (1805); *BGH*, Urt. v. 28.9.1964, II ZR 181/62, NJW 1964, 2401 (2401); *BGH*, Urt. v. 25.6.1952, II ZR 104/51, NJW 1952, 1296 (1296); *Münch*, in: MüKo ZPO, Vor § 1025 Rn. 76; *Schütze*, in: Wieczorek/Schütze, ZPO, § 1025 Rn. 60; für eine Analyse der Rechtsprechung siehe *Spehl*, in: Geimer/Kaissis/Thümmel, FS Schütze, 553 (554 ff.).

383 *Bonne*, in: Margellos/Bonne et al., Mediation, 34 (35); *Breidenbach/Peres*, SchiedsVZ 2010, 125 (128); *Forster/Schwarz*, ZUM 2004, 800 (806); *Griss*, in: Fitz/Kalss et al., FS Torggler, 359 (360); *Herrmann*, in: Sanders, New Trends in the Development of International Commercial Arbitration and the Role of Arbitral and Other Institutions, 145 (154); *Kreissl*, SchiedsVZ 2012, 230 (233); *Lack*, in: Pierce/Gunter, The Guide to IP Arbitration, 102 (110); *McIlwrath/Savage*, Rn. 4-005; *Prütting*, in: Prütting, Außergerichtliche Streitschlichtung, 1 (2); *Unberath*, ZKM 2011, 44 (46); *Walter*, ZZP 103 (1990), 141 (155); siehe auch Art. 7 Abs. 4 S. 1 UNCITRAL Schlichtung-SchO.

384 *Herrmann*, in: Sanders, New Trends in the Development of International Commercial Arbitration and the Role of Arbitral and Other Institutions, 145 (154); *Unberath*, ZKM 2011, 44 (46); *Unberath*, NJW 2011, 1320 (1320 f.).

schlimmsten Fall, unwirksamen Klauseln entgegenzuwirken, indem sie selbst Mustervereinbarungen anbietet.[385] Parteien, die diese alternativen Verfahrensarten durchführen wollen, sind damit also auf ihre eigenen Formulierungskünste angewiesen.

Weil die Vorschriften hinsichtlich des Schiedsgutachten- und des Schlichtungsverfahrens ebenfalls in der DMS-SchO enthalten sind, besteht zudem die Gefahr, dass die Parteien nur auf dieses Regelwerk verweisen, aber nicht die Verfahrensart spezifizieren. Es kann eben nicht vorausgesetzt werden, dass Parteien bei der Wahl einer Schiedsgerichtsordnung Kenntnis davon haben, dass diese mehrere Verfahrensarten umfasst. Dem könnte man begegnen, indem man eine Musterklausel anbietet, in welcher die Parteien darauf aufmerksam gemacht werden, die Verfahrensart noch zu spezifizieren. Zu bevorzugen ist es jedoch, für jede Verfahrensart eine eigenständige Ordnung anzulegen, für das Schiedsverfahren eine Schiedsgerichtsordnung, für das Schiedsgutachtenverfahren eine Schiedsgutachtenordnung und für das Schlichtungsverfahren eine Schlichtungsordnung. Hierfür spricht zunächst, dass man das Fehlerpotenzial vermeidet, das entstehen würde, wenn man den Parteien noch Anpassungen an der Schiedsklausel überließe. Außerdem spricht dafür, dass die meisten Schiedsinstitutionen, die mehrere Verfahrensarten anbieten, auch derart vorgehen.[386] Zuletzt ginge mit der Erstellung dreier Ordnungen zumindest für das DMS auch kein hoher Aufwand einher, denn die Vorschriften hierfür sind bereits vorhanden und müssten nur auf drei getrennte Dokumente aufgeteilt werden.

Sollte sich das DMS für diesen Weg entscheiden, kann es folgende Musterklausel für das Schiedsgutachtenverfahren verwenden:

> Für alle Streitigkeiten, die sich aus oder im Zusammenhang mit diesem Vertrag oder über dessen Gültigkeit ergeben, wird ein Schiedsgutachtenverfahren nach der Schiedsgutachtenordnung des Deutschen Medienschiedsgerichts (DMS) durchgeführt.

Für das Schlichtungsverfahren kann folgende Musterklausel verwendet werden:

> Für alle Streitigkeiten, die sich aus oder in Zusammenhang mit diesem Vertrag oder über dessen Gültigkeit ergeben, wird ein Schlichtungsverfahren nach der Schlichtungsordnung des Deutschen Medienschiedsgerichts (DMS) durchgeführt.

---

385 Siehe zur Bedeutung von Musterklauseln ab S. 59.

386 Zum Beispiel weist die ICC neben ihrer Schiedsgerichtsordnung eine separate Mediationsordnung auf (go.wwu.de/c0tc0), dasselbe gilt unter anderem für die DIS (go.wwu.de/8pkql), den LCIA (go.wwu.de/2dwh4), die WIPO (go.wwu.de/rca37), das HKIAC (go.wwu.de/g8rp9), das SAC (go.wwu.de/yz0o3) und das NAI (go.wwu.de/ovbo4).

II. Personenidentität von Schlichtern und Schiedsrichtern

Neben fehlenden Musterklauseln ist hervorzuheben, dass das Schlichtungsverfahren für den Fall seines Misslingens gemäß § 37 Abs. 3 DMS-SchO in ein Schiedsverfahren übergehen kann:

> *„Die Parteien können jederzeit schriftlich vereinbaren, dass die Schlichtung in ein Schiedsverfahren übergeleitet werden soll, bei dem das Schiedsverfahren vor der gleichen Kammer oder vor der großen Kammer fortgesetzt wird."*

Wenn das der Schlichtung folgende Schiedsverfahren *„vor der gleichen Kammer"* stattfinden würde, ginge damit eine Personenidentität zwischen Schlichtern und Schiedsrichtern einher. Diese kann vorteilhaft sein, weil sich die Schiedsrichter, die vorher Schlichter gewesen sind, nicht mit allen Fakten des Falles neu auseinandersetzen müssen und das gesamte Verfahren damit effizienter ist.[387] Hierfür spricht auch, dass gerade in Deutschland befürwortet wird, dass ein Schiedsrichter die Parteien zu einer gütlichen Einigung bewegen soll.[388]

Allerdings können mit einer Personenidentität von Schlichtern und Schiedsrichtern auch erhebliche Nachteile einhergehen: Ein Schlichter kann mit seinem Vorschlag zur Beilegung des Streits seine Meinung über den Rechtsstreit offenbaren und damit seine Unparteilichkeit als Schiedsrichter im anschließenden Schiedsverfahren beeinträchtigen.[389] Überdies kann eine Doppelfunktion das Schlichtungsverfahren torpedieren, wenn die Parteien den Informationsfluss zu den Schlichtern mit Blick auf ein sich möglicherweise anschließendes Schiedsverfahren bewusst regulieren.[390] Auch könnte ein Schiedsrichter in einem vorgeschalteten Schlichtungsverfahren an Informationen gelangen, die eine Partei im Schiedsverfahren der anderen Partei und dem Schiedsgericht vorenthalten

---

387 *Secretary-General*, in: UNCITRAL, Yearbook, Vol. XI (1980), 100 (107); siehe zu dem ähnlichen Problem im Mediationsverfahren *Brandl*, S. 138; *Dendorfer/Lack*, SchiedsVZ 2007, 195 (200 f.); *Pitkowitz/Richter*, SchiedsVZ 2009, 225 (229).

388 *Mourre*, 18 Asian Disp. Rev. 2016, 94 (96).

389 Hinsichtlich des ähnlichen Problems bei evaluativen Mediatoren *Benzidi*, 10 Am. J. Mediation 2017, 1 (26); *Rosoff*, 26 J. Int. Arb. 2009, 89 (90).

390 *Herrmann*, in: Sanders, New Trends in the Development of International Commercial Arbitration and the Role of Arbitral and Other Institutions, 145 (161); *Herrmann*, in: Sanders, Yearbook Commercial Arbitration, 170 (188); *Nariman*, ICC Bulletin, Suppl. (Arbitration in the Next Decade) 1999, 43 (45); *Schneider*, in: Berg, International Dispute Resolution, 57 (93).

würde.[391] Dieses Wissen des Schiedsrichters könnte dann zum einen Zweifel an seiner Unparteilichkeit hervorrufen.[392] Zum anderen könnte es das rechtliche Gehör der unwissenden Partei und damit auch die Gleichbehandlung der Parteien gefährden, wenn ein Schiedsrichter diese Informationen dennoch in den Schiedsspruch einfließen lässt.[393] Von einer Personenidentität zwischen denjenigen, welche die unterschiedlichen Streitbeilegungsverfahren leiten, wird aus diesen Gründen oftmals abgeraten.[394]

Dementsprechend ist auch ein staatlicher Richter gemäß § 41 Nr. 8 ZPO von der Ausübung des Richteramtes ausgeschlossen, wenn er in der Sache zuvor an einem Verfahren der außergerichtlichen Konfliktbeilegung mitgewirkt hat. Dieser Ablehnungsgrund ist auf einen Schiedsrichter zwar nicht unmittelbar anwendbar. Er zeigt aber generell, dass in einer solchen Situation Zweifel an der Unparteilichkeit einer Person entstehen können.[395] Darüber hinaus ist dieser Ablehnungsgrund im DMS-Schiedsverfahren zumindest mittelbar anwendbar, denn § 13 Abs. 1 lit. a DMS-SchO regelt, dass ein Schiedsrichter abgelehnt werden kann, wenn *„er als staatlicher Richter von der Entscheidung des Falles gesetzlich ausgeschlossen wäre“*. Hierdurch werden die Ausschlussgründe für staatliche

391 Im Bezug auf Mediationsverfahren *Blankley*, 63 Baylor L.R. 2011, 317 (332); *Pappas*, 20 Harv. Neg. L. Rev. 2015, 157 (173); *Rosoff*, 26 J. Int. Arb. 2009, 89 (91 f.).

392 Im Bezug auf Mediationsverfahren *Bartel*, 27 Willamette L. Rev. 1991, 661 (686); *Dendorfer/Lack*, SchiedsVZ 2007, 195 (201); *Haaß*, in: Haft/Schlieffen, Handbuch Mediation, § 7 Rn. 49; *Horvath*, SchiedsVZ 2005, 292 (299); *Pappas*, 20 Harv. Neg. L. Rev. 2015, 157 (180); *Pitkowitz/Richter*, SchiedsVZ 2009, 225 (227); wenig problematisch sehen das *Ruckteschler/Wendelstein*, in: Schütze/Klötzel/Gebauer, FS Thümmel, 741 (749).

393 Im Bezug auf Mediationsverfahren *Lachmann*, Handbuch für die Schiedsgerichtspraxis, Rn. 90; *Pitkowitz/Richter*, SchiedsVZ 2009, 225 (227); dementgegen *Eidenmüller*, RIW 2002, 1 (10); *Rosoff*, 26 J. Int. Arb. 2009, 89 (92 f.); *Ruckteschler/Wendelstein*, in: Schütze/Klötzel/Gebauer, FS Thümmel, 741 (747); *Sawang*, S. 302.

394 *Herrmann*, in: Sanders, New Trends in the Development of International Commercial Arbitration and the Role of Arbitral and Other Institutions, 145 (150); *Herrmann*, in: Sanders, Yearbook Commercial Arbitration, 170 (189); *Lachmann*, Handbuch für die Schiedsgerichtspraxis, Rn. 90; *Nariman*, ICC Bulletin, Suppl. (Arbitration in the Next Decade) 1999, 43 (45); vgl. auch Art. 10 ICC Mediation-SchO sowie Art. 19 UNCITRAL Schlichtung-SchO.

395 *OLG Frankfurt a.M.*, Beschl. v. 4.10.2007, 26 Sch 8/07, SchiedsVZ 2008, 96 (99); *OLG München*, Beschl. v. 3.1.2014, 34 SchH 7/13, SchiedsVZ 2014, 45 (48); *Saenger*, in: Saenger, ZPO, § 1036 Rn. 9; *Dendorfer-Ditges*, in: Klowait/Gläßer, MediationsG, Teil 3, Kap. N Rn. 36; *Kröll*, ZZP 116 (2003), 195 (206).

Richter als Ablehnungsgründe für Schiedsrichter in die DMS-SchO inkorporiert. Soweit eine Personenidentität zwischen Schlichtern und Schiedsrichtern besteht, haben die Parteien eines DMS-Schlichtungsverfahrens, das später in ein Schiedsverfahren übergeht, also stets ein Ablehnungsrecht. Deshalb ist mit langwierigen Ablehnungsverfahren zu rechnen, sei es durch eine obstruktive Partei oder durch eine Partei, die tatsächlich an der Neutralität des Schiedsrichters zweifelt.

Sofern man den Parteien überlassen möchte, sich für eine Personenidentität zwischen Schlichtern und Schiedsrichtern entscheiden zu können,[396] sollte zumindest das Risiko von darauf gestützten Ablehnungsverfahren minimiert werden. Dies kann man erreichen, indem die Parteien ihr Recht zur Ablehnung von Schiedsrichtern insoweit einschränken, dass es nicht mit Rücksicht auf die vormalige Tätigkeit als Schlichter ausgeübt werden darf.[397] Eine beispielhafte Formulierung lautet:

> [1]Die Parteien können jederzeit schriftlich vereinbaren, das Schlichtungsverfahren in ein Schiedsverfahren überzuleiten. [2]Sie können vereinbaren, dass alle oder nur einzelne Personen, die als Schlichter tätig waren, das Schiedsrichteramt übernehmen. [3]Entscheiden sie sich hierfür, dürfen sie den Schiedsrichter nicht aus einem Grund ablehnen, der auf die vorherige Tätigkeit als Schlichter zurückzuführen ist.

G. Ergebnis

Die zentralen Instrumentarien des DMS – die Musterschiedsvereinbarung und die DMS-SchO – sind unzureichend ausgestaltet, denn weder mit dem Schiedsverfahrensrecht noch mit dem Gebot der Effizienz sind sie vollständig vereinbar. Die Verweise auf andere Schiedsgerichtsordnungen haben gezeigt, dass es Lösungswege gibt, die sich nicht nur im gesetzlichen Rahmen bewegen, sondern diesen nutzen, um das Schiedsverfahren effizient zu gestalten. Diese Regelungsmodelle erzielen eine Effizienzsteigerung oftmals dadurch, dass die Schiedsinstitution das Schiedsgericht um nicht-essenzielle Aufgaben entlastet.

Für die Gründer des DMS hätte es im Übrigen eine erhebliche Entlastung bedeutet, statt der Erstellung einer eigenen Schiedsgerichtsordnung ein bereits bestehendes Regelwerk zu übernehmen. Für neue Schiedsinstitutionen ist es

---

396 Ebenfalls die Privatautonomie betont *Brandl*, S. 278.

397 *Plant*, 17 J. Int. Arb. 2000, 143 (146); in Bezug auf Mediation *Dendorfer-Ditges*, in: Klowait/Gläßer, MediationsG, Teil 3, Kap. N Rn. 38; *Mourre*, 18 Asian Disp. Rev. 2016, 94 (97); *Rosoff*, 26 J. Int. Arb. 2009, 89 (93 ff.).

auch unüblich, Schiedsgerichtsordnungen und Musterschiedsvereinbarungen von Grund auf neu zu entwickeln. Stattdessen orientieren sich viele Schiedsinstitutionen an anderen Schiedsgerichtsordnungen, zum Beispiel an der Schiedsgerichtsordnung der United Nations Commission On International Trade Law (UNCITRAL).[398] Die UNCITRAL-SchO entspricht der Best Practice in der Handelsschiedsgerichtsbarkeit und ist international anerkannt. Zudem ist ihre Anwendung rechtssicher, da eine umfangreiche Kommentarliteratur zur Verfügung steht.[399] Weil die UNCITRAL-SchO nicht auf ein institutionelles Schiedsverfahren zugeschnitten ist, bietet die UNCITRAL einen Leitfaden für Schiedsinstitutionen an, um ihr Regelwerk an ein institutionelles Schiedsverfahren anzupassen.[400]

Allerdings hat das DMS nun bereits ein Regelwerk entwickelt und es ist ebenfalls nicht zu vernachlässigen, dass die Übernahme einer fremden Schiedsgerichtsordnung einen erheblichen Anpassungsbedarf erfordert, auch wenn dafür ein hilfreicher Leitfaden existiert. Zudem muss auch den Besonderheiten des deutschen Schiedsverfahrensrechts (und des Medienrechts – hierzu im folgenden Kapitel) Rechnung getragen werden. Eine international ausgearbeitete Schiedsgerichtsordnung berücksichtigt diese nationalen Eigenheiten aber nicht. Aus diesen Gründen sollte die DMS-SchO nicht nochmals neu entwickelt werden. Stattdessen ist eine Reform vorzuziehen, durch welche die angesprochenen Mängel – zum Beispiel mit den vorgeschlagenen Formulierungen – behoben werden.[401]

---

398 *Born*, International Commercial Arbitration, S. 194; *Bridgeman*, in: Halket, Arbitration of International Intellectual Property Disputes, 223 (224 f.); *Redfern/Hunter*, Rn. 1.157; *Szász*, in: Sanders, New Trends in the Development of International Commercial Arbitration and the Role of Arbitral and Other Institutions, 26 (27); siehe auch die Übersicht über die Schiedsinstitutionen, die ihre Schiedsgerichtsordnung nach diesem Regelwerk erstellt haben, abrufbar unter go.wwu.de/cr-f7.

399 Siehe zum Beispiel die Kommentare von *Binder*; *Caron/Caplan*; *Croft/Kee/Waincymer*; *Nappert*; *Paulsson/Petrochilos*; *Webster*.

400 Siehe *UNCITRAL*, in: United Nations, Recommendations to Assist Arbitral Institutions and Other Interested Bodies With Regard to Arbitration Under the UNCITRAL Arbitration Rules, S. 3 ff.; siehe für eine mögliche Umsetzung etwa die DIS, welche Schiedsverfahren auch nach der UNCITRAL-SchO anbietet, siehe das Regelwerk unter go.wwu.de/jvr2u.

401 Die Formulierungsvorschläge werden am Schluss noch einmal zusammengefasst, siehe ab S. 239.

Jedes nach dieser Reform an das DMS herangetragene Schiedsverfahren würde gemäß § 1 Abs. 2 DMS-SchO anhand der aktuellen DMS-SchO beigelegt werden.[402] Wenn Parteien bereits Schiedsvereinbarungen geschlossen haben, müssen sie also keine Bedenken hinsichtlich der in diesem Kapitel angesprochenen Mängel haben, soweit diese durch eine Reform „geheilt" würden.

402 Dies entspricht auch der herrschenden Meinung, siehe *BGH*, Urt. v. 20.1.1994, III ZR 143/92, NJW 1994, 1008 (1010 f.); *BGH*, Urt. v. 5.12.1985, III ZR 180/84, NJW-RR 1986, 1059 (1060); *OLG Frankfurt a.M.*, Beschl. v. 16.1.2014, 26 Sch 2/13, SchiedsVZ 2014, 206 (207); *OLG München*, Beschl. v. 10.9.2013, 34 SchH 10/13, SchiedsVZ 2013, 287 (291); *DIS-Schiedsgericht*, Zwischenentscheid v. 15.7.2008, SchiedsVZ 2010, 229 (232); *Münch*, in: MüKo ZPO, § 1042 Rn. 90; *Schlosser*, in: Stein/Jonas, ZPO, § 1042 Rn. 16; *Seiler*, in: Thomas/Putzo, ZPO, Vor § 1029 Rn. 1; *Berger*, Institutional Arbitration, S. 9; *Born*, International Commercial Arbitration, S. 1500; *Bredow/Bühler*, IPrax 1988, 69 (75); *Lachmann*, Handbuch für die Schiedsgerichtspraxis, Rn. 3064; *Warwas*, S. 89; siehe zu diesem Aspekt noch ausführlicher ab S. 230.

Kapitel 2 Spezialisierung auf das Medienrecht

Aus ökonomischer Perspektive ist es offensichtlich, dass ein neues Unternehmen regelmäßig nicht allein dadurch wettbewerbsfähig wird, dass es ein anderes Unternehmen kopiert. Es muss darüber hinaus einen Mehrwert – ein Alleinstellungsmerkmal – bieten. Durch eine traditionsbewährte Aufstellung einerseits und einem innovativen Konzept andererseits kann ein neues Unternehmen wettbewerbsfähig werden.[403]

Diese Beobachtung wird auch in Bezug auf neue Schiedsinstitutionen gemacht. Es sei nicht ausreichend, die etablierten Schiedsinstitutionen lediglich zu imitieren, darüber hinaus müsse ein Spezifikum entwickelt werden.[404] Angesichts dessen erfüllt eine neue Schiedsinstitution nur eine Mindestbedingung, wenn sie ein Schiedsverfahren anbietet, welches den Standards der institutionellen Schiedsgerichtsbarkeit entspricht. Zusätzlich unterliegt sie einem erheblichen Innovationsdruck, dem sie durch die Entwicklung eines Mehrwerts begegnen muss. Dies gilt umso mehr, wenn sich auf dem Markt, wie dies in Deutschland mit der DIS der Fall ist, bereits eine generalisierte Schiedsinstitution erfolgreich etabliert hat. Indem eine neue Schiedsinstitution ein Alleinstellungsmerkmal aufweist und damit eine Marktnische aufsucht, kann sie sich also einen entscheidenden Wettbewerbsvorteil verschaffen.[405]

Eine neue Schiedsinstitution kann eine solche Marktnische darin finden, ein auf eine bestimmte Branche und eine bestimmte Region spezialisiertes Angebot aufzuweisen. Auf der einen Seite kann sie das Schiedsverfahren auf die konkreten Bedürfnisse einer bestimmten Branche zuschneiden und sich durch diese Spezialisierung von den Schiedsinstitutionen abheben, die generalistisch aufgestellt sind. Auf der anderen Seite kann sie den Parteien ein an die rechtlichen und ökonomischen Besonderheiten einer Region angepasstes Schiedsverfahren anbieten und durch diese Regionalisierung der Konkurrenz der internationalen Schiedsinstitutionen ausweichen.

---

403 *Deephouse*, 20 Strat. Mgmt. J. 1999, 147 (150 f.); *Fisher*, 1 Organization Theory 2020, 1 (3 ff.); *Navis/Glynn*, 36 AMR 2011, 479 (479 ff.); *Porter*, 74 Harv. Bus. Rev. 1996, 61 (64 ff.); *Zhao/Fisher et al.*, 38 Strat. Mgmt. J. 2017, 93 (93 ff.).

404 *Wagner*, Rechtsstandort Deutschland im Wettbewerb, S. 138 f.

405 *Gaillard*, 31 Arb. Int. 2015, 1 (5).

Blickt man auf das DMS, kann dessen Gründern auf den ersten Blick kein Vorwurf gemacht werden. Sie versuchten sich auf medienrechtliche Schiedsverfahren zu spezialisieren und verfolgten – dies wurde bereits im vorherigen Kapitel aufgezeigt[406] – vornehmlich eine regionale Ausrichtung. Die Tatsache, dass dennoch keine Fälle beim DMS verhandelt wurden, lädt allerdings zu einer genaueren Untersuchung ein. Nachfolgend werden daher die Aspekte beleuchtet, die hinsichtlich einer Spezialisierung auf medienrechtliche Schiedsverfahren besondere Aufmerksamkeit verdienen. Dies betrifft erstens die Kompetenzbeschränkung auf medienrechtliche Streitigkeiten (**A**), zweitens die Gewährleistung von Vertraulichkeit im Schiedsverfahren (**B**) und drittens die Ermöglichung einstweiligen Rechtsschutzes (**C**).

A. Kompetenzbeschränkung auf das Medienrecht

Das DMS hat sich dafür entschieden, nicht nur eine Spezialisierung auf das Medienrecht zu entwickeln, sondern zugleich die Entscheidungskompetenz des Schiedsgerichts dahin gehend zu beschränken. So besagt § 3 Abs. 1 DMS-SchO: „*Das Medienschiedsgericht ist ausschließlich in medienrechtlichen Streitigkeiten […] tätig.*“[407]

Hierbei stellt sich zunächst die Frage, ob ein Schiedsgericht zur Entscheidung medienrechtlicher Streitigkeiten überhaupt kompetent ist (**I**). Anschließend wird analysiert, inwieweit die Kompetenzbeschränkung in der Musterschiedsvereinbarung des DMS zulässig und sinnvoll ist (**II**).

I. Gesetzliche Kompetenzbeschränkung

Es können gesetzliche Hindernisse bestehen, die der Entscheidungszuständigkeit eines Schiedsgerichts entgegenstehen. Hierbei gibt es zwei Anknüpfungspunkte: Zum einen kann sich der Staat für bestimme Arten von Streitigkeiten von vornherein die Entscheidungskompetenz vorbehalten, indem er diesen die Schiedsfähigkeit (§ 1030 ZPO) abspricht und entsprechenden Schiedsvereinbarungen die Wirksamkeit verweigert.[408] Zum anderen kann die Wirkung eines Schiedsspruchs (§ 1055 ZPO) und damit die Entscheidungszuständigkeit des Schiedsgerichts beschränkt sein.

406 Siehe hierzu ab S. 79.

407 Für die vollständige Formulierung siehe im Anhang ab S. 252.

408 *Anders*, in: BLHAG, ZPO, § 1030 Rn. 3; *Seiler*, in: Thomas/Putzo, ZPO, § 1030 Rn. 7; *Wolf/Eslami*, in: BeckOK ZPO, § 1030 Rn. 15.

Im Hinblick auf eine neue Schiedsinstitution, die auf eine bestimmte Branche und damit spezielle Rechtsgebiete zugeschnitten sein soll, sollte daher vorab geprüft werden, ob etwaige Kompetenzeinschränkungen bestehen. Würde ein Schiedsgericht für einen erheblichen Anteil von Streitigkeiten nicht kompetent sein, wäre auch die Spezialisierung der Schiedsinstitution zu überdenken. Mit Blick auf das DMS ist also maßgeblich, inwieweit medienrechtliche Streitigkeiten schiedsfähig sind (1) und der Schiedsspruch in solchen Streitigkeiten Einschränkungen unterliegt (2).

1. Schiedsfähigkeit medienrechtlicher Streitigkeiten

Nachfolgend werden zwei Teilbereiche des Medienrechts betrachtet, die im Hinblick auf die Schiedsfähigkeit problematisiert werden. Dies betrifft zum einen Streitigkeiten aus dem Immaterialgüterrecht (a) und zum anderen solche aus dem Verwaltungsrecht (b).

a) Immaterialgüterrechtliche Streitigkeiten

Das Medienrecht weist einen engen Bezug zu den Immaterialgüterrechten auf. Dies wird bereits durch die zum Medienrecht verfassten Literatur deutlich, die sich häufig ebenfalls auf das Immaterialgüterrecht bezieht.[409] Außerdem können Medienprodukte dem urheberrechtlichen Schutz, aber auch dem Schutz als Marke, Design, Patent oder sonstiges Schutzrecht zugänglich sein. Ein Beispiel stellen die Wortmarken der Tagesschau und der Tagesthemen dar, die der NDR bereits gegen private Rundfunkveranstalter geltend gemacht hat.[410] Weiterhin kann etwa das Layout von Printmedien oder die äußere Gestaltung eines Fernsehsenders oder einer Sendung als Design geschützt werden.[411] Zuletzt können Medienwerke und die Träger der betreffenden Informationen mitunter auch dem Patent- oder Gebrauchsmusterschutz zugänglich sein.[412]

---

409 *Berlit*, in: Hamburger Kommentar, Teil 6, Kap. 2 Rn. 1642 ff.; *Fock*, in: Wandtke/Ohst, MedienR, Kap. 11 Rn. 607 ff.; *Hildebrandt/Hennig/Weichhaus*, in: Wandtke/Ohst, MedienR, Kap. 7 Rn. 461 ff.; *Jahn*, in: Hamburger Kommentar, Teil 6, Kap. 3 Rn. 1681 ff.; *Klett*, in: Wandtke/Ohst, MedienR, Kap. 8 Rn. 535 ff.; *Vormbrock*, in: Hamburger Kommentar, Teil 6, Kap. 1 Rn. 1585 ff.; *Wöhrn*, in: Wandtke/Ohst, MedienR, Kap. 9 Rn. 553 ff.

410 *BGH*, Urt. v. 1.3.2001, I ZR 205/98, GRUR 2001, 1054 (1054 ff.); *BGH*, Urt. v. 1.3.2001, I ZR 211/98, GRUR 2001, 1050 (1050 ff.).

411 *Wöhrn*, in: Wandtke/Ohst, MedienR, Kap. 9 S. 589 ff.

412 *Fock*, in: Wandtke/Ohst, MedienR, Kap. 11 S. 607 f.

Der Schiedsfähigkeit immaterialgüterrechtlicher Streitigkeiten wird zum Teil vehement widersprochen. Sie wurde sogar als größtes Hindernis zur Durchführung von Schiedsverfahren im Immaterialgüterrecht bezeichnet.[413] Im Folgenden wird untersucht, ob diese Behauptung gerechtfertigt ist. Hierfür wird gemäß der Differenzierung in § 1030 Abs. 1 ZPO zwischen vermögensrechtlichen und nicht-vermögensrechtlichen Ansprüchen unterschieden. Zunächst wird jedoch auf die häufiger anzutreffenden vermögensrechtlichen Ansprüche eingegangen (aa). Danach werden die nicht-vermögensrechtlichen Streitigkeiten beleuchtet, an deren Schiedsfähigkeit das Gesetz zusätzliche Anforderungen stellt (bb).

aa) Vermögensrechtliche Ansprüche

Streitigkeiten über Immaterialgüterrechte sind größtenteils vermögensrechtlicher Natur, das heißt, sie gründen auf einem vermögensrechtlichen Rechtsverhältnis oder haben eine vermögenswerte Leistung zum Gegenstand.[414] Dies betrifft primär Streitigkeiten über die Verletzung von Immaterialgüterrechten und daraus abgeleitete Schadensersatzansprüche.[415] Aber auch Streitigkeiten über den Bestand von Immaterialgüterrechten liegen wirtschaftliche Interessen zugrunde und sind daher vermögensrechtlicher Natur.[416]

Jeder vermögensrechtliche Anspruch kann Gegenstand einer Schiedsvereinbarung sein (§ 1030 Abs. 1 S. 1 ZPO), wenn dies nicht durch eine gesetzliche Vorschrift ausgeschlossen wird (§ 1030 Abs. 3 ZPO).[417] Zwar wird mitunter vorgebracht, ein solcher gesetzlicher Ausschluss könne nur ausdrücklich erfolgen.[418]

---

413 *ICC Commission on International Arbitration*, 9 ICC Bulletin 1998, 37 (38).

414 *BGH*, Beschl. v. 16.3.2017, I ZB 50/16, NJW 2017, 2115 (2116); *Anders*, in: BLHAG, ZPO, § 1030 Rn. 4; *Prütting*, in: Prütting/Gehrlein, ZPO, § 1030 Rn. 3; *Saenger*, in: Saenger, ZPO, § 1030 Rn. 2.

415 *Chrocziel/Kasolowsky et al.*, Kap. 3 Rn. 6; siehe auch *Lachmann*, Handbuch für die Schiedsgerichtspraxis, Rn. 281.

416 In Bezug auf Patente *Baumann*, S. 203 f.; *Nikolova*, S. 71 f.

417 *Epping*, S. 197 f.; *Gottwald/Adolphsen*, DStR 1998, 1017 (1018); *Kaneko*, S. 189; *Pfaff/Nagel*, in: Pfaff/Osterrieth, Lizenzverträge, Teil A, Rn. 392; hingegen für weitere Einschränkungsmöglichkeiten plädieren *Böcker*, S. 78 f.; *Ebbing*, S. 148 ff.; *Wagner*, Prozeßverträge: Privatautonomie im Verfahrensrecht, S. 100; das vorgeschlagene Kriterium des „Rechtsprechungsmonopols" wurde jedoch vom Gesetzgeber ausdrücklich als zu vage verworfen, siehe BT-Drs. 13/5274, S. 34.

418 *Geimer*, in: Zöller, ZPO, § 1030 Rn. 1; *Gottwald*, in: Rosenberg/Schwab/Gottwald, ZPO, § 176 Rn. 14; *Wilske/Markert*, in: BeckOK ZPO, § 1059 Rn. 58; so auch noch *Kommission zur Neuordnung des Schiedsverfahrensrechts*, in: Bundesministerium der

Da sich der Regelungsgehalt einer Rechtsnorm aber nicht nur aus dem Wortlaut ergibt, sondern weitere Auslegungsmethoden zu berücksichtigen sind, kann die Schiedsfähigkeit auch implizit ausgeschlossen werden.[419] Damit stellt es zunächst kein durchgreifendes Argument dar, dass im Immaterialgüterrecht keine Vorschriften die Schiedsfähigkeit ausdrücklich ausschließen.[420] Allerdings werden gegen die Schiedsfähigkeit auch Vorschriften angeführt, denen eine implizite Einschränkung der Schiedsfähigkeit zugeschrieben wird. Dies betrifft die Vorschriften, die die Zuständigkeitsordnung im Immaterialgüterrecht begründen und durch ein Schiedsverfahren nicht unterlaufen werden dürften (1). Darüber hinaus wird argumentiert, dass gewerbliche Schutzrechte durch Verwaltungsakte entstünden und ein Schiedsgericht über diese nicht entscheiden dürfe (2). Zuletzt spreche auch der öffentlich-rechtliche Charakter bestimmter immaterialgüterrechtlicher Streitigkeiten gegen ihre Schiedsfähigkeit (3).

(1) Zuständigkeitsordnung im Immaterialgüterrecht

Die Aufteilung der Gerichtszuständigkeiten im Immaterialgüterrecht wird mitunter als Argument gegen die Schiedsfähigkeit angeführt.[421] Auch der Gesetzgeber hebt hervor, dass die Schiedsfähigkeit zu verneinen sei, „*wenn der Gesetzgeber besondere Gerichte für bestimmte Streitigkeiten wie die Klagen auf Nichtigerklärung oder Zurücknahme von Patenten eingerichtet hat.*“[422]

Abgesehen vom Urheberrecht stellt sich die Zuständigkeitsordnung im Immaterialgüterrecht wie folgt dar: Die Landgerichte sind streitwertunabhängig als Eingangsgerichte zuständig,[423] wobei die örtlichen Zuständigkeiten unter den

Justiz, Bericht mit einem Diskussionsentwurf zur Neufassung des Zehnten Buchs der ZPO, S. 92; die Gesetzesbegründung formulierte diese Forderung nicht mehr in dieser Form, siehe BT-Drs. 13/5274, S. 36.

419 *Baumann*, S. 207 ff.; *Holzner*, S. 44; *Kaneko*, S. 194; *Schulze*, S. 48.

420 In Bezug auf das Patentrecht *Frost*, S. 46; *Kaneko*, S. 195; *Reed/Miller et al.*, in: Pierce/Gunter, The Guide to IP Arbitration, 25 (40); zum Urheberrecht *Frost*, S. 96.

421 *Seiler*, in: Thomas/Putzo, ZPO, § 1030 Rn. 6; *Berger*, Das neue Recht der Schiedsgerichtsbarkeit: The New German Arbitration Law, S. 25; *Lörcher/Lörcher/Lörcher*, Rn. 42; *Pagenberg*, in: WIPO, Worldwide Forum on the Arbitration of Intellectual Property Disputes, 81 (86 f.); *Schütze/Tscherning/Wais*, Rn. 155; *Schwab*, in: Gerhardt/Diederichsen et al., FS Henckel, 803 (805); vgl. auch in Bezug auf das Markenlöschungsverfahren *Holzner*, S. 116 f.

422 BT-Drs. 13/5274, S. 35.

423 Siehe § 143 Abs. 1 PatG, § 27 Abs. 1 GebrMG, § 140 Abs. 1 MarkenG, § 52 Abs. 1 DesignG; dies gilt nicht im Urheberrecht, siehe § 104a UrhG.

Landgerichten konzentriert sind.[424] Diese Gerichte dürfen darüber entscheiden, ob ein Immaterialgüterrecht verletzt ist, ihre Entscheidungskompetenz ist jedoch beschränkt, soweit der Bestand von eingetragenen Schutzrechten infrage steht. Zwar prüft ein Gericht den Bestand eines Gebrauchsmusterrechts, weil dieses ungeprüft erteilt wird, allerdings muss die Wirksamkeit eines Patents im Verletzungsverfahren hingenommen werden.[425] Außerdem sind die Gerichte an eine Markeneintragung gebunden und dürfen nur relative Schutzhindernisse im Sinne von § 9 MarkenG überprüfen.[426] Eine Bindungswirkung besteht weiterhin beim Designrecht.[427] Eine Löschung der Registerrechte kann nur durch das Deutsche Patent- und Markenamt (DPMA) erfolgen, für dessen Beschlüsse das BPatG die Beschwerdeinstanz darstellt.[428] Das BPatG ist außerdem erstinstanzlich für Patentnichtigkeitsklagen zuständig (§ 65 Abs. 1 S. 1 PatG).

Es ist methodisch vertretbar, Zuständigkeitsvorschriften, wie die oben genannten, als „gesetzliche Vorschriften" im Sinne des § 1030 Abs. 3 ZPO zu kategorisieren.[429] Hierbei ist auch zu berücksichtigen, dass insbesondere die eingeschränkte Prüfungskompetenz der Verletzungsgerichte einen seit Langem anerkannten Grundsatz darstellt.[430] Sollte also bereits Gewohnheitsrecht entstanden sein, kann auch dieses als „gesetzliche Vorschrift" im Sinne des § 1030 Abs. 3 ZPO Beachtung finden.[431]

---

424 Siehe § 143 Abs. 2 S. 1 PatG, § 27 Abs. 2 S. 1 GebrMG, § 140 Abs. 2 S. 1 MarkenG, § 52 Abs. 2 S. 1 DesignG, § 105 Abs. 1 UrhG; im Urheberrecht können auch die Zuständigkeiten unter den Amtsgerichten konzentriert werden, siehe § 105 Abs. 2 UrhG.

425 *Büscher*, in: Wieczorek/Schütze, ZPO, § 322 Rn. 110.

426 *BGH*, Urt. v. 28.8.2003, I ZR 257/00, GRUR 2003, 1040 (1042); *BGH*, Urt. v. 3.11.1999, I ZR 136/97, GRUR 2000, 888 (889); *BGH*, Urt. v. 9.10.1997, I ZR 95/95, GRUR 1998, 412 (413 f.); *Büscher*, in: Wieczorek/Schütze, ZPO, § 322 Rn. 110; *Frost*, S. 112; *Horn*, GRUR Int 1969, 384 (388); *Kiontke*, S. 63 ff.; *Kunz-Hallstein*, GRUR Int 1990, 747 (754 f.); *Reimer*, GRUR 1969, 67 (67 ff.); kritisch *Rohnke*, GRUR 2001, 696 (696).

427 *Büscher*, in: Wieczorek/Schütze, ZPO, § 322 Rn. 111; allerdings kann ein Designgericht auch über eine Widerklage auf Feststellung oder Erklärung der Nichtigkeit eines Designs entscheiden (§ 52b DesignG).

428 Siehe § 18 Abs. 1 GebrMG, § 66 Abs. 1 S. 1 MarkenG, § 23 Abs. 4 S. 1 DesignG.

429 So auch *Schulze*, S. 216 f.

430 *Ann*, in: Kraßer/Ann, PatG, § 31 Rn. 9; *Ahrens*, GRUR 2009, 196 (198); *Falck*, GRUR 1971, 541 (544); *Loschelder*, GRUR 2009, 296 (297); *Micsunescu*, S. 228; *Rohnke*, GRUR 2001, 696 (697 f.); *Schmieder*, GRUR, 561 (561); *Sosnitza*, in: Bender/Schülke/Winterfeldt, FS 50 Jahre BPatG, 765 (765 f.); *Ströbele*, in: Ulmer, FS Ulmer, 125 (129).

431 Vgl. *Hüßtege*, in: Thomas/Putzo, ZPO, § 12 EGZPO Rn. 1.

Die maßgebliche Frage ist jedoch nicht methodischer Natur, sondern lautet, ob man der Zuständigkeitsordnung der staatlichen Gerichtsbarkeit entnehmen kann, dass damit auch die Schiedsfähigkeit von Streitigkeiten aus diesen Rechtsbereichen eingeschränkt wird. Zur Beantwortung dieser Frage kann exemplarisch der Ursprung der Zuständigkeitsverteilung im Patentrecht betrachtet werden. 1936 entschied der Gesetzgeber, dass Patentstreitigkeiten nicht mehr vor den Amtsgerichten, sondern nur noch vor den Landgerichten geführt werden. In der Gesetzesbegründung wurde dies wie folgt erklärt:

„[Es] wird Klage darüber geführt, daß Gerichte, die nur selten mit derartigen Prozessen befaßt sind, sich infolge der geringen Berührung mit dem besonders schwierigen Gebiet des Patentrechts und mit Fragen der Technik verschiedentlich nicht in der Lage gezeigt hätten, die Verfahren mit der gebotenen Beschleunigung zu fördern und die Entscheidungen mit der nötigen Sachkunde zu treffen."[432]

Der Grund für die Zuständigkeit der Landgerichte war also, dass patentrechtliche Streitigkeiten eine hohe Sachkunde voraussetzen, die von einem Amtsgericht nicht erwartet werden kann. Diese Begründung war ebenfalls für die Zuständigkeiten bei den anderen gewerblichen Schutzrechten entscheidend.[433] Somit bergen diese Zuständigkeiten keine Implikationen für die Schiedsgerichtsbarkeit, sondern stellen bloße Zweckmäßigkeitserwägungen dar, um die Expertise der staatlichen Gerichte zu gewährleisten.[434]

Des Weiteren erklärt sich die besondere Stellung des BPatG durch eine Leitentscheidung des BVerwG. Dieses entschied 1959, dass die Entscheidungen der Beschwerde- und Nichtigkeitssenate des damaligen Kaiserlichen Patentamts Verwaltungsakte darstellten.[435] Ohne eine Reaktion des Gesetzgebers

---

432 *Reichspatentamt*, Begründung zu den Gesetzen über den gewerblichen Rechtsschutz, BlPMZ 1936, 103 (114).

433 BT-Drs. 10/3903, S. 29; außerdem *Günther/Beyerlein*, in: Günther/Beyerlin, DesignG, § 52 Rn. 2; *Ingerl/Rohnke*, in: Ingerl/Rohnke, MarkenG, § 140 Rn. 17.

434 Diese Auffassung vertritt auch der Gesetzgeber, siehe BT-Drs. 13/5274, S. 35; siehe außerdem *BGH*, Urt. v. 29.3.1996, II ZR 124/95, NJW 1996, 1753 (1754); *Adolphsen*, Europäisches und internationales Zivilprozessrecht in Patentsachen, Rn. 1092; *Baumann*, S. 218 f.; *Chrocziel*, in: Bohlig/Brandi-Dohrn et al., FS Preu, 177 (191); *Ebbing*, S. 153 f.; *Henze*, ZGR 1988, 542 (551); *Kaneko*, S. 165; *Pfaff/Nagel*, in: Pfaff/Osterrieth, Lizenzverträge, Teil A, Rn. 391; *Raeschke-Kessler/Berger*, Rn. 192f.; *Schmidt*, ZGR 1988, 523 (526); *Schulze*, S. 46; *Zerbe*, S. 89; siehe für eine internationale Perspektive *UNCITRAL*, in: United Nations, 2012 Digest of Case Law on the Model Law on International Commercial Arbitration, S. 11.

435 *BVerwG*, Urt. v. 13.6.1959, I C 66/57, NJW 1959, 1507 (1508).

hätten diese damit vor den Verwaltungsgerichten angefochten werden können, wodurch die Verwaltungsgerichtsbarkeit überlastet und eine einheitliche Rechtsprechung aufgrund der Zuständigkeit zweier oberster Bundesgerichte, des BGH und des BVerwG, gefährdet worden wäre. Daher führte der Gesetzgeber Art. 96 Abs. 1 GG ein, wonach der Bund für Angelegenheiten des gewerblichen Rechtsschutzes ein Bundesgericht errichten kann.[436] Auf dieser Grundlage wurden die Beschwerde- und Nichtigkeitssenate 1961 aus dem Patentamt herausgelöst und zum BPatG umgestaltet.[437] Damit stellen die Vorschriften über die Zuständigkeit des BPatG nur eine Reaktion auf die Entscheidung des BVerwG dar und enthalten ebenfalls keine Aussage über die Schiedsfähigkeit.[438] Die Gerichtszuständigkeiten im Immaterialgüterrecht stellen damit insgesamt kein überzeugendes Argument gegen die Schiedsfähigkeit dar.

(2) Bindungswirkung von Verwaltungsakten

Gewerbliche Schutzrechte, die eine Erteilung oder eine Eintragung durch das DPMA voraussetzen, entstehen durch einen Verwaltungsakt.[439] Diese Verwaltungsakte werden ebenfalls angeführt, um die Schiedsfähigkeit von immaterialgüterrechtlichen Streitigkeiten zu verneinen. Wenn nur der Staat diese Rechte verleihen kann, dürfe auch nur er über ihren Bestand entscheiden.[440] Ebenso verneint der Gesetzgeber die Schiedsfähigkeit für „*Rechte, die kraft Verwaltungsakt erteilt worden sind und die deshalb nicht der Disposition der Beteiligten im Wege von Vereinbarungen unterliegen.*“[441]

---

436 Zwölftes Gesetz zur Änderung des Grundgesetzes v. 6.3.1961, BGBl. I S. 13; die Nummerierung wurde geändert durch Sechzehntes Gesetz zur Änderung des Grundgesetzes v. 18.6.1968, BGBl. I S. 658.

437 Neufassungen des Patentgesetzes, des Gebrauchsmustergesetzes, des Warenzeichengesetzes und des Gesetzes über die Gebühren des Patentamts und des Patentgerichts v. 9.5.1961, BGBl. I S. 558.

438 *Baumann*, S. 224 f.; *Berger*, RIW 2001, 7 (12); *Holzner*, S. 101; *Kaneko*, S. 165 f.; *Nikolova*, S. 92 f.; *Schulze*, S. 217.

439 *BPatG*, Beschl. v. 14.3.2013, 29 W (pat) 29/12, BeckRS 2013, 5355; *BPatG*, Beschl. v. 4.12.1991, 5 W (pat) 18/91, GRUR 1992, 380 (381); *BVerwG*, Urt. v. 13.6.1959, I C 66/57, NJW 1959, 1507 (1508); *Rohnke*, GRUR 2001, 696 (701).

440 *Seiler*, in: Thomas/Putzo, ZPO, § 1030 Rn. 6; *Böcker*, S. 92; *Böckstiegel*, in: Sanders, Comparative Arbitration Practice and Public Policy In Arbitration, 177 (197); *Lachmann*, Handbuch für die Schiedsgerichtspraxis, Rn. 313; *Raden*, GRUR 1998, 444 (446); *Raeschke-Kessler/Berger*, Rn. 190; *Redfern/Hunter*, Rn. 2.131.

441 BT-Drs. 13/5274, S. 35.

Allerdings macht der Gesetzgeber nicht deutlich, wie aus der Natur eines Verwaltungsaktes in methodischer Hinsicht eine Einschränkung der Schiedsfähigkeit folgen soll. Schließlich muss eine Einschränkung der Schiedsfähigkeit vermögensrechtlicher Ansprüche auf eine gesetzliche Vorschrift zurückgeführt werden können (§ 1030 Abs. 3 ZPO). In der Literatur wird zwar mitunter die Lehre von der Tatbestandswirkung bemüht, um eine Bindungswirkung dieser Verwaltungsakte herzuleiten.[442] Nach dieser Lehre müssen alle staatlichen Stellen den Verwaltungsakt und die mit ihm getroffene Regelung als gegeben hinnehmen.[443] Es ist jedoch zweifelhaft, ob diese Lehre im Immaterialgüterrecht überhaupt Anwendung findet.[444] Denn ein Verwaltungsakt, der ein gewerbliches Schutzrecht zur Entstehung bringt und damit primär privatrechtlich wirkt, unterscheidet sich in erheblichem Maße von Verwaltungsakten, die im Verhältnis zwischen Staat und Bürger wirken.[445]

Außerdem ist zu berücksichtigen, dass bei der Registrierung dieser Schutzrechte nur in beschränktem Maße materielle Kriterien den Maßstab bilden. Ein Gebrauchsmusterrecht wird sogar gänzlich ungeprüft erteilt (§ 8 Abs. 1 S. 2 GebrMG). Daher erscheint es nicht überzeugend, dass der Staat ein Rechtsprechungsmonopol über erteilte Rechte beanspruchen können soll, die er selbst nicht umfassend geprüft hat.[446]

Auch der Verweis auf den hoheitlichen Charakter des Verwaltungsakts vermag nicht zu überzeugen. Es ist mittlerweile anerkannt, dass ein Schiedsgericht selbst über den ebenfalls hoheitlichen Akt der Zwangsvollstreckung entscheiden darf.[447] Wenn der staatliche Ursprung bei der Zwangsvollstreckung also

442 *Hoppe/Dück*, in: Ekey/Bender/Fuchs-Wissemann, MarkenG, § 22 Rn. 11; *Mes*, in: Mes, PatG, § 139 Rn. 366; *Micsunescu*, S. 207.

443 *BGH*, Urt. v. 19.6.1998, V ZR 43/97, NJW 1998, 3055 (3055 f.); *BGH*, Urt. v. 19.12.1978, VI ZR 43/77, NJW 1979, 597 (597); *BVerwG*, Urt. v. 28.11.1986, 8 C 122-125/84, NVwZ 1987, 496 (496); *Büscher*, in: Wieczorek/Schütze, ZPO, § 322 Rn. 109; *Schwarz*, in: Fehling/Kastner/Störmer, VerwR, VwVfG, § 43 Rn. 20.

444 *Ahrens*, GRUR 2009, 196 (198); *Dresel*, S. 157; *Kiontke*, S. 211 ff.; *Rohnke*, GRUR 2001, 696 (702); *Sosnitza*, in: Bender/Schülke/Winterfeldt, FS 50 Jahre BPatG, 765 (772).

445 *Dresel*, S. 156; *Rohnke*, GRUR 2001, 696 (702); vgl. auch *Sosnitza*, in: Bender/Schülke/Winterfeldt, FS 50 Jahre BPatG, 765 (771 f.).

446 *Cook/Garcia*, S. 68; *Dresel*, S. 156; *Gurry*, in: Blessing, Objective Arbitrability, Antitrust Disputes, Intellectual Property Disputes, 110 (116); *Sosnitza*, in: Bender/Schülke/Winterfeldt, FS 50 Jahre BPatG, 765 (771).

447 *BGH*, Beschl. v. 30.9.2010, III ZB 57/10, NJW-RR 2011, 213 (214); *BGH*, Beschl. v. 8.11.2007, III ZB 95/06, SchiedsVZ 2008, 40 (42); *BGH*, Beschl. v. 19.12.1995, III

irrelevant ist, wäre es inkonsequent, wenn beim Verwaltungsakt anderes gelten würde.[448]

Schließlich ist zu betonen, dass die Verfahren, die zur Vernichtung eines Registerrechts führen, nicht das Ziel haben, einen Verwaltungsakt aufzuheben. Auch ein Nichtigkeitsurteil des BPatG bewirkt, anders als die verwaltungsrechtliche Anfechtungsklage gemäß § 42 Abs. 1 Alt. 1 VwGO, nicht die Aufhebung des ursprünglichen, das Patentrecht begründenden Verwaltungsakts, sondern hat nur zur Folge, dass das Ausschließlichkeitsrecht vernichtet wird.[449] Dementsprechend spricht das BPatG in einem erfolgreichen Patentnichtigkeitsverfahren nicht die Rechtswidrigkeit des Patenterteilungsaktes aus, sondern die Nichtigkeit des Patents.[450] Insgesamt ist damit kein Grund ersichtlich, aus der Tatsache, dass einige Schutzrechte durch einen Verwaltungsakt entstehen, die Schiedsfähigkeit immaterialgüterrechtlicher Streitigkeiten einzuschränken.[451]

(3) Öffentlich-rechtlicher Verfahrenscharakter

Als weiteres Argument gegen die Schiedsfähigkeit wird die vermeintlich öffentlich-rechtliche Natur der Verfahren vor dem BPatG angeführt.[452] Tatsächlich weisen diese Verfahren verwaltungsrechtliche Elemente auf,[453] zum Beispiel gilt für die Verfahren vor dem BPatG der Untersuchungsgrundsatz (§ 87 Abs. 1 PatG).

Allerdings ist das BPatG kein Verwaltungsgericht.[454] Das Gericht ist gemäß Art. 96 Abs. 3 GG dem BGH unterstellt und wird damit der ordentlichen Gerichtsbarkeit im Sinne des Art. 95 Abs. 1 GG zugeordnet. Weiterhin beteiligt das Nichtigkeitsverfahren nicht das DPMA als die im Ausgangsverfahren beteiligte Behörde.[455] Stattdessen stehen sich – für ein Verwaltungsverfahren

---

ZR 194/94, NJW-RR 1996, 508; *BGH*, Urt. v. 3.12.1986, IVb ZR 80/85, NJW 1987, 651 (652); *Schlosser*, in: Böckstiegel/Glossner, FS Bülow, 189 (195); *Schulze*, S. 203 ff.

448 *Epping*, S. 198; *Kaneko*, S. 207 f.

449 *Baumann*, S. 231 ff.; *Herbst*, in: Bundespatentgericht (BPatG), FS 25 Jahre BPatG, 47 (52 f.); *Jestaedt*, in: Loewenheim/Raiser, FS Traub, 141 (147 f.); *Kaneko*, S. 114.

450 *Braitmayer*, Rn. 849; *Frost*, S. 49.

451 *Frost*, S. 55; *Holzner*, S. 102; *Kaneko*, S. 119; *Pfaff/Nagel*, in: Pfaff/Osterrieth, Lizenzverträge, Teil A, Rn. 392; *Schlosser*, in: DIS, DIS-MAT IV, 49 (60); *Schlosser*, ZIP 1987, 492 (499).

452 Für die Patentnichtigkeitsklage *Münch*, in: MüKo ZPO, § 1030 Rn. 33.

453 *Grabrucker*, in: Bender/Schülke/Winterfeldt, FS 50 Jahre BPatG, 35 (53).

454 So aber *Ströbele*, Die Bindung der ordentlichen Gerichte an Entscheidungen der Patentbehörden, S. 43.

455 *Hall/Nobbe*, in: Benkard, PatG, § 81 Rn. 23; *Kaneko*, S. 123.

unüblich – der auf Nichtigkeit Klagende und der Patentinhaber als Parteien gegenüber.[456] Auch ordnet § 99 Abs. 1 PatG an, dass das GVG und die ZPO entsprechend anzuwenden sind, soweit das PatG keine Bestimmungen über das Verfahren vor dem Patentgericht enthält. Trotz verwaltungsrechtlicher Elemente ähnelt das Verfahren vor dem BPatG daher eher einem Zivilprozess.[457] Diese Nähe zur ordentlichen Gerichtsbarkeit besteht dabei nicht nur für die patentrechtlichen, sondern auch die übrigen Verfahren vor dem BPatG.[458] Damit besteht bereits kein öffentlich-rechtlicher Charakter, aus dem eine Einschränkung der Schiedsfähigkeit hergeleitet werden könnte.

bb) Nicht-vermögensrechtliche Ansprüche

Ein Teil der Streitigkeiten aus dem Immaterialgüterrecht ist nicht-vermögensrechtlicher Art. Dies betrifft insbesondere Ansprüche mit einem persönlichkeitsrechtlichen Einschlag.[459] Damit ist vor allem das Urheberrecht betroffen, das nach § 11 S. 1 UrhG untrennbar aus materiellen Verwertungsrechten und ideellen Persönlichkeitsrechten besteht (sog. monistische Theorie).[460] Daneben sind ebenfalls das Designerpersönlichkeitsrecht[461] und das Erfinderpersönlichkeitsrecht[462] anerkannt. Auch das Gebrauchsmusterrecht weist einen, wenn auch im Vergleich zum Patentrecht geringeren persönlichkeitsrechtlichen Bezug auf.[463] Noch weniger ist der Persönlichkeitsschutz im Kennzeichenrecht ausgeprägt, obgleich auch das Namens- und Firmenrecht eng mit einer Person verknüpft sein können.[464]

Die Schiedsfähigkeit von nicht-vermögensrechtlichen Ansprüchen setzt ebenfalls voraus, dass sie nicht durch gesetzliche Vorschriften ausgeschlossen wird (§ 1030 Abs. 3 ZPO). Jedoch ist zusätzlich erforderlich, dass die Parteien

---

456 *BGH*, Urt. v. 15.5.1990, X ZR 119/88, GRUR 1990, 667 (667); *BGH*, Urt. v. 30.11.1967, Ia ZR 93/65, GRUR 1971, 243 (244).

457 *BPatG*, Beschl. v. 29.2.1996, 2 Ni 8/93, GRUR 1996, 402 (404); *Jestaedt*, in: Loewenheim/Raiser, FS Traub, 141 (147 f.); *Micsunescu*, S. 80; vgl. auch *Haubner*, InTeR 2014, 239 (242).

458 *Herbst*, in: Bundespatentgericht (BPatG), FS 25 Jahre BPatG, 47 (61).

459 *Münch*, in: MüKo ZPO, § 1030 Rn. 13.

460 *Ann*, GRUR Int 2004, 597 (599); *Loewenheim/Peifer*, in: Schricker/Loewenheim, UrhG, § 11 Rn. 3; *Simon*, S. 42 f.

461 *Eichmann*, in: Eichmann/Jestaedt et al., DesignG, Systematik/Allgemeines Rn. 32 ff.

462 *Fitzner*, in: BeckOK PatG, § 6 Rn. 10 ff.; *Melullis*, in: Benkard, PatG, § 6 Rn. 19 ff.

463 *Ahrens*, Rn. 362.

464 *Simon*, S. 145 ff.

berechtigt sind, über den Gegenstand des Streits einen Vergleich zu schließen (§ 1030 Abs. 1 S. 2 ZPO). Entgegen diesem Wortlaut ist dabei nicht zu prüfen, ob der Schiedsspruch – wäre er ein Vergleich – materiell wirksam wäre.[465] Vielmehr ist maßgeblich, ob den Parteien die objektive Verfügbarkeit über das Rechtsverhältnis zusteht, die nur fehlt, wenn sich der Staat zum Schutze besonderer Rechtsgüter ein Rechtsprechungsmonopol vorbehält.[466] Beispielhaft werden hierfür oftmals Familienstreitigkeiten genannt.[467]

Ist also die objektive Verfügbarkeit eines Rechtsverhältnisses entscheidend, könnte es bei Persönlichkeitsrechten problematisch sein, dass sie untrennbar mit der Person verbunden und damit in ihrer Gesamtheit unverzichtbar sind.[468] Allerdings sind Persönlichkeitsrechte zumindest teilweise disponibel.[469] Dies liegt darin begründet, dass das Persönlichkeitsrecht bezweckt, dem Einzelnen seine Selbstbestimmung zu ermöglichen[470] und nicht, ihn zu bevormunden.[471] Daher ist zwar eine Vereinbarung, nach der ein Urheber auf sein Recht auf Anerkennung seiner Urheberschaft (§ 13 S. 1 UrhG) verzichtet, unwirksam.[472] Gleichwohl sind Ghostwriter-Vereinbarungen möglich, bei denen der Urheber seine Urheberschaft verschweigt und der andere sich in der Öffentlichkeit als Urheber gerieren darf.[473] Soweit also nur Teilaspekte des Persönlichkeitsrechts betroffen

465 Hingegen *Schütze*, in: Wieczorek/Schütze, ZPO, § 1030 Rn. 6; *Schwab*, in: Gerhardt/Diederichsen et al., FS Henckel, 803 (814 ff.); noch zur alten Rechtslage *Bärmann*, in: Bökelmann/Henckel/Jahr, FS Weber, 1 (3 f.).

466 *BGH*, Urt. v. 6.6.1991, III ZR 68/90, NJW 1991, 2215 (2216); so ähnlich auch *BGH*, Urt. v. 19.7.2004, II ZR 65/03, NJW 2004, 2898 (2899); *BGH*, Urt. v. 29.3.1996, II ZR 124/95, NJW 1996, 1753 (1754); ebenso *Geimer*, in: Zöller, ZPO, § 1030 Rn. 1; *Saenger*, in: Saenger, ZPO, § 1030 Rn. 5; *Schwab/Walter*, Kap. 4 Rn. 1; *Wolf/Eslami*, in: BeckOK ZPO, § 1030 Rn. 7; schon zur alten Rechtslage *Bork*, ZZP 100 (1987), 249 (258); für eine rein prozessuale Auslegung *Kornmeier*, ZZP 94 (1981), 27 (38 ff.).

467 *Anders*, in: BLHAG, ZPO, § 1030 Rn. 7; *Prütting*, in: Prütting/Gehrlein, ZPO, § 1030 Rn. 4; *Voit*, in: Musielak/Voit, ZPO, § 1030 Rn. 6; *Wolf/Eslami*, in: BeckOK ZPO, § 1030 Rn. 8; *Bork*, ZZP 100 (1987), 249 (Fn. 2).

468 *Bullinger*, in: Wandtke/Bullinger, UrhG, Vor §§ 12ff. Rn. 5; *Schäfers/Schwarz*, in: Benkard, PatG, § 63 Rn. 2.

469 *Schulze*, in: Dreier/Schulze, UrhG, Vor §§ 12 ff. Rn. 12; *Götting*, S. 142 ff.

470 *Di Fabio*, in: Maunz/Dürig, GG, Art. 2 Abs. 1 Rn. 147.

471 *Schricker*, in: Forkel/Kraft, FS Hubmann, 409 (413).

472 *Bullinger*, in: Wandtke/Bullinger, UrhG, § 13 Rn. 22; *Peukert*, in: Schricker/Loewenheim, UrhG, § 13 Rn. 34.

473 *Bullinger*, in: Wandtke/Bullinger, UrhG, § 13 Rn. 22; *Peukert*, in: Schricker/Loewenheim, UrhG, § 13 Rn. 37; aber für ein Kündigungsrecht *Schulze*, in: Dreier/Schulze, UrhG, § 13 Rn. 31.

sind, kann auch eine Vergleichsberechtigung im Sinne des § 1030 Abs. 1 S. 2 ZPO bestehen.[474] Somit sind beispielsweise auch Ansprüche schiedsfähig, die aus der Verletzung des Persönlichkeitsrechts abgeleitet werden.[475] Nicht vergleichsfähig und damit auch nicht schiedsfähig sind lediglich Streitigkeiten über den Kern eines Persönlichkeitsrechts. Diese stellen aber einen eng umgrenzten Ausnahmefall dar, der für die Praxis zu vernachlässigen ist.

cc) Zwischenergebnis

Die dargestellte Kritik an der Schiedsfähigkeit immaterialgüterrechtlicher Streitigkeiten kann nicht überzeugen. Somit sind immaterialgüterrechtliche Streitigkeiten regelmäßig schiedsfähig.[476]

b) Verwaltungsrechtlichte Streitigkeiten

Das Medienrecht ist nicht nur zivilrechtlicher, sondern teilweise auch öffentlich-rechtlicher Natur. Exemplarisch kann dies am Rundfunkrecht gezeigt werden, wonach etwa der Gegendarstellungsanspruch vor der ordentlichen Gerichtsbarkeit durchzusetzen ist (§ 45 Abs. 1 S. 1 LMG NRW), während für die Rechtmäßigkeit eines Bescheids über die Zulassung als Rundfunkveranstalter (§ 8 Abs. 1 S. 1 LMG NRW) die Verwaltungsgerichte zuständig sind.

Obgleich verwaltungsrechtliche Streitigkeiten den Weg vor ein Schiedsgericht wahrscheinlich seltener finden als zivilrechtliche,[477] soll dennoch kurz auf deren Schiedsfähigkeit eingegangen werden. Diese richtet sich ebenfalls nach § 1030 ZPO,[478] denn § 173 VwGO verweist auf die ZPO und damit ebenfalls auf das

---

474 *Frost*, S. 99 f.; *Prütting*, in: Prütting/Gehrlein, ZPO, § 1030 Rn. 4.

475 Ausdrücklich zum Urheberpersönlichkeitsrecht *Gottwald*, in: Rosenberg/Schwab/Gottwald, ZPO, § 176 Rn. 17; siehe im Übrigen *Münch*, in: MüKo ZPO, § 1030 Rn. 20 f.; *Prütting*, in: Prütting/Gehrlein, ZPO, § 1030 Rn. 4; *Saenger*, in: Saenger, ZPO, § 1030 Rn. 6; *Wolf/Eslami*, in: BeckOK ZPO, § 1030 Rn. 9.

476 *Geimer*, in: Zöller, ZPO, § 1030 Rn. 14 f.; *Saenger*, in: Saenger, ZPO, § 1030 Rn. 3; *Schwab/Walter*, Kap. 4 Rn. 11; *Wolf/Eslami*, in: BeckOK ZPO, § 1030 Rn. 5; *Berger*, RIW 2001, 7 (12); *Frost*, S. 56 ff.; *Kaneko*, S. 139; *Liniger*, S. 52 f.; *Ochmann*, GRUR 1993, 255 (256 ff.); *Pfaff*, in: Habscheid/Schwab, FS Nagel, 278 (288 ff.); *Pfaff/Nagel*, in: Pfaff/Osterrieth, Lizenzverträge, Teil A, Rn. 390 ff.; *Ruess*, SchiedsVZ 2010, 23 (24); *Schlosser*, in: Gottwald, Revision des EUGVÜ – Neues Schiedsverfahrensrecht, 163 (182 f.); *Trittmann/Hanefeld*, in: Nacimiento/Kröll/Böckstiegel, AiG, § 1030 Rn. 15.

477 Siehe hierzu ab S. 27.

478 *Möller*, S. 27; *Rosenau*, S. 46; *Schill*, DÖV 2010, 1013 (1014); *Stumpf*, S. 116; hingegen nur § 1030 Abs. 1 S. 2 ZPO für maßegblich halten *Möller*, S. 145; ablehnend *Rosenau*, S. 47; unklar *Schill*, DÖV 2010, 1013 (1014).

Schiedsverfahrensrecht.[479] Demnach können Schiedsvereinbarungen auch für verwaltungsrechtliche Streitigkeiten geschlossen werden.[480]

Zusätzlich sind jedoch die Vorschriften über den öffentlich-rechtlichen Vertrag (§§ 54 ff. VwVfG) zu beachten. So betont der Gesetzgeber:

> *„Was das öffentliche Recht angeht, bleibt es bei dem Grundsatz, dass die Schiedsgerichtsbarkeit insoweit möglich ist, als die Parteien über den Streitgegenstand einen öffentlich-rechtlichen Vertrag schließen können […].“*[481]

Damit wird ein Gleichlauf zwischen der Schiedsfähigkeit verwaltungsrechtlicher Streitigkeiten im Sinne von § 1030 ZPO und den Anforderungen der §§ 54 ff. VwVfG hergestellt.[482] Voraussetzung ist damit insbesondere, dass der Verwaltung in dem jeweiligen Bereich die Handlungsform des Vertrags zusteht, also kein Vertragsformverbot besteht.[483] Es existieren aber nicht viele Vertragsformverbote.[484] Dies geht darauf zurück, dass der öffentlich-rechtliche Vertrag seit der Einführung des § 54 S. 2 VwVfG eine dem Verwaltungsakt gleichberechtigte Handlungsform darstellt. Damit reicht es für die Annahme eines Vertragsformverbots auch nicht mehr aus, wenn das Gesetz den Verwaltungsakt als Handlungsform vorsieht, denn der Zweck des öffentlich-rechtlichen Vertrags ist schließlich, einen solchen ersetzen zu können (§ 54 S. 2 VwVfG: *„anstatt*

---

479 *BVerwG*, Urt. v. 20.2.1992, 5 C 22/88, NVwZ 1993, 584 (585); so auch der Gesetzgeber, siehe BT-Drs. 13/5274, S. 35; siehe auch *Anders*, in: BLHAG, ZPO, Vor § 1025 Rn. 4; *Münch*, in: MüKo ZPO, § 1029 Rn. 79; *Schlosser*, in: Stein/Jonas, ZPO, Vor § 1025 Rn. 38; *Haueisen*, NJW 1962, 2129 (2129); *Loos*, S. 129 f.; *Müller*, NJW 1963, 282 (283); *Schlosser*, in: Böckstiegel/Glossner, FS Bülow, 189 (190); *Scholz*, NJW 1973, 843 (845); *Woltereck*, S. 85; kritisch hingegen *Weidemann*, S. 97 ff.

480 So schon *BVerwG*, Urt. v. 5.6.1959, VII C 97/57, NJW 1959, 1985 (1986); *Haueisen*, NJW 1962, 2129 (2129).

481 BT-Drs. 13/5274, S. 35.

482 *Schlosser*, in: Stein/Jonas, ZPO, Vor § 1025 Rn. 40; *Möller*, S. 146; *Rosenau*, S. 52; *Stumpf*, S. 117 f.

483 *Bonk/Neumann/Siegel*, in: Stelkens/Bonk/Sachs, VwVfG, § 54 Rn. 99 ff.; *Brüning/Bosesky*, in: Mann/Sennekamp/Uechtritz, VwVfG, § 54 Rn. 158 ff.; *Fehling*, in: Fehling/Kastner/Störmer, VerwR, VwVfG, § 54 Rn. 47 ff.; *Gurlit*, in: Ehlers/Pünder, AllgVerwR, § 32 Rn. 4 ff.; *Kämmerer*, in: BeckOK VwVfG, § 54 Rn. 66 ff.; *Rozek*, in: Schoch/Schneider, VwVfG, § 54 Rn. 65 ff.

484 *Bonk/Neumann/Siegel*, in: Stelkens/Bonk/Sachs, VwVfG, § 54 Rn. 100; *Fehling*, in: Fehling/Kastner/Störmer, VerwR, VwVfG, § 54 Rn. 47; *Kämmerer*, in: BeckOK VwVfG, § 54 Rn. 67; *Rozek*, in: Schoch/Schneider, VwVfG, § 54 Rn. 66; *Thiele*, in: Pautsch/Hoffman, VwVfG, § 54 Rn. 77.

einen Verwaltungsakt zu erlassen").[485] Ohne deutliche gegenteilige Anzeichen ist damit im Grundsatz die Zulässigkeit des öffentlich-rechtlichen Vertrags anzunehmen.[486] Mit dieser Aufwertung des öffentlich-rechtlichen Vertrags ging nicht nur eine Betonung der Vertragsfreiheit einher, sondern – aufgrund des Gleichlaufs zwischen § 1030 ZPO und §§ 54 ff. VwVfG – konsequenterweise auch eine Liberalisierung verwaltungsrechtlicher Schiedsverfahren.[487] Somit kann man auch für das Medienrecht festhalten, dass Schiedsverfahren dort möglich sind, wo öffentlich-rechtliche Verträge geschlossen werden können. Dies gilt zum Beispiel für die Zusammenarbeit von öffentlich-rechtlichen Rundfunkanstalten, die gemäß § 26 Abs. 3 Hs. 2 MStV in öffentlich-rechtlichen Verträgen geregelt werden soll.

c) Zwischenergebnis

Medienrechtliche Streitigkeiten sind mangels entgegenstehender Vorschriften schiedsfähig. Auch nicht-vermögensrechtliche und verwaltungsrechtliche Streitigkeiten aus dem Medienrecht sind in aller Regel der Schiedsgerichtsbarkeit zugänglich.

2. Begrenzte Wirkung eines Schiedsspruchs

Die Schiedsfähigkeit ist zu unterscheiden von der Frage, in welchem Umfang ein Schiedsgericht eine Streitigkeit entscheiden kann. Der Staat kann sich nicht nur Kompetenzen von vornherein vorbehalten, indem er die Schiedsfähigkeit einschränkt. Er kann die Kompetenz eines Schiedsgerichts auch dadurch beschränken, dass er ihm verwehrt, eine Streitigkeit in einer bestimmten Weise zu entscheiden.

Besondere Relevanz erfährt dieser Aspekt bei Immaterialgüterrechten, da diese absolut wirken und eine Entscheidung über ihren Bestand somit auch Dritte betreffen kann. Daher wird im Folgenden dargestellt, inwieweit ein

---

485 Ebenfalls *Bonk/Neumann/Siegel*, in: Stelkens/Bonk/Sachs, VwVfG, § 54 Rn. 100; *Brüning/Bosesky*, in: Mann/Sennekamp/Uechtritz, VwVfG, § 54 Rn. 162; *Fehling*, in: Fehling/Kastner/Störmer, VerwR, VwVfG, § 54 Rn. 47; *Kämmerer*, in: BeckOK VwVfG, § 54 Rn. 66a; *Rozek*, in: Schoch/Schneider, VwVfG, § 54 Rn. 65.

486 Allgemein *Bonk/Neumann/Siegel*, in: Stelkens/Bonk/Sachs, VwVfG, § 54 Rn. 100; *Fehling*, in: Fehling/Kastner/Störmer, VerwR, VwVfG, § 54 Rn. 47; *Kämmerer*, in: BeckOK VwVfG, § 54 Rn. 66a; *Rozek*, in: Schoch/Schneider, VwVfG, § 54 Rn. 65.

487 Vgl. *Schlosser*, in: Böckstiegel/Glossner, FS Bülow, 189 (191); *Schwab/Walter*, Kap. 1 Rn. 3; ähnlich auch der Gesetzgeber, siehe BT-Drs. 13/5274, S. 35.

Schiedsgericht den Bestand dieser Schutzrechte beurteilen kann, soweit nur eine nicht in Rechtskraft erwachsene Vorfrage betroffen ist (a) oder die Wirkung auf das Verhältnis zwischen den Parteien beschränkt wird (b). Anschließend wird analysiert, ob das Schiedsgericht auch eine Wirkung über die Parteien hinaus herbeiführen kann, entweder durch eine Verzichtserklärung des Schutzrechtsinhabers (c) oder unmittelbar durch den Schiedsspruch (d).

a) *Vorfrage*

Zunächst ist es unproblematisch, wenn ein Schiedsgericht zu dem Bestand eines Registerrechts nur mittelbar Stellung nimmt. Zur Illustration kann ein ICC-Schiedsverfahren angeführt werden, in dem ein japanisches Unternehmen Ansprüche wegen Patentverletzung gegen ein deutsches Unternehmen geltend machte. Das Schiedsgericht kam zu der Auffassung, dass eine Patentverletzung nicht vorliege, da dem Patent die erforderliche Neuheit fehle und somit nichtig sei. Außerdem war es überzeugt, darüber entscheiden zu dürfen:

> *„[T]he Arbitral Tribunal is convinced that the parties […] have clearly given it complete jurisdiction to rule on Defendant's objections to the legal validity of Claimant's patents. In order to eliminate any remaining doubt, it should be specified that this power to decide does not affect the formal validity of the patent […].“*[488]

Das Schiedsgericht weist damit auf den auch in der deutschen Rechtsprechung anerkannten Grundsatz hin, dass Ausführungen eines Spruchkörpers nicht in Rechtskraft erwachsen, wenn sie nur Vorfragen betreffen.[489] Im Beispielsfall war der Bestand des Patents eine Vorfrage der Patentverletzung, denn ohne ein wirksames Patent kann auch eine Verletzung nicht vorliegen. Eine solche Vorfrage erwächst nicht in Rechtskraft und darf damit von einem Schiedsgericht beantwortet werden, obgleich sie den Bestand eines Registerrechts betrifft.[490] Dies bedeutet einen erheblichen Effizienzgewinn gegenüber staatlichen Gerichtsverfahren, in denen in unterschiedlichen Verfahren über Bestand und Verletzung

---

488 *ICC*, Interim Award in Case No. 6097, ICC Bulletin 1989, 76 (79).

489 *BGH*, Urt. v. 5.11.2009, IX ZR 239/07, NJW 2010, 2210 (2211); *BGH*, Urt. v. 23.7.2008, XII ZR 158/06, NJW 2008, 2922 (2922); *BGH*, Urt. v. 26.6.2003, I ZR 269/00, NJW 2003, 3058 (3059); *BGH*, Urt. v. 11.11.1994, V ZR 46/93, NJW 1995, 967 (968); *BGH*, Urt. v. 7.7.1993, VII ZR 103/92, NJW 1993, 2684 (2685).

490 *Grantham*, 14 Berkeley Journal of International Law 1996, 173 (186 f.); *Nikolova*, S. 142 f.; *Ochmann*, GRUR 1993, 255 (257); *Reed/Miller et al.*, in: Pierce/Gunter, The Guide to IP Arbitration, 25 (43); *Sedemund-Treiber*, in: Einsele/Franke, FS 50 Jahre VPP, 382 (387); vgl. auch *Geimer*, in: Zöller, ZPO, § 1030 Rn. 6a.

eines Schutzrechts entschieden wird. Ein einheitliches Schiedsverfahren kann hingegen eine geringere Verfahrensdauer und eine höhere inhaltliche Konsistenz hinsichtlich der Beurteilung von Verletzung und Bestand des Immaterialgüterrechts aufweisen.[491]

b) Relative Nichtigkeit

Es ist fraglich, ob ein Schiedsgericht die Nichtigkeit eines eingetragenen Schutzrechts auch unmittelbar aussprechen darf. Hiergegen spricht zunächst, dass die Vernichtung von zu Unrecht erteilten gewerblichen Schutzrechten im öffentlichen Interesse liegt.[492] Das erkennt man zum Beispiel daran, dass die entsprechenden Verfahren zur Löschung oder Nichtigerklärung von jedermann initiiert werden können[493] und die erforderlichen Tatsachen von Amts wegen ermittelt werden.[494] Deshalb erscheint es auf den ersten Blick widersprüchlich, wenn ein Schiedsgericht über den Bestand eingetragener Schutzrechte entscheiden könnte, obwohl ein Schiedsspruch nur zwischen den Parteien gilt.[495] Auch der Gesetzgeber spricht sich dafür aus, dass über diese Rechte *„durch richterliches Gestaltungsurteil, das nicht nur zwischen den Parteien, sondern gegenüber jedermann wirkt, zu entscheiden"*[496] ist.

---

491 *Kraft*, in: DIS, DIS-MAT XIII, 113 (118); *Münster-Horstkotte*, 103 Mitt. 2012, 1 (7); vgl. auch *Loschelder*, GRUR 2009, 296 (296).

492 Hinsichtlich des Patentrechts *BGH*, Urt. v. 7.10.2009, Xa ZR 131/04, GRUR-RR 2010, 136 (137); *BGH*, Beschl. v. 5.10.2000, X ZR 184/98, GRUR 2001, 140 (141); *BGH*, Urt. v. 10.1.1963, IA ZR 174/63, GRUR 1963, 253 (253); *BPatG*, Beschl. v. 16.7.2003, 1 Ni 3/03 (EU), BlPMZ 2004, 58 (58); *Kaneko*, S. 112; *Schweyer*, S. 116.

493 Siehe § 53 Abs. 2 MarkenG; § 15 Abs. 1 GebrMG; § 34 S. 1 DesignG, auch die Patentnichtigkeitsklage ist als Popularrechtsbehelf ausgestaltet, siehe *BGH*, Urt. v. 29.6.2010, X ZR 49/09, GRUR 2010, 992 (992); *BGH*, Urt. v. 7.10.2009, Xa ZR 131/04, GRUR-RR 2010, 136 (137); *BGH*, Beschl. v. 17.1.2006, X ZR 236/01, GRUR 2006, 438 (439); *BGH*, Urt. v. 15.5.1990, X ZR 119/88, GRUR 1990, 667 (667); *BGH*, Urt. v. 10.1.1963, IA ZR 174/63, GRUR 1963, 253 (253); *Hall/Nobbe*, in: Benkard, PatG, § 81 Rn. 3; *Schnekenbühl*, in: BeckOK PatG, § 81 Rn. 20; *Keussen*, in: Bender/Schülke/Winterfeldt, FS 50 Jahre BPatG, 331 (337 f.).

494 Exemplarisch für das Patentrecht *Jestaedt*, in: Loewenheim/Raiser, FS Traub, 141 (149 f.); allerdings gilt der Untersuchungsgrundsatz nicht als besonders streng, siehe *Kaneko*, S. 124; *Micsunescu*, S. 62 ff.

495 *Hesse*, GRUR 1968, 287 (292); *Ströbele*, Die Bindung der ordentlichen Gerichte an Entscheidungen der Patentbehörden, S. 53; *Völp*, GRUR 1956, 12 (13).

496 BT-Drs. 13/5274, S. 35.

Es gibt allerdings keinen Rechtsgrundsatz, wonach über ein absolut wirkendes Recht stets erga omnes entschieden werden muss. Auch Entscheidungen über das eintragungsbedürftige Eigentum an Grundstücken ergehen schließlich inter partes. Unabhängig davon ist das skizzierte Bild, dass die angesprochenen Verfahren von einem altruistischen Kläger allein im öffentlichen Interesse geführt werden, unrealistisch.[497] Beispielsweise wird niemand die streitwertabhängigen Kosten einer Patentnichtigkeitsklage auf sich nehmen, ohne ein erhebliches Interesse an der Vernichtung des Patents zu haben.[498] Würden mit einem Patentnichtigkeitsverfahren in erster Linie öffentliche Interesse verfolgt, wäre es außerdem nur konsequent, wenn sie auch von Amts wegen eingeleitet werden könnten; sie können aber tatsächlich nur auf Antrag eines Privaten initiiert werden.[499] Dementsprechend beschreibt auch das BPatG die Nichtigkeitsklage als ein „*Instrument, mit dem in erster Linie private Interessen verfolgt werden*"[500]. Unabhängig davon bleibt es, auch wenn ein Schiedsgericht eine Entscheidung zwischen den Parteien treffen darf, jedermann weiterhin unbenommen, ein staatliches Gerichtsverfahren als Vertreter der Allgemeinheit zu initiieren, um das jeweilige Registerrecht zu vernichten.[501]

Die besseren Argumente sprechen somit dafür, dass ein Schiedsgericht die Unwirksamkeit eines Registerrechts aussprechen darf, sofern es die Entscheidung auf die Parteien der Schiedsvereinbarung begrenzt.[502] Dieser Einschätzung folgt auch das Schiedsgericht in dem bereits angeführten ICC-Schiedsverfahren:

---

497 So auch *Zerbe*, S. 92 f.

498 Dies betont auch das *BPatG*, Beschl. v. 16.7.2003, 1 Ni 3/03 (EU), BlPMZ 2004, 58 (58); siehe ebenfalls *Alexander-Katz*, GRUR 1956, 292 (294 f.); *Kaneko*, S. 112 f.; *Keussen*, in: Bender/Schülke/Winterfeldt, FS 50 Jahre BPatG, 331 (338 f.)

499 *Zerbe*, S. 93.

500 *BPatG*, Beschl. v. 16.7.2003, 1 Ni 3/03 (EU), BlPMZ 2004, 58 (58).

501 *Pfaff*, in: Habscheid/Schwab, FS Nagel, 278 (291).

502 *Böckstiegel*, in: Sanders, Comparative Arbitration Practice and Public Policy In Arbitration, 177 (198); *Born*, International Commercial Arbitration, S. 1082 f.; *Briner*, in: WIPO, Worldwide Forum on the Arbitration of Intellectual Property Disputes, 55 (61); *Chrocziel*, in: Bohlig/Brandi-Dohrn et al., FS Preu, 177 (192 ff.); *Cook/Garcia*, S. 68 ff.; *Fritze*, GRUR Int 1992, 218 (219); *Frost*, S. 58 ff.; *Holzner*, S. 109 ff.; *Nikolova*, S. 140 ff.; *Ochmann*, GRUR 1993, 255 (257); *Pfaff*, in: Habscheid/Schwab, FS Nagel, 278 (292); *Schäfer*, in: Nacimiento/Kröll/Böckstiegel, AiG, Arbitration of Intellectual Property Related Disputes in Germany Rn. 30; *Sedemund-Treiber*, in: Einsele/Franke, FS 50 Jahre VPP, 382 (387 f.); *Zerbe*, S. 97.

> *"[T]he Arbitral Tribunal [...] can arbitrate the issue raised by Defendant's challenge to the material validity of intellectual property rights invoked by Claimant, and issue a ruling on this question that is binding inter partes."*[503]

Obgleich die relative Nichtigkeit eines eingetragenen Schutzrechts gesetzlich nicht ausdrücklich vorgesehen ist,[504] so ist gleichwohl die relative Unwirksamkeit von Ausschließlichkeitsrechten anerkannt.[505] Wenn das Schiedsgericht also die Nichtigkeit des Patents feststellt, kann ein Patentinhaber gegen die anderen Parteien dieses Verfahrens nicht mehr aus dem Patent vorgehen. Dies folgt dann aus der materiellen Rechtskraft des Schiedsspruchs.[506]

c) Verzicht

Weiterhin ist es denkbar, den Schiedsbeklagten durch den Schiedsspruch zum Verzicht auf das gewerbliche Schutzrecht zu verpflichten.[507] Ein solcher Verzicht durch den Rechteinhaber gegenüber dem DPMA ist bei allen Schutzrechten möglich.[508] Sollte der Schiedsbeklagte einem stattgebenden Schiedsspruch nicht Folge leisten, könnte seine Verzichtserklärung gegenüber dem DPMA zudem durch einen für vollstreckbar erklärten Schiedsspruch fingiert werden

---

503 *ICC*, Interim Award in Case No. 6097, ICC Bulletin 1989, 76 (79).

504 *Kaneko*, S. 248.

505 *Frost*, S. 59.

506 *Münch*, in: MüKo ZPO, § 1055 Rn. 9; *Prütting*, in: Prütting/Gehrlein, ZPO, § 1055 Rn. 4; *Saenger*, in: Saenger, ZPO, § 1055 Rn. 4; *Voit*, in: Musielak/Voit, ZPO, § 1055 Rn. 5; hingegen auf § 242 BGB stützend *Chrocziel*, in: Bohlig/Brandi-Dohrn et al., FS Preu, 177 (194); zustimmend *Frost*, S. 58.

507 *LG München*, Urt. v. 5.5.2021, 21 O 8717/20, SchiedsVZ 2022, 98 (106); *Geimer*, in: Zöller, ZPO, § 1030 Rn. 15; *Saenger*, in: Saenger, ZPO, § 1030 Rn. 3; *Wolf/Eslami*, in: BeckOK ZPO, § 1030 Rn. 5; *Briner*, in: WIPO, Worldwide Forum on the Arbitration of Intellectual Property Disputes, 55 (62); *Chrocziel*, in: Bohlig/Brandi-Dohrn et al., FS Preu, 177 (194); *Epping*, S. 198; *Fritze*, GRUR Int 1992, 218 (219 f.); *Frost*, S. 61 ff.; *Haubner*, InTeR 2014, 239 (243); *Meyer*, S. 93 f.; *Pfaff*, in: Habscheid/Schwab, FS Nagel, 278 (290); *Raeschke-Kessler/Berger*, Rn. 190; *Reed/Miller et al.*, in: Pierce/Gunter, The Guide to IP Arbitration, 25 (43); *Ruess*, SchiedsVZ 2010, 23 (24); *Schenk*, S. 177; *Schlosser*, in: Böckstiegel/Glossner, FS Bülow, 189 (193); *Schmitz*, RNotZ 2003, 591 (595); *Schulze*, S. 216; kritisch hingegen *Holzner*, S. 107 ff.; *Lachmann*, Handbuch für die Schiedsgerichtspraxis, Rn. 313.

508 Siehe § 20 Abs. 1 Nr. 1 PatG, § 23 Abs. 3 Nr. 1 GebrMG, § 48 Abs. 1 MarkenG, § 36 Abs. 1 S. 1 Nr. 2 DesignG.

(§ 894 ZPO).[509] Obwohl einem Schiedsspruch die Wirkungen eines gerichtlichen Urteils nur unter den Parteien zukommt (§ 1055 ZPO), kann durch die Verzichtslösung also mittelbar eine absolute Wirkung erzielt werden.[510]

Teilweise wird jedoch verlangt, dass die Parteien dem Schiedsgericht bereits in der Schiedsvereinbarung ausdrücklich die Kompetenz einräumen, die Verzichtslösung anzuwenden.[511] Hierfür spricht zwar, dass sich kein Anspruch gegen den Inhaber eines zu Unrecht erteilten Schutzrechts herleiten lässt, der auf die Abgabe einer Verzichtserklärung gerichtet ist.[512] Dem kann man aber entgegenhalten, dass eine Schiedsvereinbarung großzügig ausgelegt werden muss, um dem Parteiwillen, ein Schiedsverfahren durchzuführen, bestmöglich Wirkung zu verleihen.[513] Somit ist eine Auslegung zu bevorzugen, wonach es dem Schiedsgericht auch ohne eine ausdrückliche Vereinbarung möglich ist, eine Partei zum Verzicht auf ihr Schutzrecht zu verurteilen.[514]

d) *Absolute Nichtigkeit*

Die nunmehr verbleibende Frage lautet, ob ein Schiedsgericht eingetragenen Schutzrechten die Bestandskraft auch unmittelbar und mit Wirkung über die Parteien hinaus absprechen kann.[515] Problematisch ist dabei, dass von der

---

509 *Geimer*, in: Zöller, ZPO, § 1030 Rn. 15; *Frost*, S. 77; allgemein zur Vollstreckbarerklärung als Voraussetzung der Fiktion der Abgabe einer Willenserklärung siehe *BGH*, Urt. v. 22.12.1960, VII ZR 92/59 1960, 31189141; *BPatG*, Beschl. v. 10.6.2002, 5 W (pat) 8/01, BeckRS 2012, 18990; *OLG München*, Beschl. v. 15.9.2016, 34 Sch 19/16, NJOZ 2016, 1709 (1710); *Wilske/Markert*, in: BeckOK ZPO, § 1055 Rn. 6; *Bosch*, S. 57; *Hammer*, Rn. 574; *Schwab/Walter*, Kap. 28 Rn. 18; *Walter*, in: Gottwald/Prütting, FS Schwab, 539 (558); a.A. *Loritz*, ZZP 105 (1992), 1 (18).

510 Alternativ wird ein Verzicht in Form eines Schiedsspruchs mit vereinbartem Wortlaut (§ 1053 Abs. 1 S. 2 ZPO) vorgeschlagen, siehe *Kaneko*, S. 274.

511 *Frost*, S. 74 f.; *Pfaff*, in: Habscheid/Schwab, FS Nagel, 278 (292); allgemein für eine ausdrückliche Vereinbarung, sofern der Bestand eines Schutzrechts beurteilt wird, siehe *Baumann*, S. 307; *Chrocziel*, in: Bohlig/Brandi-Dohrn et al., FS Preu, 177 (193).

512 Bezüglich des Patents siehe *Baumann*, S. 90; *Holzner*, S. 95; *Kaneko*, S. 256.

513 *BGH*, Urt. v. 25.10.2016, X ZR 27/15, SchiedsVZ 2017, 144 (146); *BGH*, Urt. v. 4.10.2001, III ZR 281/00, NJW-RR 2002, 387 (387); *BGH*, Urt. v. 27.2.1970, VII ZR 68/68, NJW 1970, 1046 (1047); *OLG München*, Beschl. v. 7.7.2014, 34 SchH 18/13, SchiedsVZ 2014, 262 (264); *Geimer*, in: Zöller, ZPO, § 1029 Rn. 78; *Saenger*, in: Saenger, ZPO, § 1029 Rn. 15; *Schwab/Walter*, Kap. 3 Rn. 19; *Hochbaum*, S. 34; *Schäfer*, S. 174 f.

514 Hierfür *Kaneko*, S. 282 ff.

515 Ablehnend *Münch*, in: MüKo ZPO, § 1055 Rn. 37 ff.; *Gurry*, in: Blessing, Objective Arbitrability, Antitrust Disputes, Intellectual Property Disputes, 110 (115); *Haubner*,

Unwirksamkeit gewerblicher Schutzrechten auch Dritte betroffen sein können, zum Beispiel Lizenznehmer, Pfandrechtsgläubiger oder andere Inhaber dinglicher Rechte an dem jeweiligen Schutzrecht.[516]

Nach dem deutschen Gesetzgeber bestehen „*keine Bedenken dagegen, daß ein Schiedsgericht Entscheidungen mit rechtsgestaltender Wirkung erlassen kann*“[517]. Dabei bedeutet Gestaltungswirkung, dass eine Entscheidung die Rechtslage unmittelbar verändert.[518] Fraglich ist jedoch, ob diese Gestaltungswirkung unmittelbar dem Schiedsspruch selbst zukommen kann.[519] Auch der Gesetzgeber zweifelt, „*inwieweit ein Schiedsspruch Rechtsgestaltung mit Wirkung für und gegen Dritte bewirken […] kann.*“[520]

Die Wirkung eines Schiedsspruchs ist im Grundsatz auf die Parteien des Schiedsverfahrens beschränkt (§ 1055 ZPO). Mit anderen Worten: „*Niemand darf an den Spruch eines Schiedsgerichts gebunden werden, dem er sich nicht freiwillig unterworfen hat.*“[521] Aus diesem Grund können Dritte auch nicht unfreiwillig, etwa mit einer Art Streitverkündung, in ein Schiedsverfahren gezogen werden.[522]

InTeR 2014, 239 (242); *Herrington/O'Dell/Mgaloblishvili*, in: Pierce/Gunter, The Guide to IP Arbitration, 7 (19); *Ochmann*, GRUR 1993, 255 (257); *Schlosser*, in: Böckstiegel/Glossner, FS Bülow, 189 (193); *Spohnheimer*, S. 26 f.; *Wagner*, in: Böckstiegel/Berger/Bredow, Die Beteiligung Dritter an Schiedsverfahren, 7 (12 f.).

516 *Frost*, S. 65 f.; *Kaneko*, S. 239.

517 BT-Drs. 13/5274, S. 35; zustimmmend *BGH*, Urt. v. 29.3.1996, II ZR 124/95, NJW 1996, 1753 (1754).

518 *Gottwald*, in: MüKo ZPO, § 322 Rn. 19.

519 Dafür *Geimer*, in: Zöller, ZPO, § 1055 Rn. 2; *Voit*, in: Musielak/Voit, ZPO, § 1055 Rn. 11; *Baumann*, S. 261; *Henze*, ZGR 1988, 542 (552); *Lindacher*, ZGR 1979, 201 (209); *Triebel/Hafner*, SchiedsVZ 2009, 313 (321); *Vollmer*, BB 1984, 1774 (1777); *Walter*, in: Gottwald/Prütting, FS Schwab, 539 (554); vgl. auch *Schwab/Walter*, Kap. 28 Rn. 20; *Loritz*, ZZP 105 (1992), 1 (17 ff.); *Lühmann*, S. 43.

520 BT-Drs. 13/5274, S. 35.

521 *Geimer*, in: Schlosser, Integritätsprobleme im Umfeld der Justiz, 113 (163); siehe auch *BGH*, Urt. v. 9.3.1978, III ZR 78/76, NJW 1978, 1744 (1745).

522 *BGH*, Urt. v. 22.10.1964, VII ZR 69/63, ZZP 1966, 121 (122); *Althammer*, in: Zöller, ZPO, § 74 Rn. 7; *Schlosser*, in: Stein/Jonas, ZPO, § 1042 Rn. 99; *Schwab/Walter*, Kap. 7 Rn. 23; *Elsing*, SchiedsVZ 2004, 88 (91); *Kaneko*, S. 240 f.; *Wagner*, in: Böckstiegel/Berger/Bredow, Die Beteiligung Dritter an Schiedsverfahren, 7 (47); siehe aber die Münchener Regeln zur Beteiligung Dritter am Schiedsverfahren, hierzu *Wach*, SchiedsVZ 2020, 228 (228 ff.).

Daher bedarf eine über die Parteien hinausgehende Wirkung eines Schiedsspruchs einer zusätzlichen Legitimation. In Belgien zum Beispiel liegt diese in einem Gesetz, das festschreibt, dass die Nichtigkeitsentscheidung eines Schiedsgerichts in das Register eingetragen werden und damit absolute Wirkung erlangen kann.[523] In Deutschland gibt es ein solches Gesetz zwar nicht, allerdings hat der BGH in einem Urteil anerkannt, dass einem Schiedsspruch Drittwirkung zukommen kann.[524] Diese Entscheidung war allerdings auf die Nichtigerklärung eines Gesellschafterbeschlusses durch ein Schiedsgericht bezogen und der BGH konnte sich für die Drittwirkung auf eine analoge Anwendung von § 248 Abs. 1 S. 1 AktG stützen.[525] Eine entsprechende Vorschrift ist im Immaterialgüterrecht jedoch nicht ersichtlich. Überdies knüpft die kapitalgesellschaftsrechtliche Problematik an dem Rechtsinstitut der Rechtskraft an,[526] wohingegen die Nichtigerklärung eines Immaterialgüterrechts die Gestaltungswirkung betrifft.[527] Bereits diese Unterschiede sprechen gegen eine Übertragbarkeit der Rechtsprechung zum Kapitalgesellschaftsrecht auf das Immaterialgüterrecht. Hinzu kommt, dass

523 Art. 51 § 1 des belgischen Patentgesetzes, abrufbar unter go.wwu.de/8ztnl; dies auch für Deutschland befürworten *Zerbe*, S. 99; siehe außerdem *IGE*, SchPMMBl. 1976, 9 (9), wonach die *Schweizerische Behörde für Geistiges Eigentum* (IGE) auch Schiedssprüche für eine Registeränderung anerkennt; zur schweizerischen Perspektive allgemein *Troller*, in: Blessing, Objective Arbitrability, Antitrust Disputes, Intellectual Property Disputes, 155 (155 ff.).

524 *BGH*, Urt. v. 6.4.2009, II ZR 255/08, NJW 2009, 1962 (1963); ablehnend hingegen noch *BGH*, Urt. v. 29.3.1996, II ZR 124/95, NJW 1996, 1753 (1756); trotz der Bezeichnung des BGH stand hier nicht die Schiedsfähigkeit infrage, so auch *Borris*, SchiedsVZ 2018, 242 (243 f.); *Borris*, in: Böckstiegel/Berger/Bredow, Die Beteiligung Dritter an Schiedsverfahren, 109 (112); *Emmert*, S. 91; *Jobst*, S. 42; *Kröll*, NJW 2018, 836 (837); *Kröll*, SchiedsVZ 2018, 61 (69); *Liebscher*, in: Schütze/Klötzel/Gebauer, FS Thümmel, 487 (488); *Nolting*, ZIP 2017, 1641 (1642); *Schlosser*, JZ 1996, 1020 (1020); *Schmidt*, NZG 2018, 121 (123 ff.); *Schmidt*, in: Schriftenreihe der Gesellschaftsrechtlichen Vereinigung, Gesellschaftsrecht in der Diskussion 2009, 97 (101 ff.); *Wolff*, NJW 2009, 2021 (2021).

525 *BGH*, Urt. v. 6.4.2009, II ZR 255/08, NJW 2009, 1962 (1963).

526 *Drescher*, in: Henssler/Strohn, Gesellschaftsrecht, AktG, § 248 Rn. 6; *Englisch*, in: Hölters, AktG, § 248 Rn. 21; *Heidel*, in: Heidel, AktG, § 248 Rn. 13; *Hüffer/Schäfer*, in: MüKo AktG, § 248 Rn. 25; *Koch*, in: Hüffer/Koch, AktG, § 248 Rn. 8; *Vatter*, in: BeckOGK AktG, § 248 Rn. 19; *Lüke/Blenske*, ZGR 1998, 253 (270 f.).

527 Zum Patent *Braitmayer*, Rn. 853; *Hall/Nobbe*, in: Benkard, PatG, § 84 Rn. 12; *Keukenschrijver*, Rn. 367; *Mes*, in: Mes, PatG, § 84 Rn. 8.

bereits die Übertragung des BGH-Urteils auf das benachbarte Personengesellschaftsrecht als zu undifferenziert abgelehnt wurde.[528]

Damit verbleibt für einen legitimierenden „*Transformationsakt*“[529] noch die Vollstreckbarerklärung durch ein staatliches Gericht.[530] Allerdings kann nur gemutmaßt werden, ob ein staatliches Gericht bereit wäre, eine solche Vollstreckbarerklärung zu erlassen, zumal hierdurch die Zuständigkeit des DPMA beschnitten würde. Vielmehr ist unter der geltenden Rechtslage davon auszugehen, dass ein Schiedsgericht ein eingetragenes Schutzrecht nicht über die Parteien hinaus für nichtig erklären kann.

Unabhängig von der rechtlichen Beurteilung ist jedoch bereits in tatsächlicher Hinsicht zweifelhaft, ob die Parteien überhaupt ein Interesse an einer absoluten Nichtigkeit haben. Aus Sicht eines vermeintlichen Verletzers eines Schutzrechts besteht zwar ein Interesse daran, den Bestand dieses Schutzrechts angreifen zu können, da hiermit auch die Verletzungsansprüche entfielen.[531] Er wird jedoch kein Interesse an einer Wirkung über den Rechtsstreit hinaus haben, sondern vielmehr daran, den Wettbewerbsvorteil zu nutzen, im Gegensatz zu den Konkurrenten nicht mehr an das Schutzrecht gebunden zu sein.[532] Der Inhaber des jeweiligen Schutzrechts hat naturgemäß ein noch geringeres Interesse an einer absoluten Nichtigkeitserklärung.[533] Die Parteien verbindet schließlich, dass die

---

528 Nunmehr *BGH*, Beschl. v. 23.9.2021, I ZB 13/21, SchiedsVZ 2022, 86; die vorherige Entscheidung – *BGH*, Beschl. v. 6.4.2017, I ZB 23/16, SchiedsVZ 2017, 194 (194 ff.) – wurde in der Literatur überwiegend abgelehnt, siehe *Baumann/Wagner*, BB 2017, 1993 (1995 ff.); *Borris*, NZG 2017, 761 (763 ff.); *Göz/Peitsmeyer*, SchiedsVZ 2018, 7 (14 ff.); *Heinrich*, ZIP 2018, 411 (413 ff.); *Kröll*, NJW 2018, 836 (837); *Kröll*, SchiedsVZ 2018, 61 (69); *Liebscher*, in: Schütze/Klötzel/Gebauer, FS Thümmel, 487 (497); *Lieder*, NZG 2018, 1321 (1330 f.); *Lörcher/Otte*, in: Schütze/Klötzel/Gebauer, FS Thümmel, 515 (521 ff.); *Nolting*, ZIP 2017, 1641 (1642 ff.); *Schlüter*, DZWIR 2018, 251 (257).

529 *Pfaff*, in: Habscheid/Schwab, FS Nagel, 278 (292).

530 *BayObLG*, Beschl. v. 24.2.1984, 3 Z 197/83, BayOblGZ 1984, 45 (48); *Frost*, S. 78; *Hammer*, Rn. 574; *Holzner*, S. 106; *Kaneko*, S. 249 ff.; *Saenger*, in: Saenger, ZPO, § 1055 Rn. 11; *Schmidt*, BB 2001, 1857 (1860); *Schmidt*, ZGR 1988, 523 (536); für eine Gesetzesänderung *Zerbe*, S. 99.

531 *Sosnitza*, in: Bender/Schülke/Winterfeldt, FS 50 Jahre BPatG, 765 (773).

532 *Frost*, S. 74; *Herrington/O'Dell/Mgaloblishvili*, in: Pierce/Gunter, The Guide to IP Arbitration, 7 (19); *Kaneko*, S. 246.

533 *Frost*, S. 74; *Herrington/O'Dell/Mgaloblishvili*, in: Pierce/Gunter, The Guide to IP Arbitration, 7 (19); *Kaneko*, S. 246; vgl. auch *Rosenthal*, in: Arroyo, Arbitration in Switzerland, Kap. 5 Rn. 110; *Sosnitza*, in: Bender/Schülke/Winterfeldt, FS 50 Jahre BPatG, 765 (773).

Beteiligung Dritter an einem Schiedsverfahren, das gerade wegen seiner Vertraulichkeit gewählt wird,[534] unerwünscht ist.[535] Somit werden Parteien eine Streitentscheidung inter partes in aller Regel bevorzugen.[536]

3. Zwischenergebnis

Ähnlich wie bei der Schiedsfähigkeit bestehen auch hinsichtlich der Wirkung eines Schiedsspruchs nahezu keine Beschränkungen. Der problematische Fall einer Entscheidung über den Bestand eines Registerrechts macht nur einen Teilbereich medienrechtlicher Streitigkeiten aus. Zudem ist es dem Schiedsgericht lediglich verwehrt, eine Entscheidung für und gegen alle auszusprechen. Da dies ohnehin nicht den Parteiinteressen entspricht, ist damit nur ein Ausnahmefall angesprochen. In allen anderen Fällen besteht für das Schiedsgericht von Gesetzes wegen eine umfassende Kompetenz, über medienrechtliche Streitigkeiten zu entscheiden.

II. Vertragliche Kompetenzbeschränkung

Die Kompetenz eines Schiedsgerichts kann nicht nur gesetzlich, sondern auch vertraglich beschränkt werden. Parteien können sich auf eine Schiedsvereinbarung einigen, die nur ausgewählte Streitigkeiten aus ihrer Vertragsbeziehung der Entscheidung eines Schiedsgerichts unterwirft. Allerdings stellt § 1029 Abs. 1 ZPO die Anforderung, dass die Schiedsvereinbarung und damit auch in ihr enthaltene Einschränkungen dem Erfordernis hinreichender Bestimmtheit entsprechen.[537] An dieser Bestimmtheit kann man in Bezug auf die Musterklausel des DMS jedoch zweifeln:

> *„Alle <u>medienrechtlichen</u> Streitigkeiten [...] werden nach der Schiedsgerichtsordnung des Deutschen Medienschiedsgerichts [...] entschieden."*[538]

Es wurde bereits dargestellt, dass der Begriff der medienrechtlichen Streitigkeit einer erheblichen Unbestimmtheit unterliegt.[539] Mehrdeutige Begriffe in einer

534 Zu diesem Themenkomplex ab S. 135.

535 *Kaneko*, S. 247; *Wagner*, in: Böckstiegel/Berger/Bredow, Die Beteiligung Dritter an Schiedsverfahren, 7 (44 f.).

536 *Kaneko*, S. 247.

537 *Münch*, in: MüKo ZPO, § 1029 Rn. 73 ff.; *Voit*, in: Musielak/Voit, ZPO, § 1029 Rn. 16; *Wolf/Eslami*, in: BeckOK ZPO, § 1029 Rn. 14.

538 Hervorhebung durch den Autor, für die vollständige Formulierung siehe im Anhang ab S. 251.

539 Siebe oben ab S. 27.

Schiedsvereinbarung führen jedoch nur selten zur Unwirksamkeit. Solange der Parteiwille zu einer schiedsrichterlichen Entscheidung deutlich wird, ist im Zweifel einer weiten Auslegung der Schiedsvereinbarung und damit auch einer weiten Zuständigkeit des Schiedsgerichts der Vorzug zu geben.[540] Zwar wird mitunter argumentiert, im Falle einer beschränkten Schiedsvereinbarung könne keine weite Auslegung gelten.[541] Überzeugender ist es aber, dem Wunsch der Parteien hinsichtlich der Durchführung eines Schiedsverfahrens möglichst weitgehend Rechnung zu tragen.[542] Daher sollte auch eine einschränkende Formulierung nicht dazu führen, dass die Wirksamkeit der Schiedsvereinbarung gefährdet ist.[543]

Unabhängig von der Bestimmtheit und damit Wirksamkeit der Kompetenzbegrenzung ist allerdings ihre Sinnhaftigkeit zu beurteilen. Dabei mag man bei einer spezialisierten Schiedsinstitution zunächst geneigt sein, auch für eine beschränkte Kompetenz zu plädieren. Allerdings wird allgemein davon abgeraten, die Zuständigkeit des Schiedsgerichts in der Schiedsvereinbarung zu beschränken, weil damit das Risiko von Kompetenzstreitigkeiten steigt.[544] Beispielhaft kann auf ein Gerichtsverfahren in den USA zwischen zwei

540 *BGH*, Urt. v. 4.10.2001, III ZR 281/00, NJW-RR 2002, 387 (387); *BGH*, Urt. v. 10.12.1970, II ZR 148/69, BeckRS 1970, 31121533; *BGH*, Urt. v. 27.2.1970, VII ZR 68/68, NJW 1970, 1046 (1047); *OLG Frankfurt a.M.*, Urt. v. 5.5.1967, 16 U 4/67, OLGZ 1967, 435 (438); *OLG Hamburg*, Entscheidung v. 17.2.1989, 1 U 86/87, Y.B. Com. Arb. 1990, 455 (464); *OLG München*, Beschl. v. 7.7.2014, 34 SchH 18/13, SchiedsVZ 2014, 262 (264); *OLG München*, Urt. v. 8.2.1991, 23 U 5723/90, NJW-RR 1991, 602 (603); *Geimer*, in: Zöller, ZPO, § 1029 Rn. 78; *Münch*, in: MüKo ZPO, § 1029 Rn. 110; *Schwab/Walter*, Kap. 3 Rn. 19; *Trittmann/Hanefeld*, in: Nacimiento/Kröll/Böckstiegel, AiG, § 1029 Rn. 23; *Voit*, in: Musielak/Voit, ZPO, § 1029 Rn. 23.

541 So insbesondere US-amerikanische Gerichte, siehe zum Beispiel *U.S. District Court for the District of Connecticut*, Entscheidung v. 30.11.2005, 3:05CV00942 (JCH), 403 F. Supp. 2d 200 (208) – Hartford Aircraft v. Hamilton Sunstrand.

542 *Born*, International Commercial Arbitration, S. 1448 f.

543 Siehe exemplarisch *U.S. Ct. App. 9th Cir.*, Entscheidung v. 26.7.2013, 11-17186, 724 F.3d 1069 (1075 ff.) – Oracle v. Myriad Group.

544 *Ali/Wessel et al.*, S. 127; *Ball*, 10 J. Int. Arb. 1993, 29 (42); *Blessing*, in: WIPO, Worldwide Forum on the Arbitration of Intellectual Property Disputes, 95 (115); *Born*, International Arbitration and Forum Selection Agreements, S. 38; *Chrocziel/Kasolowsky et al.*, Kap. 4 Rn. 21; *Debevoise & Plimpton*, Annotated Model Arbitration Clause for International Contracts, S. 7 f.; *IBA*, Guidelines for Drafting International Arbitration Clauses, Rn. 14; *Lachmann*, SchiedsVZ 2003, 28 (29); *Redfern/Hunter*, Rn. 2.72; *Thorn*, in: Pierce/Gunter, The Guide to IP Arbitration, 50 (52, 61).

Softwareunternehmen verwiesen werden, in dem eine eng formulierte Schiedsvereinbarung zu einem über zwei Instanzen ausgetragenen Zuständigkeitsstreit führte.[545] Solchen Auseinandersetzungen vorzugreifen, bildet die Ursache dafür, dass die meisten Schiedsinstitutionen über Musterklauseln verfügen, die dem Schiedsgericht eine umfassende Kompetenz einräumen.[546] Hingegen wird eine Limitierung der Zuständigkeit nur unter besonderen Umständen angeraten.[547]

Ob die Spezialisierung einer Schiedsinstitution einen solchen Umstand darstellt, ist – wenngleich kontraintuitiv – zweifelhaft. Die WIPO, die eine Spezialisierung auf immaterialgüterrechtliche Streitigkeiten aufweist, stand ebenfalls vor der Entscheidung, ob es in ihrer Musterschiedsvereinbarung die Zuständigkeit begrenzen sollte. Allerdings hat sie sich für eine weite Formulierung entschieden.[548] Auch in ihrer Musterklausel für Streitigkeiten über Filme und Medien findet sich keine Begrenzung der Zuständigkeit.[549] Seitens der WIPO wurde dies wie folgt erklärt:

> *„While the Center's services are designed for intellectual property disputes, it was considered that any formal jurisdictional limitation would only serve to invite argument over competence and attempts to excise artificially from the dispute certain elements that might be classified as contractual or otherwise, rather than intellectual property."*[550]

Auch andere spezialisierte Schiedsinstitutionen haben sich für eine weite Formulierung entschieden. So bietet beispielsweise IFTA Schiedsverfahren für die Unterhaltungsbranche an, ihre Musterschiedsvereinbarung weist aber ebenfalls keine Formulierung auf, welche die Kompetenz des Schiedsgerichts auf Streitigkeiten aus diesem Bereich

---

545 Zunächst wurde die Zuständigkeit des Schiedsgerichts teilweise abgelehnt, siehe *U.S. Dist. Ct. N.D. Cal.*, Entscheidung v. 1.9.2011, C 10-05604 SBA, 2011 U.S. Dist. LEXIS 98830 (22) – Oracle v. Myriad Group; diese Entscheidung wurde in der nächsten Instanz aber wieder aufgehoben, siehe *U.S. Ct. App. 9th Cir.*, Entscheidung v. 26.7.2013, 11-17186, 724 F.3d 1069 (1076) – Oracle v. Myriad Group.

546 *Onyema*, S. 72.

547 *Born*, International Arbitration and Forum Selection Agreements, S. 38; *Gélinas*, in: Berg, Improving the Efficiency of Arbitration and Awards, 47 (56); *IBA*, Guidelines for Drafting International Arbitration Clauses, Richtlinie 3.

548 Siehe die Musterklausel der WIPO, abrufbar unter go.wwu.de/b92dr.

549 Siehe die Musterklausel der WIPO für Film- und Medienstreitigkeiten, abrufbar unter go.wwu.de/y30t-.

550 *Gurry*, in: WIPO, Worldwide Forum on the Arbitration of Intellectual Property Disputes, 323 (329); siehe ebenfalls *Gurry*, in: WIPO, Conference on Rules for Institutional Arbitration and Mediation, 11 (12 f.).

beschränkt.[551] Dieselbe Vorgehensweise kann auch bei dem DSS,[552] der GMAA[553] und dem Schiedsgerichtshof Deutscher Notare (SGH) beobachtet werden.[554] Somit zeigt die Praxis, dass mit der Spezialisierung einer Schiedsinstitution keine Zuständigkeitsbegrenzung einhergehen muss.

Im Gegenteil kann gerade die Spezialisierung einer Schiedsinstitution für eine weit formulierte Schiedsvereinbarung sprechen. Hierfür kann exemplarisch die Musterklausel der WIPO angeführt werden:

> „*Any dispute, controversy or claim arising under, out of or relating to this contract and any subsequent amendments of this contract, including […] non-contractual claims, shall be referred to and finally determined by arbitration in accordance with the WIPO Arbitration Rules.*"[555]

Weil immaterialgüterrechtliche Streitigkeiten mitunter deliktischer Natur sind,[556] verdeutlicht die Klausel der WIPO gleich in zweifacher Hinsicht, dass sie auch solche Ansprüche erfasst. Zunächst werden nicht nur Streitigkeiten „*under, out of*" sondern auch solche „*relating to this contract*" erfasst. Hiermit sollen nicht nur Ansprüche aus dem Vertrag, sondern auch nicht-vertragliche Ansprüche erfasst werden, die einen Zusammenhang mit dem Vertrag aufweisen.[557] Darüber hinaus bezieht die Klausel nicht-vertragliche Streitigkeiten ausdrücklich mit ein („*as well as non-contractual claims*").

Unter deutschem Recht erfasst eine Schiedsvereinbarung zwar regelmäßig auch deliktsrechtliche Ansprüche, die mit vertraglichen Ansprüchen konkurrieren.[558] Dennoch kann eine Klarstellung hilfreich sein, insbesondere im Falle der WIPO, die aufgrund ihrer internationalen Ausrichtung unterschiedlichen Rechtsordnungen gerecht werden muss. Damit wird Situationen vorgebeugt, in

---

551 Siehe die Musterklausel in Section 16.7 der IFTA International Standard Terms, abrufbar unter go.wwu.de/kujst.

552 Siehe die Musterklausel des DIS-Sportschiedsgerichts, abrufbar unter go.wwu.de/qsebp, S. 5.

553 Siehe die Musterklausel der GMAA unter go.wwu.de/s99u9.

554 Siehe die Musterklausel des SGH unter go.wwu.de/s3gn-.

555 Die vollständige Musterklausel der WIPO ist abrufbar unter go.wwu.de/3ngxk.

556 *Smit*, 9 Am. Rev. Int. Arb. 1998, 3 (12).

557 *Born*, International Arbitration and Forum Selection Agreements, S. 38.

558 *BGH*, Urt. v. 25.10.2016, X ZR 27/15, SchiedsVZ 2017, 144 (146 f.); *BGH*, Urt. v. 12.11.1987, III ZR 29/87, NJW 1988, 1215 (1215); *BGH*, Urt. v. 24.11.1964, VI ZR 187/63, NJW 1965, 300 (300); *OLG Koblenz*, Beschl. v. 15.6.2010, 2 U 1247/09, BeckRS 2010, 33238; *OLG Köln*, Urt. v. 19.12.2001, 11 U 52/01, BeckRS 2011, 26960; *OLG München*, Beschl. v. 7.7.2014, 34 SchH 18/13, SchiedsVZ 2014, 262 (264).

denen Abgrenzungsprobleme dazu führen, dass eine Partei die Reichweite der Schiedsvereinbarung als Angriffspunkt verwendet, um einen Streit über die Zuständigkeit des Schiedsgerichts auszulösen.[559] An dem Beispiel der WIPO zeigt sich also, dass auch eine spezialisierte Schiedsinstitution ein Interesse daran haben kann, Kompetenzkonflikte mit einer weit formulierten Musterklausel zu verhindern.

Hingegen könnte eine spezialisierte Schiedsinstitution, wie das DMS, an einer weit formulierten Schiedsvereinbarung kritisieren, dass Fälle an sie herangetragen werden könnten, die nicht ihrer Expertise entsprechen. Ebenso könnten Parteien, insbesondere in der Position des Klägers, kritisieren, dass sie im Falle einer weit formulierten Schiedsvereinbarung auch für Streitigkeiten, die nicht medienrechtlicher Natur sind, das DMS anrufen müssten.

Allerdings ist es zunächst unwahrscheinlich, dass sich Parteien, deren Vertragsbeziehung keinerlei Medienbezug aufweist, auf die Regeln des DMS einigen, welches bereits ausweislich seines Namens auf das Medienrecht spezialisiert ist. Im Übrigen bedeutet die Spezialisierung des DMS nicht, dass es nur medienrechtliche Streitigkeiten entscheiden kann. Dies würde umso mehr gelten, wenn das DMS die Schiedsrichterliste öffnen und damit auch die Benennung von Schiedsrichtern mit anderen Fachkenntnissen erlauben würde.[560] Aber auch ohne eine solche Öffnung sind die möglichen Bedenken vom DMS und von Parteien gegenüber dem höheren Risiko von Kompetenzstreitigkeiten zu vernachlässigen.

Mithin sollte zum einen § 3 Abs. 1 und Abs. 2 DMS-SchO gestrichen werden. Zum anderen sollte die Kompetenzeinschränkung in der Musterschiedsvereinbarung aufgegeben werden.[561]

III. Zwischenergebnis

Medienrechtliche Streitigkeiten können zwar viele Rechtsgebiete berühren und damit auch jene, in denen die Entscheidungskompetenz eines Schiedsgerichts kontrovers diskutiert wird. Die Untersuchung hat jedoch gezeigt, dass ein Schiedsgericht umfassend kompetent ist, medienrechtliche Streitigkeiten zu entscheiden. Hieraus ergibt sich, dass sich das Rechtsgebiet des Medienrechts

559 Siehe für ein Beispiel *Raeschke-Kessler/Berger*, Rn. 289 ff., die sich kritisch mit dem Fall *BGH*, Urt. v. 12.11.1990, II ZR 249/89, NJW-RR 1991, 423 (424) auseinandersetzen; siehe auch *De Werra*, 2012 Int'l Bus. L.J. 2012, 299 (306).

560 Siehe zu diesem Vorschlag ab S. 67.

561 Siehe hierzu bereits den Formulierungsvorschlag auf S. 63.

für eine Spezialisierung einer Schiedsinstitution eignet. Damit diese Kompetenz auch nicht infrage gestellt wird, sollte das DMS von seiner eng formulierten Schiedsvereinbarung Abstand nehmen.

B. Gewährleistung der Vertraulichkeit

Die Vertraulichkeit wird oftmals als besonderer Vorteil eines Schiedsverfahrens hervorgehoben.[562] Im Allgemeinen versteht man darunter nicht bloß einen vagen Zustand allgemeiner Diskretion im Schiedsverfahren. Vielmehr ist damit eine konkrete Pflicht der an einem Schiedsverfahren Beteiligten angesprochen, die im Schiedsverfahren erlangten Informationen nicht nach außen zu tragen.[563]

Da auch beim DMS ein großer Bedarf danach besteht, dass Schiedsverfahren vertraulich auszugestalten (**I**), lohnt sich ein genauerer Blick auf das Konzept der Vertraulichkeit im Schiedsverfahren. Hierbei muss zunächst zur Nicht-Öffentlichkeit abgegrenzt werden (**II**). Sodann fällt auf, dass hinsichtlich der Vertraulichkeit eine große Rechtsunsicherheit herrscht (**III**). Daher sollen Lösungsansätze vorgestellt werden, mit deren Hilfe eine Schiedsinstitution diese Rechtsunsicherheit überwinden und Vertraulichkeit herstellen kann (**IV**).

---

562 *Bennett/Hodgson*, 3 McGill J. Disp. Resol. 2016-2017, 98 (99); *Böckstiegel*, DRiZ 1996, 267 (268); *Bond*, 11 Arb. Int. 1995, 273 (273); *Brown*, 16 Am. U. Int'l L. R. 2001, 969 (972); *Buys*, 14 Am. Rev. Int. Arb. 2003, 121 (121); *Eslami*, S. 191; *Fesler*, 78 Arbitration 2012, 48 (49); *Foden/Repousis*, 35 Arb. Int. 2019, 401 (401 f.); *Gal*, S. 328; *Günther*, in: Berger/Ebke et al., FS Sandrock, 341 (342); *Haas*, in: Geimer/Schütze, FS Kaissis, 315 (315); *Kühn/Gantenberg*, in: Bachmann/Breidenbach et al., FS Schlosser, 461 (463); *Kühner*, IHR 2003, 202 (202); *Noussia*, S. 37; *Oberhammer*, in: Nakamura, FS Beys, 1139 (1139); *Öhlberger*, in: Klausegger/Klein et al., Austrian Yearbook on International Arbitration 2011, 65 (65); *Ruwding/Seeger*, 19 Arb. Int. 2003, 483 (483); *Sawang*, S. 243; *Zlatanska*, 81 Arbitration 2015, 25 (26).

563 *Born*, International Commercial Arbitration, S. 3005; *Carlevaris*, in: Malatesta/Sali, The Rise of Transparency in International Arbitration, 123 (127); *Eslami*, S. 191; *Fesler*, 78 Arbitration 2012, 48 (49); *Gu*, 15 Am. Rev. Int. Arb. 2005, 607 (609); *Haas/Kahlert*, in: Nacimiento/Kröll/Böckstiegel, AiG, Privacy and Confidentiality, Rn. 2; *Krapfl*, S. 276; *Lachmann*, Handbuch für die Schiedsgerichtspraxis, Rn. 146; *Leisinger*, S. 38; *Lew*, 11 Arb. Int. 1995, 283 (285); *Ly/Friedman/Di Brozolo*, 28 Arb. Int. 2012, 355 (358); *Malatesta*, in: Malatesta/Sali, The Rise of Transparency in International Arbitration, 39 (39); *Oldenstam/Pachelbel*, SchiedsVZ 2006, 31 (32); *Reuben*, 54 U. Kan. L. Rev. 2006, 1255 (1260); *Ritz*, 27 J. Int. Arb. 2010, 221 (221); *Schmitz*, 54 Kansas L. Rev. 2006, 1211 (1218); *Wimalasena*, S. 12.

I. Bedarf nach Vertraulichkeit im medienrechtlichen Schiedsverfahren

Im Allgemeinen besteht ein Bedürfnis für Vertraulichkeit, wenn den Verfahrensbeteiligten das Vertrauen ineinander fehlt, die Umstände des Schiedsverfahrens für sich zu behalten.[564] Dann befürchten die Parteien unter anderem eine negative Berichterstattung über das Schiedsverfahren und damit einhergehende Reputationsverluste.[565] Im Übrigen kann Vertraulichkeit für eine aufgeschlossenere Verhandlungsatmosphäre sorgen.[566] Deswegen stellt die Vertraulichkeit einen wesentlichen Grund dar, ein Schiedsverfahren zu betreiben.[567]

Für das DMS bestehen weitere Gründe, eine Vertraulichkeit im Schiedsverfahren zu gewährleisten. Zunächst ist das DMS regional ausgerichtet und zieht damit primär Streitigkeiten an, denen nationale Sachverhalte zugrunde liegen. Damit rücken die Vorteile der internationalen Schiedsgerichtsbarkeit in den Hintergrund. Es ist beim DMS also weniger relevant, dass Parteien, die aus verschiedenen Staaten stammen, für ein Schiedsverfahren einen neutralen Drittstaat aufsuchen können[568] und dass Schiedssprüche nahezu weltweit vollstreckbar sind.[569] Wenn eine Schiedsinstitution nicht schon auf diese Vorzüge verweisen kann, um Parteien von der staatlichen Gerichtsbarkeit zu lösen, ist es daher umso wichtiger, die übrigen Vorteile der Schiedsgerichtsbarkeit zu

---

564 *Oldenstam/Pachelbel*, SchiedsVZ 2006, 31 (33).

565 *Böckstiegel*, DRiZ 1996, 267 (268); *Buys*, 14 Am. Rev. Int. Arb. 2003, 121 (123); *Eslami*, S. 193; *Geiben*, S. 17 f.; *Gu*, 15 Am. Rev. Int. Arb. 2005, 607 (630); *Kahlert*, S. 53 ff.; *Prütting*, in: Briner/Fortier et al., FS Böckstiegel, 629 (629); *Reymond-Eniaeva*, Rn. 195; *Risse/Oehm*, 114 ZVglRWiss 2015, 407 (407); vgl. auch *Lachmann*, Handbuch für die Schiedsgerichtspraxis, Rn. 143.

566 *Leisinger*, S. 39.

567 *Bühring-Uhle/Kirchhoff/Scherer*, S. 108; *Eidenmüller*, in: Schütze/Klötzel/Gebauer, FS Thümmel, 125 (135); *QMU*, 2013 International Arbitration Survey, S. 8; *QMU*, 2015 International Arbitration Survey, S. 6; *QMU*, 2018 International Arbitration Survey, S. 7.

568 *Born*, International Commercial Arbitration, S. 71 ff.; *Cohn*, 14 ICLQ 1965, 132 (133 f.); *Lachmann*, Handbuch für die Schiedsgerichtspraxis, Rn. 178; *Lionnet*, in: Berger/Ebke et al., FS Sandrock, 603 (604 ff.); *Redfern/Hunter*, Rn. 1.100; *Stumpf*, in: Böckstiegel/Glossner, FS Bülow, 217 (218 f.).

569 *Kronke*, in: Kronke/Nacimiento et al., NYC, Intro S. 3; *Drahozal*, 33 Vand. J. Transnat'l L. 2000, 79 (95 f.); *Lachmann*, Handbuch für die Schiedsgerichtspraxis, Rn. 183; *Schütze*, ZVglRWiss 2000, 241 (249 f.).

nutzen.[570] Nach einer Studie in Bezug auf die Bereiche Technologie, Medien und Telekommunikation stufen 60 Prozent aller Befragten die Vertraulichkeit als sehr wichtig ein.[571] Sie folgt damit unmittelbar auf die genannten Vorzüge der internationalen Schiedsgerichtsbarkeit.[572] Aus Sicht einer regional ausgerichteten Schiedsinstitution stellt die Vertraulichkeit somit die aus Sicht der Parteien wichtigste Eigenschaft eines Schiedsverfahrens dar. Im Falle des DMS ist es also bereits deswegen dienlich, die Vertraulichkeit zu gewährleisten, weil sie den entscheidenden Unterschied zum staatlichen Gerichtsverfahren darstellt.

Des Weiteren erfährt der Aspekt der Vertraulichkeit erhebliche Bedeutung in dem vom DMS anvisierten Medienbereich. Zunächst können medienrechtliche Streitigkeiten Rechtsgebiete betreffen, die eine vertrauliche Vorgehensweise verlangen. Das gilt insbesondere für immaterialgüterrechtlichen Streitigkeiten.[573] Für ein überdurchschnittliches Vertraulichkeitsinteresse bei diesen Streitigkeiten wird angeführt, dass sie Geschäftsgeheimnisse oder sonstige schützenswerte Informationen betreffen können.[574] Solche Informationen müssen in einem Verfahren mitunter zu Beweiszwecken offengelegt werden, sodass eine weitgehende Vertraulichkeit erwünscht ist.[575] Dementsprechend schätzen insbesondere

570 *Wagner*, Rechtsstandort Deutschland im Wettbewerb, S. 135 f.; *Wagner*, 62 Buff. L. Rev 2014, 1085 (1138).

571 *QMU*, Pre-empting and Resolving Technology, Media and Telecoms Disputes, S. 26.

572 *QMU*, Pre-empting and Resolving Technology, Media and Telecoms Disputes, S. 26.

573 *Chrocziel/Kasolowsky et al.*, Kap. 5 Rn. 11; *Frost*, S. 88; *ICC Commission on International Arbitration*, 9 ICC Bulletin 1998, 37 (50); *Schmitz*, 54 Kansas L. Rev. 2006, 1211 (1234); *Smit*, 9 Am. Rev. Int. Arb. 1998, 3 (10).

574 *Baldwin*, 31 Tex. Int'l L. J. 1996, 451 (458); *Celli/Benz*, 3 European Business Organization Law Review 2002, 593 (601); *Cook/Garcia*, S. 229 f.; *De Werra*, 2012 Int'l Bus. L.J. 2012, 299 (304); *Dessemontet*, in: Torremans, Research Handbook on Cross-border Enforcement of Intellectual Property, 607 (626); *Curry*, Journal of International Economic Law 1999, 385 (395); *Herrington/O'Dell/Mgaloblishvili*, in: Pierce/Gunter, The Guide to IP Arbitration, 7 (15); *Kaster*, in: Halket, Arbitration of International Intellectual Property Disputes, 271 (271); *Lew*, in: WIPO, Worldwide Forum on the Arbitration of Intellectual Property Disputes, 187 (195); *Niblett*, in: WIPO, Worldwide Forum on the Arbitration of Intellectual Property Disputes, 197 (199); *Thorn*, in: Pierce/Gunter, The Guide to IP Arbitration, 50 (61); speziell in Bezug auf Patentstreitigkeiten *Nikolova*, S. 131.

575 *Buys*, 14 Am. Rev. Int. Arb. 2003, 121 (123); *Charny*, 104 Harv. L. Rev. 1990, 373 (410); *Eslami*, S. 192 f.; *Gal*, S. 331; *Gu*, 15 Am. Rev. Int. Arb. 2005, 607 (630); *Kahlert*, S. 51 ff.; *Reymond-Eniaeva*, Rn. 195; *Schmitz*, 54 Kansas L. Rev. 2006, 1211 (1234); *Wagner*, Rechtsstandort Deutschland im Wettbewerb, S. 136.

Parteien immaterialgüterrechtlicher Streitigkeiten die Vertraulichkeit eines Schiedsverfahrens.[576] Vor diesem Hintergrund erklärt sich auch, dass gerade die auf immaterialgüterrechtliche Streitigkeiten ausgerichtete WIPO die Schiedsinstitution ist, welche das umfangreichste Regelwerk zur Vertraulichkeit aufweist.[577]

Abgesehen von immaterialgüterrechtlichen Streitigkeiten ist Vertraulichkeit aber auch im Übrigen eine für den Medienbereich wichtige Eigenschaft eines Schiedsverfahrens. Dafür spricht, dass in dieser Branche diverse Geschäftsbeziehungen bestehen, die besser gewahrt werden, wenn etwaige Streitigkeiten durch ein Verfahren beigelegt werden, das vertraulich ausgestaltet ist.[578] Das gilt insbesondere für Geschäftsbeziehungen mit langen Lauffristen, deren Erhalt somit einen höheren Stellenwert hat als die Beilegung einer einzelnen Streitigkeit.

II. Abgrenzung zur Nicht-Öffentlichkeit

Die Vertraulichkeit ist von der Nicht-Öffentlichkeit (oder: Parteiöffentlichkeit) abzugrenzen. Diese bedeutet ein Zutrittsverbot der Öffentlichkeit zu der mündlichen Verhandlung, wohingegen die Vertraulichkeit über die mündliche Verhandlung hinausreicht und die am Schiedsverfahren Beteiligten zum Stillschweigen verpflichtet.[579] Das Schiedsverfahren unterliegt, anders als ein staatliches Gerichtsverfahren, nicht dem Öffentlichkeitsgrundsatz.[580] § 169 Abs. 1

---

576 *Hwang/Chung*, 26 J. Int. Arb. 2009, 609 (638 f.).

577 *Landolt/Garcia*, Commentary on WIPO Arbitration Rules, Rn. 75.1; *Born*, International Commercial Arbitration, S. 3029 f.; *Buys*, 14 Am. Rev. Int. Arb. 2003, 121 (126); *Celli/Benz*, 3 European Business Organization Law Review 2002, 593 (601); *Gu*, 15 Am. Rev. Int. Arb. 2005, 607 (618); *Hwang/Chung*, 26 J. Int. Arb. 2009, 609 (638 f.); *Kahlert*, S. 354; *Köhler*, in: Schütze/Klötzel/Gebauer, FS Thümmel, 439 (447); *Kühner*, IHR 2003, 202 (205); *Lionnet/Lionnet*, S. 462; *Oldenstam/Pachelbel*, SchiedsVZ 2006, 31 (35); *Reymond-Eniaeva*, Rn. 48; *Ritz*, Die Geheimhaltung im Schiedsverfahren nach schweizerischem Recht, S. 126; *Smeureanu*, S. 17.

578 *Frohne*, ZUM 2004, 793 (793).

579 *Eslami*, S. 201 f.; *Kahlert*, S. 9 ff.; *Krapfl*, S. 276; *Leisinger*, S. 37 f.; *Sawang*, S. 244; *Smeureanu*, S. 3 ff.

580 Das entspricht der ganz herrschenden Meinung, siehe *Quinke/Boog*, in: Flecke-Giammarco/Boog et.al, DIS-SchO, Art. 44 Rn. 25; *Voit*, in: Musielak/Voit, ZPO, § 1042 Rn. 31; *Chrocziel/Kasolowsky et al.*, Kap. 6 Rn. 3; *Geiben*, S. 17; *Haas*, in: Geimer/Schütze, FS Kaissis, 315 (318); *Haas/Kahlert*, in: Nacimiento/Kröll/Böckstiegel, AiG, Privacy and Confidentiality, Rn. 4; *Knoblach*, S. 103; *Krapfl*, S. 276 f.; *Kühn/Gantenberg*, in: Bachmann/Breidenbach et al., FS Schlosser, 461 (462 f.); *Lachmann*, Handbuch für die Schiedsgerichtspraxis, Rn. 144; *Leisinger*, S. 43 f.; *Lew*, in: WIPO, Worldwide Forum on the Arbitration of Intellectual Property Disputes, 187 (195);

S. 1 GVG, der den Öffentlichkeitsgrundsatz für die staatliche Gerichtsbarkeit statuiert, findet im Schiedsverfahren keine Anwendung.[581] Obwohl die Nicht-Öffentlichkeit allseits anerkannt ist, besteht kein Konsens darüber, ob sie einer konkludenten Parteivereinbarung entspringt,[582] dem Gesetz zu entnehmen[583] oder aber der Ermessensausübung des Schiedsgerichts anheimgestellt ist.[584]

In der institutionellen Schiedsgerichtsbarkeit hingegen besteht meist Klarheit, denn viele Schiedsgerichtsordnungen schließen die Öffentlichkeit explizit aus.[585] Hingegen bestimmt § 21 Abs. 2 DMS-SchO etwas umständlich: „*Sofern die Parteien dies übereinstimmend und ausdrücklich wünschen, kann die Öffentlichkeit*

Lionnet, in: Berger/Ebke et al., FS Sandrock, 603 (603); *Maier*, S. 205; *Mueller*, 23 ASA Bulletin 2005, 216 (223); *Oberhammer*, in: Nakamura, FS Beys, 1139 (1139); *Paulsson/Rawding*, 11 Arb. Int. 1995, 303 (304); *Prütting*, in: Briner/Fortier et al., FS Böckstiegel, 629 (632); *Redfern/Hunter*, Rn. 2.161 f.; *Reymond-Eniaeva*, Rn. 592; *Risse/Oehm*, 114 ZVglRWiss 2015, 407 (413); *Ritz*, 27 J. Int. Arb. 2010, 221 (221); *Rosenau*, S. 115 f.; *Sawang*, S. 244; *Schwab/Walter*, Kap. 1 Rn. 8; *Wimalasena*, S. 12; *Young/Chapman*, 27 ASA Bulletin 2009, 26 (28).

581 *Voit*, in: Musielak/Voit, ZPO, § 1042 Rn. 31; *Holder*, S. 20 f.; *Leisinger*, S. 43; *Risse/Oehm*, 114 ZVglRWiss 2015, 407 (413); *Sawang*, S. 244; für eine entsprechende Anwendung hingegen *Aden*, DZWIR 2012, 360 (363).

582 *Haas/Kahlert*, in: Nacimiento/Kröll/Böckstiegel, AiG, Privacy and Confidentiality, Rn. 4; *Kahlert*, S. 147; *Kühn/Gantenberg*, in: Bachmann/Breidenbach et al., FS Schlosser, 461 (462 f.); *Kühner*, IHR 2003, 202 (203); *Lachmann*, Handbuch für die Schiedsgerichtspraxis, Rn. 146; *Leisinger*, S. 43; *Lionnet/Lionnet*, S. 455; *Öhlberger*, in: Klausegger/Klein et al., Austrian Yearbook on International Arbitration 2011, 65 (72); *Prütting*, in: Briner/Fortier et al., FS Böckstiegel, 629 (632); ablehnend *Ritz*, 27 J. Int. Arb. 2010, 221 (231); *Ritz*, Die Geheimhaltung im Schiedsverfahren nach schweizerischem Recht, S. 59 f.

583 Für Australien *High Court of Australia*, Entscheidung v. 7.4.1995, 11 Arb. Int. 235 (243) – Esso Australia v. Plowman; für die Schweiz *Ritz*, Die Geheimhaltung im Schiedsverfahren nach schweizerischem Recht, S. 61 f.; hingegen für Deutschland ablehnend *Eslami*, S. 203 f.; *Leisinger*, S. 43; *Risse/Oehm*, 114 ZVglRWiss 2015, 407 (413); ebenfalls dagegen für Österreich *Öhlberger*, in: Klausegger/Klein et al., Austrian Yearbook on International Arbitration 2011, 65 (71).

584 *Quinke/Boog*, in: Flecke-Giammarco/Boog et.al, DIS-SchO, Art. 44 Rn. 26; *Eslami*, S. 209; *Geiben*, S. 21.

585 Siehe beispielhaft Art. 26 Abs. 3 S. 2 ICC-SchO; Art. 19 Abs. 4 LCIA-SchO; Art. 22 Abs. 7 HKIAC-SchO; Art. 28 Abs. 3 S. 1 UNCITRAL-SchO; Art. 55 lit. c WIPO-SchO; Art. 24 Abs. 4 SIAC-SchO; Rule 25 S. 1 AAA-SchO; Art. 26 Abs. 6 ICDR-SchO; Art. 27 Abs. 7 SAC-SchO; Art. 32 Abs. 3 SCC-SchO; Art. 38 Abs. 1 S. 1 CIETAC-SchO; Art. 30 Abs. 2 S. 2 VIAC-SchO.

zur Verhandlung zugelassen werden.“ Erst im Umkehrschluss wird damit deutlich, dass die Öffentlichkeit ausgeschlossen sein soll. Da die Nicht-Öffentlichkeit aber feststeht und die Vorschrift in der DMS-SchO somit deklaratorisch ist, bietet es sich an, die Vorschrift zumindest dazu zu nutzen, den Parteien deutlich vor Augen zu führen, dass ein Schiedsverfahren nicht dem Öffentlichkeitsgrundsatz unterliegt. Eine bessere Formulierung lautet daher:

> [1]Sofern die Parteien nichts anderes vereinbart haben, ist das Schiedsverfahren nicht öffentlich. [2]Nicht-Öffentlichkeit bedeutet ein Zugangsverbot zu den mündlichen Verhandlungen für die Allgemeinheit, also Dritte, die an dem Schiedsverfahren in keiner Form beteiligt sind.

III. Rechtsunsicherheit hinsichtlich der Vertraulichkeit

Die Idee, ein Schiedsverfahren sei aus sich heraus vertraulich, hatte lange Zeit unbestritten Bestand.[586] Genauso lange wurde die Vertraulichkeit aber nur angenommen, ohne dem Konzept ein dogmatisches Grundgerüst zu verschaffen.[587] Das deutsche Recht schweigt sich hierzu auch noch heute vollständig aus, keine einzige Vorschrift im Zehnten Buch der ZPO spricht das Thema der Vertraulichkeit an[588] und auch Gewohnheitsrecht sucht man

586 *Bagner*, 18 J. Int. Arb. 2001, 243 (243); *Dundas*, 69 Arbitration 2003, 296 (296); *Kahlert*, S. 1; *Leisinger*, S. 98; *Ly/Friedman/Di Brozolo*, 28 Arb. Int. 2012, 355 (356); *Malatesta*, in: Malatesta/Sali, The Rise of Transparency in International Arbitration, 39 (39); *Mueller*, 23 ASA Bulletin 2005, 216 (216); *Nacimiento*, BB 2001, 7 (10); *Neill*, 12 Arb. Int. 1996, 287 (287); *Oldenstam/Pachelbel*, SchiedsVZ 2006, 31 (32); *Ong*, 1 Asian Int. Arb. J. 2005, 169 (169); *Reuben*, 54 U. Kan. L. Rev. 2006, 1255 (1255); *Reymond-Eniaeva*, Rn. 3; *Risse/Oehm*, 114 ZVglRWiss 2015, 407 (407); *Ritz*, 27 J. Int. Arb. 2010, 221 (221); *Tung/Lin*, 11 Contemp. Asia Arb. J. 2018, 21 (23).

587 *Bagner*, 18 J. Int. Arb. 2001, 243 (243); *Carlevaris*, in: Malatesta/Sali, The Rise of Transparency in International Arbitration, 123 (123); *Fortier*, 15 Arb. Int. 1999, 131 (131); *Kahlert*, S. 2; *Krapfl*, S. 275; *Leisinger*, S. 98; *Mueller*, 23 ASA Bulletin 2005, 216 (216); *Neill*, 12 Arb. Int. 1996, 287 (287); *Paulsson/Rawding*, 11 Arb. Int. 1995, 303 (303); *Reuben*, 54 U. Kan. L. Rev. 2006, 1255 (1256); *Reymond-Eniaeva*, Rn. 114; *Ritz*, 27 J. Int. Arb. 2010, 221 (221); *Smit*, 9 Am. Rev. Int. Arb. 1998, 233 (233).

588 *Quinke/Boog*, in: Flecke-Giammarco/Boog et.al, DIS-SchO, Art. 44 Rn. 7; *Geiben*, S. 33; *Haas/Kahlert*, in: Nacimiento/Kröll/Böckstiegel, AiG, Privacy and Confidentiality, Rn. 1, 6; *Holder*, S. 15; *Kahlert*, S. 177; *Knoblach*, S. 118; *Leisinger*, S. 101; *Noussia*, S. 67; *Risse/Oehm*, 114 ZVglRWiss 2015, 407 (415); *Wachter/Yoon/Lee*, in: Pierce/Gunter, The Guide to IP Arbitration, 73 (77); *Wimalasena*, S. 43.

vergeblich.[589] Außerhalb von Deutschland kann man zwar vereinzelt Nationen finden, die in ihrem Schiedsverfahrensrecht Vertraulichkeitspflichten festgeschrieben haben.[590] Der Großteil der Staaten aber weist, wie Deutschland, keine solchen Vorschriften auf.[591] Somit kann auch kein internationaler Konsens festgestellt werden,[592] der für das deutsche Recht Orientierung bieten kann. Auch das Model Law enthält keine Regelung zur Vertraulichkeit.[593]

Versucht man sich der vermeintlich selbstverständlichen Vertraulichkeit im Schiedsverfahren rechtlich zu nähern, so gerät der Fokus zunächst auf die einzelnen Verfahrensbeteiligten und deren Pflicht, Vertraulichkeit zu wahren (1). Soweit Vertraulichkeitspflichten ausgemacht werden können, ergeben sich allerdings Unklarheiten hinsichtlich ihres Umfangs (2). Zuletzt ist fraglich, welche Folgen eine Vertraulichkeitspflichtverletzung hat (3).

---

589 *Geiben*, S. 34; *Holder*, S. 102; *Kahlert*, S. 243; *Leisinger*, S. 103 f.; *Oberhammer*, in: Nakamura, FS Beys, 1139 (Fn. 51); *Prütting*, in: Briner/Fortier et al., FS Böckstiegel, 629 (634); *Rosenau*, S. 120; *Wimalasena*, S. 27 ff.

590 Siehe beispielsweise Sec. 14B Abs. 1 New Zealand Arbitration Act; Art. 24 Abs. 2 Spanish Arbitration Act; für weitere Beispiele siehe *Born*, International Commercial Arbitration, S. 3009.

591 *Born*, International Commercial Arbitration, S. 3009; *Chrocziel/Kasolowsky et al.*, Kap. 6 Rn. 4; *Cook/Garcia*, S. 239; *Darian-Smith/Ghosh*, 81 Arbitration 2015, 360 (360); *Krapfl*, S. 275; *Lew*, in: WIPO, Worldwide Forum on the Arbitration of Intellectual Property Disputes, 187 (195); *Lionnet/Lionnet*, S. 453; *Noussia*, S. 53; *Oberhammer*, in: Nakamura, FS Beys, 1139 (1141); *Paulsson/Rawding*, 11 Arb. Int. 1995, 303 (303); *Reymond-Eniaeva*, Rn. 56; *Sanders*, Quo Vadis Arbitration?, S. 4; *Trakman*, 18 Arb. Int. 2002, 1 (8); *Tung/Lin*, 11 Contemp. Asia Arb. J. 2018, 21 (30).

592 *Born*, International Commercial Arbitration, S. 3007; *Crookenden*, 25 Arb. Int. 2009, 603 (603); *Eslami*, S. 244 f.; *Fesler*, 78 Arbitration 2012, 48 (56); *Holder*, S. 163; *Krapfl*, S. 296; *Leisinger*, S. 166; *Ly/Friedman/Di Brozolo*, 28 Arb. Int. 2012, 355 (359); *Mueller*, 23 ASA Bulletin 2005, 216 (226); *Oberhammer*, in: Nakamura, FS Beys, 1139 (1152); *Reymond-Eniaeva*, Rn. 2; *Schütze/Tscherning/Wais*, Rn. 578; *Trakman*, 18 Arb. Int. 2002, 1 (1).

593 *Born*, International Commercial Arbitration, S. 3009; *Carlevaris*, in: Malatesta/Sali, The Rise of Transparency in International Arbitration, 123 (123); *Dundas*, 69 Arbitration 2003, 296 (297); *Fesler*, 78 Arbitration 2012, 48 (51); *Holder*, S. 15; *Holtzmann/Neuhaus et al.*, S. 673; *Hwang/Chung*, 26 J. Int. Arb. 2009, 609 (629); *Leisinger*, S. 101; *Lew*, 11 Arb. Int. 1995, 283 (289); *Lionnet/Lionnet*, S. 453; *Ly/Friedman/Di Brozolo*, 28 Arb. Int. 2012, 355 (358); *Malatesta*, in: Malatesta/Sali, The Rise of Transparency in International Arbitration, 39 (40); *Noussia*, S. 76; *Reymond-Eniaeva*, Rn. 56; *Risse/Oehm*, 114 ZVglRWiss 2015, 407 (415); *Sanders*, 21 Arb. Int. 2005, 443 (476); *Wimalasena*, S. 42.

1. *Vertraulichkeitsverpflichtung der Verfahrensbeteiligten*

Im Folgenden wird untersucht, welche Verfahrensbeteiligten einer Vertraulichkeitspflicht unterliegen und wie diese hergeleitet wird. Zunächst werden die Schiedsrichter (a), dann die Parteien (b) und schließlich Dritte (c) in den Blick genommen.

a) Schiedsrichter

Viele Verhaltenskodexe betonen, dass Schiedsrichter einer ethischen Pflicht zum Stillschweigen unterliegen.[594] Es ist jedoch fraglich, ob sie auch eine Rechtspflicht trifft. Bevor darauf eingegangen werden kann, muss zuvor zum richterlichen Beratungsgeheimnis abgegrenzt werden, das eine andere Schutzrichtung aufweist.[595] Für den staatlichen Richter bestimmt § 43 DRiG, dass er „*über den Hergang bei der Beratung und Abstimmung auch nach Beendigung seines Dienstverhältnisses zu schweigen*“ hat. Sinn und Zweck des Beratungsgeheimnisses ist es jedoch nicht, die Prozessparteien zu schützen, sondern die Unabhängigkeit des Richters zu wahren.[596] Insoweit bedeutet das Beratungsgeheimnis zwar auch eine Pflicht für den Richter, vor allem aber ein Recht zum Schweigen.[597] Das Beratungsgeheimnis gilt auch im Schiedsverfahren zugunsten der Schiedsrichter, obgleich die Rechtsgrundlage hierfür ungeklärt ist.[598] Klar ist jedoch, dass es auch hier die interne Meinungsbildung des Schiedsgerichts schützen soll, sodass

---

594 Siehe *AAA*, The Code of Ethics for Arbitrators in Commercial Disputes, Canon VI; *CIArb*, The Chartered Institute of Arbitrators Code of Professional and Ethical Conduct for Members, Rule 8; *IBA*, Rules of Ethics for International Arbitrators, Rule 9.

595 *Eslami*, S. 265; *Gal*, S. 329 f. Fn. 331; *Geiben*, S. 65; *Gleiss/Helm*, MDR 1969, 93 (93); *Haas/Kahlert*, in: Nacimiento/Kröll/Böckstiegel, AiG, Privacy and Confidentiality, Rn. 8; *Holder*, S. 42; *Höttler*, Fn. 506; *Kahlert*, S. 201; *Leisinger*, S. 81; *Prütting*, in: Gottwald/Prütting, FS Schwab, 409 (413); *Ritz*, Die Geheimhaltung im Schiedsverfahren nach schweizerischem Recht, S. 172.

596 *Staats*, in: Staats, DRiG, § 43 Rn. 2; *Bartels*, SchiedsVZ 2014, 133 (134).

597 Zum Zeugnisverweigerungsrecht von Schiedsrichtern siehe *BGH*, Urt. v. 23.1.1957, V ZR 132/55, NJW 1957, 592 (592 f.); *Anders*, in: BLHAG, ZPO, § 1052 Rn. 5; *Geimer*, in: Zöller, ZPO, § 1052 Rn. 5; *Münch*, in: MüKo ZPO, § 1052 Rn. 4; *Voit*, in: Musielak/Voit, ZPO, § 1052 Rn. 3; *Haller*, SchiedsVZ 2011, 179 (183); *Schlosser*, in: Geimer/Kaissis/Thümmel, FS Schütze, 519 (519 ff.).

598 Für eine Analogie zu § 43 DRiG *Eslami*, S. 263; *Geiben*, S. 71; *Knoblach*, S. 118 f.; *Leisinger*, S. 83; *Prütting*, in: Gottwald/Prütting, FS Schwab, 409 (416); für eine gewohnheitsrechtliche Herleitung *Gleiss/Helm*, MDR 1969, 93 (94); *Peltzer*, S. 48; *Strieder*, S. 101.

es nicht allein durch die Parteien, sondern nur im Zusammenwirken mit den Schiedsrichtern aufgehoben werden kann.[599]

Unabhängig von diesem Beratungsgeheimnis erwarten Parteien von Schiedsrichtern in der Regel einen vertraulichen Umgang mit den ins Schiedsverfahren eingebrachten Informationen. Mit Verweis auf diese Erwartungshaltung spricht sich die Mehrheit in der Literatur und in der Rechtsprechung dafür aus, dass Schiedsrichter einer Pflicht zur Vertraulichkeit unterliegen.[600] Diese wird auf eine Auslegung des Vertrags zwischen Parteien und Schiedsrichtern (sog. Schiedsrichtervertrag) gestützt.[601] Die Vertraulichkeitspflicht schützt dabei nicht nur die Interessen der Schiedsrichter, sondern vorwiegend die Interessen der Parteien.[602]

b) Parteien

Anders als bei den Schiedsrichtern, ist es ungeklärt, ob die Parteien einer Vertraulichkeitspflicht unterliegen, wenn diese nicht ausdrücklich vereinbart wurde. Dabei spaltet sich das Meinungsbild in drei Gruppen. Während die erste für eine mit der Schiedsvereinbarung einhergehende implizite Vertraulichkeitspflicht

---

599 *BGH*, Urt. v. 23.1.1957, V ZR 132/55, NJW 1957, 592 (592 f.); *OLG Düsseldorf*, Urt. v. 14.1.1988, 8 U 205/86, EWiR 1988, 623 (623 f.); *Münch*, in: MüKo ZPO, § 1052 Rn. 5; *Schlosser*, in: Stein/Jonas, ZPO, § 1042 Rn. 121; *Voit*, in: Musielak/Voit, ZPO, § 1052 Rn. 3; *Wilske/Markert*, in: BeckOK ZPO, § 1052 Rn. 14; *Geiben*, S. 75 f.; *Haller*, SchiedsVZ 2011, 179 (181 f.); *Leisinger*, S. 89.

600 *BGH*, Urt. v. 5.5.1986, III ZR 233/84, NJW 1986, 3077 (3078); *Eslami*, S. 265; *Gal*, S. 330 f.; *Gleiss/Helm*, MDR 1969, 93 (93); *Haas/Kahlert*, in: Nacimiento/Kröll/Böckstiegel, AiG, Privacy and Confidentiality, Rn. 10; *Haller*, SchiedsVZ 2011, 179 (180); *Holder*, S. 46; *Inderkum*, S. 143; *Kahlert*, S. 179 ff.; *Lachmann*, Handbuch für die Schiedsgerichtspraxis, Rn. 4294; *Leisinger*, S. 84 f.; *Lüdtke*, S. 33; *Noussia*, S. 66; *Öhlberger*, in: Klausegger/Klein et al., Austrian Yearbook on International Arbitration 2011, 65 (74); *Prütting*, in: Gottwald/Prütting, FS Schwab, 409 (413); *Rosenau*, S. 121 f.; *Strieder*, S. 101 f.; *Wimalasena*, S. 94; zurückhaltend *Geiben*, S. 86; ablehnend *Ritz*, Die Geheimhaltung im Schiedsverfahren nach schweizerischem Recht, S. 191.

601 *Eslami*, S. 265; *Haas/Kahlert*, in: Nacimiento/Kröll/Böckstiegel, AiG, Privacy and Confidentiality, Rn. 10; *Haller*, SchiedsVZ 2011, 179 (180); *Holder*, S. 46; *Inderkum*, S. 143; *Kahlert*, S. 183; *Leisinger*, S. 85; *Lüdtke*, S. 33; *Öhlberger*, in: Klausegger/Klein et al., Austrian Yearbook on International Arbitration 2011, 65 (74); *Prütting*, in: Gottwald/Prütting, FS Schwab, 409 (413); *Rosenau*, S. 121 f.; *Strieder*, S. 102.

602 *Eslami*, S. 265; *Gal*, S. 330 f.

plädiert,[603] spricht sich die zweite dagegen aus.[604] Zuletzt befürwortet eine dritte Gruppe Vertraulichkeitspflichten nur im Einzelfall.[605]

Blickt man in andere Nationen, spiegelt sich dieses fragmentierte Meinungsbild auch dort wider. Das eine Extrem verkörpern die Nationen, die sich für eine implizite Vertraulichkeitspflicht aussprechen.[606] Ein prominenter Repräsentant ist Großbritannien, dessen Gerichte von einer impliziten Vertraulichkeitspflicht der Parteien überzeugt sind: „*It is a question of an implied obligation arising out of the nature of arbitration itself.*“[607] Das andere Extrem bilden die Staaten, die keine rechtliche Grundlage für eine Vertraulichkeitspflicht sehen und eine solche daher ablehnen.[608] Dazu gehört insbesondere Australien, von dessen obersten Gericht die Leitentscheidung ausging, wonach die als selbstverständlich angesehene Vertraulichkeit eines rechtlichen Fundaments entbehre:

> „*I do not consider that [...] we are justified in concluding that confidentiality is an essential attribute of a private arbitration imposing an obligation on each party not to disclose*

---

603 *Born*, International Commercial Arbitration, S. 3044; *Boyd*, 11 Arb. Int. 1995, 265 (270 f.); *Knoblach*, S. 119; *Leisinger*, S. 155; *Noussia*, S. 76.

604 *Chrocziel/Kasolowsky et al.*, Kap. 6 Rn. 6; *Geiben*, S. 39; *Kreindler/Schäfer/Wolff*, Rn. 299; *Lachmann*, Handbuch für die Schiedsgerichtspraxis, Rn. 146; *Lew*, 11 Arb. Int. 1995, 283 (284); *Lionnet/Lionnet*, S. 458; *Prütting*, in: Briner/Fortier et al., FS Böckstiegel, 629 (636); *Rosenau*, S. 120; *Voit*, in: Musielak/Voit, ZPO, § 1029 Rn. 27.

605 *Haas/Kahlert*, in: Nacimiento/Kröll/Böckstiegel, AiG, Privacy and Confidentiality, Rn. 26 f.; *Holder*, S. 32 ff.; *Kahlert*, S. 284 ff.; *Öhlberger*, in: Klausegger/Klein et al., Austrian Yearbook on International Arbitration 2011, 65 (80 f.).

606 Zum Beispiel Frankreich, siehe hierzu *Court of Appeal of Paris*, Entscheidung v. 18.2.1986 Rev. Arb. 583 (583 f.) – G. Aïta v. A. Ojjeh; außerdem Singapur, siehe *Hwang/Thio*, 28 Arb. Int. 2012, 225 (225 ff.).

607 *Court of Appeal*, Entscheidung v. 21.3.1990, 1 W.L.R. 1205 (1213) – Dolling-Baker v. Merrett; siehe auch *Court of Appeal*, Entscheidung v. 12.3.2008 Bus. L. R. 1361 (1379) – Emmott v. Michael Wilson; *Court of Appeal*, Entscheidung v. 25.3.2004, 2 Lloyd's Rep. 179 (181) – City of Moscow v. Int. Industrial Bank; *Court of Appeal*, Entscheidung v. 19.12.1997, 1 W.L.R. 314 (326 ff.) – Ali Shipping v. Shipyard Trogir; *Q.B. (Com. Ct.)*, Entscheidung v. 22.12.1992, 2 Lloyd's Rep. 243 (247 ff.) – Hassneh Insurance v. Steuart J. Mew; skeptischer hingegen *Privy Council*, Entscheidung v. 29.1.2003, 1 W.L.R. 1041 (1050) – AEGIS v. European Re.

608 Zum Beispiel USA, siehe *U.S. District Court for the District of Delaware*, Entscheidung v. 7.1.1988, 87-190-JLL, 118 F.R.D. 346 (350) – United States v. Panhandle Eastern; außerdem Schweden, siehe *Supreme Court of Sweden*, Entscheidung v. 27.10.2000, T 1881-99, 26 Y.B. Com. Arb. 291 (293 ff.) – Bulbank.

the proceedings or documents and information provided in and for the purpose of the arbitration.“[609]

In einem Staat, wie Deutschland, der sich durch Gesetzgebung und Rechtsprechung weder für ein Extrem noch einen Mittelweg entschieden hat,[610] herrscht damit ohne eine ausdrückliche Vereinbarung der Parteien Rechtsunsicherheit.

c) Dritte

Der Kreis der Personen, die an sensible Informationen gelangen können, schließt nicht nur die Parteien und die Schiedsrichter ein. An einem Schiedsverfahren können auch Parteivertreter, Zeugen, Sachverständige und in der institutionellen Schiedsgerichtsbarkeit eben eine Schiedsinstitution beteiligt sein. Ungeachtet der Frage, ob mit einer Schiedsvereinbarung überhaupt eine konkludente Vertraulichkeitspflicht einhergeht, kann diese aufgrund der Relativität der Schuldverhältnisse Dritte nicht binden.[611] Deswegen könnte für eine Vertraulichkeitspflicht eine separate Vereinbarung erforderlich sein.[612] Dies wäre

---

609 *High Court of Australia*, Entscheidung v. 7.4.1995, 11 Arb. Int. 235 (246) – Esso Australia v. Plowman; die Bedeutung dieser Entscheidung wird beispielsweise dadurch deutlich, dass Arbitration International ihr eine gesamte Ausgabe widmete, siehe die Beiträge von *Bond*, 11 Arb. Int. 1995, 273 (273 ff.); *Boyd*, 11 Arb. Int. 1995, 265 (265 ff.); *Collins*, 11 Arb. Int. 1995, 321 (321 ff.); *Lew*, 11 Arb. Int. 1995, 283 (283 ff.); *Paulsson/Rawding*, 11 Arb. Int. 1995, 303 (303 ff.); *Smit*, 11 Arb. Int. 1995, 299 (299 ff.); *Smit*, 11 Arb. Int. 1995, 337 (337 ff.); *Smit*, 11 Arb. Int. 1995, 297 (297 f.).

610 Nur einen Anhaltspunkt bietet *OLG Frankfurt a.M.*, Beschl. v. 22.10.2004, 2 Sch 01/04, BeckRS 2008, 3899: „*Der Kläger als Schiedspartei und der Beklagte waren durchaus berechtigt, das Ergebnis des Schiedsspruchs in einem Zivilverfahren mit einzuführen. Hätten die Parteien dies nicht gewollt, dann hätten sie es in der Schiedsvereinbarung ausdrücklich erwähnen müssen*“.

611 *Quinke/Boog*, in: Flecke-Giammarco/Boog et.al, DIS-SchO, Art. 44 Rn. 11; *Born*, International Commercial Arbitration, S. 3013; *Geiben*, S. 56; *Haas/Kahlert*, in: Naciento/Kröll/Böckstiegel, AiG, Privacy and Confidentiality, Rn. 31; *Krapfl*, S. 291; *Leisinger*, S. 105; *Ly/Friedman/Di Brozolo*, 28 Arb. Int. 2012, 355 (374); *Mueller*, 23 ASA Bulletin 2005, 216 (239); *Oldenstam/Pachelbel*, SchiedsVZ 2006, 31 (34); *Prütting*, in: Briner/Fortier et al., FS Böckstiegel, 629 (636); *Reymond-Eniaeva*, Rn. 22; *Ritz*, Die Geheimhaltung im Schiedsverfahren nach schweizerischem Recht, S. 158; *Schmitz*, 54 Kansas L. Rev. 2006, 1211 (1235); *Trakman*, 18 Arb. Int. 2002, 1 (12, 14); *Wimalasena*, S. 30, 100 ff.

612 *Brown*, 16 Am. U. Int'l L. R. 2001, 969 (1024); *Geiben*, S. 56; *Lachmann*, Handbuch für die Schiedsgerichtspraxis, Rn. 148; *Mueller*, 23 ASA Bulletin 2005, 216 (239); *Prütting*, in: Briner/Fortier et al., FS Böckstiegel, 629 (636); *Reymond-Eniaeva*, Rn. 427; *Ritz*, Die Geheimhaltung im Schiedsverfahren nach schweizerischem Recht, S. 159; *Trakman*,

allerdings nur der Fall, wenn eine Vertraulichkeitspflicht nicht bereits einer anderen Rechtsquelle entnommen werden kann.

So ist eine Schiedsinstitution zumeist kraft des Schiedsorganisationsvertrags zur Vertraulichkeit verpflichtet. Das gilt zumindest, wenn die Schiedsgerichtsordnung entsprechende Vertraulichkeitspflichten für die Schiedsinstitution enthält.[613] Im Übrigen kann eine vertragliche Nebenpflicht angenommen werden, da Parteien von ihnen ebenso wie von Schiedsrichtern erwarten, dass sie Stillschweigen über das Schiedsverfahren wahren.[614] Eine Schiedsinstitution sollte zudem intern dafür Sorge tragen, dass auch ihre Mitarbeiter die Vertraulichkeit wahren.[615]

Weiterhin sind Rechtsanwälte berufsrechtlich zur Verschwiegenheit verpflichtet.[616] In Deutschland ergibt sich dies aus § 43a Abs. 2 S. 1 BRAO und § 2 Abs. 1 S. 1 BORA. Trotz der Berufspflicht stehen Rechtsanwälte in der Kritik, gelegentlich sensible Informationen freizugeben.[617] Dabei ist auch zu berücksichtigen, dass das Anwaltsgeheimnis nicht einer schiedsverfahrensrechtlichen Vertraulichkeitspflicht entspricht.[618] Das anwaltliche Berufsgeheimnis bezweckt nicht die Vertraulichkeit eines Schiedsverfahrens, sondern den Schutz der Vertrauensbeziehung eines Rechtsanwalts zu seinem Mandanten.[619] Im Übrigen müssen Parteivertreter im Schiedsverfahren keine Rechtsanwälte sein, sodass bereits deswegen vorgeschlagen wird, eine separate Vertraulichkeitsvereinbarung zu schließen.[620]

---

18 Arb. Int. 2002, 1 (12); *Wimalasena*, 30, 103; für einen Formulierungsvorschlag *Krapfl*, S. 295 f.

613 *Holder*, S. 47; *Öhlberger*, in: Klausegger/Klein et al., Austrian Yearbook on International Arbitration 2011, 65 (75); *Wimalasena*, S. 104; siehe etwa Art. 8 Appendix I der ICC-SchO, Art. 45.2 HKIAC-SchO, Art. 44 Abs. 1 DIS-SchO, Art. 78 WIPO-SchO, Art. 37 Abs. 1 ICDR-SchO, Art. 44 Abs. 1 S. 2 SAC-SchO, Art. 3 SCC-SchO.

614 *Holder*, S. 47; *Kahlert*, S. 238; *Öhlberger*, in: Klausegger/Klein et al., Austrian Yearbook on International Arbitration 2011, 65 (75); *Rosenau*, S. 123 f.

615 *Kahlert*, S. 238; hier bietet sich eine Regelung im Arbeitsvertrag an, siehe *Smeureanu*, S. 149; auch hier eine vertragliche Nebenpflicht annehmend *Rosenau*, S. 124.

616 *Krapfl*, S. 291; *Leisinger*, S. 95; *Wimalasena*, S. 99.

617 *Paulsson/Rawding*, 11 Arb. Int. 1995, 303 (317).

618 *Gu*, 15 Am. Rev. Int. Arb. 2005, 607 (609); *Reymond-Eniaeva*, Rn. 283; *Smeureanu*, S. 139.

619 *Träger*, in: Weyland, BRAO, § 43a Rn. 12; siehe auch *CCBE*, Code of Conduct for European Lawyers, Ziff. 2.3.1: „*Without the certainty of confidentiality there cannot be trust*".

620 *Eslami*, S. 270; *Leisinger*, S. 95.

Zeugen und Sachverständige unterliegen aus ihrer Funktion als Beweismittel keiner Vertraulichkeitspflicht.[621] Mitunter werden sie deswegen als „*potential source of limitless leaks*"[622] bezeichnet. Zum Teil können aber auch sie einer Vertraulichkeit unterliegen, zum Beispiel, wenn ein Zeuge Arbeitnehmer einer Partei ist und der Arbeitsvertrag Vertraulichkeit erfordert[623] oder wenn sich ein Sachverständiger im Gutachtervertrag der Vertraulichkeit unterworfen hat.[624] Ansonsten ist es auch hier empfehlenswert, eine separate Vertraulichkeitsvereinbarung zu schließen.[625] Da diese Vereinbarung aber regelmäßig nur mit der Partei geschlossen wird, die den Zeugen oder Sachverständigen bestellt hat,[626] kann die andere Partei von dem Zeugen oder Sachverständigen keine Vertraulichkeit einfordern.[627]

2. *Umfang der Vertraulichkeit*

Sofern ein Verfahrensbeteiligter einer Vertraulichkeitspflicht unterliegt, stellt sich die Frage, welche Informationen er nun nicht mehr preisgeben darf. Abhängig von der jeweiligen Vertraulichkeitspflicht kann dies bereits die Existenz eines Schiedsverfahrens und darüber hinaus alle Informationen betreffen, die durch das Schiedsverfahren erlangt werden.[628] Auch in zeitlicher Hinsicht besteht

---

621 *Buys*, 14 Am. Rev. Int. Arb. 2003, 121 (124); *Knoblach*, S. 121; *Kühn/Gantenberg*, in: Bachmann/Breidenbach et al., FS Schlosser, 461 (472); *Lachmann*, Handbuch für die Schiedsgerichtspraxis, Rn. 146; *Leisinger*, S. 92; *Rosenau*, S. 123; *Smeureanu*, S. 151; *Wimalasena*, S. 100.

622 *Paulsson/Rawding*, 11 Arb. Int. 1995, 303 (319); ebenso *Gu*, 15 Am. Rev. Int. Arb. 2005, 607 (616); siehe auch *Ong*, 1 Asian Int. Arb. J. 2005, 169 (173).

623 *Lachmann*, Handbuch für die Schiedsgerichtspraxis, Rn. 146; *Rosenau*, S. 122 f.; *Wimalasena*, S. 101; vgl. auch *Leisinger*, S. 94 f.

624 *Quinke/Boog*, in: Flecke-Giammarco/Boog et.al, DIS-SchO, Art. 44 Rn. 11; *Holder*, S. 57; *Lachmann*, Handbuch für die Schiedsgerichtspraxis, Rn. 145; *Lionnet/Lionnet*, S. 457; *Wimalasena*, S. 103 f.; aus Sicht der Schweiz *Ritz*, Die Geheimhaltung im Schiedsverfahren nach schweizerischem Recht, S. 161 f.

625 *Chrocziel/Kasolowsky et al.*, Kap. 6 Rn. 20; *Eslami*, S. 269; *Holder*, S. 55; *Leisinger*, S. 92; *Lionnet/Lionnet*, S. 457.

626 So die Empfehlung von *Ly/Friedman/Di Brozolo*, 28 Arb. Int. 2012, 355 (381); vgl. auch *Quinke/Boog*, in: Flecke-Giammarco/Boog et.al, DIS-SchO, Art. 44 Rn. 11; *Paulsson/Rawding*, 11 Arb. Int. 1995, 303 (319); *Smeureanu*, S. 151; siehe auch Art. 76 lit. b S. 2 WIPO-SchO.

627 *Eslami*, S. 271.

628 *Brown*, 16 Am. U. Int'l L. R. 2001, 969 (1001 ff.); *Eslami*, S. 249 f.; *Fesler*, 78 Arbitration 2012, 48 (49); *Gu*, 15 Am. Rev. Int. Arb. 2005, 607 (617 ff.); *Kahlert*, S. 189 f.; *Krapfl*, S. 291; *Kühn/Gantenberg*, in: Bachmann/Breidenbach et al., FS Schlosser, 461

Diskussionspotenzial, ob die Vertraulichkeit mit dem Schiedsverfahren endet oder weiter fortbesteht.[629]

Der Umfang von Vertraulichkeitspflichten ist darüber hinaus unklar, weil eine Vertraulichkeitspflicht Ausnahmen zulassen muss (a). Für den Medienbereich kann der Vertraulichkeit insbesondere ein öffentliches Interesse entgegenstehen, wenn die öffentliche Hand beteiligt ist (b).

a) Allgemeine Ausnahmen von der Vertraulichkeit

Vertraulichkeitspflichten können nicht uneingeschränkt gelten, es müssen Ausnahmen zugelassen werden.[630] Solche Ausnahmen können sich etwa aus gesellschaftsrechtlichen Informationspflichten oder sonstigen gesetzlichen Offenlegungspflichten ergeben.[631] Außerdem können die Parteien vereinbaren, einzelne Informationen – entgegen einer bestehenden Vertraulichkeitspflicht – offenlegen zu dürfen.[632] So klar die Notwendigkeit von Ausnahmen ist, so unklar

---

(463); *Leisinger*, S. 186 ff.; *Lionnet/Lionnet*, S. 456; *Ly/Friedman/Di Brozolo*, 28 Arb. Int. 2012, 355 (370 ff.); *Malatesta*, in: Malatesta/Sali, The Rise of Transparency in International Arbitration, 39 (47 f.); *Mueller*, 23 ASA Bulletin 2005, 216 (226 ff.); *Reymond-Eniaeva*, Rn. 451 ff.; *Ritz*, Die Geheimhaltung im Schiedsverfahren nach schweizerischem Recht, S. 118 ff.; *Wimalasena*, S. 48 ff.

629 *Geiben*, S. 87 f.; *Kahlert*, S. 191 f.; für das schweizerische Recht *Ritz*, Die Geheimhaltung im Schiedsverfahren nach schweizerischem Recht, S. 130; ein Hinausreichen der Pflicht, wenn Stillschweigen über den Schiedsspruch gewahrt werden soll, befürwortet *Ly/Friedman/Di Brozolo*, 28 Arb. Int. 2012, 355 (378).

630 *Born*, International Commercial Arbitration, S. 3046; *Darian-Smith/Ghosh*, 81 Arbitration 2015, 360 (361); *Eslami*, S. 250; *Gu*, 15 Am. Rev. Int. Arb. 2005, 607 (634); *Holder*, S. 142 ff.; *Hwang/Chung*, 26 J. Int. Arb. 2009, 609 (627); *Krapfl*, S. 292; *Lachmann*, Handbuch für die Schiedsgerichtspraxis, Rn. 149; *Ly/Friedman/Di Brozolo*, 28 Arb. Int. 2012, 355 (375); *Neill*, 12 Arb. Int. 1996, 287 (290); *Paulsson/Rawding*, 11 Arb. Int. 1995, 303 (304); *Ritz*, Die Geheimhaltung im Schiedsverfahren nach schweizerischem Recht, S. 131; *Smeureanu*, S. 108; *Smit*, 9 Am. Rev. Int. Arb. 1998, 233 (234).

631 *Buys*, 14 Am. Rev. Int. Arb. 2003, 121 (135); *Chrocziel/Kasolowsky et al.*, Kap. 6 Rn. 23; *Eslami*, S. 251 ff.; *Geiben*, S. 35 ff.; *Gu*, 15 Am. Rev. Int. Arb. 2005, 607 (626 ff.); *Kahlert*, S. 298 ff.; *Krapfl*, S. 292 f.; *Lachmann*, Handbuch für die Schiedsgerichtspraxis, Rn. 149; *Leisinger*, S. 192 ff.; *Ly/Friedman/Di Brozolo*, 28 Arb. Int. 2012, 355 (375 f.); *Mueller*, 23 ASA Bulletin 2005, 216 (230); *Reymond-Eniaeva*, Rn. 620; *Ritz*, Die Geheimhaltung im Schiedsverfahren nach schweizerischem Recht, S. 134 ff.; *Saint Marc*, 20 J. Int. Arb. 2003, 211 (214 ff.).

632 *Ly/Friedman/Di Brozolo*, 28 Arb. Int. 2012, 355 (375); *Mueller*, 23 ASA Bulletin 2005, 216 (230); *Neill*, 12 Arb. Int. 1996, 287 (290); *Reymond-Eniaeva*, Rn. 621 ff.; *Ritz*, Die

ist jedoch teilweise, welche Ausnahme greift und welchen Umfang sie hat.[633] Diese Unbestimmtheit erzeugt die Gefahr, dass Ausnahmen zu weit ausgelegt werden und damit letztlich den Vertraulichkeitsschutz aushebeln.[634]

Aber auch wohl definierte Ausnahmen können die Vertraulichkeit eines Schiedsverfahrens nachträglich gefährden. Exemplarisch kann hierfür die Situation angeführt werden, dass staatliche Gerichte während oder nach einem Schiedsverfahren involviert werden. Dies kann insbesondere passieren, wenn das staatliche Gericht zur Aufhebung oder aber zur Anerkennung und Vollstreckung eines Schiedsspruchs angerufen wird. Staatliche Gerichte sind in diesen Verfahren nicht an Vertraulichkeitspflichten gebunden, sondern unterliegen im Gegenteil dem Öffentlichkeitsgrundsatz (§ 169 Abs. 1 S. 1 GVG). So kann ein vertrauliches Schiedsverfahren durch ein nachgelagertes und in Öffentlichkeit geführtes Gerichtsverfahren torpediert werden.[635] Exemplarisch kann auf § 1063 Abs. 2 Alt. 1 ZPO verwiesen werden, wonach das Gericht eine mündliche Verhandlung anordnen muss, wenn die Aufhebung des Schiedsspruchs beantragt wird.[636] Zwar bedeutet die Intervention eines staatlichen Gerichts nicht die Verletzung einer Vertraulichkeitspflicht, auch wenn sie auf die Veranlassung einer Partei zurückgeht.[637] Faktisch wird damit die Vertraulichkeit gleichwohl unterlaufen.

Das deutsche Zivilverfahrensrecht weist, anders als das Recht anderer Länder,[638] auch keine Vorschrift auf, wonach ein staatliches Gericht die Öffentlichkeit ausschließen kann, wenn der Verfahrensgegenstand einen Schiedsbezug

---

Geheimhaltung im Schiedsverfahren nach schweizerischem Recht, S. 132; *Smeureanu*, S. 112 ff.; *Trakman*, 18 Arb. Int. 2002, 1 (16).

633 *Ly/Friedman/Di Brozolo*, 28 Arb. Int. 2012, 355 (375).

634 *Cook/Garcia*, S. 258.

635 *Bennett/Hodgson*, 3 McGill J. Disp. Resol. 2016 2017, 98 (99); *Brown*, 16 Am. U. Int'l L. R. 2001, 969 (1019); *De Werra*, 2012 Int'l Bus. L.J. 2012, 299 (305); *Eslami*, S. 272; *Gu*, 15 Am. Rev. Int. Arb. 2005, 607 (619); *Lachmann*, Handbuch für die Schiedsgerichtspraxis, Rn. 152; *Leisinger*, S. 255; *Lionnet/Lionnet*, S. 458; *Ochmann*, GRUR 1993, 255 (259); *Oldenstam/Pachelbel*, SchiedsVZ 2006, 31 (34); *Reymond-Eniaeva*, Rn. 729; *Sawang*, S. 335 f.; *Tung/Lin*, 11 Contemp. Asia Arb. J. 2018, 21 (26).

636 Dies wird auch bei der Anerkennung und Vollstreckung ausländischer Schiedssprüche verlangt, siehe *Eslami*, S. 275 f.

637 *Eslami*, S. 284 f.; *Haas*, in: Geimer/Schütze, FS Kaissis, 315 (329); *Haas/Kahlert*, in: Nacimiento/Kröll/Böckstiegel, AiG, Privacy and Confidentiality, Rn. 57; *Leisinger*, S. 261; *Reymond-Eniaeva*, Rn. 630.

638 Siehe Rule 62.10 CPR (England) oder § 616 Abs. 2 öZPO (Österreich).

aufweist.[639] Ein Ausschluss der Öffentlichkeit kann zwar gemäß § 172 Nr. 2 GVG zum Schutz eines wichtigen Geschäftsgeheimnisses erfolgen. In einem solchen Fall kann das Gericht sogar die anwesenden Personen zur Geheimhaltung von im Verfahren erlangten Tatsachen verpflichten (§ 174 Abs. 3 S. 1 GVG).[640] Der Öffentlichkeitsausschluss setzt jedoch eine Abwägung voraus und dem Gericht steht zur Beurteilung ein weites Ermessen zu.[641] Auch deswegen werden die Gründe zum Öffentlichkeitsausschluss als zu eng kritisiert, um vertrauliche Informationen effektiv schützen zu können.[642]

Einen weitergehenden Schutz mag man sich von dem seit 2019 geltenden Geschäftsgeheimnisschutzgesetz (GeschGehG) erhofft haben. Sein Schutz geht tatsächlich weiter, denn es schützt, anders als das GVG, nicht nur *wichtige* Geschäftsgeheimnisse.[643] Außerdem erlaubt es dem Gericht, den Verfahrensbeteiligten Vertraulichkeitspflichten aufzuerlegen (§ 16 Abs. 2 GeschGehG) und den Zugang zu geheimhaltungsbedürftigen Informationen zu beschränken (§ 19 Abs. 1 S. 1 GeschGehG). Allerdings ist dieser Geheimnisschutz auf Geschäftsgeheimnisstreitsachen beschränkt, also Klagen, durch die Ansprüche nach dem GeschGehG geltend gemacht werden (§ 16 Abs. 1 GeschGehG). Eine analoge Anwendung auf andere Verfahren scheidet aufgrund des klaren gesetzgeberischen Willens aus.[644] Auch auf das Schiedsverfahren findet es daher keine

---

639 *Eslami*, S. 272; *Haas*, in: Geimer/Schütze, FS Kaissis, 315 (330); *Haas/Kahlert*, in: Nacimiento/Kröll/Böckstiegel, AiG, Privacy and Confidentiality, Rn. 59.

640 Zur Kritik, dass damit aber nicht die Nutzung des Geheimnisses außerhalb des Verfahrens untersagt wird, siehe *Druschel/Jauch*, BB 2018, 1218 (1219); *Kalbfus*, WRP 2019, 692 (694), so auch BT-Drs. 19/4724, S. 35.

641 *Lückemann*, in: Zöller, ZPO, § 172 GVG Rn. 15; *Rosenau*, S. 127.

642 *Münch*, in: MüKo ZPO, Vor § 1025 Rn. 95; *Druschel/Jauch*, BB 2018, 1218 (1219); *Dumont*, BB 2018, 2441 (2442); *Geiben*, S. 18; *Meyer*, S. 295; *Redeker/Pres/Gittinger*, WRP 2015, 811 (813); *Rosenau*, S. 128; *Semrau-Brandt*, GRUR-Prax 2019, 127 (127).

643 *Alexander*, in: Köhler/Bornkamm/Feddersen, GeschGehG, § 16 Rn. 36; *Gregor*, in: BeckOK GeschGehG, § 19 Rn. 41; *Kalbfus*, in: Harte-Bavendamm/Ohly/Kalbfus, GeschGehG, Vor §§ 16-20 Rn. 39; *Kuta*, in: Hoeren/Münker, GeschGehG, § 19 Rn. 80; *Reinfeld*, § 6 Rn. 78; *Kalbfus*, WRP 2019, 692 (698); *Schregle*, GRUR 2019, 912 (913).

644 *Kalbfus*, in: Harte-Bavendamm/Ohly/Kalbfus, GeschGehG, Vor §§ 16-20 Rn. 4; *Kuta*, in: Hoeren/Münker, GeschGehG, Vor §§ 15-22 Rn. 20; *Pichlmaier*, in: Hoppe/Oldekop, Geschäftsgeheimnisse, Kap. 3 Rn. 21; *Druschel/Jauch*, BB 2018, 1218 (1221); *Schregle*, GRUR 2019, 912 (913).

Anwendung.[645] Somit ist das GeschGehG nicht geeignet, die Vertraulichkeit eines Schiedsverfahrens in einem darauffolgenden Vollstreckungs- oder Aufhebungsverfahren fortzusetzen.

b) *Insbesondere: Beteiligung der öffentlichen Hand*

Im Medienbereich sind, wie in anderen Branchen auch, Schiedsverfahren unter Beteiligung von Parteien denkbar, deren Tätigkeit mit einem öffentlichen Interesse verfolgt wird. Als Beispiel kann hier erneut auf das Tagesschau-App-Verfahren verwiesen werden, das von den Gründern des DMS als eine typische medienrechtliche Streitigkeit qualifiziert wurde.[646] In diesem Verfahren verklagten zahlreiche Zeitungsverlage den NDR.[647] Der NDR ist, wie die übrigen öffentlich-rechtlichen Rundfunkanstalten auch, als rechtsfähige Anstalt des öffentlichen Rechts formiert und stellt damit einen verselbstständigten Verwaltungsträger dar.[648] Zudem zeugen der grundrechtliche Schutz der Rundfunkanstalten durch die Rundfunkfreiheit (Art. 5 Abs. 1 S. 2 Var. 2 GG) sowie das daraus abgeleitete Gebot der Staatsferne davon, dass sie trotz ihrer öffentlich-rechtlichen Organisationsform eine notwendige Distanz zum Staat aufweisen.[649]

---

645 *Alexander*, in: Köhler/Bornkamm/Feddersen, GeschGehG, § 16 Rn. 17a; *Kuta*, in: Hoeren/Münker, GeschGehG, Vor §§ 15-22 Rn. 37; *Köhler*, in: Schütze/Klötzel/Gebauer, FS Thümmel, 439 (441); *Reinfeld*, § 6 Rn. 14.

646 Siehe hierzu oben ab S. 30.

647 Zuvor war die Klage zwar auch gegen die ARD geführt worden, jedoch scheiterte diese insoweit an der mangelnden Rechts- und damit Parteifähigkeit im Sinne von § 50 ZPO, siehe *BGH*, Urt. v. 30.4.2015, I ZR 13/14, MMR 2015, 842 (842 f.).

648 *BVerfG*, Beschl. v. 13.1.1982, 1 BvR 848, BVerfGE 59, 231 (254); *BVerfG*, Urt. v. 27.7.1971, 2 BvF 1/68, BVerfGE 31, 314 (322); *Grabenwarter*, in: Maunz/Dürig, GG, Art. 5 Rn. 586; die Rechtsform ergibt sich aus § 1 Abs. 1 S. 1 WDR-Gesetz; Art. 1 Abs. 1 S. 1 BayRG; § 1 Abs. 1 S. 1 HR-Gesetz; § 1 Abs. 1 MDR-StV; § 1 Abs. 1 NDR-StV; § 1 Abs. 1 S. 1 RBB-StV; § 22 Abs. 1 S. 1 SMG; § 1 Abs. 1 S. 1 SWR-StV; § 1 Abs. 2 S. 1 RBG; § 1 Abs. 1 S. 1 ZDF-StV.

649 Zum Grundrechtsschutz *BVerfG*, Beschl. v. 10.12.2010, 1 BvR 1739/04, NJW 2011, 1859 (1860); *BVerfG*, Beschl. v. 26.2.1997, 1 BvR 2172/96, BVerfGE 95, 220 (234); *BVerfG*, Beschl. v. 23.3.1988, 1 BvR 686/86, BVerfGE 78, 101 (102 f.); *BVerfG*, Beschl. v. 24.3.1987, 1 BvR 147, 478/86, BVerfGE 74, 297 (317 f.); *BVerfG*, Beschl. v. 13.1.1982, 1 BvR 848, BVerfGE 59, 231 (254); *BVerfG*, Urt. v. 27.7.1971, 2 BvF 1/68, BVerfGE 31, 314 (322); zum Gebot der Staatsferne *BVerfG*, Urt. v. 25.3.2014, 1 BvF 1, 4/11, BVerfGE 136, 9 (33); *BVerfG*, Urt. v. 12.3.2008, 2 BvF 4/03, BVerfGE 121, 30 (52 f.); *BVerfG*, Urt. v. 5.2.1991, 1 BvF 1/85, BVerfGE 83, 238 (322); *BVerfG*, Urt. v. 4.11.1986, 1 BvF 1/84, BVerfGE 73, 118 (152); *BVerfG*, Urt. v. 27.7.1971, 2 BvF 1/68, BVerfGE 31, 314 (322).

Gleichwohl ist die Haupteinnahmequelle der Rundfunkanstalten der Rundfunkbeitrag (§ 35 S. 1 MStV), der im Grundsatz von jedem Haushalt in Deutschland zu zahlen ist (§ 2 Abs. 1 RBeitrStV). Schon deswegen besteht ein legitimes öffentliches Interesse daran, wie öffentlich-rechtliche Rundfunkanstalten ihre Finanzmittel verwenden.[650] Zwar kann sich auch ein Rundfunkveranstalter auf ein legitimes Interesse am Schutz sensibler Informationen stützen, insbesondere die von der Rundfunkfreiheit geschützte Vertraulichkeit der journalistisch-redaktionellen Arbeit.[651] Außerhalb dieses geschützten Bereichs überwiegt jedoch seitens der Öffentlichkeit ein Interesse an einem Mindestmaß an Transparenz.[652] Dies zeigt sich auch daran, dass gegen öffentlich-rechtliche Rundfunkanstalten Ansprüche nach den Informationsfreiheitsgesetzen möglich sind.[653]

Soweit ein solches Öffentlichkeitsinteresse ausgemacht werden kann, steht dieses allerdings mit umfangreichen Vertraulichkeitspflichten eines Schiedsverfahrens in Konflikt.[654] Daher wird für solche Fälle mitunter für eine allgemeine Ausnahme von der Vertraulichkeit im Schiedsverfahren plädiert.[655] Allerdings ist es zweifelhaft, ob ein allgemeines Öffentlichkeitsinteresse auch rechtlich konkretisiert werden kann, um die im Schiedsverfahren vereinbarte Vertraulichkeit durchbrechen zu können. Selbst die Informationsfreiheitsgesetze halten für Anspruchsbegehren Ausnahmetatbestände vor, insbesondere wenn die

---

650 *OVG NRW*, Urt. v. 9.2.2012, 5 A 166/10, ZD 2012, 288 (289); *Steul*, in: Herzog/Hilker et al., Transparency and Funding of Public Service Media, 229 (230); *Wille*, in: Herzog/Hilker et al., Transparency and Funding of Public Service Media, 239 (240); vgl. auch *Kirchhof*, S. 37 ff.; *Schnabel*, ZUM 2010, 412 (417 f.).

651 *BVerfG*, Beschl. v. 10.12.2010, 1 BvR 1739/04, NJW 2011, 1859 (1860); *BVerfG*, Beschl. v. 1.10.1987, 2 BvR 1434/86, BVerfGE 77, 65 (74 f.).

652 So auch in Bezug auf die Aufsichtsgremien öffentlich-rechtlicher Rundfunkanstalten *BVerfG*, Urt. v. 25.3.2014, 1 BvF 1, 4/11, BVerfGE 136, 9 (49 f.).

653 *BVerwG*, Beschl. v. 27.5.2013, 7 B 30.12, ZD 2014, 98 (99); *OVG NRW*, Urt. v. 9.2.2012, 5 A 166/10, ZD 2012, 288 (289); *Schnabel*, ZUM 2010, 412 (413 ff.); *Schoch*, AfP 2010, 313 (317); vgl. auch § 5 Nr. 6 HambTG, § 3 Nr. 9 BremIFG, § 55a WDR-Gesetz; dementgegen noch für eine Differenzierung zwischen hoheitlicher und sonstiger Tätigkeit *VG Köln*, Urt. v. 19.11.2009, 6 K 2032/08, ZUM-RD 2010, 174 (179).

654 *Kahlert*, S. 72 ff.; *Kühn/Gantenberg*, in: Bachmann/Breidenbach et al., FS Schlosser, 461 (475); *Leisinger*, S. 201 f.; *Tung/Lin*, 11 Contemp. Asia Arb. J. 2018, 21 (27).

655 *Eslami*, S. 255; *Gu*, 15 Am. Rev. Int. Arb. 2005, 607 (621); *Leisinger*, S. 201 f.; *Reymond-Eniaeva*, Rn. 698; *Ritz*, Die Geheimhaltung im Schiedsverfahren nach schweizerischem Recht, S. 139 ff.

begehrte Information aus einem Gerichts- oder Schiedsverfahren stammt.[656] Die Informationsfreiheitsgesetze sind daher nur bedingt in der Lage, in einem Schiedsverfahren Transparenz herzustellen.[657] Ferner ist es ebenfalls schwierig, konkrete Transparenzpflichten aus anderen Rechtsquellen herzuleiten. Teilweise wird zwar noch das Verfassungsrecht bemüht, um eine Ausnahme von der Vertraulichkeit zu begründen.[658] Dies mag im Einzelnen auch zielführend sein, etwa wenn ansonsten parlamentarische Kontrollrechte unterlaufen würden.[659] Im Übrigen kann hieraus jedoch kein allgemeines Informationszugangsrecht zugunsten der Öffentlichkeit abgeleitet werden.[660]

Im Ergebnis beeinflusst ein Öffentlichkeitsinteresse die in einem Schiedsverfahren geltenden Vertraulichkeit meist nicht. Hieraus folgt, dass auch öffentlichrechtliche Vereinigungen einer weitreichenden Vertraulichkeit unterliegen können.

3. *Rechtsfolge einer Vertraulichkeitspflichtverletzung*

Es ist zwar nicht ausgeschlossen, jedoch folgt aus der Verletzung einer Vertraulichkeitspflicht nur selten ein Schadensersatzanspruch aus § 823 Abs. 1 BGB wegen eines Eingriffs in den eingerichteten und ausgeübten Gewerbebetrieb.[661] Allerdings kann, wenn eine Vertraulichkeitspflicht vertraglicher Natur ist, eine Verletzung auch die regulären Folgen einer Vertragsverletzung nach sich ziehen, darunter Schadensersatz und Unterlassung.[662] Beim Schadensersatz kann

---

656 Beispeilhaft das Toll-Collect-Schiedsverfahren, siehe BT-Drs. 16/2168, S. 4: „*Nach § 3 Nr. 1 Buchstabe g IFG ist der Zugang zum Maut-Betreibervertrag während der Dauer des anhängigen Schiedsverfahrens zwischen Bund und Toll Collect ausgeschlossen*"; kritisch zur Anwendbarkeit dieser Ausnahmebestimmung auf Schiedsgerichte *Kahlert*, S. 309; befürwortend *VG Berlin*, Urt. v. 11.6.2008, 2 A 69.07, go.wwu.de/w73lp, S. 8; *Schirmer*, in: BeckOK Informations- und Medienrecht, IFG, § 3 Rn. 108; *Schoch*, in: Schoch, IFG, § 3 Rn. 126; *Möller*, S. 201; *Rosenau*, S. 141.

657 *Rosenau*, S. 165.

658 *Aden*, DZWIR 2012, 360 (362); *Eslami*, S. 255; *Kahlert*, S. 136; *Leisinger*, S. 209 ff.; *Schill*, DÖV 2010, 1013 (1016).

659 *Kahlert*, S. 309 f.; *Rosenau*, S. 214.

660 *Kahlert*, S. 136; *Rosenau*, S. 202; *Schenk*, S. 202 f.

661 *Eslami*, S. 200; *Leisinger*, S. 79; demgegenüber die Relevanz gegenüber vertraglichen Ansprüchen bezweifelnd *Kahlert*, S. 383.

662 *Gal*, S. 334; *Leisinger*, S. 91; *Reymond-Eniaeva*, Rn. 784; *Zlatanska*, 81 Arbitration 2015, 25 (27); zu den einzelnen Rechtsfolgen *Cook/Garcia*, S. 270; *Eslami*, S. 260, 268; *Geiben*, S. 56, 89; *Gu*, 15 Am. Rev. Int. Arb. 2005, 607 (633); *Kahlert*, S. 372 ff.;

es jedoch problematisch werden, die Kausalität zwischen dem Vertraulichkeitsbruch und einem eingetretenen Schaden zu beweisen.[663] Dieses Beweisproblem kann zwar überwunden werden, indem man an einen Vertraulichkeitsverstoß eine Vertragsstrafe knüpft.[664] Die meisten Vertraulichkeitsregelungen in Schiedsgerichtsordnungen enthalten eine solche Vertragsstrafe aber nicht, sondern schweigen sich dazu aus, was im Falle einer Verletzung geschehen soll.[665]

Daneben hat eine schiedsverfahrensrechtliche Geltendmachung einer Vertraulichkeitspflichtverletzung keine großen Erfolgschancen. Ein Schiedsspruch kann aufgrund einer Vertraulichkeitspflichtverletzung regelmäßig nicht aufgehoben werden, da kein Aufhebungsgrund einschlägig ist.[666] Zudem kann infolge einer Vertraulichkeitspflichtverletzung auch die Schiedsvereinbarung in der Regel nicht gekündigt werden, weil damit nicht gleich das Interesse am gesamten Schiedsverfahren wegfällt.[667] Außerdem ist fraglich, wer über eine Vertraulichkeitspflichtverletzung zu entscheiden hätte. Wenn die Schiedsvereinbarung weit genug gehalten ist, kann sich während eines Schiedsverfahrens zwar noch das bestellte Schiedsgericht der Sache annehmen.[668] Sobald ein Schiedsgericht aber durch die Beendigung des Schiedsverfahrens functus officio ist, bleibt nur, ein

---

Oberhammer, in: Nakamura, FS Beys, 1139 (1160); *Reymond-Eniaeva*, Rn. 746; *Smeureanu*, S. 180; *Wimalasena*, S. 109 ff.

663 *Eslami*, S. 268; *Haas/Kahlert*, in: Nacimiento/Kröll/Böckstiegel, AiG, Privacy and Confidentiality, Rn. 35; *Hoeren/Münker*, MMR 2021, 523 (526); *Leisinger*, S. 91; *Ostendorf*, JuS 2015, 977 (977).

664 *Quinke/Boog*, in: Flecke-Giammarco/Boog et.al, DIS-SchO, Art. 44 Rn. 18; *Eslami*, S. 260; *Hoeren/Münker*, MMR 2021, 523 (526); *Hwang/Chung*, 26 J. Int. Arb. 2009, 609 (641); *Kahlert*, S. 380; *Leisinger*, S. 106, 283; *Mueller*, 23 ASA Bulletin 2005, 216 (233); *Oldenstam/Pachelbel*, SchiedsVZ 2006, 31 (34); *Reymond-Eniaeva*, Rn. 761; *Smeureanu*, S. 182.

665 *Eslami*, S. 238; *Wimalasena*, S. 30; vgl. auch *Smeureanu*, S. 14.

666 *Fouchard/Gaillard et al.*, Rn. 1374; *Gal*, S. 330, Fn. 332; *Kahlert*, S. 389.

667 *Quinke/Boog*, in: Flecke-Giammarco/Boog et.al, DIS-SchO, Art. 44 Rn. 18; *Eslami*, S. 260; *Gu*, 15 Am. Rev. Int. Arb. 2005, 607 (633); *Haas/Kahlert*, in: Nacimiento/Kröll/Böckstiegel, AiG, Privacy and Confidentiality, Rn. 37; *Leisinger*, S. 283; *Oberhammer*, in: Nakamura, FS Beys, 1139 (1161); *Reymond-Eniaeva*, Rn. 773; *Smit*, 9 Am. Rev. Int. Arb. 1998, 233 (238).

668 *Cook/Garcia*, S. 269; *Crookenden*, 25 Arb. Int. 2009, 603 (609); *Eslami*, S. 259; *Haas/Kahlert*, in: Nacimiento/Kröll/Böckstiegel, AiG, Privacy and Confidentiality, Rn. 41 f.; *Kahlert*, S. 397 ff.; *Ly/Friedman/Di Brozolo*, 28 Arb. Int. 2012, 355 (376 f.); *Oberhammer*, in: Nakamura, FS Beys, 1139 (1160); *Ritz*, 27 J. Int. Arb. 2010, 221 (243); *Smeureanu*, S. 168.

neues Schiedsverfahren anzustrengen oder ein staatliches Gericht anzurufen.[669] Insgesamt gestaltet sich der Rechtsschutz gegen eine Vertraulichkeitspflichtverletzung daher meist als ineffektiv.

4. *Zwischenergebnis*

Ohne eine ausdrückliche Vereinbarung kann eine Vertraulichkeitspflicht nur bei den Schiedsrichtern und der Schiedsinstitution ausgemacht werden, bei den übrigen Beteiligten eines Schiedsverfahrens hingegen nicht. Soweit Vertraulichkeitspflichten bestehen, gelten außerdem zahlreiche Ausnahmen, deren genauer Umfang ungeklärt ist. Zuletzt kann gegen eine Vertraulichkeitspflichtverletzung oft nicht angemessen vorgegangen werden. Insgesamt besteht hinsichtlich der Vertraulichkeit also eine große Rechtsunsicherheit.[670]

IV. Lösungsansätze

Für eine Schiedsinstitution bestehen mehrere Ansätze, dieser Rechtsunsicherheit zu begegnen. Erstens kann sie auf eine Regelung durch den Gesetzgeber hoffen (1). Zweitens kann sie den Parteien Freiraum belassen, um eigene Regeln zu vereinbaren (2). Drittens kann sie selbst aktiv werden und entsprechende Bestimmungen in ihre Schiedsgerichtsordnung aufnehmen (3).

1. *Gesetzgebung*

Im Zuge einer Reform des Schiedsverfahrensrechts kann der deutsche Gesetzgeber die Vertraulichkeit positiv regeln.[671] Denkbar ist eine Regelung, wonach das Schiedsverfahren vertraulicher Natur ist, den Parteien aber die Möglichkeit verbleibt, hiervon abzuweichen.[672] Eine gesetzliche Lösung hat den entscheidenden Vorteil, auch solche Personen verpflichten zu können, die sich keiner Vertraulichkeitsvereinbarung unterworfen haben.[673] Anders als

669 *Cook/Garcia*, S. 269; *Landolt/Garcia*, Commentary on WIPO Arbitration Rules, Rn. 77.3; *Ly/Friedman/Di Brozolo*, 28 Arb. Int. 2012, 355 (377); *Smit*, 9 Am. Rev. Int. Arb. 1998, 233 (237 f.); zur Schweiz *Ritz*, 27 J. Int. Arb. 2010, 221 (243).

670 Ebenfalls die Rechtsunsicherheit bemängelnd *Born*, International Commercial Arbitration, S. 3005 f.; *Knoblach*, S. 118; *Ly/Friedman/Di Brozolo*, 28 Arb. Int. 2012, 355 (379); *Paulsson/Rawding*, 11 Arb. Int. 1995, 303 (314); *Reymond-Eniaeva*, Rn. 213.

671 *Born*, International Commercial Arbitration, S. 2815; *Reymond-Eniaeva*, Rn. 823.

672 *Reymond-Eniaeva*, Rn. 828.

673 *Reymond-Eniaeva*, Rn. 826.

Schiedsgerichtsordnungen erfassen nationale Gesetze auch nicht nur einzelne, sondern alle Schiedsverfahren auf einem Territorium und haben demnach eine harmonisierende Wirkung.[674]

Gegen ein staatliches Tätigwerden wird allerdings angeführt, dass es schwierig ist, eine allgemeingültige Formulierung zu finden, die in ein Gesetz gegossen werden kann.[675] Tatsächlich schlug der Versuch fehl, die Vertraulichkeit im Model Law zu regeln, um damit einen internationalen Standard für nationale Gesetzgeber zu setzen.[676] Ohne eine solche Orientierungshilfe stoßen nationale Gesetzgeber auf die Schwierigkeit, nicht nur die Vertraulichkeit normieren zu müssen, sondern gleichzeitig den zahlreichen Ausnahmen hinreichend Rechnung zu tragen.[677] Insbesondere die Unbestimmtheit dieser Ausnahmen wird als Grund dafür angesehen, dass es weltweit wenige gesetzliche Verankerungen der Vertraulichkeit gibt.[678] Selbst England ist es trotz politischen Willens nicht gelungen, eine passende Formulierung zu finden.[679] Der damalige Ausschuss riet aus diesem Grund davon ab, die Vertraulichkeit im englischen Schiedsverfahrensrecht zu verankern:

> *"Whilst none could reasonably dispute the desirability of placing these general principles beyond all doubt on a firm statutory basis, […] grave difficulties arose over the myriad exceptions to these principles […]. For these reasons, […] no attempt should be made to codify English law on the privacy and confidentiality of English arbitration in the Bill."*[680]

---

674 *Reymond-Eniaeva*, Rn. 825; hingegen vor mehr Rechtsunsicherheit durch unterschiedliche Gesetzgebungen warnen *Foden/Repousis*, 35 Arb. Int. 2019, 401 (411).

675 *Leisinger*, S. 101.

676 *Born*, International Commercial Arbitration, S. 3009; *Carlevaris*, in: Malatesta/Sali, The Rise of Transparency in International Arbitration, 123 (123); *Dundas*, 69 Arbitration 2003, 296 (297); *Fesler*, 78 Arbitration 2012, 48 (51); *Holder*, S. 15; *Holtzmann/Neuhaus et al.*, S. 673; *Hwang/Chung*, 26 J. Int. Arb. 2009, 609 (629); *Leisinger*, S. 101; *Lew*, 11 Arb. Int. 1995, 283 (289); *Lionnet/Lionnet*, S. 453; *Ly/Friedman/Di Brozolo*, 28 Arb. Int. 2012, 355 (358); *Malatesta*, in: Malatesta/Sali, The Rise of Transparency in International Arbitration, 39 (40); *Noussia*, S. 76; *Reymond-Eniaeva*, Rn. 56; *Risse/Oehm*, 114 ZVglRWiss 2015, 407 (415); *Sanders*, 21 Arb. Int. 2005, 443 (476); *Wimalasena*, S. 42.

677 Siehe dazu oben ab S. 148.

678 *Ly/Friedman/Di Brozolo*, 28 Arb. Int. 2012, 355 (375); *Malatesta*, in: Malatesta/Sali, The Rise of Transparency in International Arbitration, 39 (48); *Noussia*, S. 58.

679 *Neill*, 12 Arb. Int. 1996, 287 (316).

680 *Departmental Advisory Committee on Arbitration Law*, 13 Arb. Int. 1997, 275 (278 f.).

In Deutschland lässt sich selbst ein entsprechender politischer Wille nicht erkennen, weshalb gesetzgeberische Maßnahmen in naher Zukunft erst recht nicht zu erwarten sind.

2. *Individualvertragliche Vereinbarungen*

Da ein gesetzgeberisches Tätigwerden unwahrscheinlich ist, könnte es sinnvoll sein, es den Parteien zu überlassen, entsprechende Pflichten im Einzelfall zu formulieren. In der Tat wird Parteien unentwegt nahegelegt, die Vertraulichkeit am besten bereits in der Schiedsvereinbarung explizit zu regeln.[681] Allerdings sind solche Vertraulichkeitsvereinbarungen äußerst selten.[682] Der Grund dafür ist zunächst, dass es für Parteien, ebenso wie für den Gesetzgeber, schwierig ist, eine passende Formulierung für die Vertraulichkeit zu finden.[683] Da sie bereits der Formulierung einer Schiedsvereinbarung wenig Aufmerksamkeit widmen,[684]

681 *Brown*, 16 Am. U. Int'l L. R. 2001, 969 (1020); *Cook/Garcia*, S. 265; *Dundas*, 69 Arbitration 2003, 296 (297); *Edwards*, Int. A.L.R. 2001, 94 (94); *Fortier*, 15 Arb. Int. 1999, 131 (138 f.); *Hobeck/Stubbe*, SchiedsVZ 2003, 15 (Fn. 11); *ICC Commission on International Arbitration*, 9 ICC Bulletin 1998, 37 (50); *Kahlert*, S. 333 f.; *Krapfl*, S. 290; *Kühner*, IHR 2003, 202 (207); *Lew*, in: WIPO, Worldwide Forum on the Arbitration of Intellectual Property Disputes, 187 (196); *Lionnet/Lionnet*, S. 458; *Ly/Friedman/Di Brozolo*, 28 Arb. Int. 2012, 355 (379); *Nienaber*, SchiedsVZ 2005, 273 (279); *Redfern/Hunter*, Rn. 2.161; *Ritz*, Die Geheimhaltung im Schiedsverfahren nach schweizerischem Recht, S. 95; *Smeureanu*, S. 25; *Trakman*, 18 Arb. Int. 2002, 1 (11); *Wachter/Yoon/Lee*, in: Pierce/Gunter, The Guide to IP Arbitration, 73 (87); vgl. auch *OLG Frankfurt a.M.*, Beschl. v. 22.10.2004, 2 Sch 01/04, BeckRS 2008, 3899 (Rn. 6); für Formulierungsvorschläge siehe *Fesler*, 78 Arbitration 2012, 48 (58); *Krapfl*, S. 295; *Ly/Friedman/Di Brozolo*, 28 Arb. Int. 2012, 355 (382); *Mueller*, 23 ASA Bulletin 2005, 216 (237 f.); *Paulsson/Rawding*, 11 Arb. Int. 1995, 303 (314 ff.); siehe auch *Hoeren/Münker*, MMR 2021, 523 (526 f.).

682 *Fesler*, 78 Arbitration 2012, 48 (50); *Geiben*, S. 39; *Kahlert*, S. 248; *Leisinger*, S. 106; *Oberhammer*, in: Nakamura, FS Beys, 1139 (1144); *Prütting*, in: Briner/Fortier et al., FS Böckstiegel, 629 (635); *Ritz*, 27 J. Int. Arb. 2010, 221 (239); *Ritz*, Die Geheimhaltung im Schiedsverfahren nach schweizerischem Recht, S. 95; *Schmitz*, 54 Kansas L. Rev. 2006, 1211 (1235); *Trakman*, 18 Arb. Int. 2002, 1 (8); *Wimalasena*, S. 32; *Wittinghofer*, SchiedsVZ 2009, 156 (157); *Young/Chapman*, 27 ASA Bulletin 2009, 26 (30); hingegen *Carlevaris*, in: Malatesta/Sali, The Rise of Transparency in International Arbitration, 123 (130).

683 *Hwang/Chung*, 26 J. Int. Arb. 2009, 609 (644); *Leisinger*, S. 107; vgl auch *Trakman*, 18 Arb. Int. 2002, 1 (13); *Wimalasena*, S. 17 f.

684 *Arntz*, SchiedsVZ 2014, 237 (238); *Charles*, 80 Arbitration 2014, 55 (56); *Hacking*, Arbitration 1979, 166 (168); *Nacimiento*, ZUM 2004, 785 (791 f.); *Plavec*, S. 190 ff.;

werden sie ebenso wenig der Vertraulichkeit, also einem Teilaspekt einer nur eventuell erforderlichen Streitbeilegung, Beachtung schenken.[685] Das gilt umso mehr für solche Parteien, denen die Wichtigkeit der Vertraulichkeit überhaupt nicht bewusst ist, zum Beispiel weil sie bisher selten in Rechtsstreitigkeiten geraten sind (sog. one-shot player).[686] Sobald ein Streit jedoch erst einmal aufgetreten ist, verhindert dieser meistens endgültig, dass sich die Parteien auf eine Vertraulichkeit einigen.[687]

Eine wahrscheinlichere Form der individualvertraglichen Vertraulichkeit liegt lediglich darin, dass die Parteien Vertraulichkeitspflichten bereits im Hauptvertrag vereinbaren.[688] Dies ist oftmals bei solchen Verträgen der Fall, deren Gegenstand geheimhaltungsbedürftige Informationen betrifft. Im Wege der Auslegung kann eine im Hauptvertrag geregelte Vertraulichkeit dann auf die Schiedsvereinbarung und damit das gesamte Schiedsverfahren erstreckt werden.[689] Eine solche Vertraulichkeitspflicht aus dem Hauptvertrag kann allerdings nur die Parteien, nicht aber alle anderen Beteiligten an einem Schiedsverfahren binden.[690] Außerdem ist eine Vertraulichkeitsregelung im Hauptvertrag hinfällig, wenn dieser unwirksam sein sollte,[691] während die Wirksamkeit einer

---

Stackpool-Moore, in: Berg, Arbitration, 417 (429); *Tung*, in: Shaughnessy/Tung, FS Karrer, 359 (361).

685 *Bagner*, 18 J. Int. Arb. 2001, 243 (248); *Brown*, 16 Am. U. Int'l L. R. 2001, 969 (989 f.); *Eslami*, S. 237; *Fesler*, 78 Arbitration 2012, 48 (50); *Gu*, 15 Am. Rev. Int. Arb. 2005, 607 (Fn. 143); *Hwang/Chung*, 26 J. Int. Arb. 2009, 609 (644); *Kahlert*, S. 248; *Kaster*, in: Halket, Arbitration of International Intellectual Property Disputes, 271 (322); *Leisinger*, S. 106 f.; *Oberhammer*, in: Nakamura, FS Beys, 1139 (1144); *Smeureanu*, S. 14; *Trakman*, 18 Arb. Int. 2002, 1 (Fn. 4); *Wimalasena*, S. 17.

686 *Schmitz*, 54 Kansas L. Rev. 2006, 1211 (1236); allerdings ist einzuräumen, dass Unternehmen regelmäßig repeat player sind, siehe *Wagner*, Rechtsstandort Deutschland im Wettbewerb, S. 14.

687 *Krapfl*, S. 290; *Ritz*, Die Geheimhaltung im Schiedsverfahren nach schweizerischem Recht, S. 95.

688 *Holder*, S. 25; *Kahlert*, S. 250; *Öhlberger*, in: Klausegger/Klein et al., Austrian Yearbook on International Arbitration 2011, 65 (80).

689 *Haas/Kahlert*, in: Nacimiento/Kröll/Böckstiegel, AiG, Privacy and Confidentiality, Rn. 25; *Holder*, S. 26; *ICC Commission on International Arbitration*, 9 ICC Bulletin 1998, 37 (50); *Kahlert*, S. 252; *Öhlberger*, in: Klausegger/Klein et al., Austrian Yearbook on International Arbitration 2011, 65 (80); *Reymond-Eniaeva*, Rn. 20; *Ritz*, 27 J. Int. Arb. 2010, 221 (239 f.); *Ritz*, Die Geheimhaltung im Schiedsverfahren nach schweizerischem Recht, S. 96; *Rosenau*, S. 119.

690 *Rosenau*, S. 121.

691 *Ritz*, 27 J. Int. Arb. 2010, 221 (236 f.).

darin enthaltenen Schiedsvereinbarung gemäß § 1040 Abs. 1 S. 2 ZPO unberührt bleiben kann.[692]

3. *Vorschrift in der Schiedsgerichtsordnung*

Nun liegt die Annahme nahe, dass zumindest Schiedsinstitutionen durch entsprechende Schiedsgerichtsordnungen dazu beitragen können, hinsichtlich der Vertraulichkeit Rechtssicherheit zu schaffen.[693] Die institutionelle Schiedsgerichtsbarkeit bietet schließlich den Vorteil, dass Regelungen zur Vertraulichkeit nicht im Einzelnen von den Parteien ausgehandelt werden müssen, sondern durch die Einbeziehung der Schiedsgerichtsordnung in eine Schiedsklausel vereinbart werden.[694] Es entspricht auch der Erwartungshaltung von Parteien, dass der so oft hervorgehobene Vorteil des vertraulichen Schiedsverfahrens insbesondere durch die Wahl einer Schiedsgerichtsordnung gewährleistet ist.[695]

Schiedsinstitutionen müssen jedoch ebenfalls das Hindernis überwinden, eine für ihre Schiedsverfahren allgemeingültige Formulierung zu entwickeln. Auch wegen der vielfältigen Ausnahmen schreckten einige Schiedsinstitutionen daher anfangs vor einer Regelung der Vertraulichkeit zurück.[696] Losgetreten

---

692 *Geimer*, in: Zöller, ZPO, § 1040 Rn. 3; *Prütting*, in: Prütting/Gehrlein, ZPO, § 1040 Rn. 3; *Saenger*, in: Saenger, ZPO, § 1040 Rn. 3; *Schütze*, in: Wieczorek/Schütze, ZPO, § 1040 Rn. 3; *Voit*, in: Musielak/Voit, ZPO, § 1040 Rn. 4; *Wolf/Eslami*, in: BeckOK ZPO, § 1040 Rn. 8.

693 *Bagner*, 18 J. Int. Arb. 2001, 243 (248 f.); *Gu*, 15 Am. Rev. Int. Arb. 2005, 607 (635); *Oberhammer*, in: Nakamura, FS Beys, 1139 (1145); *Paulsson/Rawding*, 11 Arb. Int. 1995, 303 (314); *Schmitz*, 54 Kansas L. Rev. 2006, 1211 (1242); *Smit*, 9 Am. Rev. Int. Arb. 1998, 233 (234 f.); vgl. auch *Noussia*, S. 138.

694 *Haas*, in: Geimer/Schütze, FS Kaissis, 315 (319); *Lachmann*, Handbuch für die Schiedsgerichtspraxis, Rn. 148; *Prütting*, in: Briner/Fortier et al., FS Böckstiegel, 629 (635).

695 *Krapfl*, S. 275 f.; *Leisinger*, S. 107; *Reymond-Eniaeva*, Rn. 203; *Saint Marc*, 20 J. Int. Arb. 2003, 211 (211).

696 *Baldwin*, 31 Tex. Int'l L. J. 1996, 451 (454); *Brown*, 16 Am. U. Int'l L. R. 2001, 969 (992, 999); *Carlevaris*, in: Malatesta/Sali, The Rise of Transparency in International Arbitration, 123 (126 f.); *Darian-Smith/Ghosh*, 81 Arbitration 2015, 360 (360); *Dundas*, 69 Arbitration 2003, 296 (297); *Gu*, 15 Am. Rev. Int. Arb. 2005, 607 (620); *Günther*, in: Berger/Ebke et al., FS Sandrock, 341 (344); *Gurry*, 5 Am. Rev. Int. Arb. 1994, 1 (4); *Hwang/Chung*, 26 J. Int. Arb. 2009, 609 (644); *Köhler*, in: Schütze/Klötzel/Gebauer, FS Thümmel, 439 (447); *Leisinger*, S. 128; *Lew*, 11 Arb. Int. 1995, 283 (288); *Ly/Friedman/Di Brozolo*, 28 Arb. Int. 2012, 355 (367); *Mueller*, 23 ASA Bulletin 2005, 216 (225); *Noussia*, S. 37; *Oberhammer*, in: Nakamura, FS Beys, 1139 (1145); *Oldenstam/Pachelbel*, SchiedsVZ 2006, 31 (34); *Patterson*, 75 Disp. Resol. J. 2020, 61 (63 f.);

durch die oben angesprochene Grundsatzentscheidung aus Australien haben sich die meisten Schiedsinstitutionen aber mittlerweile dem Thema gewidmet. Dabei scheitern solche Bemühungen, anders als bei vielen nationalen Gesetzgebern, nicht an einem fehlenden politischen Willen. Im Gegenteil haben Schiedsinstitutionen ein erhebliches Eigeninteresse daran, Rechtsunsicherheiten für die Parteien zu beseitigen. Dementsprechend weisen heutzutage viele Schiedsgerichtsordnungen Vertraulichkeitsvorschriften auf.[697]

Diesen Trend hat das DMS leider ignoriert und in seiner Schiedsgerichtsordnung den Bedarf an Vertraulichkeit nicht hinreichend berücksichtigt, sodass mangels einer ausdrücklichen Vereinbarung die oben beschriebene Rechtsunsicherheit fortbesteht (a). Deswegen sollen mögliche Lösungswege dargestellt werden (b).

a) *Unzureichende Regelung beim DMS*

Für das DMS besteht der Vorteil, dass es aufgrund seiner regionalen Ausrichtung[698] nicht mehreren Jurisdiktionen und damit unterschiedlichen Vorstellungen von der Vertraulichkeit Rechnung tragen muss. Stattdessen kann es sich auf das deutsche Schiedsverfahrensrecht fokussieren. Unter deutschem Schiedsverfahrensrecht wird nur für Schiedsrichter und Schiedsinstitutionen eine Vertraulichkeitspflicht als vertragliche Nebenpflicht befürwortet, im Übrigen fehlt der Vertraulichkeit die rechtliche Verankerung.[699] Daher sind entsprechende Vorschriften in der Schiedsgerichtsordnung sinnvoll, die auch die anderen Beteiligten der Vertraulichkeit unterwerfen.[700] Dennoch bestimmt das DMS nur für das Schlichtungs- und das Schiedsgutachtenverfahren: „*Alle Beteiligten sind zur Vertraulichkeit verpflichtet*" (§ 36 Abs. 4, § 38 Abs. 3 DMS-SchO). In Bezug auf das Schiedsverfahren beschränkt sich das DMS auf die Klarstellung: „*Die Schiedsrichter sind zur Verschwiegenheit verpflichtet*" (§ 17 Abs. 3 DMS-SchO).

Reymond-Eniaeva, Rn. 55; *Saint Marc*, 20 J. Int. Arb. 2003, 211 (213); *Schmitz*, 54 Kansas L. Rev. 2006, 1211 (1219); *Skiebe*, IPRB 2019, 230 (232); *Smeureanu*, S. 73 f.; *Smit*, 9 Am. Rev. Int. Arb. 1998, 233 (235); *Wittinghofer*, SchiedsVZ 2009, 156 (156 f.); *Young/Chapman*, 27 ASA Bulletin 2009, 26 (30).

697 Art. 30 LCIA-SchO; Art. 45 HKIAC-SchO; Art. 44 DIS-SchO; Art. 75 ff. WIPO-SchO; Rule 39 SIAC-SchO; Art. 40 ICDR-SchO; Art. 44 SAC-SchO; Art. 3 SCC-SchO; Art. 38 HKIAC-SchO; Art. 8 CAM-SchO; Art. 6 NAI-SchO; Art. 14 CAM-CCBC-SchO; Rule 16 AIAC-SchO.

698 Siehe oben ab S. 79.

699 Siehe die Ausführungen oben ab S. 140.

700 Siehe hierzu sogleich ab S. 159.

b) Alternativvorschläge

Um dem Interesse der Parteien an einem vertraulichen Schiedsverfahren Rechnung zu tragen, sollte das DMS entsprechende Vorschriften in seiner Schiedsgerichtsordnung vorsehen. Zunächst könnte man dem Schiedsgericht die Befugnis einräumen, die Vertraulichkeit im Einzelfall anordnen zu können (aa). Daneben kann man die Beteiligten auch unmittelbar einer Vertraulichkeitspflicht unterwerfen (bb). Schließlich kann man einem Schiedsgericht erlauben, für besonders sensible Informationen weitere Geheimhaltungsmaßnahmen anzuordnen (cc).

aa) Anordnung von Vertraulichkeitspflichten im Einzelfall

Zunächst kann eine Schiedsgerichtsordnung vorsehen, dass ein Schiedsgericht die Vertraulichkeit in einem Schiedsverfahren einzelfallabhängig anordnen kann. Ein Beispiel für diese Vorgehensweise findet sich in Art. 22 Abs. 3 ICC-SchO:

> *"Upon the request of any party, the arbitral tribunal may make orders concerning the confidentiality of the arbitration proceedings [...]."*[701]

Mitunter wird zwar vertreten, es bedürfe für eine solche Anordnungsbefugnis keiner Vorschrift in der Schiedsgerichtsordnung, da sie sich bereits aus dem allgemeinen Ermessen des Schiedsgerichts (§ 1042 Abs. 4 S. 1 ZPO) ergäbe.[702] Dem wird jedoch entgegengehalten, dass die Ermessensausübung nur prozessualer Natur sei, die Auferlegung von Vertraulichkeitspflichten aber materiell-rechtlich wirke und somit eine ausdrückliche Ermächtigung des Schiedsgerichts erforderlich sei.[703] Bereits zum Zwecke der Rechtssicherheit sollte eine Schiedsinstitution also eine entsprechende Vorschrift in die Schiedsgerichtsordnung aufnehmen.

---

701 Für ein Beispiel einer Vertraulichkeitsanordnung in einem ICC-Schiedsverfahren siehe *ICC Tribunal*, Beschl. v. 12.7.1994, Journal du Droit International 1998, 1069 (1069 ff.); für weitere Formulierungsvorschläge siehe *Baldwin*, 31 Tex. Int'l L. J. 1996, 451 (459); *Hwang/Thio*, 29 J. Int. Arb. 2012, 137 (141 ff.); *Ly/Friedman/Di Brozolo*, 28 Arb. Int. 2012, 355 (382).

702 *Born*, International Commercial Arbitration, S. 3034 f.; *Chrocziel/Kasolowsky et al.*, Kap. 6 Rn. 28; *Hwang/Thio*, 29 J. Int. Arb. 2012, 137 (145); *Prütting*, in: Briner/Fortier et al., FS Böckstiegel, 629 (636); *Reymond-Eniaeva*, Rn. 70; *Wimalasena*, S. 33 ff.; vgl. auch *Ly/Friedman/Di Brozolo*, 28 Arb. Int. 2012, 355 (381); *Wachter/Yoon/Lee*, in: Pierce/Gunter, The Guide to IP Arbitration, 73 (87 f.).

703 *Crookenden*, 25 Arb. Int. 2009, 603 (604); *Haas*, in: Geimer/Schütze, FS Kaissis, 315 (321 f.); *Haas/Kahlert*, in: Nacimiento/Kröll/Böckstiegel, AiG, Privacy and Confidentiality, S. 975; *Kahlert*, S. 292 f.; *Lachmann*, Handbuch für die Schiedsgerichtspraxis, Rn. 151; *Leisinger*, S. 164; *Oberhammer*, in: Nakamura, FS Beys, 1139 (1163); *Ritz*,

Eine solche Regelung stellt eine flexible Lösung dar, denn so wird dem Schiedsgericht die Anordnung der Vertraulichkeit im Einzelfall überlassen.[704] Gerade aus Sicht einer internationalen Schiedsinstitution, wie der ICC, ist dies sinnvoll, da es schwierig ist, mit einer allgemeingültigen Formulierung einer Vielzahl von Jurisdiktionen gerecht zu werden.[705] Allerdings bedeutet dieser Lösungsweg auch, dass hiermit unmittelbar keine Vertraulichkeitspflichten begründet werden.[706] Selbst wenn die Parteien eine Anordnung beantragen und das Schiedsgericht dem Folge leistet, vergeht zunächst eine gewisse Zeit, bis die Vertraulichkeit hergestellt ist. Insbesondere in Schiedsverfahren, in denen die Vertraulichkeit von besonderer Bedeutung ist, erscheint es umsichtiger, diese von Beginn an zu etablieren.

bb) Vertraulichkeitspflichten von Beginn an

Wie Vertraulichkeit bereits zu Beginn eines Schiedsverfahrens hergestellt werden kann, zeigen solche Schiedsgerichtsordnungen, die den Beteiligten unmittelbar Vertraulichkeitspflichten auferlegen. Ein Beispiel hierfür ist Art. 44 DIS-SchO:

> *„(1) Sofern die Parteien nichts anderes vereinbart haben, haben die Parteien und ihre Verfahrensbevollmächtigten, die Schiedsrichter, die Mitarbeiter der DIS und sonstige bei der DIS mit dem Schiedsverfahren befasste Personen über das Schiedsverfahren Stillschweigen gegenüber jedermann zu bewahren. […]*
> *(2) Dies gilt insoweit nicht, als eine Offenlegung aufgrund gesetzlicher oder behördlicher Pflichten oder zur Vollstreckung oder Aufhebung des Schiedsspruchs notwendig ist.“*

Mit dieser Regelung wird eine umfassende Vertraulichkeit normiert, welche die Parteien, ihre Verfahrensbevollmächtigten, die Schiedsrichter und die Schiedsinstitution binden soll. Die Vorschrift kann aber nur insoweit Wirkung entfalten, wie sie auch zwischen den jeweiligen Verfahrensbeteiligten vereinbart wird. Zwar kann den Verträgen zwischen Schiedsinstitution, Parteien und Schiedsrichtern

---

Die Geheimhaltung im Schiedsverfahren nach schweizerischem Recht, S. 98; *Rosenau*, S. 120 f.

704 *Carlevaris*, in: Malatesta/Sali, The Rise of Transparency in International Arbitration, 123 (128); *Kahlert*, S. 335 f.; *Leisinger*, S. 129; *Smit*, 9 Am. Rev. Int. Arb. 1998, 233 (237).

705 *Carlevaris*, in: Malatesta/Sali, The Rise of Transparency in International Arbitration, 123 (126 f.); *Derains/Schwartz*, S. 285.

706 *Carlevaris*, in: Malatesta/Sali, The Rise of Transparency in International Arbitration, 123 (126); *Derains/Schwartz*, S. 285; *Verbist/Schäfer/Imhoos*, S. 124; siehe dementgegen *Fortier*, 15 Arb. Int. 1999, 131 (132 f.).

ein konkludenter Verweis auf die Schiedsgerichtsordnung entnommen werden.[707] Unklar ist jedoch, ob auch bei den Vertragsbeziehungen zu den sonstigen Personen, die an einem Schiedsverfahren beteiligt sind, von einem solchen Verweis ausgegangen werden muss. Dies betrifft nicht nur Verfahrensbevollmächtigte, sondern auch Zeugen und Sachverständige. Um für Rechtssicherheit zu sorgen, sollten Parteien daher separate Vereinbarungen schließen, die auf die Vertraulichkeitsvorschriften in der Schiedsgerichtsordnung ausdrücklich Bezug nehmen. Eine Schiedsinstitution kann die Vertraulichkeit in diesen Fallkonstellationen fördern, indem sie die Parteien in ihrer Schiedsgerichtsordnung dazu verpflichtet, Vertraulichkeitsvereinbarungen mit den Personen zu schließen, die sie in das Schiedsverfahren einbringen. Dieselbe Pflicht sollte auch das Schiedsgericht adressieren, da es ebenso Personen, insbesondere Sachverständige, in das Verfahren einbringen kann (§ 1049 Abs. 1 S. 1 ZPO).

Davon abgesehen vermisst man in der Vorschrift der DIS, dass das Schiedsgericht im Falle einer Verletzung eine Vertragsstrafe bestimmen kann.[708] Für Vertragsstrafen spricht, dass sie bei Vertraulichkeitsvereinbarungen üblich sind.[709] Außerdem stellt die Vertragsstrafe ein Druckmittel dar und erleichtert die Schadloshaltung.[710] Dementsprechend kann sie einer Vertraulichkeitspflicht Nachdruck verleihen. Gleichzeitig kann sie das Problem ausräumen, dass für einen Schadensersatzanspruch die Kausalität zwischen Vertraulichkeitspflichtverletzung und Schaden oftmals nicht bewiesen werden kann.[711]

Des Weiteren ist es zweifelhaft, ob die Formulierung in Art. 44 Abs. 2 DIS-SchO alle möglichen Ausnahmen der Vertraulichkeitspflicht angemessen zusammenfasst. Denn neben den benannten Fällen sind weitere Situationen denkbar, in denen eine Offenlegung erforderlich ist.[712] Viele andere

---

707 Zu den einzelnen Vertragsverhältnissen und der inhaltlichen Ausgestaltung noch ausführlich ab S. 205.

708 So zum Beispiel in Art. 39 Abs. 4 SIAC-SchO.

709 *Ostendorf*, JuS 2015, 977 (977).

710 *BGH*, Urt. v. 5.11.2015, VII ZR 43/15 , NJW 2016, 634 (636); *BGH*, Urt. v. 20.1.2000, VII ZR 46/98, NZBau 2000, 327 (327); *BGH*, Urt. v. 18.1.1982, VII ZR 305/81, NJW 1983, 385 (387).

711 Zur Überwindung des Kausalitätsproblems auch *Quinke/Boog*, in: Flecke-Giammarco/Boog et.al, DIS-SchO, Art. 44 Rn. 18; *Eslami*, S. 260; *Hwang/Chung*, 26 J. Int. Arb. 2009, 609 (641); *Kahlert*, S. 380; *Leisinger*, S. 106, 283; *Mueller*, 23 ASA Bulletin 2005, 216 (233); *Oldenstam/Pachelbel*, SchiedsVZ 2006, 31 (34); *Reymond-Eniaeva*, Rn. 761; *Smeureanu*, S. 182.

712 *Quinke/Boog*, in: Flecke-Giammarco/Boog et.al, DIS-SchO, Art. 44 Rn. 17.

Schiedsgerichtsordnungen weisen weitere Ausnahmen auf und erlauben eine Offenlegung, soweit dies erstens zur Erfüllung einer rechtlichen Pflicht, zweitens zur Vollstreckung oder Aufhebung des Schiedsspruchs oder drittens zum Schutz oder zur Verfolgung eines Rechts erforderlich ist.[713]

Zu befürworten ist jedoch, den Parteien die Möglichkeit zu überlassen, sich gegen eine Vertraulichkeit zu entscheiden („*Sofern die Parteien nichts anderes vereinbart haben*"). Wie am Beispiel der Rundfunkanstalten gezeigt wurde, können insbesondere bei der Beteiligung der öffentlichen Hand Interessen der Öffentlichkeit tangiert sein, die zwar für eine Transparenz des Schiedsverfahrens sprechen, allerdings nicht zu einer Ausnahme von einer Vertraulichkeitspflicht konkretisiert werden können.[714] In diesen Fällen ist es umso wichtiger, dass die Parteien diesem Öffentlichkeitsinteresse entsprechen können, indem sie von Vertraulichkeitsvorschriften privatautonom abweichen können.

Eine Formulierung für eine entsprechende Vorschrift für die DMS-SchO lautet damit wie folgt:

> (1) [1]Das Schiedsverfahren ist vertraulich, sodass die Schiedsrichter, die Parteien und das DMS der Pflicht unterliegen, keine Informationen über das Schiedsverfahren an Dritte weiterzugeben, sofern diese nicht öffentlich zugänglich sind. [2]Alle am Schiedsverfahren Beteiligten gelten nicht als Dritte, insbesondere nicht Schiedsrichter, Parteien, ihre Vertreter, Zeugen und Sachverständige. [3]Jede Partei und das Schiedsgericht sollen mit jeder Person, die in das Schiedsverfahren eingebracht wird, eine separate Vertraulichkeitsvereinbarung mit Verweis auf diese Vorschrift schließen.
> (2) Zu den vertraulichen Informationen zählen insbesondere die Existenz des Schiedsverfahrens, die Identität der am Schiedsverfahren Beteiligten, der Streitgegenstand, die vorgebrachten Beweise und Unterlagen, mündliche Vorträge und Entscheidungen des Schiedsgerichts.
> (3) [1]Eine Offenlegung vertraulicher Informationen ist ausnahmsweise zulässig, soweit sie zur Erfüllung einer rechtlichen Pflicht, zur Vollstreckung oder Aufhebung des Schiedsspruchs oder zum Schutz oder zur Verfolgung eines Rechts erforderlich ist. [2]Im Übrigen können die Parteien die Vertraulichkeit ausschließen oder weitere Ausnahmen vereinbaren.
> (4) [1]Wird gegen die Vertraulichkeitspflicht verstoßen, ist das Schiedsgericht berechtigt, angemessene Maßnahmen zu ergreifen. [2]Das Schiedsgericht darf insbesondere eine Vertragsstrafe gegen eine Partei verhängen und ihre Höhe nach billigem Ermessen bestimmen.

---

713 Siehe beispielsweise Art. 30 Abs. 1 S. 1 LCIA-SchO; Art. 44 Abs. 1 S. 1 SAC-SchO; Art. 8 Abs. 1 CAM-SchO; Art. 45 Abs. 3 HKIAC-SchO, Rule 39 Abs. 2 SIAC-SchO.

714 Siehe hierzu oben ab S. 151.

cc) Weitergehende Maßnahmen zum Geheimnisschutz

Während allen Verfahrensbeteiligten Vertraulichkeitspflichten von Beginn an auferlegt werden sollten, kann es dennoch erforderlich sein, dass das Schiedsgericht einen weitergehenden Schutz besonders sensibler Informationen gewährleisten kann. Zum Beispiel könnte sich im Laufe eines Verfahrens zeigen, dass eine Partei ein Geschäftsgeheimnis oder Teile davon zu Beweiszwecken offenlegen muss. In einem solchen Fall kann die beweispflichtige Partei ein Interesse daran haben, dass über Vertraulichkeitspflichten hinaus weitere Maßnahmen zum Geheimnisschutz ergriffen werden.

Wie ein solcher Geheimnisschutz umgesetzt werden kann, zeigt beispielhaft Art. 54 WIPO-SchO, der als schiedsverfahrensrechtliches Äquivalent zum GeschGehG verstanden werden kann. Demnach kann eine Partei einen Schutz für bestimmte Informationen beantragen. Die Befugnis des Schiedsgerichts zur Anordnung entsprechender Maßnahmen folgt sodann aus Art. 54 lit. c WIPO-SchO:

> *„The Tribunal shall determine whether the information is to be classified as confidential and of such a nature that the absence of special measures of protection in the proceedings would be likely to cause serious harm to the party invoking its confidentiality. If the Tribunal so determines, it shall decide under which conditions and to whom the confidential information may in part or in whole be disclosed and shall require any person to whom the confidential information is to be disclosed to sign an appropriate confidentiality undertaking."*

Aufgrund dieser Regelung kann das Schiedsgericht den Zugang zu schutzbedürftigen Informationen nicht nur gegenüber Außenstehenden, sondern auch gegenüber den Verfahrensbeteiligten regulieren. Art. 54 lit. c WIPO-SchO lässt damit ein Verfahren in camera zu,[715] also den Ausschluss einer Partei von der Wahrnehmung einer entscheidungserheblichen und geheimhaltungsbedürftigen Information.[716] Zwar gerät eine solche Vorgehensweise, wie auch in der staatlichen Gerichtsbarkeit, in Konflikt mit dem Anspruch auf rechtliches Gehör,[717] da dieser voraussetzt, dass jede Partei die entscheidungserheblichen Tatsachen zur

715 *Ritz*, Die Geheimhaltung im Schiedsverfahren nach schweizerischem Recht, S. 214; *Sawang*, S. 281.

716 *Sawang*, S. 14; vgl. auch *BVerfG*, Beschl. v. 27.10.1999, 1 BvR 385/90, NJW 2000, 1175 (1178).

717 *Sawang*, S. 316 ff.; vgl. auch *BVerfG*, Beschl. v. 14.3.2006, 1 BvR 2087/03, NVwZ 2006, 1041 (1044).

Kenntnis nehmen kann.[718] Jedoch kann der Konflikt zugunsten eines überwiegenden Geheimnisschutzes aufgelöst werden.[719]

Eine entsprechende Vorschrift für die DMS-SchO könnte wie folgt lauten:

(1) [1]Die Parteien können beim Schiedsgericht beantragen, dass es bestimmte Informationen als geheimnisschutzbedürftig klassifiziert. [2]Das Schiedsgericht sollte dem Antrag stattgeben, soweit die beantragende Partei darlegen konnte, dass durch die Offenlegung der Informationen im Schiedsverfahren ein schwerer Schaden für sie zu erwarten ist.
(2) [1]Das Schiedsgericht bestimmt, welche Maßnahmen zum Zwecke des Geheimnisschutzes ergriffen werden. [2]Das Schiedsgericht kann insbesondere den Zugang zu den geheimnisschutzbedürftigen Informationen beschränken, soweit dies nicht den Anspruch der anderen Partei auf rechtliches Gehör verletzt. [3]Außerdem kann das Schiedsgericht verlangen, dass Personen, an die geheimnisschutzbedürftige Informationen weitergegeben werden, vorher eine Vertraulichkeitsvereinbarung unterschreiben müssen.

V. Zwischenergebnis

Zur Herstellung von Vertraulichkeit im Schiedsverfahren bieten sich entsprechende Vorschriften in der Schiedsgerichtsordnung an, da diese die Vertragsbeziehung der Beteiligten maßgeblich bestimmt. Zum einen sollten Vertraulichkeitspflichten festgeschrieben und zum anderen sollte dem Schiedsgericht die Anordnung weitergehender Geheimnisschutzmaßnahmen ermöglicht werden. Damit wird eine Schiedsinstitution dem Interesse der Parteien gerecht, die fälschlicherweise davon ausgehen, dass ein Schiedsverfahren stets vertraulich ist. Insbesondere mit Blick auf die Medienbranche wird somit ein entscheidender Vorteil gegenüber der staatlichen Gerichtsbarkeit genutzt.

C. Ermöglichung einstweiligen Rechtsschutzes

Ein weiteres Beispiel dafür, wie eine auf das Medienrecht spezialisierte Schiedsinstitution ihren Gestaltungsspielraum nutzen kann, ist der einstweilige

718 *BGH*, Urt. v. 18.1.1990, III ZR 269/88, NJW 1990, 2199 (2200); *Lachmann*, Handbuch für die Schiedsgerichtspraxis, Rn. 1299; *Prütting*, in: Prütting/Gehrlein, ZPO, § 1042 Rn. 6; *Sachs/Lörcher*, in: Nacimiento/Kröll/Böckstiegel, AiG, § 1042 Rn. 11 ff.; *Schütze*, in: Wieczorek/Schütze, ZPO, § 1042 Rn. 8 f.; *Wilske/Markert*, in: BeckOK ZPO, § 1042 Rn. 8.

719 *BVerfG*, Beschl. v. 14.3.2006, 1 BvR 2087/03, NVwZ 2006, 1041 (1044); *BVerfG*, Beschl. v. 27.10.1999, 1 BvR 385/90, NJW 2000, 1175 (1178); siehe insbesondere das Sondervotum von *Gaier*, Sondervotum v. 14.3.2006, 1 BvR 2087/03, NVwZ 2006, 1047 (1048).

Rechtsschutz. Mit einstweiligen Maßnahmen wollen Parteien verhindern, dass sich Umstände, die einer Streitigkeit zugrunde liegen, derart verändern, dass das angestrebte Hauptsacheverfahren seinen Zweck verfehlt.[720] Die Möglichkeit, eine Rechtsposition einstweilig zu sichern, ist als Ausprägung des Anspruchs auf effektiven Rechtsschutz daher von großer Bedeutung.[721] Es verwundert somit auch nicht, dass der einstweilige Rechtsschutz Einzug in die Schiedsgerichtsbarkeit gehalten hat. Nachdem die Anordnung einstweiliger Maßnahmen lange Zeit den staatlichen Gerichten vorbehalten wurde,[722] bestimmt mittlerweile § 1041 Abs. 1 S. 1 ZPO ausdrücklich, dass ein Schiedsgericht einstweilige Maßnahmen anordnen darf. Diese gesetzliche Neuausrichtung ist insbesondere für medienrechtliche Streitigkeiten bedeutsam, da diese nicht selten eine einstweilige Maßnahme erfordern (**I**). Allerdings weist das Schiedsverfahren immer noch einige Schwachstellen im einstweiligen Rechtsschutz auf, die den Gang zum Schiedsgericht unattraktiv gestalten (**II**). Diese können durch eine entsprechende Formulierung der Schiedsgerichtsordnung jedoch teilweise ausgeglichen werden (**III**).

I. Bedarf nach einstweiligem Rechtsschutz im Medienrecht

Der Einsatz des einstweiligen Rechtsschutzes nimmt im Schiedsverfahren allgemein zu,[723] aber in bestimmten Branchen ist dieser von besonderem Interesse.

720 *Drescher*, in: MüKo ZPO, Vor § 916 Rn. 8; *Boog*, Die Durchsetzung einstweiliger Massnahmen in internationalen Schiedsverfahren, S. 19; *Born*, International Commercial Arbitration, S. 2604; *Redfern/Hunter*, Rn. 5.27, 7.14; *Segesser*, 25 ASA Bulletin 2007, 473 (474); *Yesilirmak*, Provisional Measures in International Commercial Arbitration, S. 4 ff.; für eine unionsrechtliche Definition *Heinze*, S. 128.

721 *Boog*, Die Durchsetzung einstweiliger Massnahmen in internationalen Schiedsverfahren, S. 24 f.; *Laukemann*, ZZP 126 (2013), 175 (175 f.).

722 *Schütze*, in: Wieczorek/Schütze, ZPO, § 1041 Rn. 2; *Gottwald*, in: Rosenberg/Schwab/Gottwald, ZPO, § 178 Rn. 19; *Lionnet/Lionnet*, S. 477; *Schwab/Walter*, Kap. 17a Rn. 1; siehe für ablehnende Stimmen zum alten Recht *Jeong-Ha*, S. 167 ff.; *Laschet*, ZZP 99 (1986), 271 (272); *Schütze/Tscherning/Wais*, Rn. 44; *Schwab*, in: Grunsky/Stürner et al., FS Baur, 627 (641); damals gab es jedoch auch befürwortende Stimmen, siehe *Brinkmann*, S. 87; *Kohl*, S. 16 f.; *Kühn*, in: Glossner, Jahrbuch für die Praxis der Schiedsgerichtsbarkeit, Band 1, 47 (62); *Sandrock/Nöcker*, in: Glossner, Jahrbuch für die Praxis der Schiedsgerichtsbarkeit, Band 1, 74 (79 ff.); *Schlosser*, ZZP 99 (1986), 241 (244 f.); zur ähnlichen Entwicklung auf internationaler Ebene *Born*, International Commercial Arbitration, S. 2610 f.; *Ghaffari/Walters*, 30 Arb. Int. 2014, 153 (166).

723 *Hobér*, in: Berg, International Arbitration 2006, 721 (733); wenngleich einstweilige Maßnahmen noch immer selten sind, siehe *QMU*, 2012 International Arbitration Survey, S. 16.

Vor allem in der schnelllebigen Medienbranche wird er auch außerhalb der Schiedsgerichtsbarkeit als besonders wichtig erachtet.[724] Zudem wird hervorgehoben, dass die Verteidigung von Immaterialgüterrechten, insbesondere von gewerblichen Schutzrechten,[725] einen besonders schnellen Rechtsschutz erfordern kann.[726] In der staatlichen Gerichtsbarkeit wird in Bezug auf das Immaterialgüterrecht sogar von einem Wettbewerb gesprochen, in dem sich nur die Gerichtsstandorte behaupten, die einen besonders schnellen einstweiligen Rechtsschutz gewähren.[727]

Im staatlichen Gerichtsverfahren werden im einstweiligen Rechtsschutz zwar vorrangig nicht-vertragliche Ansprüche, insbesondere auf Unterlassung, geltend gemacht.[728] Da eine Schiedsvereinbarung allerdings auch nicht-vertragliche Ansprüche erfasst, soweit sie mit vertraglichen Ansprüchen konkurrieren,[729] können diese ebenfalls im Schiedsverfahren einen Bedarf nach einstweiligen Maßnahmen hervorrufen. Im Übrigen können auch vertragliche Ansprüche selbst einstweilige Anordnungen erfordern.

---

724 *Welser*, in: Wandtke/Ohst, Praxishandbuch Medienrecht, 259 (278); siehe hinsichtlich des Presserechts *Lachmann*, Handbuch für die Schiedsgerichtspraxis, Rn. 2870.

725 *Dissmann*, GRUR 2020, 1152 (1152); *Enders/Dankwerth*, in: Enders/Börstinghaus, Einstweiliger Rechtsschutz, 665 (669); *Kühn*, in: Glossner, Jahrbuch für die Praxis der Schiedsgerichtsbarkeit, Band 1, 47 (52); *Kurtz*, S. 19; *Lachmann*, Handbuch für die Schiedsgerichtspraxis, Rn. 2870.

726 *Celli/Benz*, 3 European Business Organization Law Review 2002, 593 (605); *Chrocziel/Kasolowsky et al.*, S. 100; *Cook/Garcia*, S. 221; *Frost*, S. 207; *Gurry*, 5 Am. Rev. Int. Arb. 1994, 1 (3); *Herrington/O'Dell/Mgaloblishvili*, in: Pierce/Gunter, The Guide to IP Arbitration, 7 (17); *Köhler*, in: Schütze/Klötzel/Gebauer, FS Thümmel, 439 (439); *Kupka*, in: Salger/Trittmann, Internationale Schiedsverfahren, § 28 Rn. 300; *Liniger*, S. 91 f.; *Parikh*, in: Pierce/Gunter, The Guide to IP Arbitration, 181 (182 f.); *Rosenthal*, in: Arroyo, Arbitration in Switzerland, Kap. 5 Rn. 43; *Schwartz*, 63 Disp. Resol. J. 2008, 56 (57); *Yesilirmak*, Provisional Measures in International Commercial Arbitration, S. 118.

727 *Bornkamm*, GRUR 2020, 715 (718 f.), insbesondere Fn. 22; siehe auch *Dissmann*, GRUR 2020, 1152 (1162).

728 *Voß*, in: Cepl/Voß, ZPO, § 940 Rn. 38.

729 *BGH*, Urt. v. 25.10.2016, X ZR 27/15, SchiedsVZ 2017, 144 (146 f.); *BGH*, Urt. v. 12.11.1987, III ZR 29/87, NJW 1988, 1215 (1215); *BGH*, Urt. v. 24.11.1964, VI ZR 187/63, NJW 1965, 300 (300); *OLG Koblenz*, Beschl. v. 15.6.2010, 2 U 1247/09, BeckRS 2010, 33238; *OLG Köln*, Urt. v. 19.12.2001, 11 U 52/01, BeckRS 2011, 26960; *OLG München*, Beschl. v. 7.7.2014, 34 SchH 18/13, SchiedsVZ 2014, 262 (264).

II. Schwächen des einstweiligen Rechtsschutzes im Schiedsverfahren

Der einstweilige Rechtsschutz stellt die sprichwörtliche Achillesferse des Schiedsverfahrens dar.[730] Dafür werden auch der Gesetzgeber und dessen misslungene Vorschriften im Schiedsverfahrensrecht verantwortlich gemacht.[731] In erster Linie ergibt sich dies aber aus Wesensmerkmalen des Schiedsverfahrens. Eines dieser Merkmale ist, dass ein Schiedsgericht, anders als ein staatliches Gericht, nicht permanent konstituiert ist, sondern jeweils für ein Schiedsverfahren gebildet werden muss (§§ 1034 ff. ZPO). Es ist gerade dieser Zeitraum unmittelbar nach der Entstehung einer Streitigkeit, in dem einstweiliger Rechtsschutz gesucht wird, sodass die durch die Bildung des Schiedsgerichts hervorgerufene Verzögerung einen erheblichen Nachteil für das Schiedsverfahren bedeutet.[732]

Ein weiteres Wesensmerkmal der Schiedsgerichtsbarkeit besteht darin, dass die Zuständigkeit eines Schiedsgerichts auf eine Schiedsvereinbarung von Privaten zurückgeht (§ 1029 ZPO). Hieraus ergibt sich erstens, dass ein Schiedsgericht einstweilige Maßnahmen nicht gegen Dritte richten kann, die nicht Partei der Schiedsvereinbarung sind.[733] Zweitens folgt daraus, dass ein Schiedsgericht

730 So auch die Meinung von Nutzern der Schiedsgerichtsbarkeit im Medienbereich, siehe *QMU*, Pre-empting and Resolving Technology, Media and Telecoms Disputes, S. 27.

731 *Lachmann*, Handbuch für die Schiedsgerichtspraxis, Rn. 2888.

732 Dies wird allgemein als großer Vorteil eingestuft, siehe *Boog/Quinke*, in: Flecke-Giammarco/Boog et.al, DIS-SchO, Art. 25 Rn. 14; *Schlosser*, in: Stein/Jonas, ZPO, § 1041 Rn. 3; *Voit*, in: Musielak/Voit, ZPO, § 1041 Rn. 1; *Alnaber*, 35 Arb. Int. 2019, 441 (442); *Balthasar*, in: Balthasar, International Commercial Arbitration, 449 (477); *Born*, International Commercial Arbitration, S. 2631 f.; *Chrocziel/Kasolowsky et al.*, S. 105; *Frost*, S. 207; *Ghaffari/Walters*, 30 Arb. Int. 2014, 153 (155); *Jeong-Ha*, S. 132; *Kaplan*, in: Berg, International Arbitration 2006, 768 (768); *Lachmann*, Handbuch für die Schiedsgerichtspraxis, Rn. 2935; *Leitzen*, S. 32; *Liniger*, S. 93; *Marchac*, 10 Am. Rev. Int. Arb. 1999, 123 (135); *Redfern/Hunter*, Rn. 7.17; *Schwab/Walter*, Kap. 17a Rn. 19, 22; *Walker*, in: Cadiet/Hess/Isidro, Privatizing Dispute Resolution, 597 (605); *Wolf*, DB 1999, 1101 (1103); *Yesilirmak*, Provisional Measures in International Commercial Arbitration, S. 68 f.

733 *Boog/Quinke*, in: Flecke-Giammarco/Boog et.al, DIS-SchO, Art. 25 Rn. 14; *Schlosser*, in: Stein/Jonas, ZPO, § 1041 Rn. 12; *Born*, International Commercial Arbitration, S. 2626 f.; *Castello*, 58 Disp. Resol. J. 2003, 60 (69); *Cavalieros/Kim*, 35 J. Int. Arb. 2018, 275 (295); *Derains*, 58 Disp. Resol. J. 2003, 61 (61); *Frost*, S. 207; *Horn*, SchiedsVZ 2016, 22 (23); *Karrer*, in: Berg, International Arbitration and National Courts, 97 (105); *Kohl*, S. 34; *Lachmann*, Handbuch für die Schiedsgerichtspraxis, Rn. 2897; *Leitzen*, S. 105; *Liniger*, S. 92 f.; *Marchac*, 10 Am. Rev. Int. Arb. 1999, 123 (136); *Parikh*,

seine Anordnung nicht selbst vollziehen kann, da ihm eine Parteivereinbarung keine Zwangsgewalt verschafft.[734]

In Bezug auf den zweiten Aspekt wird oft verteidigend angeführt, dass ein Schiedsgericht nicht auf eine Zwangsgewalt angewiesen sei, da Anordnungen eines Schiedsgerichts meist freiwillig befolgt werden.[735] Dies war auch eine wesentliche Erwägung bei der Entstehung des Vorbilds des deutschen Schiedsverfahrensrechts – dem Model Law.[736] Zurückgeführt wird diese Erkenntnis darauf, dass Parteien verhindern wollen, dass ein Schiedsgericht aus der Nichtbefolgung einer einstweiligen Anordnung negative Konsequenzen für das weitere Verfahren zieht.[737] Zwar darf es in der Sache nicht gegen eine Partei entscheiden, nur weil sich diese gegen eine prozessuale Anordnung des Schiedsgerichts widersetzt hat.[738] Es ist jedoch nicht auszuschließen, dass zum Beispiel im

---

in: Pierce/Gunter, The Guide to IP Arbitration, 181 (186); *Philippe*, in: Association for International Arbitration, Interim Measures in International Commercial Arbitration, 27 (33); *Price*, in: Association for International Arbitration, Interim Measures in International Commercial Arbitration, 39 (44); *Raeschke-Kessler/Berger*, Rn. 592; *Redfern/Hunter*, Rn. 7.18; *Wolf*, DB 1999, 1101 (1102); *Yesilirmak*, Provisional Measures in International Commercial Arbitration, S. 69.

734 *Boog/Quinke*, in: Flecke-Giammarco/Boog et.al, DIS-SchO, Art. 25 Rn. 14; *Schäfer*, in: Nacimiento/Kröll/Böckstiegel, AiG, § 1041 Rn. 1; *Born*, International Commercial Arbitration, S. 2627; *Cook/Garcia*, S. 226; *Hunter/Peres*, in: Ziadé, FS Saleh, 69 (72); *Lachmann*, Handbuch für die Schiedsgerichtspraxis, Rn. 2910; *Liniger*, S. 92; *Lionnet/Lionnet*, S. 478; *Marchac*, 10 Am. Rev. Int. Arb. 1999, 123 (133); *Schwab/Walter*, Kap. 17a Rn. 2; *Voser*, 1 Disp. Resol. Int'l 2007, 171 (183); *Yesilirmak*, Provisional Measures in International Commercial Arbitration, S. 70 f.

735 *Alnaber*, 35 Arb. Int. 2019, 441 (457); *Boog*, Die Durchsetzung einstweiliger Massnahmen in internationalen Schiedsverfahren, S. 60; *Boog*, 28 ASA Bulletin 2010, 462 (475); *Boog/Quinke*, in: Flecke-Giammarco/Boog et.al, DIS-SchO, Art. 25 Rn. 14; *Castello*, 58 Disp. Resol. J. 2003, 60 (67); *Cook/Garcia*, S. 226; *Ghaffari/Walters*, 30 Arb. Int. 2014, 153 (164); *Horn*, SchiedsVZ 2016, 22 (29); *Leitzen*, S. 191; *Liniger*, S. 93; *QMU*, 2012 International Arbitration Survey, S. 17; *Raeschke-Kessler/Berger*, Rn. 610; *Voser*, 1 Disp. Resol. Int'l 2007, 171 (183); *Wolf*, DB 1999, 1101 (1103); *Yesilirmak*, in: Lew/Mistelis, Pervasive Problems in International Arbitration, 185 (196); *Yesilirmak*, Provisional Measures in International Commercial Arbitration, S. 238; *Zamora*, in: Berg, International Arbitration 2006, 751 (753, 759).

736 *Secretary-General*, in: United Nations, International Commercial Arbitration, S. 43.

737 *Alnaber*, 35 Arb. Int. 2019, 441 (465); *Ghaffari/Walters*, 30 Arb. Int. 2014, 153 (165); *Harbst*, S. 113; *Horn*, SchiedsVZ 2016, 22 (29); *Schwab/Walter*, Kap. 17a Rn. 2.

738 *Boog*, Die Durchsetzung einstweiliger Massnahmen in internationalen Schiedsverfahren, S. 78 f.; *Born*, International Commercial Arbitration, S. 2629; *Carlevaris*, in: Association for International Arbitration, Interim Measures in International Commercial

Rahmen der Beweiswürdigung, in der dem Schiedsgericht ein weites Ermessen zusteht, diese Tatsache dennoch, wenn auch nur unterbewusst, Berücksichtigung findet.[739] Denkbar ist auch, dass die Nichtbefolgung eine Erwägung bei der Verteilung der Kosten darstellt oder daran sogar ein Zahlungsanspruch geknüpft wird.[740]

Dennoch ist nicht zu leugnen, dass Parteien die einstweiligen Maßnahmen eines Schiedsgerichts nicht immer freiwillig befolgen.[741] In einem solchen Fall muss ein Schiedsgericht für die Vollziehung der Maßnahme mit einem staatlichen Gericht kooperieren.[742] Diese Kooperation wird durch § 1041 Abs. 2 S. 1 ZPO ermöglicht, wonach das zuständige staatliche Gericht die Vollziehung zulassen kann. Obgleich damit theoretisch ein Weg zur Vollstreckung einer einstweiligen Maßnahme besteht, die durch ein Schiedsgericht angeordnet wurde, erfordert dieser Zweischritt dennoch kostbare Zeit.[743]

Die Schwachstellen im Schiedsverfahren lassen einige zu dem Schluss kommen, dass der einstweilige Rechtsschutz vor der staatlichen Gerichtsbarkeit regelmäßig vorzuziehen sei.[744] Der Weg zu den staatlichen Gerichten wird dabei

---

Arbitration, 13 (15); *Karrer*, in: Berg, International Arbitration and National Courts, 97 (103); *Lachmann*, Handbuch für die Schiedsgerichtspraxis, Rn. 2893; *Yesilirmak*, Provisional Measures in International Commercial Arbitration, S. 242.

739 *Boog*, Die Durchsetzung einstweiliger Massnahmen in internationalen Schiedsverfahren, S. 79; *Yesilirmak*, Provisional Measures in International Commercial Arbitration, S. 242 f.

740 *Boog*, Die Durchsetzung einstweiliger Massnahmen in internationalen Schiedsverfahren, S. 80 f.; *Horn*, SchiedsVZ 2016, 22 (29); *Karrer*, in: Berg, International Arbitration and National Courts, 97 (103); *Voser*, 1 Disp. Resol. Int'l 2007, 171 (183 f.); *Yesilirmak*, in: Lew/Mistelis, Pervasive Problems in International Arbitration, 185 (197); vgl. auch *Alnaber*, 35 Arb. Int. 2019, 441 (465).

741 *Hobeck/Weyhreter*, SchiedsVZ 2005, 238 (239); *Kojovic*, 18 J. Int. Arb. 2001, 511 (512); *Lachmann*, Handbuch für die Schiedsgerichtspraxis, Rn. 2937; *Laschet*, ZZP 99 (1986), 271 (287).

742 *Yesilirmak*, in: Lew/Mistelis, Pervasive Problems in International Arbitration, 185 (187).

743 *Jeong-Ha*, S. 133 ff.; *Lachmann*, Handbuch für die Schiedsgerichtspraxis, Rn. 2937; *Lionnet/Lionnet*, S. 479; *Wolf*, DB 1999, 1101 (1103).

744 *Geimer*, in: Zöller, ZPO, § 1041 Rn. 1; *Voit*, in: Musielak/Voit, ZPO, § 1041 Rn. 1; *Herrington/O'Dell/Mgaloblishvili*, in: Pierce/Gunter, The Guide to IP Arbitration, 7 (18); *Lachmann*, Handbuch für die Schiedsgerichtspraxis, Rn. 2933; *Lionnet/Lionnet*, S. 479 f.; *Schütze*, BB 1998, 1650 (1653); *Schwab/Walter*, Kap. 17a Rn. 23; vgl. auch *Münch*, in: MüKo ZPO, § 1041 Rn. 3; *Saenger*, in: Saenger, ZPO, § 1041 Rn. 1; ähnlich

auch nicht dadurch behindert, dass Parteien eine Schiedsvereinbarung geschlossen haben. § 1033 ZPO statuiert hierfür eine Ausnahme von dem Grundsatz, dass ein staatliches Gericht eine Klage auf Antrag abweisen muss, wenn die Parteien eine wirksame Schiedsvereinbarung geschlossen haben (§ 1032 Abs. 1 ZPO). Sofern die Parteien § 1033 ZPO nicht abbedingen,[745] können sie sich also aussuchen, ob sie einstweiligen Rechtsschutz beim staatlichen Gericht (§§ 916 ff. ZPO) oder beim Schiedsgericht (§ 1041 ZPO) beantragen.[746]

III. Abmilderung der Schwächen durch eine Schiedsinstitution

Für Parteien, die mit einer Schiedsvereinbarung zum Ausdruck gebracht haben, ihre Streitigkeiten gerade nicht vor staatlichen Gerichten austragen zu wollen, ist es ein unbefriedigendes Ergebnis, für einstweilige Maßnahmen vor das staatliche Gericht ziehen zu müssen (1). Obwohl Schiedsinstitutionen daher Vorschriften erlassen sollten, die diesem Interesse Rechnung tragen, weisen die meisten Schiedsgerichtsordnungen nur rudimentäre Regelungen zum einstweiligen Rechtsschutz auf (2). Dabei gibt es diverse Ansätze, den einstweiligen Rechtsschutz im Schiedsverfahren zu verbessern (3).

---

pessimistisch *Theune*, in: Schütze, Institutionelle Schiedsgerichtsbarkeit, DIS-SchO, Art. 25 Rn. 9.

745 Für einen dispositiven Charakter von § 1033 ZPO *Schütze*, in: Wieczorek/Schütze, ZPO, § 1041 Rn. 15; *Theune*, in: Schütze, Institutionelle Schiedsgerichtsbarkeit, DIS-SchO, Art. 25 Rn. 12; *Bandel*, S. 337; *Leitzen*, S. 241 f.; *Steinbrück*, S. 455; *Westpfahl/Busse*, SchiedsVZ 2006, 21 (25); aus internationaler Sicht *Born*, International Commercial Arbitration, S. 2734 f.; aus schweizerischer Sicht *Wirth*, 18 ASA Bulletin 2000, 31 (40 f.); für einen zwingenden Charakter *OLG München*, Urt. v. 26.10.2000, U (K) 3208/00, NJW-RR 2001, 711 (712); *Cherkeh*, in: Cherkeh/Momsen/Orth, Handbuch Sportstrafrecht, Kap. 6 S. 341 ff.; *Krimpenfort*, S. 59 f.; *Landbrecht*, SchiedsVZ 2013, 241 (242); *Thümmel*, DZWIR 1997, 133 (135); *Wolf*, DB 1999, 1101 (1103).

746 *LG Frankfurt*, Urt. v. 26.7.1982, 2/8 0 180/82, NJW 1983, 761 (762); *Boog/Quinke*, in: Flecke-Giammarco/Boog et.al, DIS-SchO, Art. 25 Rn. 3; *Voit*, in: Musielak/Voit, ZPO, § 1041 Rn. 1; BT-Drs. 13/5274, S. 38 f.; *Gottwald*, in: Rosenberg/Schwab/Gottwald, ZPO, § 178 Rn. 19; *Lachmann*, Handbuch für die Schiedsgerichtspraxis, Rn. 2853; *Laukemann*, ZZP 126 (2013), 175 (180); *Meyer*, S. 166; *Raeschke-Kessler/Berger*, Rn. 587; *Schütze*, BB 1998, 1650 (1650); *Steinbrück*, S. 436; diese Doppelzuständigkeit gilt in nahezu allen Schiedsverfahrensrechten, siehe *Born*, International Commercial Arbitration, S. 2638; *Carlevaris*, in: Association for International Arbitration, Interim Measures in International Commercial Arbitration, 13 (13); *Price*, in: Association for International Arbitration, Interim Measures in International Commercial Arbitration, 39 (40); *Segesser*, 25 ASA Bulletin 2007, 473 (475).

1. *Interessenlage im Schiedsverfahren*

Das Interesse von Parteien einer Schiedsvereinbarung besteht darin, dass das von ihnen einberufene Schiedsgericht einen Streit vollständig entscheiden und damit auch einstweilige Maßnahmen anordnen kann, die nicht eines Rekurses auf staatliche Gerichte bedürfen.[747] Sie sind daran interessiert, eine Streitbeilegung „*aus einer Hand*“[748] zu erhalten. Dieses Interesse gründet in denselben Erwägungen, welche die Parteien dazu verleiten, überhaupt ein Schiedsverfahren statt eines staatlichen Gerichtsverfahrens durchzuführen, darunter insbesondere die Vertraulichkeit eines Schiedsverfahrens oder die Expertise von Schiedsrichtern.[749]

2. *Defizitäre Regelungen in Schiedsgerichtsordnungen*

Eine Schiedsinstitution kann dazu beitragen, diesem Interesse in einem höheren Maße gerecht zu werden als die Vorgaben des nationalen Schiedsverfahrensrechts.[750] Allerdings sind die Schiedsgerichtsordnungen im Hinblick auf den einstweiligen Rechtsschutz regelmäßig ebenfalls defizitär.[751] Wenn sie in dieser Hinsicht Vorschriften aufweisen, sehen diese meist nur die Regelungen vor, die sich zumindest in Deutschland bereits aus dem zugrunde liegenden Schiedsverfahrensrecht ergeben: Oftmals räumen sie dem Schiedsgericht die Befugnis ein, einstweiligen Rechtsschutz überhaupt gewähren zu können.[752] Für die

---

747 *Landbrecht*, SchiedsVZ 2013, 241 (241 f.); *Marchac*, 10 Am. Rev. Int. Arb. 1999, 123 (125); *Yesilirmak*, Provisional Measures in International Commercial Arbitration, S. 115 f.; *Zamora*, in: Berg, International Arbitration 2006, 751 (757).

748 *Laukemann*, ZZP 126 (2013), 175 (186); siehe auch *Mueller/Pearson*, 33 ASA Bulletin 2015, 808 (809).

749 *Alnaber*, 35 Arb. Int. 2019, 441 (444); *Boog*, 28 ASA Bulletin 2010, 462 (464); *Castello*, 58 Disp. Resol. J. 2003, 60 (66); *Ghaffari/Walters*, 30 Arb. Int. 2014, 153 (155); *Horn*, S. 4; *Horn*, SchiedsVZ 2016, 22 (24); *Kohl*, S. 2; *Wirth*, 18 ASA Bulletin 2000, 31 (44).

750 *Bandel*, S. 372.

751 *Benz*, 50 Geo. J. Int'l L. 2018, 143 (148); *Born*, International Commercial Arbitration, S. 2649; *Kim/Satish*, in: Kaplan/Moser, FS Pryles, 175 (177 f.); *Sanchez*, 37 J. Int. Arb. 2020, 49 (53); *Segesser*, 25 ASA Bulletin 2007, 473 (476); *Yesilirmak*, Provisional Measures in International Commercial Arbitration, S. 160.

752 Art. 28 Abs. 1 S. 1 ICC-SchO; Art. 25 Abs. 1 S. 1 LCIA-SchO, Art. 23 Abs. 2 HKIAC-SchO, Art. 26 Abs. 1 UNCITRAL-SchO, Art. 25 Abs. 1 S. 1 DIS-SchO, Art. 48(a) S. 1 WIPO-SchO, Rule 30 Abs. 1 S. 1 SIAC-SchO, Art. 27 Abs. 1 ICDR-SchO, Art. 29 Abs. 1 S. 1 SAC-SchO, Art. 37 Abs. 1 SCC-SchO, Art. 33 Abs. 1 S. 1 VIAC-SchO, Rule 37(a) AAA-SchO, Art. 26 Abs. 1 CAM-SchO, Art. 8 Abs. 1 CAM-CCBC-SchO.

Anordnung solcher Maßnahmen werden aber entweder keine Voraussetzungen genannt[753] oder es wird dem Schiedsgericht die Beurteilung überlassen, ob eine einstweilige Maßnahme erforderlich ist.[754] Ebenso wird oftmals betont, dass das Schiedsgericht für seine Maßnahmen eine angemessene Sicherheit verlangen kann.[755] Auch schreiben einige Schiedsgerichtsordnungen vor, dass für eine zu Unrecht ergangene einstweilige Maßnahme Schadensersatz vom Antragssteller verlangt werden kann.[756] Zuletzt stellen sie oft klar, dass die Befugnis des Schiedsgerichts das Recht der Parteien unberührt lässt, das staatliche Gericht um einstweiligen Rechtsschutz zu ersuchen.[757]

All diese Vorgaben ergeben sich bereits aus den §§ 1033, 1041 ZPO. Obgleich eine Klarstellung in Schiedsgerichtsordnungen sinnvoll sein kann, ist dennoch festzustellen, dass die meisten Schiedsgerichtsordnungen aus deutscher Perspektive insoweit rein deklaratorisch sind. Grund hierfür ist, dass viele Schiedsinstitutionen ihre Bestimmungen zum einstweiligen Rechtsschutz noch nicht aktualisiert haben und diese Vorschriften infolgedessen aus einer Zeit stammen, in der gerade erst eine Akzeptanz für den einstweiligen Rechtsschutz durch Schiedsgerichte entstanden ist.[758]

Die Schiedsgerichtsordnung des DMS ist keine Ausnahme, denn sie ist hinsichtlich des einstweiligen Rechtsschutzes ebenfalls unzureichend. Für ein

753 Art. 25 Abs. 1 S. 1 DIS-SchO, Art. 33 Abs. 1 S. 1 VIAC-SchO, Art. 26 Abs. 1 CAM-SchO, Art. 8 Abs. 1 CAM-CCBC-SchO.

754 Art. 28 Abs. 1 S. 1 ICC-SchO; Art. 25 Abs. 1 S. 1 LCIA-SchO, Art. 23 Abs. 2 HKIAC-SchO; Art. 48(a) S. 1 WIPO-SchO, Rule 30 Abs. 1 S. 1 SIAC-SchO, Art. 27 Abs. 1 ICDR-SchO, Art. 29 Abs. 1 S. 1 SAC-SchO, Art. 37 Abs. 1 SCC-SchO, Rule 37(a) AAA-SchO.

755 Art. 28 Abs. 1 S. 2 ICC-SchO; Art. 25 Abs. 1 S. 2 LCIA-SchO, Art. 23 Abs. 6 HKIAC-SchO, Art. 26 Abs. 6 UNCITRAL-SchO, Art. 25 Abs. 1 S. 3 DIS-SchO, Art. 48(a) S. 2 WIPO-SchO, Rule 30 Abs. 1 S. 2 SIAC-SchO, Art. 27 Abs. 2 ICDR-SchO, Art. 29 Abs. 2 S. 2 SAC-SchO, Art. 37 Abs. 2 SCC-SchO, Art. 33 Abs. 1 S. 3 VIAC-SchO, Rule 37(b) AAA-SchO, Art. 26 Abs. 3 CAM-SchO, Art. 8 Abs. 1 CAM-CCBC-SchO.

756 Art. 23 Abs. 8 HKIAC-SchO, Art. 26 Abs. 8 UNCITRAL-SchO, Art. 29 Abs. 4 SAC-SchO.

757 Art. 28 Abs. 2 S. 2 ICC-SchO; Art. 25 Abs. 3 S. 1 LCIA-SchO, Art. 23 Abs. 9 HKIAC-SchO, Art. 26 Abs. 9 UNCITRAL-SchO, Art. 25 Abs. 3 DIS-SchO, Art. 48(d) WIPO-SchO, Rule 30 Abs. 3 SIAC-SchO, Art. 27 Abs. 3 ICDR-SchO, Art. 26 Abs. 5 SAC-SchO, Art. 37 Abs. 5 SCC-SchO, Art. 33 Abs. 5 VIAC-SchO, Rule 37(c) AAA-SchO, Art. 26 Abs. 4 CAM-SchO, Art. 8 Abs. 2.2 CAM-CCBC-SchO.

758 So auch exemplarisch zu der ursprünglichen Version der UNCITRAL-SchO *Paulsson/Petrochilos*, in: Paulsson/Petrochilos, UNCITRAL-SchO, Art. 26 Rn. 6.

Schiedsverfahren weist sie keine Vorschrift zum einstweiligen Rechtsschutz auf, einzig zum Schiedsgutachtenverfahren bestimmt § 41 Abs. 1 DMS-SchO:

> *„Auf übereinstimmenden Antrag der Parteien treffen die Schiedsrichter vorläufige Anordnungen im Zusammenhang mit dem Verfahren zum Schiedsgutachten, wenn dies für eine geordnete Vertragsdurchführung zwischen den Parteien erforderlich ist."*

Auch diese Vorschrift ist zu kritisieren, da sie eine vorläufige Anordnung lediglich ermöglicht, wenn beide Parteien dies übereinstimmend beantragen. Eine Partei allein kann eine einstweilige Maßnahme somit nicht gegen die andere Partei durchsetzen. Deswegen stellt es keine sinnvolle Lösung dar, die Anwendbarkeit dieser Vorschrift auf das DMS-Schiedsverfahren zu erstrecken.

3. *Verbesserung des einstweiligen Rechtsschutzes im Schiedsverfahren*

Gewisse Nachteile eines Schiedsverfahrens können nicht ausgeglichen werden, zum Beispiel, dass ein Schiedsgericht über unbeteiligte Dritte keine Maßnahmen verhängen kann. Allerdings bestehen andere Nachteile, die eine Schiedsinstitution ausgleichen kann, insbesondere durch entsprechende Vorschriften in ihrer Schiedsgerichtsordnung. Ein solcher Nachteil ist einerseits die bestehende Rechtsunsicherheit hinsichtlich der Voraussetzungen des einstweiligen Rechtsschutzes (a). Andererseits können Versuche unternommen werden, den einstweiligen Rechtsschutz zu beschleunigen (b).

a) Beseitigung von Rechtsunsicherheiten

Sowohl hinsichtlich der Voraussetzungen als auch der Arten einstweiliger Maßnahmen bestehen Unklarheiten, denn das deutsche Schiedsverfahrensrecht gibt wenig Orientierung. Es statuiert in § 1041 Abs. 1 S. 1 ZPO lediglich, dass das Schiedsgericht *„vorläufige oder sichernde Maßnahmen anordnen [kann], die es in Bezug auf den Streitgegenstand für erforderlich hält."* Diesem Wortlaut kommt aber kaum Bedeutung zu.[759] Zum einen wird der Differenzierung zwischen vorläufigen und sichernden Maßnahmen kein erheblicher Wert zugesprochen.[760]

---

759 *Schäfer*, in: Nacimiento/Kröll/Böckstiegel, AiG, § 1041 Rn. 12; *Schütze*, in: Wieczorek/Schütze, ZPO, § 1041 Rn. 9.

760 *Münch*, in: MüKo ZPO, § 1041 Rn. 12; *Schäfer*, in: Nacimiento/Kröll/Böckstiegel, AiG, § 1041 Rn. 20; so auch aus internationaler Perspektive *Yesilirmak*, Provisional Measures in International Commercial Arbitration, S. 9.

Zum anderen wird die Formulierung „*in Bezug auf den Streitgegenstand*" nicht als einschränkende Voraussetzung verstanden.[761]

Dieser Rechtsunsicherheit kann abgeholfen werden, indem die Vorgaben für den einstweiligen Rechtsschutz in der Schiedsgerichtsordnung präzisiert werden. Hierbei stellt sich zunächst hinsichtlich der Voraussetzungen die Frage, welchen Inhalt diese Präzisierung haben soll. Manche orientieren sich an den Anforderungen, die an einstweilige Maßnahmen im staatlichen Gerichtsverfahren gestellt werden (§§ 916 ff. ZPO).[762] Mitunter werden diese Vorgaben sogar im Schiedsverfahren für verbindlich gehalten.[763] Damit wird aber die Autonomie des Schiedsverfahrensrechts ignoriert.[764] Unbedenklich ist es nur, Anleihen beim staatlichen Gerichtsverfahren zu nehmen, soweit dies Umstände betrifft, die allgemeiner Natur sind und daher auch für das Schiedsverfahren Geltung beanspruchen können. Dies meint zum Beispiel, dass eine einstweilige Maßnahme das Hauptsacheverfahren nicht vorwegnehmen sollte.[765]

Hinsichtlich der Arten von einstweiligen Maßnahmen wird vorgebracht, dass sich ein Schiedsgericht auf die Anordnung solcher Maßnahmen beschränken solle, die auch dem staatlichen Gericht möglich sind.[766] Dafür spricht zwar der Umstand, dass nur der Staat einstweilige Maßnahmen vollstrecken kann und die Vollstreckbarkeit unbekannter Maßnahmen damit abgelehnt werden kann.[767] Allerdings berücksichtigt diese Argumentation nicht, dass es einen Unterschied bedeutet, ob ein Schiedsgericht eine Maßnahme anordnen darf oder ob diese Maßnahme auch vollstreckbar ist; zwischen Anordnung und Vollstreckung ist zu

---

761 *Leitzen*, S. 104; siehe zum zugrunde liegenden Art. 17 Model Law *Born*, International Commercial Arbitration, S. 2629 f.

762 *Geimer*, in: Zöller, ZPO, § 1041 Rn. 1; *Saenger*, in: Saenger, ZPO, § 1041 Rn. 2; *Seiler*, in: Thomas/Putzo, ZPO, § 1041 Rn. 2; *Wolf/Eslami*, in: BeckOK ZPO, § 1041 Rn. 4 f.

763 *Schütze*, in: Wieczorek/Schütze, ZPO, § 1041 Rn. 19, 21; noch deulicher *Schütze*, BB 1998, 1650 (1651).

764 Zur Autonomie des Schiedsverfahrensrechts *Schlosser*, in: Stein/Jonas, ZPO, § 1042 Rn. 1; *Elsing*, SchiedsVZ 2004, 88 (91); *Lachmann*, Handbuch für die Schiedsgerichtspraxis, Rn. 186; *Triebel/Hafner*, SchiedsVZ 2009, 313 (314).

765 *Drescher*, in: MüKo ZPO, Vor § 916 Rn. 8; *Kurtz*, S. 20; *Lachmann*, Handbuch für die Schiedsgerichtspraxis, Rn. 2895; *Laukemann*, ZZP 126 (2013), 175 (192).

766 *Wolf/Eslami*, in: BeckOK ZPO, § 1041 Rn. 4 f.

767 *Raeschke-Kessler/Berger*, Rn. 597; siehe beispielsweise zur abgelehnten Vollsteckbarkeit einer freezing order *OLG Karlsruhe*, Beschl. v. 14.3.2001, 9 W 79/0, BeckRS 2001, 30985976.

differenzieren.[768] Diese Unterscheidung würdigt auch der Gesetzgeber, indem er dem staatlichen Gericht ermöglicht, eine einstweilige Anordnung eines Schiedsgerichts abzuändern, wenn dies zur Vollziehung erforderlich ist (§ 1041 Abs. 2 S. 2 ZPO). Damit kann ein Gericht eine nicht-vollstreckbare Anordnung eines Schiedsgerichts derart abändern, dass sie vollstreckbar wird. Damit impliziert die Vorschrift, dass ein Schiedsgericht gewisse Maßnahmen anordnen kann, ein staatliches Gericht aber nicht.[769]

Im Ergebnis besteht also kein zwingender Grund, aufgrund der mangelnden Vorgaben in § 1041 ZPO auf die Vorschriften aus dem staatlichen einstweiligen Rechtsschutz zurückzugreifen.[770] Eine Orientierungshilfe sollte man stattdessen bei den (wenigen) Schiedsgerichtsordnungen suchen, die konkrete Vorgaben zum einstweiligen Rechtsschutz enthalten. Ein Vorbild ist Art. 26 UNCITRAL-SchO, der eine detaillierte Vorschrift zum einstweiligen Rechtsschutz darstellt und weitgehend den Vorgaben des 2006 reformierten Model Law entspricht.[771] Die Vorschrift ist in einem aufwendigen Reformprozess unter Beteiligung vieler Nationen entstanden und stellt einen internationalen Standard für die Gewährung einstweiligen Rechtsschutzes durch Schiedsgerichte dar.[772] Sie bietet damit

768 *Harbst*, S. 101; *Kohl*, S. 4; *Laschet*, ZZP 99 (1986), 271 (274); *Thümmel*, DZWIR 1997, 133 (136).

769 *Kojovic*, 18 J. Int. Arb. 2001, 511 (517).

770 *Boog/Quinke*, in: Flecke-Giammarco/Boog et.al, DIS-SchO, Art. 25 Rn. 15; *Schäfer*, in: Nacimiento/Kröll/Böckstiegel, AiG, § 1041 Rn. 2; *Schlosser*, in: Stein/Jonas, ZPO, § 1041 Rn. 7; *Theune*, in: Schütze, Institutionelle Schiedsgerichtsbarkeit, DIS-SchO, Art. 25 Rn. 3; *Bandel*, S. 133 f.; *Born*, International Commercial Arbitration, S. 2667; *Cavalieros/Kim*, 35 J. Int. Arb. 2018, 275 (296); *Gottwald*, in: Rosenberg/Schwab/Gottwald, ZPO, § 178 Rn. 20; *Karrer*, in: Berg, International Arbitration and National Courts, 97 (109); *Krimpenfort*, S. 96 f.; *Laukemann*, ZZP 126 (2013), 175 (182); *Leitzen*, S. 5 f., 38; *Meyer*, S. 171 f.; *Raeschke-Kessler/Berger*, Rn. 594; *Schwab/Walter*, Kap. 17a Rn. 5; *Segesser*, 25 ASA Bulletin 2007, 473 (478); *Thümmel*, DZWIR 1997, 133 (135); *Wirth*, 18 ASA Bulletin 2000, 31 (42); *Wolf*, DB 1999, 1101 (1101); ebenfalls – wenngleich nicht zur deutschen Rechtslage – zustimmend *Born*, International Commercial Arbitration, S. 2667; *Cavalieros/Kim*, 35 J. Int. Arb. 2018, 275 (296); *Karrer*, in: Berg, International Arbitration and National Courts, 97 (109); *Segesser*, 25 ASA Bulletin 2007, 473 (478); *Wirth*, 18 ASA Bulletin 2000, 31 (42).

771 *Münch*, in: MüKo ZPO, § 1041 Rn. 1; *Patocchi/Niedermaier*, in: Schütze, Institutionelle Schiedsgerichtsbarkeit, UNCITRAL-SchO, Art. 26 Rn. 2; *Paulsson/Petrochilos*, in: Paulsson/Petrochilos, UNCITRAL-SchO, Art. 26 Rn. 3.

772 *Sanchez*, 37 J. Int. Arb. 2020, 49 (50); *Segesser*, 25 ASA Bulletin 2007, 473 (482); allgemein zur internationalen Anerkennung der UNCITRAL-SchO *Patocchi/Niedermaier*, in: Schütze, Institutionelle Schiedsgerichtsbarkeit, UNCITRAL-SchO, Einl. Rn. 12.

eine aussagekräftige Orientierungshilfe für eine Schiedsinstitution, die eine entsprechende Vorschrift in ihre Schiedsgerichtsordnung übernehmen möchte.

Hervorzuheben ist insbesondere, dass Art. 26 Abs. 3 UNCITRAL-SchO (wie Art. 17A Abs. 1 Model Law) zwei konkrete Voraussetzungen für die Gewährung einstweiliger Maßnahmen vorgibt:

> *„The party requesting an interim measure [...] shall satisfy the arbitral tribunal that: (a) Harm not adequately reparable by an award of damages is likely to result if the measure is not ordered, and such harm substantially outweighs the harm that is likely to result to the party against whom the measure is directed if the measure is granted; and (b) There is a reasonable possibility that the requesting party will succeed on the merits of the claim."*

Diese beiden Voraussetzungen stellen einen groben Rahmen dar, der es erlaubt, dass weitere Erwägungen, wie etwa die Dringlichkeit einer Maßnahme, ebenfalls Berücksichtigung finden können.[773] Eine entsprechende Vorschrift für die DMS-SchO lautet:

> (1) [1]Sofern die Parteien nichts anderes vereinbart haben, kann das Schiedsgericht auf Antrag einer Partei eine einstweilige Maßnahme anordnen und einmal getroffene Maßnahmen wieder abändern, aussetzen oder aufheben. [2]Das Schiedsgericht darf im Zusammenhang mit einer solchen Maßnahme von jeder Partei eine angemessene Sicherheit verlangen.
>
> (2) Bei der Beurteilung, ob eine einstweilige Maßnahme erforderlich ist, sollte das Schiedsgericht insbesondere berücksichtigen, ob eine begründete Wahrscheinlichkeit besteht, dass die beantragende Partei in der Sache obsiegen wird und welcher Schaden den Parteien wahrscheinlich droht, wenn die Maßnahme angeordnet oder nicht angeordnet wird.
>
> (3) [1]Erweist sich eine Maßnahme nach Absatz 1 als ungerechtfertigt, ist die Partei, welche sie beantragt hat, der anderen Partei zum Ersatz des daraus entstandenen Schadens verpflichtet. [2]Dieser Anspruch kann im laufenden Schiedsverfahren geltend gemacht werden.
>
> (4) [1]Diese Vorschrift lässt das Recht der Parteien unberührt, einstweiligen Rechtsschutz beim staatlichen Gericht zu beantragen. [2]Das Ersuchen eines staatlichen Gerichts um einstweiligen Rechtsschutz stellt keinen Verstoß gegen die Schiedsvereinbarung dar und lässt die Befugnisse des Schiedsgerichts unberührt.

b) Beschleunigung der Entscheidung

Ein maßgeblicher Nachteil des einstweiligen Rechtsschutzes ist die mit der schiedsgerichtlichen Entscheidung verbundene Verzögerung. Daher sollte eine

---

773 *Paulsson/Petrochilos*, in: Paulsson/Petrochilos, UNCITRAL-SchO, Art. 26 Rn. 8; *Petrochilos*, 28 ASA Bulletin 2010, 878 (881).

Schiedsinstitution Wege ermitteln, um die Anordnung einer einstweiligen Maßnahme durch ein Schiedsgericht zu beschleunigen. Drei solcher Maßnahmen werden im Folgenden besprochen: Erstens kann man die Anordnung einer einstweiligen Maßnahme lediglich dem vorsitzenden Schiedsrichter überlassen (aa). Zweitens kann man ein Eilschiedsrichter-Verfahren einrichten (bb). Drittens kann man ex-parte-Anordnungen zulassen (cc).

aa) Entscheidung durch den Vorsitzenden

Eine wesentliche Verzögerung ergibt sich bereits daraus, dass das Schiedsgericht erst konstituiert werden muss, bevor es eine einstweilige Maßnahme anordnen kann. Daher ist es zweckmäßig, dass zumindest das Verfahren nach der Konstituierung möglichst beschleunigt wird. Eine Möglichkeit besteht darin, im Falle eines Schiedsrichterkollegiums die Entscheidung nicht dem gesamten Schiedsgericht, sondern nur dem Vorsitzenden zu überlassen. So entfallen die zeitintensive Terminfindung und Beratung des Schiedsrichterkollegiums. Diese Vorgehensweise zum Zwecke der Verfahrensbeschleunigung ist auch beim staatlichen einstweiligen Rechtsschutz anerkannt (§ 944 ZPO).[774]

§ 1052 Abs. 1 ZPO sieht zwar vor, dass die Entscheidungen des Schiedsgerichts im Kollegium getroffen werden müssen. Die Anordnung einer einstweiligen Maßnahme fällt auch nicht unter die Ausnahme des § 1052 Abs. 3 ZPO, weil damit nicht nur *„einzelne Verfahrensfragen"* berührt sind.[775] Allerdings ist es den Parteien unbenommen, die Entscheidung über eine einstweilige Maßnahme allein dem vorsitzenden Schiedsrichter zu überlassen, indem sie eine entsprechende Vereinbarung schließen.[776] Mithin kann auch die von den Parteien vereinbarte Schiedsgerichtsordnung vorsehen, dass lediglich der Vorsitzende über einen Antrag auf Anordnung einer einstweiligen Maßnahme entscheidet. Diese Vorgehensweise kann das DMS auch in medienrechtlichen Schiedsverfahren übernehmen, um dem besonderen Interesse an dem zeitnahen Erlass einer einstweiligen Maßnahme Rechnung zu tragen. Es kann etwa in der oben vorgeschlagenen Vorschrift zum einstweiligen Rechtsschutz im ersten Absatz hinzufügen:

> Im Falle eines Schiedsrichterkollegiums entscheidet der Vorsitzende.

---

774 *Schlosser*, SchiedsVZ 2009, 84 (87); zur Beschleunigung als Zweck des § 944 ZPO *Drescher*, in: MüKo ZPO, § 944 Rn. 1; *Kemper*, in: Saenger, ZPO, § 944 Rn. 1.

775 *Bandel*, S. 77; *Lachmann*, Handbuch für die Schiedsgerichtspraxis, Rn. 2899; so wohl auch *Schlosser*, SchiedsVZ 2003, 1 (5); a.A. *Schwab/Walter*, Kap. 17a Rn. 17.

776 *Bandel*, S. 80; *Lachmann*, Handbuch für die Schiedsgerichtspraxis, Rn. 2899.

bb) Eilschiedsrichter-Verfahren

Auch wenn der Vorsitzende eines Schiedsgerichts eine einstweilige Maßnahme allein anordnen darf, vergeht bis dahin dennoch wertvolle Zeit, denn auch bei einem solchen Vorgehen bedarf es zunächst der Konstituierung des Schiedsgerichts. Wenn eine Partei aber nicht warten kann, bis die Konstituierung abgeschlossen ist, verbleibt ihr lediglich, die staatlichen Gerichte anzurufen.[777]

Auf diese Schwäche reagierte die Schiedsgerichtsbarkeit mit der Konzeption eines Eilschiedsrichters, der den Parteien bereits in der problematischen Zeitspanne bis zur Konstituierung des Schiedsgerichts einstweiligen Rechtsschutz gewähren kann.[778] Ein Eilschiedsrichter hat also den Auftrag, eine einstweilige Maßnahme anzuordnen, die derart dringlich ist, dass die Parteien die Bildung des Schiedsgerichts nicht abwarten können.[779] Dabei kennzeichnen das Eilschiedsrichter-Verfahren dieselben Merkmale wie die eines regulären Schiedsverfahrens hinsichtlich der Anordnung einstweiliger Maßnahmen. Insbesondere besteht auch hier regelmäßig keine Exklusivität zu dem staatlichen einstweiligen Rechtsschutz.[780]

Ein besonderes Charakteristikum ist allerdings, dass der Eilschiedsrichter nicht nur die Voraussetzungen für die beantragte Maßnahme prüfen muss, sondern zunächst, ob überhaupt ein „Notfall“ vorliegt, sodass die Konstituierung

---

777 *Schäfer*, in: Nacimiento/Kröll/Böckstiegel, AiG, § 1041 Rn. 43; *Schütze*, in: Wieczorek/Schütze, ZPO, § 1041 Rn. 23; *Alnaber*, 35 Arb. Int. 2019, 441 (442); *Boog*, 28 ASA Bulletin 2010, 462 (463); *Celli/Benz*, 3 European Business Organization Law Review 2002, 593 (605); *Ghaffari/Walters*, 30 Arb. Int. 2014, 153 (155); *Gottwald*, in: Rosenberg/Schwab/Gottwald, ZPO, § 178 Rn. 23; *Mueller/Pearson*, 33 ASA Bulletin 2015, 808 (808).

778 *Schäfer*, in: Nacimiento/Kröll/Böckstiegel, AiG, § 1041 Rn. 43; *Born*, International Commercial Arbitration, S. 2632; *Chrocziel/Kasolowsky et al.*, S. 105; *Horn*, SchiedsVZ 2016, 22 (24); *Hunter/Peres*, in: Ziadé, FS Saleh, 69 (75); *Kim/Satish*, in: Kaplan/Moser, FS Pryles, 175 (176); *Mueller/Pearson*, 33 ASA Bulletin 2015, 808 (808); *Parikh*, in: Pierce/Gunter, The Guide to IP Arbitration, 181 (195 f.); *Redfern/Hunter*, Rn. 7.17; *Villacorta*, in: González-Bueno, 40 under 40, 103 (103); *Walker*, in: Cadiet/Hess/Isidro, Privatizing Dispute Resolution, 597 (606); *Yesilirmak*, in: Lew/Mistelis, Pervasive Problems in International Arbitration, 185 (187); *Yesilirmak*, Provisional Measures in International Commercial Arbitration, S. 116.

779 *Horn*, S. 40.

780 Siehe zum Beispiel Art. 29 Abs. 7 ICC-SchO; Art. 9B Abs. 13 LCIA-SchO; Art. 7 Abs. 7 ICDR-SchO; Rule 38 lit. h S. 1 AAA-SchO; anders aber Abs. 30 Abs. 3 SIAC-SchO; Art. 67 Abs. 3 S. 1 MIAC-SchO.

des Schiedsgerichts nicht abgewartet werden kann.[781] Die Entscheidung muss regelmäßig binnen 15 Tagen erfolgen.[782] Sie bindet zwar die Parteien, allerdings nicht das später gebildete Schiedsgericht, das die angeordneten Maßnahmen also abändern kann.[783]

Das Eilschiedsrichter-Verfahren wird maßgeblich erst seit der Jahrtausendwende praktiziert und stellt daher eine relativ neuartige Innovation dar.[784] Dennoch wird an Schiedsinstitutionen mittlerweile vermehrt die Forderung gestellt, Verfahren, wie das des Eilschiedsrichters, zu entwickeln, um den einstweiligen Rechtsschutz im Schiedsverfahren zu verbessern.[785] Daher haben bereits viele Schiedsinstitutionen ein derartiges Verfahren in ihr Repertoire aufgenommen.[786] Dies betrifft nicht nur regional, sondern auch international ausgerichtete Schiedsinstitutionen,[787] obwohl diese der Schwierigkeit unterliegen, eine für verschiedene nationale Schiedsverfahrensrechte angemessene Regelung zu finden. In Asien wurde das Eilschiedsrichter-Verfahren sogar in einzelnen

---

781 Siehe zum Beispiel Art. 29 Abs. 1 S. 1 ICC-SchO; Schedule 4 Abs. 2 lit. d HKIAC-SchO; Rule 38 lit. e AAA-SchO; Art. 59 Abs. 2 lit. f MIAC-SchO.

782 Siehe zum Beispiel Art. 6 Abs. 4 S. 1 Appendix V ICC-SchO (15 Tage); Art. 9B Abs. 8 S. 1 LCIA-SchO (14 Tage); Ziff. 12 S. 1 Schedule 4 HKIAC-SchO (14 Tage); Ziff. 9 S. 1 Schedule 1 SIAC-SchO (14 Tage); Art. 43 Abs. 7 S. 1 SAC-SchO (15 Tage); Art. 8 Abs. 1 S. 1 Appendix II SCC-SchO (5 Tage); Art. 6 Abs. 2 S. 1 Appendix III CIETAC-SchO (15 Tage); Art. 44 Abs. 3 CAM-SchO (15 Tage); Art. 64 Abs. 1 S. 1 MIAC-SchO (15 Tage); Ziff. 12 Schedule 3 AIAC-SchO (15 Tage).

783 Siehe zum Beispiel Art. 29 Abs. 3 ICC-SchO; Art. 9B Abs. 11 LCIA-SchO; Art. 49 lit. m S. 2 WIPO-SchO; Ziff. 10 S. 2 Schedule 1 SIAC-SchO; Art. 7 Abs. 5 S. 2 ICDR-SchO; Art. 43 Abs. 8 S. 2 SAC-SchO; Art. 9 Abs. 5 Appendix II SCC-SchO; Art. 44 Abs. 8 S. 1 CAM-SchO; Art. 67 Abs. 2 MIAC-SchO; Ziff. 15 lit. c Schedule 3 AIAC-SchO.

784 *Born*, International Commercial Arbitration, S. 2633; *Horn*, SchiedsVZ 2016, 22 (22); *Kim/Satish*, in: Kaplan/Moser, FS Pryles, 175 (175); *Laukemann*, ZZP 126 (2013), 175 (185).

785 Zum Beispiel in Bezug auf die DIS *Meyer*, S. 183 ff.; ein weiteres Beispiel betrifft die SAC, siehe *Boog*, 28 ASA Bulletin 2010, 462 (463); siehe auch *QMU*, 2021 International Arbitration Survey, S. 8; *QMU*, Pre-empting and Resolving Technology, Media and Telecoms Disputes, S. 27.

786 Rule 38 AAA-SchO; Art. 44 CAM-SchO; Art. 58 ff. MIAC-SchO; Art. 23 Abs. 1 i.V.m. Schedule 4 HKIAC-SchO; Rule 30 Abs. 2 i.V.m. Schedule 1 SIAC-SchO; Art. 43 SAC-SchO; Art. 37 Abs. 4 i.V.m. Appendix II SCC-SchO; Art. 23 Abs. 2 S. 1 i.V.m. Appendix III CIETAC-SchO; Rule 8 Abs. 2 i.V.m. Schedule 3 AIAC-SchO.

787 Art. 29 i.V.m. Appendix V ICC-SchO; Art. 9B LCIA-SchO; Art. 49 WIPO-SchO; Art. 7 ICDR-SchO.

nationalen Schiedsverfahrensrechten ausdrücklich anerkannt.[788] Außerdem haben sich bereits Literaturmeinungen herausgebildet, die einen Eilschiedsrichter als regulären Schiedsrichter[789] und ein Eilschiedsrichter-Verfahren als reguläres Schiedsverfahren qualifizieren.[790] Schließlich werden im Eilverfahren ergangene Entscheidungen als vollstreckbar angesehen.[791]

Trotz dieser Anerkennung nimmt die DIS bisher Abstand davon, ein Eilschiedsrichter-Verfahren in ihrer allgemeinen Schiedsgerichtsordnung anzubieten. Positiv stimmt jedoch, dass die DIS seit 2008 zumindest in Sportschiedsverfahren ein Eilschiedsrichter-Verfahren gemäß § 20 Abs. 2 S. 1 DIS-SportSchO anbietet.[792] Für dieses Verfahren unterhält die DIS einen Geschäftsverteilungsplan, aus dem sich täglich der zuständige Schiedsrichter für Anträge auf einstweiligen Rechtsschutz ergibt.[793] Diese Praxis in Sportsachen deutet darauf hin, dass auch in anderen Bereichen – beispielsweise in medienrechtlichen Schiedsverfahren – ein Eilschiedsrichter-Verfahren eine sinnvolle Ergänzung darstellen kann.

Wenn sich das DMS für ein Eilschiedsrichter-Verfahren entscheiden sollte, müssen entsprechende Vorschriften in die Schiedsgerichtsordnung aufgenommen werden, wobei man sich an den Formulierungen anderer Schiedsinstitutionen orientieren oder Regelungsvorschläge der Literatur heranziehen kann.[794] Empfehlenswert ist in jedem Fall, das Verfahren derart in die Schiedsgerichtsordnung aufzunehmen, dass es von den Parteien nicht zusätzlich vereinbart werden

---

788 Siehe insbesondere Sec. 2 Abs. 1 Singapore International Arbitration Act, wonach ein Eilschiedsrichter als Schiedsgericht qualifiziert wird, abrufbar unter go.wwu.de/4nq-t; siehe außerdem Part 3A Hong Kong Arbitration Ordinance, wonach die Vollstreckung von Entscheidungen im Eilverfahren gewährleistet wird, abrufbar unter go.wwu.de/icl2e.

789 *Alnaber*, 35 Arb. Int. 2019, 441 (460); *Ghaffari/Walters*, 30 Arb. Int. 2014, 153 (159); *Horn*, S. 59; *Horn*, SchiedsVZ 2016, 22 (25); *Santacroce*, 31 Arb. Int. 2015, 283 (302); *Yesilirmak*, Provisional Measures in International Commercial Arbitration, S. 145; a.A. *Baigel*, 31 J. Int. Arb. 2014, 1 (15).

790 *Boog*, Die Durchsetzung einstweiliger Massnahmen in internationalen Schiedsverfahren, S. 264; *Giessen*, S. 107.

791 *Gerstenmaier*, in: Ebke/Olzen/Sandrock, FS Elsing, 153 (160); *Horn*, S. 74 ff.; *Laukemann*, ZZP 126 (2013), 175 (187); kritisch *Balthasar*, in: Balthasar, International Commercial Arbitration, 449 (477).

792 Siehe *Röhricht/Wuschka*, SchiedsVZ 2015, 247 (247).

793 Siehe die Webseite der DIS, abrufbar unter go.wwu.de/7gqai.

794 Siehe insbesondere den auf das deutsche Recht zugeschnittenen Vorschlag bei *Horn*, S. 221 ff.

muss.[795] Hierfür spricht, dass sich Parteien bei der Vereinbarung einer Schiedsklausel nicht mit einem einzelnen prozessualen Unterpunkt, wie dem einstweiligen Rechtsschutz, beschäftigen und eine Vereinbarung nach Aufkommen des Streits unwahrscheinlich ist.[796] Wenn das einstweilige Rechtsschutzverfahren nicht bereits durch die Vereinbarung der Schiedsgerichtsordnung mitvereinbart wird, wird es also wahrscheinlich nicht zum Einsatz kommen.[797] Demzufolge enthalten die meisten Schiedsgerichtsordnungen, die ein Eilschiedsrichter-Verfahren vorsehen, einen opt-out-Mechanismus.[798]

Eine entsprechende Vorschrift für die DMS-SchO lautet:

> (1) 1Sofern das Schiedsgericht noch nicht gebildet ist und die Parteien nichts anderes vereinbart haben, kann jede Partei die Bestellung eines Eilschiedsrichters beantragen. 2Die Partei muss hierfür darlegen, dass die Anordnung einer einstweiligen Maßnahme so dringend ist, dass die Bildung des Schiedsgerichts nicht abgewartet werden kann. 3Der Eilschiedsrichter soll seine Entscheidung innerhalb von 15 Tagen nach seiner Bestellung treffen.
> (2) 1Sobald das Schiedsgericht gebildet ist, endet das Amt des Eilschiedsrichters. 2Das Schiedsgericht kann Anordnungen des Eilschiedsrichters ändern, aussetzen und aufheben.
> (3) 1Die allgemeinen Vorschriften, insbesondere zur Anordnung einstweiliger Maßnahmen, gelten entsprechend. 2Der Präsident hat die Befugnis, die Fristen in den allgemeinen Vorschriften zu verkürzen. 3Bei weiteren verfahrensrechtlichen Fragen hat der Präsident die Befugnis, diese im eigenen Ermessen zu regeln.

---

795 *Boog*, 28 ASA Bulletin 2010, 462 (474); *Meyer*, S. 185.

796 *Alnaber*, 35 Arb. Int. 2019, 441 (445); *Bandel*, S. 374; *Boog*, 28 ASA Bulletin 2010, 462 (467); *Born*, International Commercial Arbitration, S. 2632; *Yesilirmak*, Provisional Measures in International Commercial Arbitration, S. 117.

797 Beispielhaft kann auf das ICC-Pre-Arbitral-Referee-Verfahren verwiesen werden, das einen opt-in-Mechanismus vorgesehen hatte und daher nur wenig Resonanz gefunden hat, siehe *Alnaber*, 35 Arb. Int. 2019, 441 (445); *Boog*, 28 ASA Bulletin 2010, 462 (467); *Horn*, S. 6 f.; dieselbe Beobachtung war bei den AAA Optional Rules for Emergency Measures of Protection zu machen, siehe *Boog*, 28 ASA Bulletin 2010, 462 (468); *Horn*, S. 6 f.

798 *Schäfer*, in: Nacimiento/Kröll/Böckstiegel, AiG, § 1041 Rn. 43; *Born*, International Commercial Arbitration, S. 2634; *Horn*, SchiedsVZ 2016, 22 (23); *Mueller/Pearson*, 33 ASA Bulletin 2015, 808 (810); *Villacorta*, in: González-Bueno, 40 under 40, 103 (106); siehe zum Beispiel ausdrücklich Art. 29 Abs. 6 lit. b ICC-SchO; Art. 9B Abs. 16 (ii) LCIA-SchO.

Wollte man beim DMS, wie beim DIS-Sportschiedsverfahren, einen Bereitschaftsdienst einrichten, sollte man sich zudem der Unterstützung der Schiedsrichter gewiss sein. Außerdem würde dies eine jederzeit erreichbare Geschäftsstelle voraussetzen.

cc) Ex-parte-Anordnungen

Als eine weitere Maßnahme zur Beschleunigung des einstweiligen Rechtsschutzes im Schiedsverfahren werden ex parte erfolgte Anordnungen diskutiert. Dies meint die Anordnung einer einstweiligen Maßnahme, die auf Antrag der einen Partei ergeht, ohne dass zuvor die andere Partei angehört wurde.[799] Eine solche Vorgehensweise beschleunigt nicht nur das Verfahren. Mitunter wird sie auch für erforderlich gehalten, um beim Antragsgegner einen Überraschungseffekt ausnutzen zu können, sodass er keine irreversiblen Maßnahmen ergreifen kann.[800]

Viele Literaturstimmen halten dieses Verfahren für zulässig.[801] Auch das OLG Frankfurt a.M. hat sich deutlich für die Zulässigkeit von ex parte erlassenen Anordnungen ausgesprochen:

> *„Das Schiedsgericht kann […] im Interesse der Effektivität des Rechtsschutzes […] ohne Anhörung der Gegenpartei entscheiden […]. Die Regelung in § 1042 Abs. 1 ZPO steht einer solchen Verfahrensweise ebenfalls nicht entgegen, denn das rechtliche Gehör wird durch diese Vorschrift nicht in größerem Umfang als vor dem staatlichen Gericht gewährt. Wenn aber dem staatlichen Gericht die Möglichkeit eröffnet ist, in dringenden Fällen Eilmaßnahmen ohne […] Anhörung des Gegner [sic] zu erlassen […], sieht der Senat keine Veranlassung, eine solche Verfahrensweise einem Schiedsgericht zu versagen […].“*[802]

---

799 *Dissmann*, GRUR 2020, 1152 (1156); *Horn*, S. 139.

800 *Hobeck/Weyhreter*, SchiedsVZ 2005, 238 (238); *Krimpenfort*, S. 105; *Lachmann*, Handbuch für die Schiedsgerichtspraxis, Rn. 2906; *Laukemann*, ZZP 126 (2013), 175 (176); *Mueller/Pearson*, 33 ASA Bulletin 2015, 808 (815); *Schwab/Walter*, Kap. 17a Rn. 20; *Yesilirmak*, Provisional Measures in International Commercial Arbitration, S. 220.

801 *Geimer*, in: Zöller, ZPO, § 1041 Rn. 1; *Saenger*, in: Saenger, ZPO, § 1041 Rn. 2; *Schäfer*, in: Nacimiento/Kröll/Böckstiegel, AiG, § 1041 Rn. 2; *Schlosser*, in: Stein/Jonas, ZPO, § 1041 Rn. 21; *Voit*, in: Musielak/Voit, ZPO, § 1041 Rn. 3; *Balthasar*, in: Balthasar, International Commercial Arbitration, 449 (477); *Bandel*, S. 99; *Brinkmann*, S. 66 f.; *Castello*, 58 Disp. Resol. J. 2003, 60 (69); *Gaier*, SchiedsVZ 2021, 7 (10 f.); *Krimpenfort*, S. 105; *Leitzen*, S. 122; *Meyer*, S. 167; *Raeschke-Kessler/Berger*, Rn. 598; *Westpfahl/Busse*, SchiedsVZ 2006, 21 (27); *Yesilirmak*, Provisional Measures in International Commercial Arbitration, S. 220 ff.; zurückhaltend *Laukemann*, ZZP 126 (2013), 175 (183 ff.).

802 *OLG Frankfurt a.M.*, Beschl. v. 31.7.2013, 26 SchH 4/13, BeckRS 2014, 4090.

Dementgegen sehen Kritiker keine Rechtfertigung für die unterlassene Anhörung des Antragsgegners und folgern daraus eine Verletzung seines Anspruchs auf rechtliches Gehör.[803] Auch kann man anzweifeln, ob ein Überraschungseffekt tatsächlich eintreten kann, wenn eine einstweilige Maßnahme nicht nur vom Schiedsgericht angeordnet werden muss, sondern zudem noch von einem staatlichen Gericht für vollziehbar erklärt werden muss.[804] Aus diesem gespaltenen Meinungsbild entsteht für Schiedsgerichte eine Rechtsunsicherheit, da sie sich nicht sicher sein können, ob eine von ihnen ex parte erlassene Anordnung einer einstweiligen Maßnahme für vollziehbar erklärt werden kann.[805] Diese Unsicherheit wurde durch das BVerfG verstärkt, da es – jedoch hinsichtlich staatlicher Gerichtsverfahren – entschied, dass ex-parte-Anordnungen zusätzlich an dem Grundsatz der Waffengleichheit zu messen seien.[806]

Der Kritik zum Trotz versucht die Praxis, dem Bedürfnis nach solchen Verfahren zu entsprechen. Das deutlichste Indiz hierfür ist, dass 2006 eine umfangreiche Regelung zu ex-parte-Anordnungen in Art. 17B und Art. 17C Model Law aufgenommen wurde.[807] Ein weiterer Indikator ist, dass die DIS in Art. 25 Abs. 2 ihrer 2018 reformierten Schiedsgerichtsordnung ausdrücklich geregelt hat, dass ex-parte-Anordnungen zulässig sind. Eine ähnliche Vorschrift wurde 2012 auch von dem

803 *Münch*, in: MüKo ZPO, § 1041 Rn. 25; *Schütze*, in: Wieczorek/Schütze, ZPO, § 1041 Rn. 26; *Wolf/Eslami*, in: BeckOK ZPO, § 1041 Rn. 11; *Horn*, S. 144 ff.; *Thümmel*, DZWIR 1997, 133 (135); ebenfalls kritisch gegenüber ex-parte-Verfahren *Alnaber*, 35 Arb. Int. 2019, 441 (447); *Cavalieros/Kim*, 35 J. Int. Arb. 2018, 275 (297); *Derains*, 58 Disp. Resol. J. 2003, 61 (61 ff.); *Houtte*, 20 Arb. Int. 2004, 85 (87 ff.); *Price*, in: Association for International Arbitration, Interim Measures in International Commercial Arbitration, 39 (44 f.); *Schütze*, BB 1998, 1650 (1651).

804 *Schütze*, in: Wieczorek/Schütze, ZPO, § 1041 Rn. 28; *Wolf/Eslami*, in: BeckOK ZPO, § 1041 Rn. 11; *Born*, International Commercial Arbitration, S. 2696; *Yesilirmak*, Provisional Measures in International Commercial Arbitration, S. 221; dagegen *Westpfahl/Busse*, SchiedsVZ 2006, 21 (25).

805 *Hobeck/Weyhreter*, SchiedsVZ 2005, 238 (240); vgl. auch *Theune*, in: Schütze, Institutionelle Schiedsgerichtsbarkeit, DIS-SchO, Art. 25 Rn. 11.

806 *BVerfG*, Beschl. v. 3.6.2020, 1 BvR 1246/20, GRUR 2020, 773 (774); diese Entscheidung sei ein „*game changer*", siehe *Gaier*, SchiedsVZ 2021, 7 (12); siehe außerdem *BVerfG*, Beschl. v. 30.7.2020, 1 BvR 1422/20, GRUR 2020, 1236 (1237); *BVerfG*, Beschl. v. 27.7.2020, 1 BvR 1379/20, GRUR 2020, 1119 (1120); *BVerfG*, Beschl. v. 30.9.2018, 1 BvR 1783/17, GRUR 2018, 1288 (1290 f.); *BVerfG*, Beschl. v. 30.9.2018, 1 BvR 2421/17, GRUR 2018, 1291 (1292).

807 *Boog/Quinke*, in: Flecke-Giammarco/Boog et.al, DIS-SchO, Art. 25 Rn. 81.

schweizerischen SAC in seine Schiedsgerichtsordnung aufgenommen.[808] Diese Vorschriften setzen nicht voraus, dass das rechtliche Gehör vor der Anordnung gewährt wird, fordern allerdings, dass dies spätestens mit der Anordnung nachgeholt wird. Außerdem wird die ex-parte-Anordnung auf außergewöhnliche Fälle beschränkt, in denen eine vorzeitige Gehörsgewähr den Zweck des Antrags vereiteln würde. Auf diese Weise wird die beschleunigende Wirkung eines ex-parte-Verfahrens genutzt, ohne den Anspruch auf rechtliches Gehör zu vernachlässigen.[809] Diese Vorgehensweise stimmt auch mit den Literaturmeinungen überein, wonach ex-parte-Anordnungen zulässig seien, sofern das rechtliche Gehör unverzüglich nachgeholt wird.[810] Dieser Auffassung war auch das BVerfG.[811] Insgesamt können ex-parte-Anordnungen somit zweckmäßige und zulässige Mittel zur Beschleunigung des einstweiligen Rechtsschutzes im Schiedsverfahren darstellen.

Zur Einführung von ex-parte-Verfahren könnte eine entsprechende Vorschrift als Ergänzung zu den übrigen Regelungen zum einstweiligen Rechtsschutz wie folgt lauten:

> [1]Die Partei kann beantragen, dass das Schiedsgericht die einstweilige Maßnahme anordnet, ohne zuvor die andere Partei anzuhören. [2]Das Schiedsgericht kann dem nur stattgeben, wenn der mit dem Antrag verfolgte Zweck ansonsten gefährdet wäre. [3]Außerdem muss es die andere Partei spätestens mit der Anordnung informieren und ihr unverzüglich rechtliches Gehör gewähren. [4]Im Übrigen gelten die Vorschriften zur Anordnung einstweiliger Maßnahmen entsprechend.

IV. Zwischenergebnis

Eine auf medienrechtliche Streitigkeiten spezialisierte Schiedsinstitution muss sich dem Thema des einstweiligen Rechtsschutzes widmen. Zwar stellt der einstweilige

---

808 *Jermini/Gamba*, in: Zuberbühler/Müller/Habegger, Swiss Rules of International Arbitration, Art. 26 Rn. 1c; die damalige Vorschrift war Art. 26 Abs. 3, wurde nun aber in Art. 29 Abs. 3 SAC-SchO überführt.

809 Vgl. *Boog/Quinke*, in: Flecke-Giammarco/Boog et.al, DIS-SchO, Art. 25 Rn. 100; *Jermini/Gamba*, in: Zuberbühler/Müller/Habegger, Swiss Rules of International Arbitration, Art. 26 Rn. 14.

810 *Schäfer*, in: Nacimiento/Kröll/Böckstiegel, AiG, § 1041 Rn. 19; *Theune*, in: Schütze, Institutionelle Schiedsgerichtsbarkeit, DIS-SchO, Art. 21 Rn. 11; *Bandel*, S. 99; *Brinkmann*, S. 66 f.; *Gaier*, SchiedsVZ 2021, 7 (11 f.); *Krimpenfort*, S. 105; *Lachmann*, Handbuch für die Schiedsgerichtspraxis, Rn. 2907; *Schwab/Walter*, Kap. 17a Rn. 20.

811 *BVerfG*, Beschl. v. 3.6.2020, 1 BvR 1246/20, GRUR 2020, 773 (774); *BVerfG*, Beschl. v. 30.9.2018, 1 BvR 1783/17, GRUR 2018, 1288 (1290); *BVerfG*, Beschl. v. 30.9.2018, 1 BvR 2421/17, GRUR 2018, 1291 (1292).

Rechtsschutz aufgrund der Eigenheiten der Schiedsgerichtsbarkeit keinen Aspekt dar, der Parteien erst dazu motivieren kann, ein Schiedsverfahren einem staatlichen Gerichtsverfahren vorzuziehen. Eine Schiedsinstitution kann allerdings einige Nachteile gegenüber dem staatlichen Gerichtsverfahren abbauen. Hierfür kann sie die vorgeschlagenen Vorschriften in ihre Schiedsgerichtsordnung aufnehmen, die einerseits Rechtsunsicherheiten beseitigen und andererseits die Entscheidungsmöglichkeiten eines Schiedsgerichts beschleunigen.

D. Ergebnis

Einer neuen Schiedsinstitution kann empfohlen werden, eine Marktnische aufzusuchen, indem sie ein Alleinstellungsmerkmal entwickelt. Im Falle des DMS besteht dieses in der Spezialisierung auf medienrechtliche Streitigkeiten. Zur Umsetzung dieser Spezialisierung sollten neben der Listung von fachkundigen Schiedsrichtern auch die übrigen Vorteile des Schiedsverfahrens genutzt werden. Daher sollte das DMS dem Interesse von Parteien aus der Medienbranche entsprechen und eine möglichst umfassende Vertraulichkeit im Schiedsverfahren gewährleisten. Zuletzt sollten die Nachteile des Schiedsverfahrens in Bezug auf den einstweiligen Rechtsschutz abgebaut werden.

Kapitel 3 Ausgleich des Legitimitätsdefizits

Es ist nicht ausgemacht, dass eine neue Schiedsinstitution, die sowohl ein effizientes Schiedsverfahren anbietet, als auch ein Alleinstellungsmerkmal aufweist, auf dem „*Markt der Streitbeilegung*"[812] Fälle akquirieren kann. Zwar sind die in den vergangenen zwei Kapiteln angesprochenen Aspekte notwendige Voraussetzungen. Für eine neue Schiedsinstitution sind sie aber nicht ausreichend, denn für sie besteht das größte Problem darin, einem erheblichen Legitimitätsdefizit zu unterliegen, das ihre Wettbewerbsfähigkeit beeinträchtigt (**A**). Zum Ausgleich dieses Defizits werden legitimierende Maßnahmen vorgeschlagen, die Parteien motivieren sollen, einer neuen Schiedsinstitution einen Vertrauensvorschuss zu gewähren (**B**).

A. Legitimitätsdefizit einer neuen Schiedsinstitution

Einer neuen Schiedsinstitution mangelt es an Legitimität, das heißt, ihre Zielgruppe kennt sie entweder nicht oder sieht sie nicht als wünschenswert, ordnungsgemäß oder angemessen an.[813] Legitimität setzt in diesem Sinne ein erforderliches Ausmaß an Vertrauen der Marktteilnehmer voraus und bildet damit eine entscheidende Eigenschaft, die über den Erfolg eines Marktzutritts entscheidet.[814]

---

812 *Eidenmüller*, in: Schütze/Klötzel/Gebauer, FS Thümmel, 125 (128).

813 Diese Definition der Legitimität geht zurück auf *Suchman*, 20 AMR 1995, 571 (574); befürwortend *Archibald*, in: Johnson, Legitimacy Processes in Organizations, 171 (175); *Barreto/Baden-Fuller*, 43 J. Manag. Stud. 2006, 1559 (1561); *Fisher*, 1 Organization Theory 2020, 1 (2); *Rao/Chandy/Prabhu*, 72 Journal of Marketing 2008, 58 (59); *Zott/Huy*, 52 ASQ 2007, 70 (71); einen ähnlichen Ansatz verfolgen *Deephouse*, 39 AMJ 1996, 1024 (1024); *Zimmermann/Zeitz*, 27 AMR 2002, 414 (414).

814 *Archibald*, in: Johnson, Legitimacy Processes in Organizations, 171 (178); *Bruton/Ahlstrom/Li*, 34 Entrepreneurship Theory and Practice 2010, 421 (427); *Deephouse*, 20 Strat. Mgmt. J. 1999, 147 (153); *Delmar/Shane*, 19 Journal of Business Venturing 2004, 385 (406); *Dobrev/Gotsopoulos*, 53 AMJ 2010, 1153 (1155); *Johnson*, in: Johnson, Legitimacy Processes in Organizations, 1 (8); *Nagy/Lohrke*, in: Landström/Lohrke, Historical Foundations of Entrepreneurship Research, 185 (192); *Navis/Glynn*, 36 AMR 2011, 479 (479); *Starr/MacMillan*, 11 SMJ 1990, 79 (83); *Überbacher*, 51 Journal of Management Studies 2014, 667 (667); *Zimmermann/Zeitz*, 27 AMR 2002, 414 (414).

Das Legitimitätsdefizit einer neuen Schiedsinstitution hat zwei Gründe. Erstens unterliegt sie den Schwierigkeiten, denen jede neue Organisation unterliegt: Sie hat keine Erfahrung vorzuweisen und es bestehen begründete Zweifel an ihrer Beständigkeit (**I**). Zweitens unterliegen Schiedsinstitutionen keiner signifikanten Kontrolle und sind damit auch als Organisationsform nicht automatisch vertrauenswürdig (**II**).

I. Liability of Newness

Nach dem Grundmodell des homo oeconomicus wird zwar vorausgesetzt, dass eine Person alle Informationen über ihre Entscheidungsmöglichkeiten und deren Folgen hat. Allerdings wurde früh erkannt, dass eine vollständige Informiertheit unrealistisch ist.[815] In gleicher Weise ist auch die Vorstellung illusorisch, wonach Streitparteien stets alle Schiedsinstitutionen kennen und beurteilen können. Hinzu kommt, dass neue Schiedsinstitutionen einer „*liability of newness*“[816] unterliegen, sodass ihr Scheitern nur aufgrund ihrer Neuheit wahrscheinlicher ist als das von bereits etablierten Schiedsinstitutionen. Dies ist darauf zurückzuführen, dass neue Organisationen, unabhängig von ihrer Leistungsfähigkeit, einem Vertrauensdefizit unterliegen,[817] weil sie neu sind und keine Erfahrung haben.[818]

Das Phänomen der „*liability of newness*“[819] unter Schiedsinstitutionen liegt auch daran, dass Parteien eine Schiedsinstitution primär nach ihrer Reputation auswählen (1). Zudem bildet auch die Beständigkeit einer Schiedsinstitution ein wichtiges Auswahlkriterium (2). Insbesondere der letzte Punkt wird am Beispiel des DMS besonders deutlich (3).

---

815 *Kirchgässner*, S. 15 f.; *Tietzel*, 32 JSW 1981, 115 (123); *Towfigh/Petersen*, Rn. 78.

816 Der Begriff geht zurück auf *Stinchcombe*, in: March, Handbook of Organizations, 142 (148).

817 *Aldrich/Fiol*, 19 AMR 1994, 645 (647); *Delmar/Shane*, 19 Journal of Business Venturing 2004, 385 (387); *Dobrev/Gotsopoulos*, 53 AMJ 2010, 1153 (1155); *Hannan/Freeman*, S. 245; *Navis/Glynn*, 36 AMR 2011, 479 (479); *Shepherd/Douglas/Shanley*, 15 Journal of Business Venturing 2000, 393 (397).

818 *Bruton/Ahlstrom/Li*, 34 Entrepreneurship Theory and Practice 2010, 421 (427); *Fisher*, 1 Organization Theory 2020, 1 (1 f.); *Karlsson/Middleton*, 29 Industry and Higher Education 2015, 469 (470); *Nagy/Lohrke*, in: Landström/Lohrke, Historical Foundations of Entrepreneurship Research, 185 (185 ff.); *Nagy/Pollack et al.*, 36 Entrepreneurship Theory and Practice 2012, 941 (941); *Starr/MacMillan*, 11 SMJ 1990, 79 (83); *Zott/Huy*, 52 ASQ 2007, 70 (70).

819 *Stinchcombe*, in: March, Handbook of Organizations, 142 (148).

1. *Reputation als Auswahlkriterium*

Die Existenz einer Schiedsinstitution hängt davon ab, dass Parteien sich freiwillig an sie wenden. Sind sie nicht von dem Angebot einer Schiedsinstitution überzeugt, hält sie nichts davon ab, ein anderes Angebot wahrzunehmen, zumal auf dem „*Markt der Streitbeilegung*"[820] viele Anbieter existieren.[821] Deswegen ist es für eine Schiedsinstitution von existenzieller Bedeutung, dass ihre Legitimität außer Frage steht; ohne diese wird sie nicht angerufen.[822] Gleichzeitig dominieren die etablierten Schiedsinstitutionen den Markt und genießen gegenüber neuen Schiedsinstitutionen erhebliche Wettbewerbsvorteile.[823] Zu diesen Vorteilen zählt insbesondere der Umstand, dass Parteien, die vor der Wahl einer Schiedsinstitution stehen, in erster Linie nach der Anerkennung der Schiedsinstitution entscheiden.[824] Somit haben allein das Alter, eine hohe Verfahrensanzahl und die damit implizierte Erfahrung einer Schiedsinstitution eine legitimierende Wirkung auf die Parteien.[825] Der „gute Ruf" einer Schiedsinstitution bietet den Parteien somit eine Sicherheit dafür, dass Schiedsverfahren unter ihrer Schirmherrschaft ordnungsgemäß durchgeführt werden.[826] Parteien vertrauen eher der seit Jahrzehnten tätigen und zuverlässig arbeitenden Schiedsinstitution, als eine neue Schiedsinstitution auszuwählen, deren Leistungsfähigkeit unbekannt ist.[827] Zudem wirkt der Name einer anerkannten Schiedsinstitution für einen Schiedsspruch wie ein Qualitätssiegel und kann damit seine Durchsetzung erleichtern.[828]

---

820 *Eidenmüller*, in: Schütze/Klötzel/Gebauer, FS Thümmel, 125 (128).

821 Siehe oben ab S. 37.

822 *Ziadé*, 25 Arb. Int. 2009, 427 (428).

823 *Carbonneau*, 56 U.Miami L. Rev. 2002, 773 (796); vgl. auch *Wetter*, S. 242.

824 Diese Erkenntnis ist durch mehrere Studien gestützt, siehe *QMU*, 2006 International Arbitration Survey, S. 12; *QMU*, 2018 International Arbitration Survey, S. 14; *QMU*, 2021 International Arbitration Survey, S. 10; siehe außerdem *Chrocziel/Kasolowsky et al.*, Kap. 5 Rn. 3; *Dezalay/Garth*, S. 45; *Eidenmüller*, in: Schütze/Klötzel/Gebauer, FS Thümmel, 125 (136); *Lachmann*, Handbuch für die Schiedsgerichtspraxis, Rn. 3050; *Lew/Mistelis/Kröll*, Rn. 3-17; *Wallgren-Lindholm*, in: Cordero-Moss, International Commercial Arbitration, 61 (65).

825 So auch in Bezug auf die ICC *Dezalay/Garth*, S. 45.

826 *Choi*, 36 Vand. J. Transnat'l L. 2003, 1233 (1237); *Wallgren-Lindholm*, in: Cordero-Moss, International Commercial Arbitration, 61 (67).

827 *QMU*, 2006 International Arbitration Survey, S. 12; allgemeiner *Bruton/Ahlstrom/Li*, 34 Entrepreneurship Theory and Practice 2010, 421 (427); *Zimmermann/Zeitz*, 27 AMR 2002, 414 (417).

828 *Gremminger*, S. 125; *Lew/Mistelis/Kröll*, Rn. 3-20; *Schütze/Tscherning/Wais*, Rn. 31.

Umgekehrt bedeutet das für eine neue Schiedsinstitution, dass sie bereits deswegen erhebliche Schwierigkeiten hat, sich gegen etablierte Schiedsinstitutionen zu behaupten, weil sie als late mover auf den Markt tritt. Außerdem bietet ihr Name den Parteien keinerlei Sicherheit. Diese Erkenntnis zeigt ein Dilemma auf: Die Legitimität ist Voraussetzung dafür, dass Parteien eine Schiedsinstitution anrufen, aber Legitimität kann erst entstehen, wenn Parteien die Schiedsinstitution auswählen und diese sich beweisen kann.[829]

2. Beständigkeit als Auswahlkriterium

Dieses Dilemma verstärkt sich vor dem Hintergrund, dass Parteien eine Schiedsvereinbarung überwiegend zu Beginn einer geschäftlichen Transaktion schließen.[830] Dies passiert damit regelmäßig Jahre bevor ein Streit auftritt, der an eine Schiedsinstitution herangetragen werden könnte. Daher ist auch die Beständigkeit einer Schiedsinstitution von essenzieller Bedeutung dafür, dass sie von Parteien ausgewählt wird.[831] Wenn sich Parteien unsicher sind, ob eine Schiedsinstitution auch in mehreren Jahren noch bestehen wird, werden sie von einem Verweis auf deren Schiedsgerichtsordnung ablassen.

Aus Sicht der Parteien ist es nachvollziehbar, eine Schiedsinstitution zu meiden, die im Zeitpunkt der Entstehung des Streits womöglich nicht mehr existiert. Sie gehen ein Risiko ein, wenn sie eine neue Schiedsinstitution mit ungewisser Zukunft auswählen. Haben sich die Parteien in ihrer Schiedsvereinbarung auf eine Schiedsinstitution geeinigt, die später wegfällt, können sie ihr Schiedsverfahren nicht wie gewünscht durchführen. Dieses Szenario verleitet auch einige Autoren dazu, von der Wahl einer neuen Schiedsinstitution deutlich abzuraten.[832] Um sich selbst keiner Kritik auszusetzen, werden auch

---

829 So auch die prägnante Beschreibung des ehemaligen Generaldirektors der LCIA bei *Berg*, S. 706.

830 *Prütting*, in: Prütting/Gehrlein, ZPO, § 1029 Rn. 3; *Schlosser*, in: Stein/Jonas, ZPO, § 1029 Rn. 13; *David*, Rn. 51; *Lachmann*, Handbuch für die Schiedsgerichtspraxis, Rn. 264; *Redfern/Hunter*, Rn. 2.02; *Schütze/Tscherning/Wais*, Rn. 47; *Wagner*, 62 Buff. L. Rev 2014, 1085 (1101).

831 *Gurry*, 5 Am. Rev. Int. Arb. 1994, 1 (1); *Lachmann*, Handbuch für die Schiedsgerichtspraxis, Rn. 3068; *Melis*, 13 Comp. Law Y.B. Int'l Bus. 1991, 107 (109); *Melis*, TvA 1988, 25 (26); *Redfern/Hunter*, Rn. 1.160; *Söderlund*, in: Hobér/Magnusson/Öhrström, FS Franke, 487 (488).

832 *Born*, International Arbitration and Forum Selection Agreements, S. 62; siehe auch *Melis*, 13 Comp. Law Y.B. Int'l Bus. 1991, 107 (109); *Melis*, TvA 1988, 25 (26).

Parteivertreter ihren Klienten die Wahl einer neuen Schiedsinstitution nur selten nahelegen.[833]

Auch hieraus kann sich für eine neue Schiedsinstitution ein „Teufelskreis" ergeben: Ob Parteien sie auswählen, hängt von ihrer Beständigkeit ab, umgekehrt hängt die Beständigkeit davon ab, ob sie von Parteien gewählt wird.[834]

3. *Veranschaulichung am DMS*

Die Entwicklung des DMS bezeugt die angebrachten Bedenken. 2016 wurde es errichtet und bereits 2020 wurde der Trägerverein wieder aufgelöst.[835] Bereits die Fallflaute könnte darauf hindeuten, dass Parteien das DMS meiden, weil es noch keine Reputation aufbauen konnte. Allerdings kann ebenfalls nicht ausgeschlossen werden, dass es doch Parteien gibt, die in ihrer Schiedsvereinbarung auf die DMS-SchO verweisen und nur noch kein Streitfall aufgetreten ist. Für diese Parteien bedeutete die Auflösung des Trägervereins eine erhebliche Rechtsunsicherheit.

Mittlerweile wurde das DMS zwar durch die Medienstiftung der Sparkasse Leipzig übernommen. Der Wegfall der ursprünglichen Trägerorganisation wirft aber seinerseits Rechtsfragen auf. So wird in der Literatur vertreten, dass eine Schiedsvereinbarung, die auf eine Schiedsgerichtsordnung verweist, unwirksam wird, wenn die entsprechende Schiedsinstitution oder ihr Träger wegfällt.[836] Exemplarisch kann hierfür auf den durch die Wiedervereinigung verursachten Wegfall des „Schiedsgerichts bei der Kammer für den Außenhandel der DDR" verwiesen werden. Für dieses beanspruchte zwar das „Schiedsgericht Berlin" die Nachfolgerschaft.[837] Der Trägerwechsel rief in der Literatur jedoch eine umfangreiche Diskussion hervor, ob die Schiedsvereinbarungen hierdurch ihre Wirksamkeit verloren hätten.[838] Die Rechtsprechung erklärte die

---

833 *Redfern/Hunter*, Rn. 1.161; *Söderlund*, in: Hobér/Magnusson/Öhrström, FS Franke, 487 (488).

834 *Paulsson/Rawding/Reed*, S. 62.

835 *Nünning*, Medienkorrespondenz v. 20.12.2020; *Stawowy*, Flurfunk: Das Medienblog v. 18.12.2020.

836 *OLG Hamm*, Beschl. v. 14.1.2003, 10 W 70/02, BeckRS 2010, 3589; *Schlosser*, in: Stein/Jonas, ZPO, § 1029 Rn. 103; *Ebbing*, S. 319; *Raeschke-Kessler*, BB 1992, 19 (20); *Redfern/Hunter*, Rn. 1.160; *Söderlund*, in: Hobér/Magnusson/Öhrström, FS Franke, 487 (488).

837 Zur historischen Entwicklung ausführlich *Walter/Hauck*, ZZP 107 (1994), 541 (542 ff.).

838 Für eine Unwirksamkeit plädierten *Börner/Oehmke*, DB 1993, 2217 (2220); *Glossner*, in: Berg, Yearbook Commercial Arbitration, 389 (389 f.); *Hochbaum*, S. 201;

Schiedsvereinbarungen schließlich für unwirksam.[839] Dabei stützte sie sich auf eine analoge Anwendung von § 1033 ZPO a.F.,[840] wonach eine Schiedsvereinbarung außer Kraft tritt, wenn ein bestellter Schiedsrichter wegfällt.

Insbesondere durch die Reform des Schiedsverfahrensrechts und die Streichung des § 1033 ZPO a.F. hat sich das Meinungsbild aber gewandelt. So besteht nun weitgehend Einigkeit, dass wenn der Träger einer Schiedsinstitution wegfällt, zunächst versucht werden muss, die Schiedsvereinbarung durch eine (ergänzende) Vertragsauslegung aufrechtzuerhalten.[841] Dieser Meinung hat sich nunmehr auch der BGH unter Geltung des neuen Schiedsverfahrensrechts angeschlossen.[842]

Vor diesem Hintergrund sind Schiedsvereinbarungen, die auf die DMS-SchO verweisen, aufgrund des Trägerwechsels nicht unwirksam geworden. Der Parteiwille geht eben nicht dahin, einen Streitfall nun vor den ordentlichen Gerichten austragen zu wollen.[843] Im Übrigen hat sich neben dem Trägerwechsel keine

---

Raeschke-Kessler, 21 Int'l Bus. Law. 1993, 15 (18); *Timmermann/Vogel*, BB 1992, 9 (14); *Walter/Hauck*, ZZP 107 (1994), 541 (552); dementgegen *Berger*, 8 Arb. Int. 1992, 101 (118); *Habscheid/Habscheid*, JZ 1994, 945 (951); *Habscheid/Habscheid*, 9 Arb. Int. 1993, 203 (217); *Habscheid/Habscheid*, DtZ 1992, 370 (374 f.); *Heinz/Mariott*, 20 Int'l Bus. Law. 1992, 209 (211); *Kemper*, 6 WiR 1991, 181 (185); *Kirchner*, DtZ 1992, 270 (272); *Kirchner/Mariott*, 10 J. Int. Arb. 1993, 5 (14); *Levin*, 2 Am. Rev. Int. Arb. 1991, 493 (498 f.); *Roth*, 2 Croat. Arbit. Yearb. 1995, 59 (76); *Schlosser*, IPrax 1995, 360 (362); *Strohbach*, 8 Arb. Int. 1992, 185 (186 f.); *Strohbach*, 11 WiR 1991, 344 (345).

839 *BGH*, Urt. v. 20.1.1994, III ZR 143/92, NJW 1994, 1008 (1009) im Anschluss an *OLG Hamburg*, Entscheidung v. 2.10.1992, 12 U 14/92, BB 1993, 22 (22); *LG Hamburg*, Entscheidung v. 30.12.1991, 402 O 76/91, BB 1992, 25 (26); ebenso *OLG Frankfurt a.M.*, Urt. v. 25.1.1993, 8 W 8/93, DtZ 1993, 183 (183); vgl. auch *BGH*, Urt. v. 9.2.1995, III ZR 37/94, DtZ 1995, 246 (248); dementgegen *LG Berlin*, Entscheidung v. 9.12.1992, 100.0.168/92, BB 1993, 2189 (2189 f.); *LG Itzehoe*, Urt. v. 9.2.1993, 5 O 43/92, DtZ 1993, 184 (185).

840 *BGH*, Urt. v. 20.1.1994, III ZR 143/92, NJW 1994, 1008 (1009).

841 *Geimer*, in: Zöller, ZPO, § 1029 Rn. 101; *Münch*, in: MüKo ZPO, § 1032 Rn. 8; *Schütze*, in: Wieczorek/Schütze, ZPO, § 1029 Rn. 98; *Voit*, in: Musielak/Voit, ZPO, § 1032 Rn. 4; *Wolf/Eslami*, in: BeckOK ZPO, § 1032 Rn. 17; *Habscheid*, in: Meier/Riemer/Weimar, FS Walder, 323 (330); *Jarrosson*, Rev. Arb. 2016, 445 (453); *Plavec*, S. 236 ff.; *Schwab/Walter*, Kap. 8 Rn. 13; *Wolf*, S. 199.

842 *BGH*, Beschl. v. 14.7.2011, III ZB 70/10, NJW 2011, 2977 (2978); befürwortend *Schlabrendorff*, LMK 2011, 326224; siehe auch die Vorinstanz *OLG Köln*, Beschl. v. 23.9.2010, 19 SchH 15/10, DStR 2011, 1243 (1244); ebenso *KG Berlin*, Beschl. v. 3.9.2012, 20 SchH 2/12, SchiedsVZ 2012, 337 (338); *OLG Karlsruhe*, Urt. v. 4.4.2007, 1 U 232/06, NJOZ 2007, 5365 (5369 f.).

843 So auch allgemein *Born*, International Commercial Arbitration, S. 837; *Plavec*, S. 238.

Änderung ergeben, insbesondere ist dieselbe Schiedsgerichtsordnung anwendbar und dieselben Schiedsrichter stehen zur Verfügung. Zwar sind einige Bestimmungen in der DMS-SchO nicht mehr durchführbar, soweit sie sich auf den aufgelösten Trägerverein beziehen. Zum Beispiel besagt § 18 Abs. 1 S. 2 DMS-SchO, dass die Parteien dem Trägerverein die Verfahrenskosten schuldig sind. Diese Bestimmung kann jedoch so ausgelegt werden, dass nun die Medienstiftung Gläubigerin der Verfahrenskosten wird. Im Übrigen ist auf den Grundsatz in favorem validitatis hinzuweisen, wonach bei mehreren Auslegungsmöglichkeiten jene vorzugswürdig ist, welche die Wirksamkeit der Schiedsvereinbarung erhält.[844] Dieser Grundsatz greift insbesondere, wenn unzweifelhaft ist, dass die Parteien statt eines staatlichen Gerichts die Zuständigkeit eines Schiedsgerichts vereinbaren wollten.[845]

Obwohl Schiedsvereinbarungen mit Verweis auf die DMS-SchO also weiterhin wirksam sind, machte insbesondere die Zwischenzeit nach der Auflösung des Trägervereins deutlich, dass die Beständigkeit des DMS zweifelhaft ist. Es ist somit nicht auszuschließen, dass Parteien deswegen von der Wahl des DMS absehen oder, wenn sie sich bereits auf das DMS geeinigt haben, das DMS nun durch eine Vertragsänderung abwählen.

4. *Zwischenergebnis*

Insgesamt wird deutlich, dass eine neue Schiedsinstitution allein aufgrund ihrer Neuheit unter einem Legitimitätsdefizit leidet, da sie noch keine Reputation aufbauen konnte und unklar ist, ob sie Bestand haben wird.

II. Mangelhafte Kontrolle von Schiedsinstitutionen

Die zweite Quelle des Legitimitätsdefizits ist darin zu erblicken, dass Schiedsinstitutionen keiner nennenswerten Kontrolle unterliegen. Dies bedeutet für Schiedsinstitutionen einerseits eine große Autonomie. Andererseits führt dies aber dazu, dass Parteien mit einer Schiedsinstitution, anders als mit einem staatlichen Gericht, nicht automatisch eine Vertrauenswürdigkeit verknüpfen. Zwar weisen auch viele Schiedsinstitutionen eine hohe Vertrauenswürdigkeit auf. Diese ist aber vielmehr auf deren Leistungsbilanz zurückzuführen, mit der sie dem grundlegenden Legitimitätsdefizit mittlerweile entgegenwirken konnten.

---

844 *Münch*, in: MüKo ZPO, § 1029 Rn. 105; *Raeschke-Kessler*, in: Prütting/Gehrlein, ZPO, § 1059 Rn. 27.

845 *Hochbaum*, S. 34; *Lew/Mistelis/Kröll*, Rn. 7–62; *Plavec*, S. 180.

Im Gegensatz dazu ist es für neue Schiedsinstitutionen nachteilig, dass sie nicht extern kontrolliert werden, da sie somit auch keine externe Legitimierung erfahren.

Zurückzuführen ist der Kontrollmangel von Schiedsinstitutionen auf in mehreren Rechtsgebieten verankerten Privilegierungen (1). Zudem belegen zahlreiche Skandale, dass der daraus folgenden Autonomie zugleich ein Gefahrenpotenzial innewohnt, das die allgemeine Vertrauenswürdigkeit von Schiedsinstitutionen infrage stellt (2).

1. Rechtliche Privilegierung von Schiedsinstitutionen

Rechtliche Privilegierungen zugunsten von Schiedsinstitutionen lassen sich in mehreren Rechtsgebieten finden. Zuallererst ist das Schiedsverfahrensrecht zu nennen, das überwiegend so ausgelegt wird, dass es für Schiedsinstitutionen keine verfahrensbezogenen Restriktionen enthält (a). Weiterhin enthält auch das Haftungsrecht aufgrund mehrerer Haftungserleichterungen kaum Möglichkeiten, das Fehlverhalten einer Schiedsinstitution zu ahnden (b). Zuletzt hält auch das Vereinsrecht, das die Schiedsinstitution oftmals aus gesellschaftsrechtlicher Sicht reguliert, wenig Sicherungsmechanismen bereit (c).

a) Privilegierung im Schiedsverfahrensrecht

Auf der Suche nach einer Regulierung von Schiedsinstitutionen fällt der Blick naturgemäß zuerst auf das Schiedsverfahrensrecht. Allerdings bedeutet dieses für eine Schiedsinstitution keine Einschränkung, es manifestiert vielmehr deren Autonomie. Zumindest in Kontinentaleuropa herrscht die Meinung vor, dass die Tätigkeit einer Schiedsinstitution rein administrativ ist.[846] Diese Einordnung ist geprägt von dem Verständnis der international größten Schiedsinstitution, der ICC, deren Tätigkeit von der Literatur,[847] aber auch den französischen Gerichten

846 *Münch*, in: MüKo ZPO, Vor § 1034 Rn. 74; *Berger*, AnwBl 2009, 771 (772); *Cheng/Li*, in: Hanotiau/Mourre, Players' Interaction in International Arbitration, 113 (117); *Clay*, Rn. 1053; *David*, Rn. 52; *Delvolvé/Rouche/Pointon*, Rn. 147; *Dupeyre*, 32 Rev. Arb. 2014, 265 (281); *Habscheid*, JZ 1995, 188 (189); *Hancock*, 1 J. Int. Arb. 1984, 21 (23); *Mourre*, in: Wautelet/Kruger/Coppens, FS Houtte, 149 (149); *Poudret/Besson*, Rn. 468; *Raeschke-Kessler/Berger*, Rn. 72; *Zykin*, in: Hobér/Magnusson/Öhrström, FS Franke, 601 (602 f.); in Bezug auf die DIS *Berger*, Private Dispute Resolution in International Business, S. 362 f.

847 *Alvarez*, 6 Arb. Int. 1990, 203 (207); *Böckstiegel*, in: Flume/Hahn et al., FS Mann, 575 (575); *Chan*, 25 Arb. Int. 2009, 403 (412); *Derains/Schwartz*, S. 18; *Grierson/Hooft*, S. 47; *Jarvin*, 4 ASA Bulletin 1986, 243 (244 f.); *Kühner/Flecke-Giammarco*,

mehrheitlich als administrativ qualifiziert wird.[848] Die Konsequenz dieser Auffassung ist, dass die Aktivität einer Schiedsinstitution, anders als die der Schiedsrichter, keinerlei rechtlichen Grundstandards, wie etwa dem Anspruch auf rechtliches Gehör, unterliegt.[849]

Als Begründung für den administrativen Ansatz wird zunächst angeführt, dass eine geringe Kontrolldichte wünschenswert sei, da es ein Schiedsverfahren lähme, wenn jede Entscheidung einer Schiedsinstitution den Grundstandards standhalten müsste, die für Schiedsrichter gelten.[850] Daneben wird zur Rechtfertigung darauf verwiesen, dass die Parteien die Schiedsgerichtsordnung und damit auch die Befugnisse der Schiedsinstitution privatautonom vereinbart hätten.[851] Zuletzt wird angeführt, dass mit dieser Vereinbarung zugleich ein Verzicht auf Verfahrensgrundsätze, wie den Anspruch auf rechtliches Gehör, einhergehe.[852]

Am letzten Punkt ist zu kritisieren, dass es allgemein für unzulässig erachtet wird, im Voraus auf Verfahrensgarantien zu verzichten.[853] Im Übrigen

---

in: Nacimiento/Kröll/Böckstiegel, AiG, ICC Arbitration in Germany, Rn. 28 f.; *Laschet*, in: Habscheid/Schwab, FS Nagel, 167 (Fn. 65); *Loquin*, Rev. Arb. 1990, 427 (451 f.); *Naón*, ICC Bulletin, Suppl. (Arbitration in the Next Decade) 1999, 55 (57); *Raeschke-Kessler/Bühler*, ZIP 1987, 1157 (1160); *Schwab/Walter*, Kap. 47 Rn. 16; *Verbist/Schäfer/Imhoos*, S. 17.

848 *Cour d'Appel de Paris*, Entscheidung v. 15.1.1985, Rev. Arb. 1986, 87 (90); *Cour d'Appel de Paris*, Entscheidung v. 17.5.1983, Rev. Arb. 1987, 309 (314); *Cour de Cassation*, Entscheidung v. 20.2.2001, Rev. Arb. 2001, 511 (512 f.); *Cour de Cassation*, Entscheidung v. 7.10.1987, Rev. Arb. 1987, 479 (480); *TGI Paris*, Entscheidung v. 19.12.2012, 11/02455, Rev. Arb. 2014, 212 (212); *TGI Paris*, Entscheidung v. 21.5.1997, Rev. Arb. 1997, 417 (424); *TGI Paris*, Entscheidung v. 13.7.1988, Rev. Arb. 1989, 97 (97); für eine ausführliche Darstellung der französischen Rechtsprechung siehe *Gerbay*, The Functions of Arbitral Institutions, S. 126 ff.; *Warwas*, S. 248 ff.

849 *Gerbay*, The Functions of Arbitral Institutions, S. 123; *Hautot*, 8 ASA Bulletin 1990, 12 (19); *Laschet*, in: Habscheid/Schwab, FS Nagel, 167 (Fn. 65); *Moollan*, in: Carlevaris/Lévy et al., FS Beechey, 287 (288 f.); *Veeder*, 5 Am. Univ. Bus. Law Rev. 2015, 335 (350); vgl. auch *Bühler*, 5 ASA Bulletin 1987, 142 (146); *Fouchard*, Rev. Arb. 1987, 225 (239 f.).

850 *Alvarez*, 6 Arb. Int. 1990, 203 (Fn. 16); *Fouchard*, Rev. Arb. 1987, 225 (244); *Hermanns*, IPrax 1987, 353 (355); *Paulsson*, 6 Arb. Int. 1990, 226 (248).

851 *Laschet*, in: Habscheid/Schwab, FS Nagel, 167 (Fn. 65); *Meyer*, S. 86; *Nedden/Büstgens*, SchiedsVZ 2015, 169 (177).

852 *Raeschke-Kessler/Bühler*, ZIP 1987, 1157 (1166).

853 *Geimer*, in: Zöller, ZPO, § 1042 Rn. 4; *Münch*, in: MüKo ZPO, § 1042 Rn. 48; *Prütting*, in: Prütting/Gehrlein, ZPO, § 1042 Rn. 6; *Sachs/Lörcher*, in: Nacimiento/Kröll/

geht der administrative Ansatz darüber hinweg, dass Schiedsinstitutionen teilweise Befugnisse zustehen, mit denen sie für das Schiedsverfahren wesentliche Entscheidungen treffen können.[854] Zum Beispiel können sie mitunter die Zusammensetzung eines Schiedsgerichts bestimmen und damit mittelbar den Ausgang eines Verfahrens beeinflussen.[855] Von diesen Befugnissen räumen sich Schiedsinstitutionen in ihren Schiedsgerichtsordnungen immer mehr ein[856] und Parteien können davon in der Regel nicht abweichen.[857] Mit einer solchen Verfahrensmacht von Schiedsinstitutionen verträgt sich der administrative Ansatz allerdings nicht.

Daher werden mittlerweile Stimmen laut, die von Schiedsinstitutionen fordern, dass deren interne Entscheidungsfindung grundlegenden Verfahrensprinzipien

---

Böckstiegel, AiG, § 1042 Rn. 2; *Saenger*, in: Saenger, ZPO, § 1042 Rn. 9; *Wilske/Markert*, in: BeckOK ZPO, § 1042 Rn. 3.

854 *Cohn*, 14 ICLQ 1965, 132 (141); *Grierson/Hooft*, S. 47; *Henriques*, 33 ASA Bulletin 2015, 514 (528); *Hofbauer/Burkart et al.*, in: Habegger/Hochstrasser et al., Arbitral Institutions under Scrutiny, 1 (20); *Horlach*, S. 65; *Jensen*, Rn. 5.123; *McAsey*, in: Baetens, Legitimacy of Unseen Actors in International Adjudication, 51 (66); *Mistelis*, in: Schultz/Ortino, The Oxford Handbook of International Arbitration, 349 (370); *Naón*, ICC Bulletin, Suppl. (Arbitration in the Next Decade) 1999, 55 (56); *Schwartz*, 65 Arbitration 1999, 321 (325); *Trigo/Gouveia*, 15 Rev. Bras. Arb. 2018, 59 (61); *Tung/Lin*, 11 Contemp. Asia Arb. J. 2018, 21 (38); *Weston*, 88 Minn. L. Rev. 2004, 449 (453); vgl. auch *Schlaepfer*, in: Habegger/Hochstrasser et al., Arbitral Institutions under Scrutiny, 55 (60).

855 *Gerbay*, The Functions of Arbitral Institutions, S. 192; *Mistelis*, in: Schultz/Ortino, The Oxford Handbook of International Arbitration, 349 (370 f.); *Schwartz*, 65 Arbitration 1999, 321 (325); *Söderlund*, in: Hobér/Magnusson/Öhrström, FS Franke, 487 (490 f.); weitergehend kann auf die Unzuständigkeitserklärung durch eine Schiedsinstitution verwiesen werden, siehe *Gerbay*, The Functions of Arbitral Institutions, S. 149 f.; *Rutledge*, Ga. L. Rev. 2004, 151 (182); *Schlaepfer*, in: Habegger/Hochstrasser et al., Arbitral Institutions under Scrutiny, 55 (58).

856 *Gerbay*, S. 47; *Horvath*, in: Kröll/Mistelis et al., FS Bergsten, 251 (263).

857 *Berger*, Institutional Arbitration, S. 22; *Born*, International Commercial Arbitration, S. 2302; *Carlevaris*, in: Carlevaris/Lévy et al., FS Beechey, 103 (114 f.); *Gerbay*, The Functions of Arbitral Institutions, S. 49; *Jarrosson*, Rev. Arb. 2016, 445 (453); *Jensen*, Rn. 5.115; *Lendermann*, S. 218; *Melis*, TvA 1988, 25 (29 f.); *Pryles*, 24 J. Int. Arb. 2007, 327 (329 f.); *Risse/Reiser*, NJW 2015, 2839 (2843); *Rüßmann*, in: Bruns/Kern et al., FS Stürner, 481 (486 f.); *Sandrock*, 3 Am. Rev. Int. Arb. 1992, 30 (41); *Schroeter*, 10 Contemp. Asia Arb. J. 2017, 141 (170 ff.); *Schwartz*, 65 Arbitration 1999, 321 (322); *Waincymer*, S. 387; *Wolf*, S. 90 f.; dementgegen *Rasmussen*, 26 Fordham Int. Law J. 2002, 1824 (1834); *Timár*, ELTE LJ 2013, 103 (118).

folgt.[858] Dazu wird neben dem rechtlichen Gehör auch der Gleichbehandlungsgrundsatz gezählt.[859] Außerdem wird von den Personen innerhalb einer Schiedsinstitution erwartet, dass sie Grundanforderungen an die Neutralität erfüllen, zumindest wenn sie verfahrenswesentliche Entscheidungen treffen.[860]

Da diese Forderungen aber mit dem administrativen Ansatz nur schwer zu vereinbaren sind, folgern einige, dass die Entscheidungen einer Schiedsinstitution nicht pauschal als administrativ kategorisiert werden sollten.[861] Manche gehen sogar so weit, bestimmte Entscheidungen von Schiedsinstitutionen als rechtsprechungsähnlich zu qualifizieren.[862] Diese Auffassung stellt zwar das komplette Gegenteil des vorherrschenden Verständnisses dar, im angloamerikanischen Rechtsraum hat sie jedoch viele Anhänger. US-amerikanische Gerichte erkennen nicht nur an, dass Schiedsinstitutionen Entscheidungen treffen können, die „*integrally related to the arbitral process*“[863] sind. Schiedsinstitutionen

---

858 *Gerbay*, The Functions of Arbitral Institutions, S. 197; *Paulsson*, 6 Arb. Int. 1990, 226 (249); *Schlosser*, Das Recht der internationalen privaten Schiedsgerichtsbarkeit, Rn. 601.

859 Zum Anspruch auf rechtliches Gehör *OLG Stuttgart*, Urt. v. 22.12.1986, 5 U 3/86, ZIP 1987, 1213 (1216); *Wolf/Eslami*, in: BeckOK ZPO, § 1025 Rn. 13; *Chen*, S. 180; *Horlach*, S. 72; *Raeschke-Kessler/Bühler*, ZIP 1987, 1157 (1166); *Schlosser*, Das Recht der internationalen privaten Schiedsgerichtsbarkeit, Rn. 843; *Schütze*, WM 1986, 345 (347); *Wolf*, S. 175; zum Gleichbehandlungsgrundsatz *Gerbay*, The Functions of Arbitral Institutions, S. 202; *Trigo/Gouveia*, 15 Rev. Bras. Arb. 2018, 59 (61).

860 *LG Berlin*, Urt. v. 14.7.2014, 33 O 494/13, BeckRS 2015, 2546; *Schlosser*, in: Stein/Jonas, ZPO, § 1025 Rn. 13; *Gerbay*, The Functions of Arbitral Institutions, S. 199 ff.; *Loquin*, Rev. Arb. 1990, 427 (454); *Mourre*, in: Berg, Arbitration, 86 (106); *Raeschke-Kessler*, in: Geimer/Kaissis/Thümmel, FS Schütze, 457 (459); *Reiner*, S. 28; *Trigo/Gouveia*, 15 Rev. Bras. Arb. 2018, 59 (61); *Weber-Stecher*, in: Habegger/Hochstrasser et al., Arbitral Institutions under Scrutiny, 37 (39 f.); *Wolf*, S. 172; *Ziadé*, 25 Arb. Int. 2009, 427 (429).

861 *Gerbay*, The Functions of Arbitral Institutions, S. 182 f.; *Gremminger*, S. 205 f.; *Henriques*, 33 ASA Bulletin 2015, 514 (528); *Trigo/Gouveia*, 15 Rev. Bras. Arb. 2018, 59 (61 f.); *Wolf*, S. 62.

862 *Schlosser*, in: Stein/Jonas, ZPO, Anh. zu § 1061 Rn. 248; *Bühler*, 5 ASA Bulletin 1987, 142 (149); *Cohn*, 14 ICLQ 1965, 132 (141); *Elrifai/Hasaan/Lozano*, 19 Cardozo J. Conflict Resol. 2018, 309 (330); *Horlach*, S. 74; *Houtte/McAsey*, in: Habegger/Hochstrasser et al., Arbitral Institutions under Scrutiny, 133 (161 f.); *Kassis*, 6 J. Int. Arb. 1989, 79 (80); *Risse/Reiser*, NJW 2015, 2839 (2842); *Rutledge*, Ga. L. Rev. 2004, 151 (182); *Söderlund*, in: Hobér/Magnusson/Öhrström, FS Franke, 487 (490); *Weston*, 88 Minn. L. Rev. 2004, 449 (504); *Wolf*, S. 69.

863 *Cal. Ct. App.*, Entscheidung v. 15.4.1993, B064221, 14 Cal. App. 4th 1526 (1530) – Thiele v. RML Realty Partners; *U.S. Ct. App. 1st Cir.*, Entscheidung v. 20.12.1999,

werden auch als „*quasi-judicial organizations*“[864] und ihre Entscheidungen als „*quasi-judicial action*“[865] eingeordnet. Weiterhin erkennt das englische Schiedsverfahrensgesetz an, dass schwerwiegende Regelwidrigkeiten von Schiedsinstitutionen zu einer Aufhebbarkeit von Schiedssprüchen führen können.[866]

Trotz der vorgebrachten Bedenken und den praktizierten Alternativen folgt die Literatur in Deutschland, wenn auch einige kritische Stimmen bestehen,[867] überwiegend dem administrativen Ansatz.[868] Von einer Rechtsprechungsähnlichkeit der Entscheidungen einer Schiedsinstitution könne „*– so wichtig sie auch sein mögen – nicht gesprochen werden.*“[869] Die Schiedsinstitution sei „*nicht selbst Gericht, übt also keine Rechtsprechung bzw. Richterfunktion aus.*“[870] Sie nehme „*ausschließlich administrative Funktionen wahr*“[871].

Die deutschen Gerichte haben sich nur vereinzelt zur Rechtsnatur der Tätigkeit von Schiedsinstitutionen geäußert. Beispielsweise hielt das LG Berlin eine Schiedsinstitution an den Anspruch auf rechtliches Gehör und das Neutralitätsgebot gebunden,[872] folgerte dies jedoch nicht aus einer Rechtsprechungsfunktion, sondern aus dem vertraglichen Verhältnis zwischen den Parteien und einer

---

99-1146, 199 F.3d 542 (545) – New England Cleaning Services v. AAA; *U.S. Ct. App. 2d Cir.*, Entscheidung v. 15.3.1990, 89-7792, 898 F.2d 882 (886) – Austern v. Chicago Board Options Exchange; *U.S. Dist. Ct. S. D.N.Y.*, Entscheidung v. 6.2.2008, 07 Civ. 10492 (GEL), 533 F. Supp. 442 (448) – Global Gold Mining v. ICC.

864 *Civ. Ct. N.Y.C.*, Entscheidung v. 25.6.1973, 78 Misc. 2d 376 (377) – Rubenstein v. Otterbourg; siehe auch *Ct. App. Michigan*, Entscheidung v. 3.5.1994, 139784, 205 Mich. App. 149 (152) – Boraks v. AAA; *Sup. Ct. Minnesota*, Entscheidung v. 11.4.1919, 21,132, 142 Minn. 194 (197) – Melady v. South St. Paul Live Stock Exchange.

865 *Sup. Ct. S. C.*, Entscheidung v. 15.8.2005, 26022, [2005] S. C. LEXIS 243 1 (8) – Strategic Resources v. BCS Life Insurance.

866 Abschnitt 68 Abs. 2 lit. e English Arbitration Act.

867 *Schlosser*, in: Stein/Jonas, ZPO, Anh. zu § 1061 Rn. 248; *Gremminger*, S. 205; *Horlach*, S. 71 ff.; *Osterthun*, S. 386; *Risse/Reiser*, NJW 2015, 2839 (2842); *Wolf*, S. 69.

868 *Böckstiegel*, in: Flume/Hahn et al., FS Mann, 575 (576); *Kornmeier*, RIW 1980, 381 (384); *Kühner/Flecke-Giammarco*, in: Nacimiento/Kröll/Böckstiegel, AiG, ICC Arbitration in Germany, Rn. 28 f.; *Nedden/Büstgens*, SchiedsVZ 2015, 169 (177); *Raeschke-Kessler*, in: Geimer/Kaissis/Thümmel, FS Schütze, 457 (458 f.); *Raeschke-Kessler/Berger*, Rn. 72; *Schwab/Walter*, Kap. 47 Rn. 16.

869 *Habscheid*, JZ 1995, 188 (189).

870 *Münch*, in: MüKo ZPO, Vor § 1034 Rn. 74.

871 *Raeschke-Kessler/Bühler*, ZIP 1987, 1157 (1160).

872 *LG Berlin*, Urt. v. 14.7.2014, 33 O 494/13, BeckRS 2015, 2546; zurückhaltender *OLG München*, Beschl. v. 18.12.2014, 34 SchH 3/14, NJOZ 2015, 893 (896).

Schiedsinstitution.[873] Erwähnenswert ist außerdem ein Urteil des OLG Stuttgart, in dem es einem Schiedsspruch die Anerkennung versagt hat, da die ICC gegen den Anspruch auf rechtliches Gehör verstoßen hätte.[874] Allerdings ist das Urteil in der Literatur auf deutliche Kritik gestoßen,[875] und auch der BGH wies eine Gehörsverletzung zurück und hob das Urteil schließlich auf.[876] Damit kann man die Stellungnahmen der deutschen Gerichte nicht derart verstehen, dass sie die Tätigkeit von Schiedsinstitutionen als rechtsprechungsähnlich qualifizieren.

Insgesamt setzt sich das deutsche Meinungsbild also überwiegend aus Vertretern der Ansicht zusammen, wonach die Tätigkeit einer Schiedsinstitution nicht rechtsprechungsähnlich, sondern rein administrativ einzustufen ist. Dieses Verständnis bedeutet einen regelrechten Sichtschutz für die interne Wirkweise von Schiedsinstitutionen, da sie hiermit einer schiedsverfahrensrechtlichen Überprüfung entzogen wird. Gleichzeitig ist damit eine Informationsbarriere für Parteien verbunden, die es erschwert, einer neuen Schiedsinstitution Vertrauen zu schenken.

b) Privilegierung im Haftungsrecht

Wenn von einer Schiedsinstitution überhaupt erwartet wird, bei eigenen Entscheidungen Verfahrensgarantien zu beachten, dann wird dies in Deutschland, wie soeben anhand der Entscheidung des LG Berlin gezeigt, durch eine Vertragsauslegung begründet.[877] Daher liegt die Annahme nahe, dass Fehlentscheidungen von Schiedsinstitutionen zumindest in vertraglichen Haftungsprozessen aufgedeckt werden können. Hierfür spricht auch, dass Vertragsverletzungen von Schiedsinstitutionen und daran anknüpfende Haftungsprozesse gegen sie keine Seltenheit sind.[878] Dies kann insbesondere an dem Aufkommen von Haftungsprozessen an den großen Schiedsorten wie New York City (AAA)[879] und Paris

873 *LG Berlin*, Urt. v. 14.7.2014, 33 O 494/13, BeckRS 2015, 2546.

874 *OLG Stuttgart*, Urt. v. 22.12.1986, 5 U 3/86, ZIP 1987, 1213 (1216), zustimmend *Münch*, in: MüKo ZPO, § 1042 Rn. 44 Fn. 107; *Wackenhuth*, IPrax 1987, 355 (356).

875 *Raeschke-Kessler/Bühler*, ZIP 1987, 1157 (1160, 1165); ebenfalls kritisch *Hermanns*, IPrax 1987, 353 (354 ff.).

876 *BGH*, Urt. v. 14.4.1988, III ZR 12/87, NJW 1988, 3090 (3091 f.).

877 Siehe ebenfalls *Raeschke-Kessler*, in: Geimer/Kaissis/Thümmel, FS Schütze, 457 (461).

878 *Gremminger*, S. 35 ff.; *Rubino-Sammartano*, S. 427; zukünftig mehr Prozesse erwarten *Habegger/Hochstrasser et al.*, S. 168.

879 *Cal. Ct. App.*, Entscheidung v. 14.8.1992, B067903, 8 Cal. App. 4th 1131 – AAA v. Superior Court; *Ct. App. Michigan*, Entscheidung v. 3.5.1994, 139784, 205 Mich. App. 149 – Boraks v. AAA; *Ct. App. Michigan*, Entscheidung v. 17.4.1990, 108333, 183 Mich. App. 431 – Griffin v. AAA; *Ct. App. Texas*, Entscheidung v. 11.5.2006, 06-05-00087-CV,

(ICC)[880] erkannt werden, aber auch der deutsche Standort (DIS)[881] macht dies deutlich.

Haftungsprozesse gegen Schiedsinstitutionen haben gleichwohl selten Erfolg, denn sie genießen weitgehende Haftungserleichterungen (aa). Überdies ist auch die Haftung von Schiedsrichtern stark eingeschränkt (bb).

aa) Haftungserleichterung zugunsten der Schiedsinstitution

Haftungserleichterungen von Schiedsinstitutionen können auf zwei Wegen hergeleitet werden. Zum einen können der Gesetzgeber und die Rechtsprechung entsprechende Vorgaben formulieren (1). Soweit dies nicht der Fall ist, gewinnen vertragliche Haftungsausschlüsse an Bedeutung (2).

(1) Gesetzliche und richterrechtliche Haftungserleichterung

Einige Länder, wie England, haben Gesetze erlassen, welche Schiedsinstitutionen haftungsrechtlich ausdrücklich privilegieren.[882] Hingegen ist es in den USA

---

191 S. W.3d 903 – Pullara v. AAA; *U.S. Ct. App. 1st Cir.*, Entscheidung v. 20.12.1999, 99-1146, 199 F.3d 542 – New England Cleaning Services v. AAA; *U.S. Ct. App. 7th Cir.*, Entscheidung v. 3.12.2002, 01-3270, 312 F.3d 833 – Int. Medical Group v. AAA; *U.S. Ct. App. 7th Cir.*, Entscheidung v. 17.10.2000, 00-1423, 230 F.3d 920 – Caudle v. AAA; *U.S. Ct. App. 7th Cir.*, Entscheidung v. 25.9.2000, 00-1204, 233 F.3d 502 – Smith v. AAA; *U.S. Dist. Ct. E.D. La.*, Entscheidung v. 23.5.2002, 02-474 SECTION "N"(1), [2002] U.S. Dist. LEXIS 9645 1 – Jason v. AAA; *U.S. Dist. Ct. N.D. Cal.*, Entscheidung v. 9.3.1992, C 91-4316 BAC, 795 F. Supp. 970 – Cort v. AAA; *U.S. Dist. Ct. S. D. Ind.*, Entscheidung v. 25.5.2001, IP 00-1020-C-B/S, 149 F. Supp. 2d 615 – Int'l Med. Group v. AAA.

880 *Cour d'Appel de Paris*, Entscheidung v. 22.1.2009, 07/19492, Rev. Arb. 2009, 233; *Cour d'Appel de Paris*, Entscheidung v. 15.9.1998, Rev. Arb. 1999, 103; *Cour d'Appel de Paris*, Entscheidung v. 15.5.1985, Rev. Arb. 1985, 141; *Cour de Cassation*, Entscheidung v. 20.2.2001, Rev. Arb. 2001, 511; *TGI Paris*, Entscheidung v. 10.10.2007, Rev. Arb. 2007, 847; *TGI Paris*, Entscheidung v. 22.5.2002, Rev. Arb. 2002, 785; *TGI Paris*, Entscheidung v. 21.5.1997, Rev. Arb. 1997, 417; *TGI Paris*, Entscheidung v. 8.10.1986, Rev. Arb. 1987, 367; *TGI Paris*, Entscheidung v. 28.3.1984, Rev. Arb. 1985, 141.

881 *LG Berlin*, Urt. v. 14.7.2014, 33 O 494/13, BeckRS 2015, 2546; hierzu *Gremminger*, S. 42 ff.

882 Siehe zum Beispiel Art. 74 Abs. 1 des englischen Schiedsverfahrensgesetzes, abrufbar unter go.wwu.de/ujw4f; Abschnitt 22 Abs. 3 des irischen Schiedsverfahrensgesetzes, abrufbar unter go.wwu.de/roc1m; Art. 21 Abs. 1 S. 1 des spanischen Schiedsverfahrensgesetzes, abrufbar unter go.wwu.de/bzjnn; Abschnitt 48 des Schiedsverfahrensgesetzes von Malaysia, abrufbar unter go.wwu.de/8jykk; Abschnitt 25A des Schiedsverfahrensgesetzes von Singapur, abrufbar unter go.wwu.de/4nq-t.

die Rechtsprechung, die sich für eine weitgehende Haftungserleichterung von Schiedsinstitutionen ausspricht. Dafür erstreckt sie die als arbitral immunity bezeichnete Privilegierung, die zunächst zu Schiedsrichtern entwickelt wurde, auch auf Schiedsinstitutionen.[883] Als Begründung führen die Gerichte an, dass die Haftung einer Schiedsinstitution die Integrität des Entscheidungsprozesses beeinträchtigen würde, da diese missbraucht werden könnte, um mittelbar den Schiedsspruch anzugreifen.[884] Privilegiere man Schiedsrichter in ihrer Haftung, müsse man diese Privilegierung, damit sie nicht torpediert werde, konsequenterweise auch auf Schiedsinstitutionen ausdehnen.[885] Für die US-amerikanischen Gerichte ist dabei maßgebend, ob die Entscheidung einer Schiedsinstitution *„integrally related to the arbitral process“*[886] ist, wobei sie diese Formel weit auslegen.

---

883 *Cal. Ct. App.*, Entscheidung v. 5.8.2004, B159163, B162829, B163456, 121 Cal. App. 4th 420 (430) – Stasz v. AAA; *Cal. Ct. App.*, Entscheidung v. 15.4.1993, B064221, 14 Cal. App. 4th 1526 (1529) – Thiele v. RML Realty Partners; *Civ. Ct. N.Y.C.*, Entscheidung v. 25.6.1973, 78 Misc. 2d 376 (377) – Rubenstein v. Otterbourg; *Ct. App. Kentucky*, Entscheidung v. 1.3.2002, 2001-CA-000842-MR, 71 S. W.3d 131 (132) – Higdon v. Construction Arbitration Association; *Ct. App. Michigan*, Entscheidung v. 3.5.1994, 139784, 205 Mich. App. 149 (152 f.) – Boraks v. AAA; *Ct. App. Texas*, Entscheidung v. 11.5.2006, 06-05-00087-CV, 191 S. W.3d 903 (907) – Pullara v. AAA; *Sup. Ct. S. C.*, Entscheidung v. 15.8.2005, 26022, [2005] S. C. LEXIS 243 1 (8) – Strategic Resources v. BCS Life Insurance; *U.S. Ct. App. 6th Cir.*, Entscheidung v. 2.11.1982, 80-1408, 691 F.2d 1205 (1208 f.) – Corey v. NYSE; *U.S. Ct. App. 7th Cir.*, Entscheidung v. 3.12.2002, 01-3270, 312 F.3d 833 (844) – Int. Medical Group v. AAA; *U.S. Dist. Ct. E.D. La.*, Entscheidung v. 23.5.2002, 02-474 SECTION "N"(1), [2002] U.S. Dist. LEXIS 9645 1 (5 f.) – Jason v. AAA; *U.S. Dist. Ct. N.D. Cal.*, Entscheidung v. 9.3.1992, C 91-4316 BAC, 795 F. Supp. 970 (971) – Cort v. AAA; *U.S. Dist. Ct. S. D.N.Y.*, Entscheidung v. 25.11.2014, 13 Civ. 9044 (JGK), [2014] U.S. Dist. LEXIS 165366 1 (9) – Landmark Ventures v. ICC.

884 *Cal. Ct. App.*, Entscheidung v. 5.8.2004, B159163, B162829, B163456, 121 Cal. App. 4th 420 (439) – Stasz v. AAA; *Cal. Ct. App.*, Entscheidung v. 15.4.1993, B064221, 14 Cal. App. 4th 1526 (1531 f.) – Thiele v. RML Realty Partners; *U.S. Dist. Ct. S. D.N.Y.*, Entscheidung v. 25.11.2014, 13 Civ. 9044 (JGK), [2014] U.S. Dist. LEXIS 165366 1 (11) – Landmark Ventures v. ICC.

885 *Cal. Ct. App.*, Entscheidung v. 15.4.1993, B064221, 14 Cal. App. 4th 1526 (1529) – Thiele v. RML Realty Partners; *Cal. Ct. App.*, Entscheidung v. 14.8.1992, B067903, 8 Cal. App. 4th 1131 (1133) – AAA v. Superior Court; *U.S. Ct. App. 2d Cir.*, Entscheidung v. 15.3.1990, 89-7792, 898 F.2d 882 (886) – Austern v. Chicago Board Options Exchange; *U.S. Ct. App. 6th Cir.*, Entscheidung v. 2.11.1982, 80-1408, 691 F.2d 1205 (1211) – Corey v. NYSE.

886 *Cal. Ct. App.*, Entscheidung v. 15.4.1993, B064221, 14 Cal. App. 4th 1526 (1530) – Thiele v. RML Realty Partners; *U.S. Ct. App. 1st Cir.*, Entscheidung v. 20.12.1999,

Dies führte bereits zu Gerichtsentscheidungen, wonach Schiedsinstitutionen auch der Immunität unterlagen, selbst wenn sie ihre eigenen Schiedsgerichtsordnungen verletzt, Zweifel an ihrer Neutralität bestanden oder sie außerhalb ihrer Zuständigkeit gehandelt hatten.[887] Wenn US-amerikanische Gerichte Haftungsklagen abweisen, verweisen sie die Kläger stattdessen auf das Verfahren zur Aufhebung von Schiedssprüchen, welches sie als ausreichendes Rechtsmittel erachten.[888]

Das deutsche Schiedsverfahrensrecht schweigt sich zur Haftung von Schiedsinstitutionen aus.[889] In der Literatur sprechen sich einige Autoren zwar für weitgehende gesetzliche Haftungserleichterungen aus.[890] Andere wollen hingegen nur verfahrenswesentliche Entscheidungen einer Schiedsinstitution privilegieren.[891]

Aus kontinentaleuropäischer Sicht spricht gegen eine gesetzliche Haftungserleichterung von Schiedsinstitutionen jedoch, dass ihre Aktivität als rein administrativ eingestuft wird.[892] Daher wäre es inkonsequent, wenn man den Schiedsinstitutionen eine Immunität, wie beispielsweise in England oder den USA, zukommen lassen würde.[893] Ohne die Verfahrensmacht einer

---

99-1146, 199 F.3d 542 (545) – New England Cleaning Services v. AAA; *U.S. Ct. App. 2d Cir.*, Entscheidung v. 15.3.1990, 89-7792, 898 F.2d 882 (886) – Austern v. Chicago Board Options Exchange; *U.S. Dist. Ct. S. D.N.Y.*, Entscheidung v. 6.2.2008, 07 Civ. 10492 (GEL), 533 F. Supp. 442 (448) – Global Gold Mining v. ICC.

887 Siehe nur *Cal. Ct. App.*, Entscheidung v. 5.8.2004, B159163, B162829, B163456, 121 Cal. App. 4th 420 (434 ff.) – Stasz v. AAA.

888 *Cal. Ct. App.*, Entscheidung v. 5.8.2004, B159163, B162829, B163456, 121 Cal. App. 4th 420 (438) – Stasz v. AAA; *Sup. Ct. S. C.*, Entscheidung v. 15.8.2005, 26022, [2005] S. C. LEXIS 243 1 (13) – Strategic Resources v. BCS Life Insurance; *U.S. Ct. App. 6th Cir.*, Entscheidung v. 2.11.1982, 80-1408, 691 F.2d 1205 (1211 ff.) – Corey v. NYSE; *U.S. Ct. App. 7th Cir.*, Entscheidung v. 17.10.2000, 00-1423, 230 F.3d 920 (922) – Caudle v. AAA.

889 *Gremminger*, S. 207.

890 *Chen*, S. 177; *Gremminger*, S. 237 ff.; *Risse/Reiser*, NJW 2015, 2839 (2842); *Wolf*, S. 267.

891 *Gremminger*, S. 221; *Rasmussen*, 26 Fordham Int. Law J. 2002, 1824 (1873); *Risse/Reiser*, NJW 2015, 2839 (2842); *Sponseller*, 44 Hastings L.J. 1993, 421 (439); *Weston*, 88 Minn. L. Rev. 2004, 449 (504); *Wolf*, S. 267.

892 Siehe die Ausführungen ab S. 196.

893 *Reiner/Petkutė/Kern*, in: Schütze, Institutionelle Schiedsgerichtsbarkeit, ICC-SchO, Art. 41 Rn. 8; *Dupeyre*, 32 Rev. Arb. 2014, 265 (282); *Lachmann*, Handbuch für die Schiedsgerichtspraxis, Rn. 581; *Trigo/Gouveia*, 15 Rev. Bras. Arb. 2018, 59 (64); vgl. auch *Jarrosson*, Rev. Arb. 2016, 445 (458).

Schiedsinstitution zu würdigen, kann nicht ebenso behauptet werden, dass ihre Entscheidungen Immunität verdienen. In diesem Sinne sind die französischen Gerichte, die sich ebenfalls für den administrativen Ansatz aussprechen,[894] auch der Auffassung, dass eine vertragliche Haftung von Schiedsinstitutionen in Betracht kommt.[895]

(2) Vertragliche Haftungserleichterung

Da eine gesetzliche Haftungserleichterung damit ausscheidet, verschiebt sich der Fokus auf vertragliche Haftungsausschlüsse. Vertraglicher Anknüpfungspunkt ist hierbei der sog. Schiedsorganisationsvertrag, den die Parteien mit der Schiedsinstitution schließen.[896] Dies ist ein materiell-rechtlicher Vertrag,[897] der überwiegend als Geschäftsbesorgungsvertrag (§ 675 BGB) qualifiziert wird[898] und inhaltlich durch die Schiedsgerichtsordnung bestimmt wird.[899] Spätestens

894 *Cour d'Appel de Paris*, Entscheidung v. 15.1.1985, Rev. Arb. 1986, 87 (90); *Cour d'Appel de Paris*, Entscheidung v. 17.5.1983, Rev. Arb. 1987, 309 (314); *Cour de Cassation*, Entscheidung v. 20.2.2001, Rev. Arb. 2001, 511 (512 f.); *Cour de Cassation*, Entscheidung v. 7.10.1987, Rev. Arb. 1987, 479 (480); *TGI Paris*, Entscheidung v. 19.12.2012, 11/02455, Rev. Arb. 2014, 212 (212); *TGI Paris*, Entscheidung v. 21.5.1997, Rev. Arb. 1997, 417 (424); *TGI Paris*, Entscheidung v. 13.7.1988, Rev. Arb. 1989, 97 (97); siehe für eine ausführliche Darstellung der französischen Rechtsprechung bei *Gerbay*, The Functions of Arbitral Institutions, S. 126 ff.; *Warwas*, S. 248 ff.

895 Bejaht wurde eine Haftung beispielsweise in *TGI Nanterre*, Entscheidung v. 1.7.2010, 07/13724, Rev. Arb. 2014, 211 (211).

896 Die Bezeichung geht zurück auf *Wolf*, S. 70.

897 *Münch*, in: MüKo ZPO, Vor § 1034 Rn. 70; *Schlosser*, in: Stein/Jonas, ZPO, Vor § 1025 Rn. 15; *Schütze*, in: Wieczorek/Schütze, ZPO, § 1035 Rn. 116; *Gremminger*, S. 131; *Rüßmann*, in: Bruns/Kern et al., FS Stürner, 481 (483 f.); *Schütze*, in: Schütze, Institutionelle Schiedsgerichtsbarkeit, Einl. Rn. 37; *Theune*, SchiedsVZ 2021, 177 (185 f.).

898 *LG Berlin*, Urt. v. 14.7.2014, 33 O 494/13, BeckRS 2015, 2546; *OLG München*, Beschl. v. 18.12.2014, 34 SchH 3/14, NJOZ 2015, 893 (894); *Aden*, RIW 1988, 757 (761); *Ampatzi*, S. 176; *Chen*, S. 174; *Raeschke-Kessler*, in: Geimer/Kaissis/Thümmel, FS Schütze, 457 (458); *Rüßmann*, in: Bruns/Kern et al., FS Stürner, 481 (484); *Schlosser*, Das Recht der internationalen privaten Schiedsgerichtsbarkeit, Rn. 498; *Theune*, SchiedsVZ 2021, 177 (185 f.); für einen Vetrag sui generis sind *Gremminger*, S. 160; *Holzberger*, S. 163; *Osterthun*, S. 381; *Wolf*, S. 236; vgl. auch *Warwas*, S. 278.

899 *Schlosser*, in: Stein/Jonas, ZPO, Vor § 1025 Rn. 25; *Aden*, RIW 1988, 757 (761); *Born*, International Commercial Arbitration, S. 2128; *Gal*, S. 113; *Hoffet*, S. 166 f.; *Houtte/McAsey*, in: Habegger/Hochstrasser et al., Arbitral Institutions under Scrutiny, 133 (161); *Kahlert*, S. 184; *Osterthun*, S. 388; *Rüßmann*, in: Bruns/Kern et al., FS Stürner, 481 (486); *Wolf*, S. 85 f.; vgl. auch *Risse/Reiser*, NJW 2015, 2839 (2843).

dadurch, dass die Schiedsinstitution nach dem Empfang der Schiedsklage beginnt, den Fall zu administrieren, wird ein solcher Schiedsorganisationsvertrag zumindest konkludent vorliegen.[900]

Im Rahmen dieser Vertragsbeziehung ist somit auch eine Haftung der Schiedsinstitution gemäß § 280 Abs. 1 BGB denkbar.[901] Haftungssubjekt ist dabei die Schiedsinstitution selbst, sofern sie denn eine eigene Rechtspersönlichkeit aufweist.[902] Jedoch finden zugunsten der Schiedsinstitutionen meistens Haftungsausschlüsse Anwendung, die sich in ihren Schiedsgerichtsordnungen befinden.[903] Zum Beispiel bestimmt § 43 Abs. 2 DMS-SchO:

> *„Mit Ausnahme der vorsätzlichen oder grob fahrlässigen Begehung einer Pflichtverletzung ist eine Haftung […] des Vereins „Deutsches Medienschiedsgericht e.V.", seiner Organe und seiner Mitarbeiter für jede […] Handlung oder Unterlassung im Zusammenhang mit einem Verfahren vor dem Medienschiedsgericht […] ausgeschlossen."*

Hinsichtlich der Wirksamkeit solcher Klauseln ist zunächst hervorzuheben, dass Schiedsgerichtsordnungen und damit auch die darin enthaltenen Haftungsausschlüsse Allgemeine Geschäftsbedingungen (§ 305 Abs. 1 S. 1 BGB) sind.[904] Sie

---

900 *Münch*, in: MüKo ZPO, Vor § 1034 Rn. 71; *Schütze*, in: Wieczorek/Schütze, ZPO, § 1035 Rn. 123; *Hoffet*, S. 165 f.; *Osterthun*, S. 388; *Rubino-Sammartano*, S. 412; *Rüßmann*, in: Bruns/Kern et al., FS Stürner, 481 (485); *Schütze*, in: Schütze, Institutionelle Schiedsgerichtsbarkeit, Einl. Rn. 42; *Theune*, SchiedsVZ 2021, 177 (186); den Vertragsschluss bereits mit der Schiedsvereinbarung bejahen *Schlosser*, in: Stein/Jonas, ZPO, Vor § 1025 Rn. 22; *Ditchev*, Rev. Arb. 1981, 395 (397); *Dupeyre*, 32 Rev. Arb. 2014, 265 (279); *Fouchard/Gaillard et al.*, Rn. 1110; *Melis*, 13 Comp. Law Y.B. Int'l Bus. 1991, 107 (112); *Melis*, TvA 1988, 25 (29); *Wolf*, S. 84; den Vertragsschluss mit der Schiedsklage bejahen *Born*, International Commercial Arbitration, S. 2127 f.; *Fouchard*, 6 ICC Bulletin, Suppl. (The Status of the Arbitrator) 1995, 12 (12); *Gremminger*, S. 153; *Raeschke-Kessler*, in: Geimer/Kaissis/Thümmel, FS Schütze, 457 (458); *Rasmussen*, 26 Fordham Int. Law J. 2002, 1824 (1867); *Risse/Reiser*, NJW 2015, 2839 (2841); *Söderlund*, in: Hobér/Magnusson/Öhrström, FS Franke, 487 (492).

901 *Prütting*, in: Prütting/Gehrlein, ZPO, § 1035 Rn. 10; *Gremminger*, S. 174; *Risse/Reiser*, NJW 2015, 2839 (2843).

902 *Osterthun*, S. 382; vgl. auch *Timár*, ELTE LJ 2013, 103 (114).

903 Siehe nur Art. 41 ICC-SchO; Art. 31 Abs. 1 LCIA-SchO, Art. 46 Abs. 1 HKIAC-SchO, Rule 38 Abs. 1 SIAC-SchO, Art. 41 ICDR-SchO, Art. 79 WIPO-SchO; Rule 52(d) AAA-SchO; Art. 45 Abs. 1 SAC-SchO; Art. 52 SCC-SchO; Art. 46 Abs. 1 VIAC-SchO; Art. 61 NAI-SchO; Art. 55 MIAC-SchO; Rule 17 AIAC-SchO.

904 *BGH*, Urt. v. 14.4.1988, III ZR 12/87, NJW 1988, 3090 (3091); *Chen*, S. 177; *Elrifai/Hasaan/Lozano*, 19 Cardozo J. Conflict Resol. 2018, 309 (349); *Gremminger*, S. 248; *Jarrosson*, 1990 Rev. Arb. 1990, 381 (384); *Osterthun*, S. 388; *Raeschke-Kessler*,

werden von der Schiedsinstitution nicht zur vertraglichen Disposition gestellt,[905] sodass auch ein Stellen durch den Verwender vorliegt.[906] Da es ausreicht, nur die Absicht zu verfolgen, Vertragsbedingungen für eine Vielzahl von Verträgen zu verwenden,[907] ist es im Falle des DMS unschädlich, dass seine Schiedsgerichtsordnung noch nie eingesetzt wurde.

Im Rahmen der Inhaltskontrolle ist es problematisch, dass die meisten Haftungsklauseln pauschal gelten. Sie schließen damit auch die Haftung für die Verletzung von vertragswesentlichen Pflichten (§ 307 Abs. 2 Nr. 2 BGB) und von Leben, Körper oder Gesundheit (§ 309 Nr. 7 lit. a BGB) aus. Damit missachten sie Vorgaben des AGB-Rechts, die auch im kaufmännischen Verkehr gelten.[908] Mitunter wird zwar argumentiert, dass der weitverbreitete Haftungsausschluss für Schiedsinstitutionen eine Gewohnheit oder ein Gebrauch darstelle, der die Bedenken gemäß § 310 Abs. 1 S. 2 Hs. 2 BGB überwinde.[909] Allerdings reicht hierfür nicht die bloße Üblichkeit einer Klausel aus, vielmehr müssen auch die

---

in: Geimer/Kaissis/Thümmel, FS Schütze, 457 (461); *Risse/Reiser*, NJW 2015, 2839 (2844); *Rüßmann*, in: Bruns/Kern et al., FS Stürner, 481 (486); *Schöldström*, S. 411; *Timár*, ELTE LJ 2013, 103 (118); *Wolf*, S. 105.

905 *Berger*, Institutional Arbitration, S. 22; *Born*, International Commercial Arbitration, S. 2302; *Carlevaris*, in: Carlevaris/Lévy et al., FS Beechey, 103 (114 f.); *Gerbay*, The Functions of Arbitral Institutions, S. 49; *Jarrosson*, Rev. Arb. 2016, 445 (453); *Jensen*, Rn. 5.115; *Lendermann*, S. 218; *Melis*, TvA 1988, 25 (29 f.); *Pryles*, 24 J. Int. Arb. 2007, 327 (329 f.); *Risse/Reiser*, NJW 2015, 2839 (2843); *Rüßmann*, in: Bruns/Kern et al., FS Stürner, 481 (486 f.); *Sandrock*, 3 Am. Rev. Int. Arb. 1992, 30 (41); *Schroeter*, 10 Contemp. Asia Arb. J. 2017, 141 (170 ff.); *Schwartz*, 65 Arbitration 1999, 321 (322); *Waincymer*, S. 387; *Wolf*, S. 90 f.; dementgegen *Rasmussen*, 26 Fordham Int. Law J. 2002, 1824 (1834); *Timár*, ELTE LJ 2013, 103 (118).

906 *Ampatzi*, S. 326 f.; *Gremminger*, S. 248; *Risse/Reiser*, NJW 2015, 2839 (2844); a.A. *Meier/Gerhardt*, in: Flecke-Giammarco/Boog et.al, DIS-SchO, Art. 45 Rn. 8; *Raeschke-Kessler*, in: Geimer/Kaissis/Thümmel, FS Schütze, 457 (462).

907 *BGH*, Urt. v. 11.7.2019, VII ZR 266/17, NJW 2019, 2997 (2999); *BGH*, Urt. v. 11.12.2003, VII ZR 31/03, NJW 2004, 1454 (1454); *BGH*, Urt. v. 13.9.2001, VII ZR 487/99, ZIP 2001, 1921 (1921); ebenso *Mäsch*, in: Staudinger, BGB, § 305 Rn. 31.

908 In Bezug auf § 307 Abs. 2 Nr. 2 BGB siehe *BGH*, Urt. v. 20.3.2003, I ZR 225/00, NJW-RR 2003, 1056 (1060); *Christensen*, in: Ulmer/Brandner/Hensen, AGB-Recht, § 309 Nr. 7 Rn. 43; in Bezug auf § 309 Nr. 7 lit. a BGB siehe *BGH*, Versäumnisurteil v. 19.9.2007, VIII ZR 141/06, NJW 2007, 3774 (3775); *Christensen*, in: Ulmer/Brandner/Hensen, AGB-Recht, § 309 Nr. 7 Rn. 43; *Westphalen*, in: Westphalen/Thüsing, Vertragsrecht und AGB-Klauselwerke, Freizeichnungs- und Haftungsbegrenzungsklauseln Rn. 34.

909 Dafür *Gremminger*, S. 257 f.; *Risse/Reiser*, NJW 2015, 2839 (2845).

Klauselunterworfenen die Regelung allgemein akzeptieren.[910] Parteien würden sich jedoch sicherlich nicht auf einen Haftungsausschluss einlassen, würde ihnen dies freistehen.[911]

Obwohl die Wirksamkeit von Haftungsausschlüssen zugunsten von Schiedsinstitutionen daher infrage steht, sprechen sich die meisten deutschen Literaturstimmen für deren Wirksamkeit aus.[912] Dafür wird teilweise keine Begründung geliefert.[913] Wenn doch, dann wird entweder die Eigenschaft des Haftungsausschlusses als Allgemeine Geschäftsbedingung abgestritten,[914] oder es werden legitimierende Handelsgewohnheiten angeführt.[915] Unter Zugrundelegung dieser als herrschend anzusehenden Auffassung besteht für Schiedsinstitutionen also ein weitgehender vertraglicher Haftungsausschluss.

bb) Haftungserleichterung zugunsten der Schiedsrichter

Auch für die Schiedsrichter kommen sowohl gesetzliche und richterrechtliche (1) als auch vertragliche Haftungserleichterungen in Betracht (2).

(1) Gesetzliche und richterrechtliche Haftungserleichterung

Zunächst liegt es nahe, eine Haftungserleichterung für Schiedsrichter, wie bei staatlichen Richtern, auf das gesetzliche Richterspruchprivileg zu stützen. Da § 839 Abs. 2 BGB nicht direkt anwendbar ist, kommt allenfalls eine Analogie infrage. Dafür muss der Schutzzweck der Norm auch auf Schiedsrichter zutreffen. Dieser wird zunächst in der Sicherung der richterlichen Unabhängigkeit

---

910 *BGH*, Urt. v. 4.7.2017, XI ZR 562/15, NJW 2017, 2986 (2990); *BGH*, Urt. v. 18.1.2017, VIII ZR 263/15, NJW 2017, 1301 (1304); *Richters/Friesen*, in: BeckOGK BGB, § 310 Rn. 60.

911 Vgl. die ähnliche Argumentation in Bezug auf den Schiedsrichtervertrag bei *Lachmann*, Handbuch für die Schiedsgerichtspraxis, Rn. 4338.

912 *Meier/Gerhardt*, in: Flecke-Giammarco/Boog et.al, DIS-SchO, Art. 45 Rn. 8; *Münch*, in: MüKo ZPO, Vor § 1034 Rn. 72a; *Schlosser*, in: Stein/Jonas, ZPO, Vor § 1025 Rn. 31; *Gremminger*, S. 258; *Raeschke-Kessler*, in: Geimer/Kaissis/Thümmel, FS Schütze, 457 (462); *Risse/Reiser*, NJW 2015, 2839 (2845).

913 *Münch*, in: MüKo ZPO, Vor § 1034 Rn. 72a; *Schlosser*, in: Stein/Jonas, ZPO, Vor § 1025 Rn. 31.

914 *Meier/Gerhardt*, in: Flecke-Giammarco/Boog et.al, DIS-SchO, Art. 45 Rn. 8; *Raeschke-Kessler*, in: Geimer/Kaissis/Thümmel, FS Schütze, 457 (461).

915 *Meier/Gerhardt*, in: Flecke-Giammarco/Boog et.al, DIS-SchO, Art. 45 Rn. 8; *Gremminger*, S. 257 f.; *Risse/Reiser*, NJW 2015, 2839 (2845).

erblickt.[916] Konkret wird die Unparteilichkeit als gefährdet angesehen, wenn der Richter eine bestimmte Entscheidung trifft, nur weil sie für jene Partei günstig ist, die gegen ihn am wahrscheinlichsten einen Haftungsprozess anstrengen würde.[917]

Die Unabhängigkeit des Richters ist jedoch als alleiniger Begründungsansatz zunehmender Kritik ausgesetzt. Zunächst wird kritisiert, dass die Haftung gemäß Art. 34 S. 1 GG auf den Staat übergeleitet wird und der Richter einer persönlichen Haftung somit in aller Regel nicht ausgesetzt ist.[918] Zudem wird darauf verwiesen, dass die Unabhängigkeit eines Richters auch nicht angezweifelt wird, falls seine Entscheidung von einer höheren Instanz geprüft wird; ein Haftungsprozess sei aber nur eine andere Form der gerichtlichen Überprüfung.[919] Weiterhin muss ein Richter auch bei nicht-spruchrichterlichen Tätigkeiten unabhängig sein, sodass das Richterspruchprivileg, wäre es auf die Unabhängigkeit zurückzuführen, konsequenterweise nicht auf spruchrichterliche Tätigkeiten begrenzt sein dürfte.[920] Der Schutz der Unabhängigkeit wird aus diesen Gründen nur als „*Nebenwirkung*"[921] des Richterspruchprivilegs angesehen.

Als zweiter Grund für das Richterspruchprivileg wird der Schutz der Rechtskraft eines Urteils angeführt.[922] Allerdings kann diese nicht unmittelbar

---

916 *BGH*, Urt. v. 11.3.1968, III ZR 72/65, BGHZ 50, 14 (19 ff.); *Mayen*, in: Erman, BGB, § 839 Rn. 80; *Teichmann*, in: Jauernig, BGB, § 839 Rn. 29; *Wöstmann*, in: Staudinger, BGB, § 839 Rn. 313; *Götz*, SchiedsVZ 2012, 311 (313); *Kühn/Gantenberg*, in: Bachmann/Breidenbach et al., FS Schlosser, 461 (475); *Leipold*, JZ 1967, 737 (739); *Mugdan*, S. 460; *Steffen*, DRiZ 1968, 237 (238); *Tombrink*, DRiZ 2002, 296 (297).

917 *Götz*, SchiedsVZ 2012, 311 (312).

918 *Papier/Shirvani*, in: MüKo BGB, § 839 Rn. 381; *Merten*, in: Tittel, FS Wengler, 519 (523); vgl. auch *EuGH*, Urt. v. 30.9.2003, C-224/01, NJW 2003, 3539 (3540); dagegen *Götz*, SchiedsVZ 2012, 311 (312); *Leipold*, JZ 1967, 737 (739).

919 *Papier/Shirvani*, in: MüKo BGB, § 839 Rn. 381; *Zimmerling*, in: jurisPK-BGB, § 839 Rn. 196; *Merten*, in: Tittel, FS Wengler, 519 (523).

920 *Papier/Shirvani*, in: MüKo BGB, § 839 Rn. 382; *Wöstmann*, in: Staudinger, BGB, § 839 Rn. 314; *Zimmerling*, in: jurisPK-BGB, § 839 Rn. 196; *Köndgen*, JZ 1979, 246 (248); *Merten*, in: Tittel, FS Wengler, 519 (523 f.); vgl. *Leipold*, JZ 1967, 737 (739).

921 *Wöstmann*, in: Staudinger, BGB, § 839 Rn. 314.

922 *BGH*, Urt. v. 10.2.1969, III ZR 35/68, BGHZ 51, 326 (327); *BGH*, Urt. v. 11.3.1968, III ZR 72/65, BGHZ 50, 14 (19 f.); *RG*, Urt. v. 15.5.1917, III 65/17, RGZ 90, 228 (230); *Detterbeck*, in: Sachs, GG, Art. 34 Rn. 61; *Dörr*, in: BeckOGK BGB, § 839 Rn. 652; *Mayen*, in: Erman, BGB, § 839 Rn. 80; *Papier*, in: Maunz/Dürig, GG, Art. 34 Rn. 262; *Papier/Shirvani*, in: MüKo BGB, § 839 Rn. 382; *Staudinger*, in: Schulze/Dörner et al., BGB, § 839 Rn. 36; *Teichmann*, in: Jauernig, BGB, § 839 Rn. 29; *Wöstmann*, in: Staudinger, BGB, § 839 Rn. 314; *Götz*, SchiedsVZ 2012, 311 (312); *Gremminger*, S. 89; *Köndgen*,

geschützt sein, denn sie würde auch weiter bestehen, wenn ein Richter einem Haftungsprozess ausgesetzt wäre.[923] Gleichwohl würde die mit der Rechtskraft bezweckte Wirkung, Rechtsfrieden herzustellen, unterlaufen; diesen zu bewahren stellt dann auch den primären Schutzzweck des Richterspruchprivilegs dar.[924] Damit geht auch einher, dass die engen Gründe für ein Wiederaufnahmeverfahren nicht umgangen werden sollen.[925]

Mit Blick auf diesen Schutzzweck weisen staatliche Richter und Schiedsrichter große Gemeinsamkeiten auf. Ein Schiedsrichter muss, wie ein staatlicher Richter, unabhängig sein (§ 1036 Abs. 2 S. 1 ZPO) und er trifft ebenso Entscheidungen, die der Rechtskraft fähig sind (§ 1055 ZPO). Zudem sollen Schiedssprüche auch nur unter engen Voraussetzungen aufgehoben werden (§ 1059 ZPO). Daher findet auf den Schiedsrichter der Schutzzweck des Spruchrichterprivilegs ebenfalls Anwendung,[926] sodass eine Analogie zu § 839 Abs. 2 S. 1 BGB überzeugend ist.[927]

Demgegenüber geht die herrschende Ansicht einen anderen Weg. Laut dem BGH könne in Schiedsrichterverträge eine stillschweigende Einigung hineingelesen werden, wonach der Schiedsrichter in seiner Haftung wie in § 839 Abs. 2 BGB privilegiert sein solle.[928] Dieser Umweg zur Anwendung

---

JZ 1979, 246 (248); *Leipold*, JZ 1967, 737 (739); *Merten*, in: Tittel, FS Wengler, 519 (524 f.); *Mugdan*, S. 1270.

923 *Götz*, SchiedsVZ 2012, 311 (312); *Lachmann*, Handbuch für die Schiedsgerichtspraxis, Rn. 4336; *Merten*, in: Tittel, FS Wengler, 519 (525).

924 *BGH*, Urt. v. 14.7.1971, III ZR 181/69, BGHZ 57, 33 (45); *BGH*, Urt. v. 11.3.1968, III ZR 72/65, BGHZ 50, 14 (19 f.); *BVerfG*, Beschl. v. 22.8.2013, 1 BvR 1067/12, NJW 2013, 3630 (3632); *Dörr*, in: BeckOGK BGB, § 839 Rn. 652; *Grzeszick*, in: BeckOK GG, Art. 34 Rn. 24; *Papier*, in: Maunz/Dürig, GG, Art. 34 Rn. 262; *Papier/Shirvani*, in: MüKo BGB, § 839 Rn. 382; *Teichmann*, in: Jauernig, BGB, § 839 Rn. 29; *Wieland*, in: Dreier, GG, Art. 34 Rn. 51; *Wöstmann*, in: Staudinger, BGB, § 839 Rn. 314; *Götz*, SchiedsVZ 2012, 311 (312); *Gremminger*, S. 89.

925 *BGH*, Urt. v. 5.5.1975, III ZR 43/73, BGHZ 64, 347 (349); *Grzeszick*, in: BeckOK GG, Art. 34 Rn. 24; *Wöstmann*, in: Staudinger, BGB, § 839 Rn. 314; *Köndgen*, JZ 1979, 246 (248); *Tombrink*, NJW 2002, 1324 (1325); *Tombrink*, DRiZ 2002, 296 (299).

926 *Gremminger*, S. 117.

927 Ebenso *Berger*, International Economic Arbitration, S. 237 Fn. 251; *Götz*, SchiedsVZ 2012, 311 (316 f.); *Gremminger*, S. 112 ff.; *Prütting*, SchiedsVZ 2011, 233 (237); *Rissel Reiser*, NJW 2015, 2839 (2842); vgl. auch *RG*, Urt. v. 21.3.1898, VI 350/97, RGZ 41, 251 (257) und *Real*, S. 172; unklar *Hantke*, SchiedsVZ 2003, 269 (273).

928 *BGH*, Urt. v. 6.10.1954, II ZR 149/53, BGHZ 15, 12 (15 f.) als Bestätigung von *RG*, Entscheidung v. 8.2.1907, III 363/06, RGZ 65, 175 (176).

des Richterspruchprivilegs ist nicht überzeugend, da durch diese vertragliche Lösung den Parteien unterstellt wird, auf Ansprüche gegen fehlerhaft handelnde Schiedsrichter verzichten zu wollen.[929] Außerdem verstößt dieser vertragliche Haftungsausschluss gegen § 276 Abs. 3 BGB,[930] wonach die Haftung für Vorsatz durch einen Vertrag nicht im Voraus erlassen werden kann. Wenn der Haftungsausschluss zugunsten des Schiedsrichters aber das gesetzliche Richterspruchprivileg zum Inhalt haben soll, könnte er nur haften, wenn er eine Straftat begeht (§ 839 Abs. 2 S. 1 BGB). Der Maßstab der Strafbarkeit (§ 839 Abs. 2 S. 1 BGB) ist aber höher als der des Vorsatzes (§ 276 Abs. 3 BGB). Trotz dieser dogmatischen Schwächen folgt die Kommentarliteratur überwiegend dem BGH,[931] sodass sich Schiedsrichter auf einen stillschweigenden vertraglichen Haftungsausschluss berufen können.

(2) Vertragliche Haftungserleichterung

Neben diesem richterrechtlichen Haftungsausschluss gelten für Schiedsrichter meistens auch ausdrückliche vertragliche Haftungseinschränkungen, die sich den Schiedsgerichtsordnungen entnehmen lassen.[932] Das trifft auch auf die beim DMS gelisteten Schiedsrichter zu, denn § 43 DMS-SchO bestimmt:

> *„(1) Mit Ausnahme der vorsätzlichen Begehung einer Pflichtverletzung ist die Haftung des Schiedsrichters für seine Entscheidungstätigkeit ausgeschlossen.*
> *(2) Mit Ausnahme der vorsätzlichen oder grob fahrlässigen Begehung einer Pflichtverletzung ist eine Haftung der Schiedsrichter […] für jede andere Handlung oder*

---

929 *Schlosser*, in: Stein/Jonas, ZPO, Vor § 1025 Rn. 31; *Götz*, SchiedsVZ 2012, 311 (314); *Gremminger*, S. 110 f.; *Loritz*, in: Bruns/Kern et al., FS Stürner, 327 (339 ff.); *Moschel*, 18 KTS 1957, 154 (155 f.); *Osterthun*, S. 361 f.; siehe auch *Sponseller*, 44 Hastings L.J. 1993, 421 (437).

930 Den Haftungsausschluss ebenfalls für unwirksam halten *Gal*, S. 186 f.; *Götz*, SchiedsVZ 2012, 311 (315); *Gremminger*, S. 111; *Lachmann*, Handbuch für die Schiedsgerichtspraxis, Rn. 4340; der BGH wies zwar auf § 276 Abs. 2 BGB a.F. hin, dies wurde aber nicht weiter diskutiert.

931 *Geimer*, in: Zöller, ZPO, § 1035 Rn. 30; *Münch*, in: MüKo ZPO, Vor § 1034 Rn. 29; *Nacimiento/Abt/Stein*, in: Nacimiento/Kröll/Böckstiegel, AiG, Vor § 1034 Rn. 30; *Saenger*, in: Saenger, ZPO, Vor § 1025 Rn. 13; *Voit*, in: Musielak/Voit, ZPO, § 1035 Rn. 25; *Wolf/Eslami*, in: BeckOK ZPO, § 1035 Rn. 35.

932 Art. 41 ICC-SchO; Art. 31 Abs. 1 LCIA-SchO, Art. 46 Abs. 1 HKIAC-SchO, Art. 45 Abs. 1 DIS-SchO; Rule 38 Abs. 1 SIAC-SchO, Art. 41 ICDR-SchO, Art. 79 WIPO-SchO; Rule 52(d) AAA-SchO; Art. 45 Abs. 1 SAC-SchO; Art. 52 SCC-SchO; Art. 46 Abs. 1 VIAC-SchO; Art. 61 NAI-SchO; Art. 55 MIAC-SchO; Rule 17 AIAC-SchO.

> *Unterlassung im Zusammenhang mit einem Verfahren vor dem Medienschiedsgericht […] ausgeschlossen.“*

Ein solcher Haftungsausschluss würde, wie auch der vom BGH hergeleitete Haftungsausschluss, Teil des Schiedsrichtervertrags werden. Vertragspartner des Schiedsrichtervertrags sind die Parteien und die Schiedsrichter,[933] auch wenn das Schiedsverfahren von einer Schiedsinstitution administriert wird.[934] Die Vertragsbeziehungen beim DMS entsprechen diesem vertraglichen Grundmodell allerdings nicht, denn § 12 Abs. 7 DMS-SchO bestimmt:

> *„Mit Bestellung […] kommt der Schiedsrichtervertrag zwischen dem Verein und den Schiedsrichtern zustande. Zwischen den Parteien und den Schiedsrichtern entsteht kein Vertragsverhältnis.“*

Aufgrund dieser Regelung kommt zwischen den Schiedsrichtern und den Parteien also kein Schiedsrichtervertrag zustande. Damit kann in diesem Verhältnis auch der vertragliche Haftungsausschluss, wie ihn das DMS für Schiedsrichter vorsieht, keine Anwendung finden. Allerdings stellt sich damit die weitaus folgenreichere Frage, ob den Parteien überhaupt ein Erfüllungsanspruch gegen die Schiedsrichter zusteht. Für den Fall, dass eine Schiedsinstitution Schiedsrichter selbst unter Vertrag nimmt, plädieren zwar viele dafür, die Vertragsbeziehung zwischen der Schiedsinstitution und dem Schiedsrichter (sog.

---

933 *BGH*, Urt. v. 6.10.1954, II ZR 149/53, BGHZ 15, 12 (14 f.); *OLG Hamburg*, Urt. v. 8.12.1960, 3 U 98/60, KTS 1961, 174 (175); *RG*, Urt. v. 21.3.1898, VI 350/97, RGZ 41, 251 (252 f.); *Schlosser*, in: Stein/Jonas, ZPO, Vor § 1025 Rn. 15; *Wolf/Eslami*, in: BeckOK ZPO, § 1035 Rn. 27; *Born*, International Commercial Arbitration, S. 2118; *Götz*, SchiedsVZ 2012, 311 (311); *Gremminger*, S. 95 f.; *Hoffet*, S. 131; *Hoffmann*, in: Plantey/Böckstiegel/Bredow, FS Glossner, 143 (143); *Real*, S. 85; *Schwab/Walter*, Kap. 11 Rn. 1; *Triebel/Hyden*, in: Lew, The Immunity of Arbitrators, 39 (42).

934 *Altenkirch*, SchiedsVZ 2014, 113 (114); *Dupeyre*, 32 Rev. Arb. 2014, 265 (265); *Fouchard*, 6 ICC Bulletin, Suppl. (The Status of the Arbitrator) 1995, 12 (13); *Fouchard/Gaillard et al.*, Rn. 1112; *Gal*, S. 113 f.; *Gremminger*, S. 100; *Hantke*, SchiedsVZ 2003, 269 (273); *Hoffet*, S. 160; *Hoffmann*, in: Plantey/Böckstiegel/Bredow, FS Glossner, 143 (144); *Holzberger*, S. 160; *Melis*, TvA 1988, 25 (31); *Onyema*, S. 100; *Schütze*, in: Wieczorek/Schütze, ZPO, § 1035 Rn. 77; *Schütze*, in: Schütze, Institutionelle Schiedsgerichtsbarkeit, Einl. Rn. 46, 50; so auch zur DIS-SchO 1998 *Theune*, SchiedsVZ 2021, 177 (191); hingegen dafür, dass der Schiedsrichtervertrag zwischen Schiedsinstitution und Schiedsrichtern entsteht *Geimer*, in: Zöller, ZPO, § 1035 Rn. 23; *Saenger*, in: Saenger, ZPO, Vor § 1025 Rn. 11; *Schlosser*, in: Stein/Jonas, ZPO, Vor § 1025 Rn. 15; *Voit*, in: Musielak/Voit, ZPO, § 1035 Rn. 22; *Schlosser*, Das Recht der internationalen privaten Schiedsgerichtsbarkeit, Rn. 498; *Schütze/Tscherning/Wais*, Rn. 573.

Schiedskooperationsvertrag)[935] als Vertrag zugunsten der Parteien (§ 328 Abs. 1 BGB) auszulegen.[936] Dabei wird richtigerweise darauf verwiesen, dass die Erfüllung der Pflicht der Schiedsrichter primär im Interesse der Parteien erfolgt.[937] In Bezug auf das DMS spricht gegen diese Vertragskonstruktion allerdings der Wortlaut des § 12 Abs. 7 DMS-SchO, wonach zwischen den Parteien und den Schiedsrichtern gerade keine vertragliche Beziehung entstehen soll. Ein Anspruch aus einem Schiedskooperationsvertrag ist aber vertraglicher Natur, auch wenn er über § 328 Abs. 1 BGB hergeleitet wird. Zudem begründet ein Vertrag zugunsten Dritter ein vertragsähnliches Rechtsverhältnis zwischen dem Versprechenden (Schiedsrichter) und dem Dritten (Partei).[938] Damit führt die Vertragskonstruktion zu der unbefriedigenden Situation, dass die Parteien gegen die Schiedsrichter weder Sekundär- noch Primäransprüche geltend machen können.

Daran schließt sich die Frage an, ob Parteien, statt gegen die Schiedsrichter, einen Erfüllungsanspruch wenigstens gegen das DMS geltend machen könnten. Es ist allerdings zweifelhaft, ob das DMS aufgrund der besonderen Vertragskonstruktion gegenüber den Parteien selbst zur Schuldnerin der schiedsvertraglichen Pflichten wird und die Schiedsrichter „nur“ zu seinen Erfüllungsgehilfen werden.[939] Dagegen spricht zum einen, dass die Entscheidung einer Streitigkeit durch Schiedsspruch wesensmäßig eine Leistung des Schiedsrichters ist und gerade nicht zum Pflichtenkreis einer Schiedsinstitution gehört.[940] Zum anderen ist die schiedsrichterliche Leistung höchstpersönlich, sodass, auch wenn das

935 Die Bezeichnung geht zurück auf *Gal*, S. 114; ablehnend *Theune*, SchiedsVZ 2021, 177 (193); zur Rechtsnatur *Fouchard*, 6 ICC Bulletin, Suppl. (The Status of the Arbitrator) 1995, 12 (23); *Gal*, S. 116; *Melis*, 13 Comp. Law Y.B. Int'l Bus. 1991, 107 (111); *Schütze*, in: Schütze, Institutionelle Schiedsgerichtsbarkeit, Einl. Rn. 47.

936 *Aden*, Internationale Handelsschiedsgerichtsbarkeit, S. 92; *Gal*, S. 117; *Geimer*, in: Böckstiegel/Berger/Bredow, Die Beteiligung Dritter an Schiedsverfahren, 71 (84); *Geimer*, in: Rasmussen-Bonne/Freer et al., FS Hay, 163 (174); *Theune*, SchiedsVZ 2021, 177 (194); *Vogt*, S. 83; vgl. auch *Kahlert*, S. 187; *Rubino-Sammartano*, S. 418.

937 *Gal*, S. 116; *Theune*, SchiedsVZ 2021, 177 (193); *Vogt*, S. 83; siehe auch allgemein *Mäsch*, in: BeckOGK BGB, § 328 Rn. 54.

938 *Mäsch*, in: BeckOGK BGB, § 328 Rn. 33; *Schulze*, in: Schulze/Dörner et al., BGB, § 328 Rn. 3.

939 Hierfür generell *Wolf*, S. 253; vgl. auch *Oetting*, S. 56 f.; *Osterthun*, S. 384 f.

940 *Gremminger*, S. 178; *Lachmann*, Handbuch für die Schiedsgerichtspraxis, Rn. 3510; vgl. auch *Gal*, S. 364.

DMS sie schulden würde, sie diese nicht auf einen Erfüllungsgehilfen übertragen könnte.[941]

Die Regelungen der DMS-SchO haben damit den Effekt, die beim DMS gelisteten Schiedsrichter vor den Parteien vertragsrechtlich abzuschirmen. Die Parteien können nicht nur gegen die Schiedsrichter keinen Anspruch geltend machen, ihnen steht generell kein Anspruch auf Erfüllung der schiedsvertraglichen Leistung zu. Dieses Ergebnis widerspricht dem Interesse der Parteien und führt somit zu der Schlussfolgerung, dass § 12 Abs. 7 DMS-SchO und die damit einhergehende Vertragskonstellation beseitigt werden sollte. Hierdurch würden Schiedsrichter und Parteien einen Schiedsrichtervertrag schließen können, auf dessen Grundlage die Parteien einen Erfüllungsanspruch geltend machen können. Teil des Schiedsrichtervertrags wäre damit allerdings auch der oben genannte Haftungsausschluss. Dieser wäre, anders als der Haftungsausschluss zugunsten des DMS, nicht dem AGB-Recht unterworfen, weil ein Schiedsrichtervertrag nicht einseitig von den Schiedsrichtern gestellt wird.[942] Mithin wäre er wirksam und die Schiedsrichter unterlägen einem weiteren vertraglichen Haftungsausschluss.

cc) Zwischenergebnis

In einem erheblichen Ausmaß weichen Schiedsinstitutionen einer vertraglichen Haftung aus, indem sie für sich und ihre Schiedsrichter Haftungsausschlüsse in ihre Schiedsgerichtsordnungen aufnehmen. Ungeachtet der Wirksamkeit solcher Klauseln geht mit ihnen eine „*psychologische Abschreckung*“[943] der Parteien einher. Sie verbinden damit eine weitere Privilegierung, die der Kontrolle einer Schiedsinstitution entgegensteht. Diese Problematik wird beim DMS dadurch vertieft, dass den Parteien selbst ein Erfüllungsanspruch auf die schiedsrichterliche Leistung nicht zusteht.

941 *Münch*, in: MüKo ZPO, Vor § 1034 Rn. 17; *Lachmann*, Handbuch für die Schiedsgerichtspraxis, Rn. 4284; *Prütting*, SchiedsVZ 2011, 233 (235).

942 *Mäsch*, in: Staudinger, BGB, § 305 Rn. 37; *Theune*, in: Schütze, Institutionelle Schiedsgerichtsbarkeit, DIS-SchO, Art. 45 Rn. 1; *Altenkirch*, SchiedsVZ 2014, 113 (118); *Gremminger*, S. 118; *Liebscher*, BB 1999, 2 (4).

943 *Gal*, S. 364.

c) *Privilegierung im Vereinsrecht*

In organisatorischer Hinsicht sind Schiedsinstitutionen meistens als gemeinnützige Organisationen formiert.[944] In Deutschland wird dafür häufig die Rechtsform des Vereins gewählt. Zum Beispiel wird die DIS von einem eingetragenen Verein, dem „Deutsche Institution für Schiedsgerichtsbarkeit (DIS) e.V.", getragen.[945] Auch das DMS wählte als Rechtsform zunächst den eingetragenen Verein.[946]

Die Rechtsform des Vereins setzt lediglich einen Vorstand (§ 26 Abs. 1 S. 1 BGB) und eine Mitgliederversammlung voraus.[947] Im Übrigen ist ein Verein in der Gestaltung der Organisation frei und kann seine Verfassung gemäß § 25 BGB durch Satzung bestimmen.[948] Diese Satzungsautonomie spiegelt sich auch in § 40 S. 1 BGB wider, wonach ein Verein von diversen vereinsrechtlichen Vorschriften des BGB durch eine Satzungsbestimmung abweichen darf.[949] Die Satzungsautonomie ist zudem als Teil der Vereinsautonomie verfassungsrechtlich durch Art. 9 Abs. 1 GG geschützt.[950] Aufgrund dieser Autonomie gehen mit der Rechtsform des Vereins nur wenige Restriktionen einher, sodass ein erheblicher Gestaltungsspielraum besteht.[951] Insbesondere für die Binnenstruktur des Vereins existieren im Vergleich zu anderen Gesellschaftsformen nur geringe Anforderungen.[952] Das Vereinsrecht kennzeichnet sich somit durch einen laissez-faire-Ansatz.[953] Eine Schiedsinstitution erfährt durch das Vereinsrecht mithin keine nennenswerte Kontrolle.

---

944 *Chen*, S. 31; *Gerbay*, The Functions of Arbitral Institutions, S. 23; *Veeder*, 5 Am. Univ. Bus. Law Rev. 2015, 335 (341).

945 Die DIS-Satzung ist abrufbar unter go.wwu.de/2l3-w.

946 Die DMS-Satzung befindet sich im Anhang ab S. 269.

947 Zur Unentbehrlichkeit der Mitgliederversammlung siehe *Leuschner*, in: MüKo BGB, § 32 Rn. 1; *Neudert/Waldner*, in: Sauter/Schweyer/Waldner, Der eingetragene Verein, Erster Teil, Rn. 155; *Notz*, in: BeckOGK BGB, § 32 Rn. 12; *Stöber/Otto*, Rn. 14.

948 *Neudert/Waldner*, in: Sauter/Schweyer/Waldner, Der eingetragene Verein, Erster Teil, Rn. 39 ff.

949 *Schockenhoff*, 193 AcP 1993, 35 (37).

950 *BVerfG*, Urt. v. 26.2.2020, 2 BvR 2347/15, BVerfGE 153, 182 (304); *BVerfG*, Urt. v. 1.3.1979, 1 BvR 532/77, 1 BvR 533/77, 1 BvR 419/78, 1 BvL, BVerfGE 50, 290 (354); *Neudert/Waldner*, in: Sauter/Schweyer/Waldner, Der eingetragene Verein, Erster Teil, Rn. 39b; *Stöber/Otto*, Rn. 3; *Winkler*, in: von Münch/Kunig, GG, Art. 9 Rn. 56.

951 *Schockenhoff*, 193 AcP 1993, 35 (36).

952 *Schockenhoff*, 193 AcP 1993, 35 (38).

953 *Hippel*, in: Hopt/Hippel, Comparative Corporate Governance of Non-Profit Organizations, 197 (214).

d) Zwischenergebnis

Schiedsinstitutionen sind in vielerlei Hinsicht rechtlich privilegiert. Die Rechtsnatur ihrer Tätigkeit wird als administrativ bagatellisiert, ihre Haftung ist weitgehend eingeschränkt und auch durch das Vereinsrecht erfolgen keine erheblichen Einschränkungen. Aus der Außenperspektive, insbesondere aus Sicht der Parteien, entsteht durch diese Privilegien der Eindruck, als agiere eine Schiedsinstitution unkontrolliert. Sollte eine Schiedsinstitution einen Fehler begehen, besteht daher die begründete Annahme, dass daraus nur im Ausnahmefall rechtliche Konsequenzen folgen können. Dieser negative Eindruck wirkt sich insbesondere auf neue Schiedsinstitutionen aus, denn diese konnten sich noch nicht beweisen und diesem Eindruck entgegentreten. Das Legitimitätsdefizit einer neuen Schiedsinstitution wird hierdurch vertieft.

2. Gefahren weitreichender Privilegien

Es gibt diverse Beispiele dafür, wie Schiedsinstitutionen die ihnen zustehenden Privilegien ausgenutzt haben. Zum Beispiel ermöglichte das als „*excessively liberal*“[954] eingestufte russische Schiedsverfahrensrecht die massenhafte Errichtung von Schiedsinstitutionen; die Anzahl wurde auf mehrere tausende Schiedsinstitutionen geschätzt.[955] Darunter befanden sich auch Schiedsinstitutionen, die von Unternehmen geschaffen und unterhalten wurden, um eigene Streitigkeiten zu administrieren (sog. pocket arbitral institutions).[956] Obwohl diese Schiedsinstitutionen finanziell und organisatorisch eigenständig waren, hat das jeweilige Unternehmen einen kontrollierenden Einfluss auf die Schiedsinstitution ausgeübt,[957] sodass erhebliche Zweifel an ihrer Neutralität bestanden.[958] Außerdem haben einige Unternehmen Schiedsverfahren nur zum Schein geführt, um

---

954 *Kotelnikov/Kurochkin/Skvortsov*, S. 89.

955 *Kotelnikov/Kurochkin/Skvortsov*, S. 9; *Yadykin/Mekat*, SchiedsVZ 2015, 269 (270); zurückhaltender *Oda*, Rn. 4.08; diese Entwicklung ist auch in Russlands Nachbarländern zu beobachten, beispielsweise in der Ukraine, hierzu *Sendetska/Hamama*, Kluwer Arbitration Blog v. 5.6.2021; außerdem in Lettland, siehe *Nerets*, Kluwer Arbitration Blog v. 11.3.2021.

956 *Kotelnikov/Kurochkin/Skvortsov*, S. 7; *Skvortsov*, 9 Indian J. Arb. L. 2020, 60 (64); *Wilske/Markert/Bräuninger*, SchiedsVZ 2017, 49 (57); *Yadykin/Mekat*, SchiedsVZ 2015, 269 (270).

957 *Skvortsov*, 9 Indian J. Arb. L. 2020, 60 (64); *Yadykin/Mekat*, SchiedsVZ 2015, 269 (270).

958 *Astakhova*, Kluwer Arbitration Blog v. 14.8.2015; *Burova*, Kluwer Arbitration Blog v. 23.5.2017; *Yadykin/Mekat*, SchiedsVZ 2015, 269 (270 f.).

damit illegale Aktivitäten zu fördern oder zu verdecken.[959] Russlands Judikative reagierte darauf durch harsche gerichtliche Entscheidungen, wodurch Schiedssprüche dubioser Schiedsinstitutionen aufgehoben wurden.[960] Dem folgte eine radikale Gesetzgebungsreform, wodurch die meisten Schiedsinstitutionen aufgelöst und für neue Schiedsinstitutionen starke Restriktionen, wie eine Zulassungspflicht, eingeführt wurden.[961] Die wenigen Schiedsinstitutionen, welche die Reform überdauert haben – dies waren unmittelbar nach der Reform lediglich vier Schiedsinstitutionen[962] –, stehen nun unter der Kontrolle des russischen Justizministeriums.[963]

Für ein zweites Beispiel kann in die USA geblickt werden. Dort spezialisierte sich das National Arbitration Forum (NAF) auf Verbraucherstreitigkeiten und administrierte insbesondere Inkassofälle, wobei sich seine Zuständigkeit aus Schiedsklauseln ergab, denen sich die Verbraucher in den AGB von Kreditkartenverträgen unterwerfen mussten (sog. mandatory binding arbitration).[964] In den auf dieser Grundlage geführten Schiedsverfahren wurden die Verbraucher stark benachteiligt und die Banken als „*famous parties*" begünstigt, indem das NAF nur solche Schiedsrichter wiederholt ernannte, die zugunsten der Unternehmen entschieden.[965] Die Vorgehensweise des NAF führte dazu, dass die Schiedsverfahren in über 90 Prozent der Fälle von den Unternehmen gewonnen wurden.[966] Diese Geschäftspraxis gab Anlass für mehrere Rechtsstreitigkeiten, in denen dem NAF die systematische Benachteiligung von Verbrauchern und

959 *Kotelnikov/Kurochkin/Skvortsov*, S. 7; *Skvortsov*, 9 Indian J. Arb. L. 2020, 60 (65).

960 Siehe beispielsweise *Oberstes Arbitragegericht der Russischen Föderation*, Entscheidung v. 16.7.2013, 1567/13, abrufbar unter go.wwu.de/e1350; *Oberstes Arbitragegericht der Russischen Föderation*, Entscheidung v. 22.5.2012, 16541/11, abrufbar unter go.wwu.de/xjdyt.

961 Siehe das Schiedsverfahrensgesetz der Russischen Föderation v. 25.12.2015, Nr. 788111-6, abrufbar unter go.wwu.de/4-915; siehe für eine Darstellung *Skvortsov*, 9 Indian J. Arb. L. 2020, 60 (65 f.); *Yadykin/Mekat*, SchiedsVZ 2015, 269 (272 f.).

962 *Kotelnikov/Kurochkin/Skvortsov*, S. 9; *Oda*, Rn. 4.11; seitdem wurden aber auch einige ausländische Schiedsinstitutionen lizenziert, siehe *Dolotova/Gridasov*, Kluwer Arbitration Blog v. 11.6.2021.

963 *Kotelnikov/Kurochkin/Skvortsov*, S. 9; *Skvortsov*, 9 Indian J. Arb. L. 2020, 60 (72).

964 *Weber-Stecher*, in: Habegger/Hochstrasser et al., Arbitral Institutions under Scrutiny, 37 (41); ausführlich *Berner/Grow*, Businessweek 2008, 72 (72 ff.).

965 *Gerbay*, The Functions of Arbitral Institutions, S. 24; *Weber-Stecher*, in: Habegger/Hochstrasser et al., Arbitral Institutions under Scrutiny, 37 (41).

966 *Alderman*, in: Public Citizen, The Arbitration Trap, 1 (4); *Berner/Grow*, Businessweek 2008, 72 (72).

betrügerische Taktiken vorgeworfen wurden.[967] Schließlich verpflichtete sich das NAF dazu, keine Verfahren mehr über Verbraucherdarlehensstreitigkeiten zu administrieren.[968]

Ein letztes Beispiel betrifft die oberste Entscheidungsinstanz im internationalen Sport, den Court of Arbitration for Sport (CAS).[969] Sportler unterwerfen sich dieser Sportschiedsgerichtsbarkeit, da sie ansonsten nicht von dem zuständigen Verband zu einem Wettbewerb zugelassen werden.[970] Bereits hierdurch wird deutlich, dass zwischen den Verbänden und den Sportlern ein erhebliches Ungleichgewicht besteht.[971] Dies bildete dann auch den Anlass für mehrere Verfahren, in denen die Eisschnellläuferin Pechstein gegen eine gegen sie verhängte Dopingsperre vorging.[972] Obwohl die meisten Verfahren gegen Pechstein entschieden wurden, kritisierten einige Gerichte bestimmte Eigenheiten des CAS-Schiedsverfahrens,[973] durch die – mit den Worten des LG München – *„ein Übergewicht der Verbände institutionalisiert“*[974] werde. Das OLG München trat

---

967 Ausführlich *Martens*, CounterPunch v. 20.7.2009; die Anklageschriften sind abrufbar unter go.wwu.de/iu8g6 und go.wwu.de/3q9w0.

968 *Sidel/Sharma*, Wall Street Journal v. 21.7.2009; der Vergleich ist abrufbar unter go.wwu.de/5kzy1.

969 Ausführlich zur Organisation des CAS *Lungstras*, S. 76 ff.

970 *Adolphsen*, SpuRt 2016, 46 (48); *Haas*, 114 ZVglRWiss 2015, 516 (522); *Lungstras*, S. 51; mittlerweile erkennt der Gesetzgeber diesen Schiedszwang durch § 11 S. 1 Anti-DopingG an, hierzu *Bleistein/Degenhart*, NJW 2015, 1353 (1356); *Heermann*, SpuRt 2015, 4 (4 ff.); *Norouzi/Summerer*, SpuRt 2015, 63 (65); *Westphalen*, SpuRt 2015, 239 (240 f.).

971 *Blandfort*, SchiedsVZ 2019, 120 (122); *Bleistein/Degenhart*, NJW 2015, 1353 (1355); *Haas*, 114 ZVglRWiss 2015, 516 (543); *Lungstras*, S. 48 ff.

972 Zuletzt *BVerfG*, Beschl v. 3.6.2022, NJW 2022, 2677, wobei aber nur die fehlende Öffentlichkeit des Verfahrens bemängelt wurde; siehe im Übrigen *BGH*, Urt. v. 7.6.2016, KZR 6/15, NJW 2016, 2266 (2268); *CAS*, Award v. 25.11.2009, 2009/A/1912 & 1913, abrufbar unter go.wwu.de/if27k; *EGMR*, Urt. v. 4.10.2018, 67474/10, SpuRt 2018, 253 (259); *LG München*, Urt. v. 26.2.2014, 37 O 28331/12, SchiedsVZ 2014, 100 (103); *OLG München*, Urt. v. 15.1.2015, U 1110/14 Kart, SchiedsVZ 2015, 40 (41); *Schweizerisches Bundesgericht*, Entscheidung v. 28.9.2010, 4A 144/2010, ASA Bulletin 2011, 147 (156); *Schweizerisches Bundesgericht*, Entscheidung v. 10.2.2010, 4A 612/2009, ASA Bulletin 2010, 612 (633); ausführlich zur Prozessgeschichte *Michaelis*, SchiedsVZ 2019, 331 (334 ff.); *Prütting*, SpuRt 2016, 143 (144); trotz der juristischen Niederlagen gilt Pechstein in Deutschland als rehabilitiert, siehe *Orth*, in: Cherkeh/Momsen/Orth, Handbuch Sportstrafrecht, Kap. 2 Rn. 116.

973 Zu diesen Eigenheiten ausführlich *Lungstras*, S. 77 ff.

974 *LG München*, Urt. v. 26.2.2014, 37 O 28331/12, SchiedsVZ 2014, 100 (107).

in diesem Punkt der Vorinstanz bei und befürchtete, dass *„die in die Schiedsrichterlisten aufgenommenen Personen mehrheitlich oder sogar vollständig den Verbänden näher stehen als den Athleten“*[975]. Besonders deutlich wurden zwei Sondervoten zu einem abweisenden EGMR-Urteil, die zu dem Ergebnis kamen, dass dem CAS *„jegliche Unabhängigkeit fehlt“*[976].

Die angeführten Beispiele repräsentieren zwar andere Rechtsordnungen. Trotz einzelner Unterschiede besteht eine Gemeinsamkeit mit dem deutschen Recht darin, dass Schiedsinstitutionen auch in den dortigen Rechtsordnungen keiner erheblichen Regulierung unterworfen sind.[977] In Russland wurde das Schiedsverfahrensrecht zwar nun reformiert. Das vorherige Gesetz ermöglichte gleichwohl die massenhafte Entstehung missbräuchlicher Schiedsinstitutionen. Hinsichtlich der USA muss man zwar hinzufügen, dass die dortigen Gerichte Entscheidungen von Schiedsinstitutionen als rechtsprechungsähnlich würdigen.[978] Da mit dieser Qualifikation jedoch auch eine weitgehende Haftungsimmunität verknüpft ist,[979] wird die Arbeit von Schiedsinstitutionen erneut einer externen Kontrolle entzogen. Somit machen die Beispiele nicht nur deutlich, dass Schiedsinstitutionen weitgehende Freiheiten genießen, sondern ebenfalls, dass diese mitunter auch zum Nachteil der Parteien ausgenutzt werden. Obgleich dies auf die Schiedsinstitutionen in Deutschland nicht zutreffen mag, genießen diese dennoch ebenfalls eine weitgehende Autonomie. Für das damit einhergehende Gefahrenpotenzial stehen die dargestellten Phänomene symptomatisch.

III. Zwischenergebnis

Eine neue Schiedsinstitution unterliegt aus Sicht von Streitparteien einem erheblichen Vertrauensdefizit. Dieses geht zunächst darauf zurück, dass man ihre Fähigkeiten nicht beurteilen kann, da sie noch keine Leistungsbilanz vorweisen können. Außerdem kann man nicht einschätzen, ob es die Schiedsinstitution noch geben wird, wenn ein Streitfall in ferner Zukunft einmal auftreten sollte.

---

975 *OLG München*, Urt. v. 15.1.2015, U 1110/14 Kart, SchiedsVZ 2015, 40 (44).

976 Sondervoten der Richter *Keller* und *Serghides* bei *EGMR*, Urt. v. 4.10.2018, 67474/10, SpuRt 2018, 253 (261).

977 Das schweizerische Schiedsverfahrensrecht schweigt sich ebenfalls zur Existenz von Schiedsinstitutionen aus, siehe das Gesetz für nationale Schiedsverfahren, abrufbar unter go.wwu.de/drgw6, und das Gesetz für internationale Schiedsverfahren, abrufbar unter go.wwu.de/hj57m.

978 Siehe oben ab S. 196.

979 Siehe hierzu bereits oben ab S. 201.

Bereits aus diesen Gründen stellt die Wahl einer neuen Schiedsinstitution ein Wagnis dar.

Zudem geht auch mit der Organisationsform „Schiedsinstitution" keine automatische Vertrauenswürdigkeit einher: Jeder kann Schiedsinstitutionen gründen und nahezu keiner kontrolliert sie. Den Schiedsinstitutionen ist damit weitgehende Autonomie geschenkt. Diese wird von vielen Schiedsinstitutionen gewiss vernünftig genutzt. Gleichzeitig liefert das Gesetz aber keine Sicherheiten dafür, dass eine Schiedsinstitution diese Freiheiten nicht ausnutzt. Berücksichtigt man die wachsende Anzahl von Schiedsinstitutionen,[980] ist es nur wahrscheinlich, dass sich nicht nur prestigeträchtige Schiedsinstitutionen herausbilden – dies bezeugen die angeführten Beispiele.

Vor diesem Hintergrund ist es nicht verwunderlich, wenn Parteien einer neuen Schiedsinstitution zunächst mit Skepsis, wenn nicht sogar Ablehnung gegenübertreten. Für eine jüngst gegründete Schiedsinstitution, die sich auf dem „*Markt der Streitbeilegung*"[981] bewähren möchte, folgt daraus, dass eine ihrer wichtigsten Aufgaben darin besteht, ihr Vertrauensdefizit abzubauen.

B. Legitimierende Maßnahmen

Da eine neue Schiedsinstitution ihre Leistungsfähigkeit nicht unter Beweis stellen kann, bevor sie den ersten Fall administriert hat, ist sie auf einen Vertrauensvorschuss durch die Parteien angewiesen. Die entscheidende Frage ist damit, wie man Parteien dazu bewegen kann, eine neue Schiedsinstitution zu wählen. Diese Bereitschaft werden Parteien umso schneller aufweisen, je geringer die mit dem administrierten Schiedsverfahren verbundene Unsicherheit ist. Daher werden

---

980 Hierzu die Beobachtungen von *Abrahamson*, in: Berg, Arbitration, 354 (359); *Arroyo*, in: Cadiet/Hess/Isidro, Privatizing Dispute Resolution, 617 (622); *Berger*, Institutional Arbitration, S. 6; *Bond*, 11 Arb. Int. 1995, 273 (273); *Cremades*, in: Glossner, Jahrbuch für die Praxis der Schiedsgerichtsbarkeit, Band 4, 31 (40); *Droulers*, in: Hobér/Magnusson/Öhrström, FS Franke, 141 (143); *Gaillard*, 31 Arb. Int. 2015, 1 (5); *Gerbay*, The Functions of Arbitral Institutions, S. 33 ff.; *Gremminger*, S. 123; *Horvath*, in: Kröll/Mistelis et al., FS Bergsten, 251 (263); *Landau*, 13 J. Int. Arb. 1996, 113 (114); *Lew/Mistelis/Kröll*, Rn. 3-24; *Melis*, 13 Comp. Law Y.B. Int'l Bus. 1991, 107 (109); *Melis*, TvA 1988, 25 (26); *Moser/Yeoh*, In-House Persp. 2006, 18 (18); *Paulsson/Rawding/Reed*, S. 62; *Redfern/Hunter*, Rn. 1.157; *Schlaepfer/Petti*, in: Geisinger/Voser, International Arbitration in Switzerland, 13 (13); *Slate II*, Wake Forest L. Rev. 1996, 41 (50); *Smit*, Colum. J. Transnat'l L. 1986, 9 (12); *Wilske*, 1 Contemp. Asia Arb. J. 2008, 21 (24).

981 *Eidenmüller*, in: Schütze/Klötzel/Gebauer, FS Thümmel, 125 (128).

nun Maßnahmen untersucht, die das mit der Wahl einer neuen Schiedsinstitution verbundene Risiko verringern können. Dies umfasst das Informieren der Parteien über das eigene Angebot (**I**), daneben die Kooperation mit anderen Organisationen (**II**) und schließlich die Etablierung von Kontrollmechanismen (**III**).

I. Informationsvermittlung

Es muss ein zentraler Aspekt einer neuen Schiedsinstitution sein, den potenziellen „Kunden" ihre Qualitäten zu vermitteln.[982] Selbst wenn eine Schiedsinstitution das objektiv geeignetste Schiedsverfahren aufweist, wird sie nicht angerufen werden, wenn sie und ihre Vorzüge in den maßgeblichen Kreisen unbekannt sind.[983] Denn ein Informationsdefizit verleitet Marktteilnehmer dazu, im Zweifel nicht das Produkt eines neuen Anbieters auszuprobieren, sondern das Produkt des Anbieters zu wählen, der bekannt und bewährt ist (sog. adverse Selektion).[984]

In erster Linie sind somit Werbemaßnahmen erforderlich. Für eine Schiedsinstitution kommt hier insbesondere in Betracht, die Zielgruppe auf ihre Vorteile aufmerksam zu machen. Dies kann mit Broschüren geschehen, die an solche Unternehmen geschickt werden, die man der Zielgruppe zuordnet. Dies kann auch durch Publikationen in den einschlägigen Fachzeitschriften erfolgen.[985] Außerdem können diverse Mittel des Online-Marketings eingesetzt werden. Daneben bestehen auch indirekte Wege der Werbung, zum Beispiel die Veranstaltung von Konferenzen.[986] Es gehört etwa zum Selbstverständnis der WIPO, nicht nur Schiedsverfahren zu administrieren, sondern – als gleichberechtigte zweite Säule – Konferenzen und Fortbildungsprogramme anzubieten.[987] Auch die DIS veranstaltet regelmäßig Konferenzen und Vorträge.[988] Eine

---

982 *Droulers*, in: Hobér/Magnusson/Öhrström, FS Franke, 141 (144); *Ebbing*, S. 320 f.

983 *Ebbing*, S. 320.

984 *Pindyck/Rubinfeld*, S. 731; *Wied-Nebbeling/Schott*, S. 310; bekanntestes Beispiel hierfür ist der Automobilmarkt (sog. lemons problem), siehe *Akerlof*, 84 QJE 1970, 488 (489 f.); zu dieser Problematik auch *Pindyck/Rubinfeld*, S. 728 ff.; *Schäfer/Ott*, S. 409 ff.; *Towfigh/Petersen*, S. 138 ff.

985 So wurden beispielsweise zur neuen DIS-SchO zu gesellschaftsrechtlichen Streitigkeiten mehrere Aufsätze veröffentlicht, siehe *Borris*, SchiedsVZ 2009, 299 (299 ff.); *Quinke*, SchiedsVZ 2018, 241 (241 f.); *Wolff*, SchiedsVZ 2018, 246 (246 ff.).

986 *Gerbay*, The Functions of Arbitral Institutions, S. 57.

987 *Gurry*, in: WIPO, Worldwide Forum on the Arbitration of Intellectual Property Disputes, 323 (325 ff.).

988 Siehe die Webseite der DIS, abrufbar unter go.wwu.de/lfsxj.

Schiedsinstitution kann solche Veranstaltungen zugleich als Forum nutzen, um für sich zu werben.

Des Weiteren versuchen Schiedsinstitutionen vermehrt, ihre eigene Arbeit transparenter zu gestalten.[989] Dies fängt bei einem öffentlichen Internetauftritt an, der über die Mitarbeiter der Schiedsinstitution informiert.[990] Weiter betrifft dies die Veröffentlichung von Statistiken, die über die Art von administrierten Streitigkeiten Einblick in die Funktionsweise einer Schiedsinstitution geben.[991] Solche Transparenzmaßnahmen können auch für neue Schiedsinstitutionen wichtig sein, denn ihnen wird zugeschrieben, die Legitimität einer Schiedsinstitution steigern zu können.[992] Ein transparentes Auftreten kann also dazu beitragen, die Wettbewerbsfähigkeit einer Schiedsinstitution zu fördern.[993]

Mit Blick auf das DMS fällt auf, dass es zwar einen Internetauftritt unterhält und seine Unterstützer in einigen regionalen Medienzeitschriften für das DMS geworben haben.[994] Allerdings verwiesen einige lokale Presseveröffentlichungen auch auf die mangelnden Fallzugänge und zuletzt auch auf die Auflösung des Trägervereins.[995] Überregional ist es hingegen nur selten in Erscheinung getreten[996] und dann nur mit Verweis auf die Fallflaute.[997] Ansonsten haben sich zwar auch einige wissenschaftliche Beiträge dem DMS gewidmet, allerdings verwiesen auch diese auf die Mängel des DMS und fielen damit insgesamt eher kritisch aus.[998] In der Öffentlichkeit konnte somit kein positives Bild vom DMS entstehen.

---

989 *Tung/Lin*, 11 Contemp. Asia Arb. J. 2018, 21 (35, 38 ff.); siehe auch *Rogers*, 54 Kansas L. Rev. 2006, 1301 (1314).

990 Das DMS unterhält eine Webseite unter www.deutsches-medienschiedsgericht.de.

991 Siehe exemplarisch die aufgeführten Statistiken von Schiedsinstitutionen in Teil 1 ab S. 32.

992 *Zlatanska*, 81 Arbitration 2015, 25 (29); vgl. auch die umgekehrte Perspektive bei *Tung/Lin*, 11 Contemp. Asia Arb. J. 2018, 21 (38).

993 *Rogers*, Kluwer Arbitration Blog v. 15.3.2018.

994 *Degenhart*, Themen + Frequenzen 03/2016, 24 (24 f.); *Medienpolitik.net*, Interview v. 25.7.2016.

995 *Nünning*, Medienkorrespondenz v. 20.12.2020; *Stawowy*, Flurfunk: Das Medienblog v. 18.12.2020.

996 *Falkowski*, Deutschlandfunk vom 20.8.2016.

997 *DPA*, Pressemitteilung v. 17.9.2017; *Grimberg*, taz v. 23.7.2021.

998 *Münch*, in: MüKo ZPO, Vor § 1025 Rn. 111a; *Lederer*, Kluwer Arbitration Blog v. 29.3.2017; *Lissner*, GRUR-Prax 2016, 522 (522 ff.).

II. Herstellung institutioneller Verbindungen

Eine vielversprechende Maßnahme einer neuen Schiedsinstitution ist die Kooperation mit anderen Organisationen, die ihrerseits eine hinreichende Anerkennung genießen.[999] Kooperationen haben zwei Vorteile: Erstens kann hiermit im Einzelfall ein Zugriff auf die Ressourcen der verpartnerten Organisation einhergehen.[1000] Bedeutender ist jedoch der zweite Vorteil, wonach eine neue Schiedsinstitution durch die Kooperation mit einer anerkannten Organisation ihrerseits an Legitimität gewinnt und damit ihre Erfolgswahrscheinlichkeit steigert.[1001] Zu einer solchen externen Legitimierung kann es bereits kommen, wenn die verpartnerte Organisation ihre Nutzer über die Existenz der Schiedsinstitution informiert und somit deren Bekanntheit steigert. Dies gilt im besonderen Maße, wenn eine Schiedsinstitution in eine Organisationsstruktur gänzlich eingegliedert wird.[1002]

Die Vorteile institutioneller Verbindungen werden besonders deutlich, wenn man auf die Entstehung einiger Schiedsinstitutionen blickt (1). Demgegenüber hat das DMS von diesen Vorteilen nicht ausreichend Gebrauch gemacht (2).

1. Kooperationen von Schiedsinstitutionen

Die meisten Schiedsinstitutionen gehen aus anderen Organisationen hervor oder unterhalten Kooperationen mit anderen Organisationen.[1003] Zunächst sind viele der modernen Schiedsinstitutionen einer Handelskammer entsprungen.[1004] Dies betrifft unter anderem den LCIA,[1005] das SAC,[1006] die SCC,[1007] die

---

999 So der Senior Vice President des ICDR bei *Berg*, S. 705 f.

1000 *Zimmermann/Zeitz*, 27 AMR 2002, 414 (417).

1001 *Aldrich/Fiol*, 19 AMR 1994, 645 (646); *Baum/Oliver*, 57 American Sociological Review 1992, 540 (556); *Baum/Oliver*, 36 ASQ 1991, 187 (189); *Karlsson/Middleton*, 29 Industry and Higher Education 2015, 469 (470); *Rao/Chandy/Prabhu*, 72 Journal of Marketing 2008, 58 (60); *Shepherd/Zacharakis*, 41 Journal of Small Business Management 2003, 148 (149); *Singh/Tucker/House*, 31 ASQ 1986, 171 (189); *Stuart/Hoang/Hybels*, 44 ASQ 1999, 315 (344).

1002 *Shepherd/Douglas/Shanley*, 15 Journal of Business Venturing 2000, 393 (404).

1003 *Gerbay*, The Functions of Arbitral Institutions, S. 21; *Hofbauer/Burkart et al.*, in: Habegger/Hochstrasser et al., Arbitral Institutions under Scrutiny, 1 (4).

1004 *Chen*, S. 34 ff.; *Droulers*, in: Hobér/Magnusson/Öhrström, FS Franke, 141 (142); *Gerbay*, The Functions of Arbitral Institutions, S. 22; *Hofbauer/Burkart et al.*, in: Habegger/Hochstrasser et al., Arbitral Institutions under Scrutiny, 1 (4).

1005 Siehe die Webseite des LCIA, abrufbar unter go.wwu.de/-62sz.

1006 Siehe die Webseite der SAC, abrufbar unter go.wwu.de/q-nxu.

1007 Siehe die Webseite der SCC, abrufbar unter go.wwu.de/gmw3g.

VIAC[1008] und die CIETAC.[1009] Bekanntestes Beispiel ist jedoch die Schiedsinstitution der internationalen Handelskammer – die ICC.[1010] Insbesondere die enge Nähe der ICC zur Geschäftswelt hat ihr maßgeblich zur Größe verholfen.[1011] Insofern bilden Handelskammern ein wertvolles *„regionales Bindeglied*“[1012], wovon nicht nur die Handelsgemeinschaft, sondern gleichzeitig auch die Schiedsinstitution profitieren kann.

Neben Handelskammern sind einige Schiedsinstitutionen auch in andere Organisationen eingegliedert. Dem International Centre for Settlement of Investment Disputes (ICSID) etwa kommt durch die Eingliederung in die Weltbank ebenfalls eine hohe Bekanntheit und Anerkennung zu.[1013] Ein weiteres Beispiel ist das Streitbeilegungszentrum der WIPO, das 1994 errichtet wurde.[1014] Die WIPO ist ihrerseits seit 1974 eine Sonderorganisation der Vereinten Nationen[1015] und hat als solche, wie die Vereinten Nationen, 193 Mitglieder.[1016] Durch die Eingliederung des Streitbeilegungszentrums in die WIPO wurde es automatisch vielen Personen bekannt, die im Bereich des Immaterialgüterrechts tätig sind. Außerdem bedeutet die Schirmherrschaft der Vereinten Nationen eine erhebliche externe Legitimierung. Zudem geht mit dieser Eingliederung auch ein signifikanter finanzieller Vorteil einher.[1017]

Weiterhin gibt es Schiedsinstitutionen, die aus Zusammenschlüssen anderer Organisationen hervorgegangen sind. Zum Beispiel ging die DIS aus einem Zusammenschluss des Deutschen Ausschusses für Schiedsgerichtsbarkeit und des Deutschen Instituts für Schiedsgerichtswesen hervor.[1018] Auch die AAA

1008 Siehe die Webseite der VIAC, abrufbar unter go.wwu.de/6jwu-.

1009 *Brödermann/Etgen*, in: Schütze, Institutionelle Schiedsgerichtsbarkeit, CIETAC-SchO, Einl. Rn. 16.

1010 *Craig/Park/Paulsson*, S. 2; *Reiner/Petkutė/Kern*, in: Schütze, Institutionelle Schiedsgerichtsbarkeit, ICC-SchO, Einl. Rn. 1.

1011 *Dezalay/Garth*, S. 45.

1012 *Schoser*, in: Plantey/Böckstiegel/Bredow, FS Glossner, 311 (311); ebenso *Chen*, S. 36.

1013 *Happ*, in: Schütze, Institutionelle Schiedsgerichtsbarkeit, ICSID-SchO, Einl. Rn. 18.

1014 *Smit*, in: Smit, WIPO Arbitration Rules: Commentary and Analysis, 3 (3).

1015 Siehe das Agreement between the United Nations and the World Intellectual Property Organization, abrufbar unter go.wwu.de/agzoh.

1016 Siehe die Webseite der WIPO, abrufbar unter go.wwu.de/z0j24.

1017 *Droulers*, in: Hobér/Magnusson/Öhrström, FS Franke, 141 (143).

1018 *Theune*, in: Schütze, Institutionelle Schiedsgerichtsbarkeit, DIS-SchO, Einl. Rn. 1; *Böckstiegel/Kröll/Nacimiento*, in: Nacimiento/Kröll/Böckstiegel, AiG, Germany as a Place for International and Domestic Arbitrations, Rn. 26; *Bredow*, in: Cordero-Moss,

ging aus anderen Organisationen, der Arbitration Society of America und der Arbitration Foundation, hervor.[1019] Durch solche organisatorische Zusammenschlüsse kann die dadurch entstandene Schiedsinstitution an der Legitimität der vorherigen Organisationen partizipieren.

Aber selbst Schiedsinstitutionen, die autonom aufgestellt, also in keine Organisation eingebunden sind, pflegen meistens dennoch umfangreiche Kooperationen. Sie vereinbaren mit ihren Kooperationspartnern etwa, dass diese ihren Mitgliedern nahelegen, in Verträgen eine Schiedsklausel mit Verweis auf die Schiedsgerichtsordnung der Schiedsinstitution aufzunehmen.[1020] Ein weiteres Beispiel bildet die DIS, die 24 Kooperationsvereinbarungen mit Industrie- und Handelskammern geschlossen hat, wonach diese einen Antrag eines ihrer Mitglieder auf Durchführung eines Schiedsverfahrens an die DIS weiterleiten.[1021] An solchen Vereinbarungen wird also deutlich, dass Kooperationen auch dazu dienen können, dass Fälle an die Schiedsinstitution gelangen. Vor diesem Hintergrund wird der Wert institutioneller Verbindungen für neue Schiedsinstitutionen besonders deutlich, denn diese unterliegen aufgrund ihres Legitimitätsdefizits gerade der Schwierigkeit, die ersten Fälle zu akquirieren.

2. *Kooperationen des DMS*

Das DMS wurde durch die Sächsische Staatskanzlei ins Leben gerufen.[1022] Allerdings wurde sie nicht dem Freistaat Sachsen untergeordnet, sondern zunächst als eingetragener Verein autonom aufgestellt.[1023] Die Vereinsmitglieder stammten überwiegend aus der Medienbranche, so zum Beispiel das ZDF, der MDR, die VG Media und der Verband Privater Medien.[1024] Es ist nicht bekannt,

---

International Commercial Arbitration, 144 (179); *Schoser*, in: Plantey/Böckstiegel/Bredow, FS Glossner, 311 (314 f.).

1019 *Münch*, in: MüKo ZPO, Vor § 1025 Rn. 140.

1020 *Benjamin*, 8 Int'l & Comp. L.Q. 1959, 289 (291); *Schlosser*, Das Recht der internationalen privaten Schiedsgerichtsbarkeit, Rn. 178.

1021 Siehe die Webseite der DIS, abrufbar unter go.wwu.de/qbfde; für weitere Beispiele solcher Kooperationsvereinbarungen siehe *Benjamin*, 8 Int'l & Comp. L.Q. 1959, 289 (291); *David*, Rn. 45; *Melis*, in: Fitz/Kalss et al., FS Torggler, 859 (859 ff.).

1022 Siehe hierzu insbesondere das Interview mit dem Initiator des DMS: *Medienpolitik.net*, Interview v. 25.7.2016.

1023 Siehe die Satzung im Anhang ab S. 269.

1024 Siehe die Mitgliederliste auf der Webseite des DMS, abrufbar unter go.wwu.de/0qy8e: Allianz Deutscher Produzenten – Film & Fernsehen e.V., Bundesverband Digitale Wirtschaft BVDW e.V., Freistaat Sachsen, Leipziger Messe GmbH,

inwiefern die Vereinsmitglieder intern darauf hinwirkten, dass Schiedsklauseln mit Verweis auf das DMS vereinbart werden. Allerdings ist bekannt, dass diese organisatorischen Verbindungen zu der Medienbranche durch die Auflösung des Trägervereins getrennt wurden. Die einzige Verbindung besteht nun zu der Medienstiftung der Sparkasse Leipzig, welche die Trägerschaft des DMS übernommen hat. Allerdings wurde noch nicht deutlich, welche Form diese Trägerschaft annimmt, insbesondere, ob und inwiefern die Medienstiftung die ehemaligen Befugnisse des DMS-Vereins übernimmt. Unabhängig davon sollte sich das DMS um neue Kooperationen mit Organisationen aus der Medienbranche bemühen und dabei auf Vereinbarungen hinwirken, dass Schiedsklauseln mit Verweis auf die DMS-SchO aufgenommen werden. Zudem kann der Versuch unternommen werden, die ehemaligen Mitglieder des DMS-Trägervereins als Kooperationspartner zurückzugewinnen.

Eine weitere Strategie für das DMS, sich extern zu legitimieren, besteht in einer Kooperation mit der DIS. Auch in der Sportschiedsgerichtsbarkeit wurde überlegt, ob man als ein nationales Pendant zum CAS ein autonomes Sportschiedsgericht in Deutschland gründen oder ein solches unmittelbar der DIS angliedern sollte.[1025] Man entschied sich 2008 für letzteren Weg und gründete bei der DIS das DSS.[1026] Dieser Weg war von Erfolg gekrönt, denn nach zwei Jahren mit insgesamt fünf Fällen werden dort nun jährlich über zwanzig Fälle verhandelt.[1027] Dieser Erfolg wird auch auf die Bekanntheit und das Netzwerk der DIS zurückzuführen sein.[1028] Es erscheint daher vielversprechend, wenn das DMS ebenfalls den Weg des DSS einschlägt. Damit ginge eine erhebliche externe Legitimierung einher und das DMS würde von der schiedsverfahrensrechtlichen Expertise und dem Netzwerk der DIS profitieren.

Medienstiftung der Sparkasse Leipzig, Mitteldeutsche Medienförderung GmbH, MDR Mitteldeutscher Rundfunk, Verband Deutscher Zeitschriftenverleger e.V. (VDZ), VG Media Gesellschaft zur Verwertung der Urheber- und Leistungsschutzrechte von Sendeunternehmen und Presseverlegern mbH, VAUNET – Verband Privater Medien e.V., Weidinger Richtscheid, ZDF Zweites Deutsches Fernsehen.

1025 Siehe die Diskussionen bei *Bechtel*, S. 17 f.; *Berninger/Theißen*, SpuRt 2008, 185 (185); *Hofmann*, S. 378 f.; *Monheim*, S. 403 f.; *Seitz*, NJW 2002, 2838 (2839); *Weber*, SchiedsVZ 2004, 193 (198).

1026 Siehe die Webseite des Sportschiedsgerichts unter go.wwu.de/6os3a.

1027 Siehe die Statistik unter go.wwu.de/mhxr8.

1028 *Brunk*, S. 259.

III. Etablierung von Kontrollmechanismen

Es wurde oben gezeigt, dass sich Schiedsinstitutionen durch ein normatives Legitimitätsdefizit auszeichnen, da sie nahezu keiner rechtlichen Kontrolle unterliegen.[1029] Zum Zwecke der Erhöhung der Legitimität kann eine Schiedsinstitution dem Kontrollmangel aktiv entgegentreten, indem sie, anders als die meisten anderen Schiedsinstitutionen, auf einen Haftungsausschluss verzichtet (1). Außerdem kann sie selbstregulierende Maßnahmen entwickeln, wodurch auch eine interne Kontrollmöglichkeit entstünde (2).

1. Verzicht auf den vertraglichen Haftungsausschluss

Eine Schiedsinstitution kann erwägen, in ihrer Schiedsgerichtsordnung, entgegen der üblichen Praxis von Schiedsinstitutionen, auf den Haftungsausschluss zu verzichten. Zwar gehen mit einem Haftungsausschluss einige offensichtliche Vorteile einher (a). Hingegen spricht für einen Verzicht auf den Haftungsausschluss, dass dies eine legitimierende Wirkung auf potenzielle Parteien hätte (b).

a) Gründe für einen vertraglichen Haftungsausschluss

Als Gründe für einen vertraglichen Haftungsausschluss können zunächst die offensichtlichen Vorteile angeführt werden: Haftungsprozesse und damit einhergehende finanzielle Risiken sowie Reputationsverluste werden unwahrscheinlicher. Demgegenüber ist ein Haftungsausschluss aber auch keine Garantie dafür, nicht verklagt zu werden.[1030] Dies verdeutlicht bereits der Blick in die USA, in der die Immunität für Schiedsinstitutionen nicht verhindert, dass sie regelmäßig in Haftungsprozesse verwickelt werden.[1031]

Weiterhin kann man als Vorzug einer eingeschränkten Haftung anführen, dass Schiedsinstitutionen meistens gemeinnützige Organisationen und ihre Finanzmittel knapp sind.[1032] Dies veranlasste etwa das Vereinigte Königreich, Schiedsinstitutionen eine den Schiedsrichtern ähnelnde Haftungserleichterung zukommen zu lassen.[1033] Allerdings besteht eine Alternative darin, eine

---

1029 Siehe oben ab S. 196.

1030 *Warwas*, S. 333.

1031 Siehe hierzu oben ab S. 201.

1032 *Chen*, S. 31; *Gerbay*, The Functions of Arbitral Institutions, S. 23; *Veeder*, 5 Am. Univ. Bus. Law Rev. 2015, 335 (341).

1033 *UK Departmental Advisory Committee*, 15 Arb. Int. 1999, 413 (417).

entsprechende Versicherung abzuschließen.[1034] Solche Versicherungen sind in der Praxis keine Seltenheit,[1035] das spanische Schiedsverfahrensrecht verlangt von Schiedsinstitutionen sogar zwingend den Abschluss einer Versicherung.[1036] Zwar entstehen dadurch Mehrkosten. Diese können jedoch über eine Erhöhung der Bearbeitungsgebühr an die Parteien weitergegeben werden.[1037] Diese erhalten im Gegenzug die Sicherheit, im Haftungsfall nicht für fremde Fehler einstehen zu müssen.

Im Übrigen wurde bereits gezeigt, dass keine dogmatischen Gründe bestehen, die Haftung einer Schiedsinstitution einzuschränken: Bloß administrative Handlungen rechtfertigen keine Immunität.[1038] Das unterscheidet die Schiedsinstitution von den Schiedsrichtern. Ihre Tätigkeit ist vergleichbar mit der eines staatlichen Richters, sodass auch der Schutzzweck des Richterspruchprivilegs einschlägig ist.[1039]

b) Gründe gegen einen vertraglichen Haftungsausschluss

Aus Sicht der Parteien ist es nachteilig, dass sowohl Schiedsrichter als auch Schiedsinstitutionen weitgehende Haftungserleichterungen genießen, denn im Fall eines Schadenseintritts müssen die Parteien für diesen einstehen. Der Haftungsausschluss ist dabei nicht alternativlos, schließlich ist auch bei vielen anderen juristischen Berufen, wie zum Beispiel beim Rechtsanwalt, eine Haftung möglich.[1040] Ein vertraglicher Haftungsausschluss trägt außerdem nicht zur Vertrauensbildung bei; im Gegenteil kann er sogar abschreckend wirken.[1041] Diese Wirkung eines vertraglichen Haftungsausschlusses trifft neue

---

1034 *Rasmussen*, 26 Fordham Int. Law J. 2002, 1824 (1872); *Sponseller*, 44 Hastings L.J. 1993, 421 (439); *Warwas*, S. 331.

1035 *Dupeyre*, 32 Rev. Arb. 2014, 265 (283); *Houtte/McAsey*, in: Habegger/Hochstrasser et al., Arbitral Institutions under Scrutiny, 133 (166 f.); *Robine*, 5 Arb. Int. 1989, 323 (332); *Veeder*, 5 Am. Univ. Bus. Law Rev. 2015, 335 (352 f.).

1036 Siehe Art. 21 Abs. 1 des spanischen Schiedsverfahrensgesetzes, abrufbar unter go.wwu.de/bzjnn.

1037 *Rasmussen*, 26 Fordham Int. Law J. 2002, 1824 (1872).

1038 Siehe dazu oben ab S. 196.

1039 Siehe oben ab S. 208.

1040 *Loritz*, in: Bruns/Kern et al., FS Stürner, 327 (337); siehe auch *Weston*, 88 Minn. L. Rev. 2004, 449 (466 f.).

1041 In Bezug auf Schiedsinstitutionen *Wilhelmi*, J. Disp. Resol. 2006, 319 (331); in Bezug auf Schiedsrichter *Rutledge*, Ga. L. Rev. 2004, 151 (158); *Weston*, 88 Minn. L. Rev. 2004, 449 (511); vgl. auch *Rasmussen*, 26 Fordham Int. Law J. 2002, 1824 (1871).

Schiedsinstitutionen härter als bereits etablierte Schiedsinstitutionen. Zwar bestehen auch Letztere auf weitgehende Haftungsausschlüsse. Allerdings sind sie erstens nicht mehr zu einem solch hohen Grade auf das Vertrauen ihrer Nutzer angewiesen wie eine neue Schiedsinstitution. Daher können sie sich darauf verlassen, dass ihr Angebot trotz eines Haftungsausschlusses Zuspruch finden wird.

Zweitens besteht der entscheidende Unterschied darin, dass bei bekannten Schiedsinstitutionen die Gewissheit besteht, ob ein Schiedsverfahren bei ihnen ordnungsgemäß abläuft. Wenn Parteien diese Gewissheit haben, ist das mit dem Haftungsausschluss verbundene Risiko relativ gering. Das Risiko ist bei neuen Schiedsinstitutionen allerdings umso schlechter kalkulierbar, je weniger Fälle sie administriert haben. Vor diesem Hintergrund ist es aus der Perspektive von Parteien geradezu fahrlässig, sich auf eine Schiedsinstitution zu einigen, die noch keine Leistungsbilanz vorweisen kann und gleichzeitig ihre Haftung ausschließt. In einem Stadium, in dem Parteien die Leistungsfähigkeit einer neuen Schiedsinstitution nicht einschätzen können, haben sie daher ein besonderes Interesse an einer möglichen Haftung.[1042]

Da sich ein Haftungsausschluss also negativ auf die Legitimität einer neuen Schiedsinstitution auswirkt, kann es sinnvoll sein, diesen zu überdenken. Stattdessen könnte zum Beispiel erwogen werden, den Haftungsausschluss als verhandelbar einstufen.[1043] Da der Wahl einer Schiedsinstitution aber regelmäßig keine Verhandlungen vorausgehen, ist es sinnvoller, auf den Haftungsausschluss proaktiv zu verzichten. Potenzielle Parteien könnten dann eher bereit sein, einer neuen Schiedsinstitution einen Vertrauensvorschuss zu gewähren, denn mit ihrer Wahl wäre in diesem Fall ein geringeres Risiko verbunden. Eine mögliche Haftung kann dabei auch signalisieren, dass sorgfältiger gearbeitet wird, um eine Haftung zu verhindern.[1044] Durch den Verzicht auf einen Haftungsausschluss können neue Schiedsinstitutionen also zu der Vertrauensbildung beitragen, die erforderlich ist, damit sie für die Administration eines Falles ausgewählt werden.[1045]

1042 *Rutledge*, Ga. L. Rev. 2004, 151 (195).

1043 *Warwas*, S. 311 ff.

1044 So ausdrücklich in Bezug auf das Schiedsverfahren *Franck*, 20 N.Y.L. Sch. J. Int'l & Comp. L. 2000, 1 (30); *Gal*, S. 195; *Rasmussen*, 26 Fordham Int. Law J. 2002, 1824 (1872); *Reimer/Mußfeld*, S. 205; *Warwas*, S. 330; *Wilhelmi*, J. Disp. Resol. 2006, 319 (332).

1045 *Choi*, 36 Vand. J. Transnat'l L. 2003, 1233 (1238 f.).

c) *Zwischenergebnis*

Für eine neue Schiedsinstitution kann eine legitimierende Maßnahme darin bestehen, ihre Haftung entgegen der üblichen Vorgehensweise nicht einzuschränken. Etwas anderes gilt für Schiedsrichter, für die eine Haftungseinschränkung gerechtfertigt ist.

2. *Selbstregulierung von Schiedsinstitutionen*

Während der Verzicht auf einen Haftungsausschluss zu einer externen vertragsrechtlichen Kontrolle führen kann, sollten daneben auch interne Kontrollmechanismen entwickelt werden. Allerdings existieren keine allgemeingültigen Vorgaben für die Selbstregulierung von Schiedsinstitutionen.[1046] Abgesehen von einigen noch zu besprechenden Ausnahmen weisen auch viele Schiedsinstitutionen selbst keinerlei Regeln auf, um ihre Neutralität zu gewährleisten.[1047] Dies trifft auch weitgehend auf das DMS zu (a). Vor diesem Hintergrund soll besprochen werden, welchen Nutzen eine Selbstregulierung haben kann (b). Daran anknüpfend werden einige selbstregulierende Maßnahmen vorgeschlagen (c).

a) *Mangelhafte Selbstregulierung beim DMS*

Im Hinblick auf das DMS ist zunächst in positiver Hinsicht hervorzuheben, dass § 8 DMS-SchO bestimmt:

> *„Kein Schiedsrichter des Medienschiedsgerichtes darf eine maßgebliche politische Funktion im Staatsapparat ausüben; an einem Medienunternehmen mit mehr als 0,5 Prozent am Nominalkapital eines Unternehmens beteiligt sein; Mitglied eines Organs des Vereins „Deutsches Medienschiedsgericht" oder Mitglied eines Organs eines Mitglieds des Vereins „Deutsches Medienschiedsgericht" sein."*

Diese Vorschrift wirkt einer Einflussnahme auf ein Schiedsverfahren seitens des Staates, der Medienwirtschaft und des ehemaligen Trägervereins des DMS entgegen. Abgesehen davon, dass der Trägerverein aufgelöst wurde und somit die

---

1046 Nur vereinzelt existieren solche Vorgaben, siehe beispielsweise *Club Español del Arbitraje* (CEA), Código De Buenas Prácticas Arbitrales, abrufbar unter go.wwu.de/di9w4; *Russian Arbitration Association* (RAA), Model Code of Best Arbitration Practice, abrufbar unter go.wwu.de/-5fts; siehe auch *CPR-Georgetown Commission on Ethics and Standards of Practice in ADR*, Principles for ADR Provider Organizations, abrufbar unter go.wwu.de/vzjdf.

1047 *Hofbauer/Burkart et al.*, in: Habegger/Hochstrasser et al., Arbitral Institutions under Scrutiny, 1 (20); *Warwas*, S. 204.

letztgenannte Unvereinbarkeit obsolet wurde, ist die Regelung jedoch auch zu eng. Insbesondere statuiert sie keine Unvereinbarkeit zwischen dem Schiedsrichteramt und dem Amt des (Vize-)Präsidenten. Das ist problematisch, weil der Präsident die Zusammensetzung des Schiedsgerichts beeinflussen (§ 12 Abs. 1 S. 2 lit. a, Abs. 4 S. 3 DMS-SchO) und die Honorare der Schiedsrichter verändern kann (§ 18 Abs. 3 DMS-SchO). Für den Fall, dass der Präsident als Schiedsrichter fungiert, sollte er seine Befugnisse als Präsident für die Dauer des Schiedsverfahrens an den Vizepräsidenten verlieren.

Im Übrigen hat das DMS keine selbstregulierenden Maßnahmen getroffen. Der DMS-Trägerverein hatte vor seiner Auflösung überwiegend Unternehmen und Interessenverbände aus der Medienbranche als Mitglieder.[1048] Diesen Vereinsmitgliedern wurden erhebliche Handlungsbefugnisse eingeräumt. Sie konnten über die Zulassung (§ 11 DMS-Satzung) und die Abberufung der Schiedsrichter bestimmen (§ 11 Abs. 3 DMS-SchO) sowie die Schiedsgerichtsordnung ändern (§§ 10 Abs. 1 lit. h, Abs. 2 S. 1 DMS-Satzung). Dieser Einfluss wurde dadurch verstärkt, dass für ein DMS-Schiedsverfahren stets die aktuelle DMS-SchO angewendet werden soll (§ 1 Abs. 2 DMS-SchO). Zwar wird der in einer Schiedsvereinbarung enthaltene Verweis auf eine Schiedsgerichtsordnung überwiegend als dynamisch verstanden, sodass sich Parteien auch den erst in Zukunft erfolgenden Änderungen der Schiedsgerichtsordnung unterwerfen.[1049]

1048 Siehe die Mitgliederliste auf der Webseite des DMS, abrufbar unter go.wwu.de/0qy8e: Allianz Deutscher Produzenten – Film & Fernsehen e.V., Bundesverband Digitale Wirtschaft BVDW e.V., Freistaat Sachsen, Leipziger Messe GmbH, Medienstiftung der Sparkasse Leipzig, Mitteldeutsche Medienförderung GmbH, MDR Mitteldeutscher Rundfunk, Verband Deutscher Zeitschriftenverleger e.V. (VDZ), VG Media Gesellschaft zur Verwertung der Urheber- und Leistungsschutzrechte von Sendeunternehmen und Presseverlegern mbH, VAUNET – Verband Privater Medien e.V., Weidinger Richtscheid, ZDF Zweites Deutsches Fernsehen.

1049 *BGH*, Urt. v. 20.1.1994, III ZR 143/92, NJW 1994, 1008 (1010 f.); *BGH*, Urt. v. 5.12.1985, III ZR 180/84, NJW-RR 1986, 1059 (1060); *OLG Frankfurt a.M.*, Beschl. v. 16.1.2014, 26 Sch 2/13, SchiedsVZ 2014, 206 (207); *OLG München*, Beschl. v. 10.9.2013, 34 SchH 10/13, SchiedsVZ 2013, 287 (291); *DIS-Schiedsgericht*, Zwischenentscheid v. 15.7.2008, SchiedsVZ 2010, 229 (232); *Münch*, in: MüKo ZPO, § 1042 Rn. 90; *Schlosser*, in: Stein/Jonas, ZPO, § 1042 Rn. 16; *Seiler*, in: Thomas/Putzo, ZPO, Vor § 1029 Rn. 1; *Berger*, Institutional Arbitration, S. 9; *Born*, International Commercial Arbitration, S. 1500; *Bredow/Bühler*, IPrax 1988, 69 (75); *Lachmann*, Handbuch für die Schiedsgerichtspraxis, Rn. 3064; *Warwas*, S. 89; a.A. *Geimer*, in: Zöller, ZPO, § 1042 Rn. 25; *Prütting*, in: Prütting/Gehrlein, ZPO, § 1042 Rn. 4;

Gleichwohl kann man darin einen *„prozessualen Sprung ins Dunkle“*[1050] sehen, insbesondere in diesem Fall, weil der Trägerverein jederzeit die DMS-SchO hätte ändern können.

Die umfangreichen Handlungsbefugnisse des Trägervereins und damit der Vertreter der Medienbranche waren darüber hinaus fragwürdig, weil Grundvoraussetzung für ein Schiedsverfahren vor dem DMS eine medienrechtliche Streitigkeit war und weiterhin ist. Damit muss eine Streitigkeit gerade aus der Branche stammen, deren Vertreter das Schiedsverfahren hätten beeinflussen können. Zwar sind in bestimmten Wirtschaftszweigen gewisse Interessenüberschneidungen nur natürlich.[1051] Andererseits können eine *„wirtschaftliche Interessenverflechtung“*[1052] und die Zugehörigkeit zu einer *„Interessengruppe [...], um deren Sache es in dem Schiedsverfahren geht“*[1053], auch berechtigte Zweifel an der Unabhängigkeit und Unparteilichkeit einer Person hervorrufen.[1054] Um Interessenkonflikten vorzubeugen, hätte man daher erwägen sollen, die Handlungsbefugnisse der Vereinsmitglieder einzuschränken oder die medienpolitisch aktiven Akteure stattdessen einem Expertengremium zuzuordnen und diesem ausschließlich eine beratende Funktion zuzuschreiben.

Nach Auflösung des DMS-Vereins und der Übernahme der Trägerschaft durch die Medienstiftung stellt sich die Problematik weiterhin. Auch in Zukunft sollen Schiedsrichter zugelassen oder abberufen und die Schiedsgerichtsordnung geändert werden können. Bei den dann zuständigen Gremien sollte daher ebenfalls gewährleistet sein, dass die Entscheidungen frei von wirtschaftlichen oder sonstigen unlauteren Einflüssen sind. Bisher sind solche Gewährleistungen aber nicht vorhanden.

b) Vorzüge einer Selbstregulierung

Der Blick auf das DMS demonstriert, dass eine fehlende Selbstregulierung auf Parteien abschreckend wirken kann. Umgekehrt kann eine Selbstregulierung jedoch auch zur Herstellung von Vertrauen beitragen. Es ist der Schiedsgerichtsbarkeit

---

Voit, in: Musielak/Voit, ZPO, § 1042 Rn. 33; *Wilske/Markert*, in: BeckOK ZPO, § 1042 Rn. 18; *Jarrosson*, Rev. Arb. 2016, 445 (452); *Kindler*, NZG 2014, 961 (966).

1050 *Kindler*, NZG 2014, 961 (966).

1051 So auch *Saenger*, in: Saenger, ZPO, § 1036 Rn. 11.

1052 *Prütting*, in: Prütting/Gehrlein, ZPO, § 1036 Rn. 5; *Saenger*, in: Saenger, ZPO, § 1036 Rn. 11; siehe auch *Voit*, in: Musielak/Voit, ZPO, § 1036 Rn. 8.

1053 *Münch*, in: MüKo ZPO, § 1036 Rn. 34; siehe auch *Nacimiento/Abt/Stein*, in: Nacimiento/Kröll/Böckstiegel, AiG, § 1036 Rn. 37; *Schwab/Walter*, Kap. 14 Rn. 8.

1054 *David*, Rn. 48.

auch keineswegs fremd, eigene – wenn auch unverbindliche – Leitlinien zu entwickeln, die nicht nur harmonisierenden, sondern auch legitimierenden Effekt auf die Durchführung von Schiedsverfahren haben. Beispielhaft kann auf die Richtlinien der International Bar Association (IBA) und des Chartered Institute of Arbitrators (CIArb) verwiesen werden.[1055]

Zwar verweisen einige darauf, dass nicht jede Schiedsinstitution eigens auferlegten und zudem unverbindlichen Verhaltensregeln Geltung verschaffen wird, weil mit der Aufdeckung von Missständen der eigene Ruf geschädigt werden könnte.[1056] Allerdings sollte die Selbstregulierung in erster Linie als ein Instrument verstanden werden, das Missständen vorgreift, diese also gar nicht erst entstehen lässt. Im Übrigen haben Schiedsinstitutionen durchaus einen Anreiz, ihre Verhaltensregeln durchzusetzen, obgleich sie nicht dazu verpflichtet sind. Dies wird deutlich, wenn man sich erneut das obige Beispiel der russischen Schiedsgerichtsbarkeit in Erinnerung ruft.[1057] Dort hatte die scharfe Reaktion des Gesetzgebers nicht nur zur Auflösung der problematischen Schiedsinstitutionen geführt, sondern auch viele eliminiert, die die Freiheiten des russischen Schiedsverfahrensrechts nicht bösgläubig ausgenutzt hatten.[1058] Dabei wurde ein Grund für die Gesetzgebungsreform auch darin erblickt, dass keine selbstregulierenden Maßnahmen existierten, welche die Neutralität der Schiedsinstitutionen sicherstellten.[1059] Vor diesem Hintergrund kann man Selbstregulierung auch als ein Mittel verstehen, mithilfe dessen einer – womöglich strengeren – gesetzgeberischen Regulierung vorgegriffen werden kann und so die Parameter der Kontrolle selbst bestimmt werden können.[1060]

Für eine neue Schiedsinstitution besteht ohnehin ein Anreiz zur Selbstregulierung, denn sie muss, um Parteien von sich überzeugen zu können, eine Entscheidungsstruktur aufweisen, die sich durch Integrität und Neutralität

---

1055 Siehe beispielhaft von der IBA: Guidelines on Conflicts of Interest in International Arbitration, abrufbar unter go.wwu.de/6gvss; Rules on the Taking of Evidence in International Arbitration, abrufbar unter go.wwu.de/7xsby; Guidelines on Party Representation in International Arbitration, abrufbar unter go.wwu.de/cm77m; die Richtlinien des CIArb sind abrufbar unter go.wwu.de/7z3qn

1056 *Sabin*, 87 Iowa L. Rev. 2002, 1337 (1354 ff.); siehe auch *Weston*, 88 Minn. L. Rev. 2004, 449 (457).

1057 Siehe hierzu oben ab S. 216.

1058 *Oda*, Rn. 4.10.

1059 *Skvortsov*, 9 Indian J. Arb. L. 2020, 60 (65).

1060 *Mourre*, in: Berg, Arbitration, 86 (85); siehe auch *Mourre*, Rev. Bras. Arb. 2016, 82 (85).

auszeichnet.[1061] Besteht dementgegen der Eindruck, eine Schiedsinstitution erfülle diese Voraussetzungen nicht, wird dies im Zweifel dazu führen, dass ihr Marktzutritt nicht gelingt.[1062] Daher muss eine neue Schiedsinstitution mit konkreten Maßnahmen verdeutlichen, dass ihre Funktionsweise auf Integrität und Neutralität ausgerichtet ist.[1063] Sie sollte sich also selbst regulieren, weil eine Kontrolle essenziell für ihre Legitimität und damit für ihren Bestand ist.[1064]

c) Vorschläge für selbstregulierende Maßnahmen

Erkennt man den Bedarf einer Selbstregulierung an, verschiebt sich der Fokus auf die Frage, welche konkreten Maßnahmen eine Schiedsinstitution ergreifen kann. Zunächst kann sie etwaigen Interessenkonflikten bereits organisatorisch vorbeugen (aa). Weiterhin sollten durch einen Verhaltenskodex individuelle Verhaltenspflichten aufgestellt werden (bb).

aa) Organisatorische Maßnahmen

Bereits in organisatorischer Hinsicht sollte Interessenkonflikten vorgebeugt werden. Wenn eine Schiedsinstitution zum Beispiel in eine Organisation eingegliedert ist, sollte in organisatorischer, personeller und finanzieller Hinsicht die Unabhängigkeit von dieser Organisation gewährleistet sein.[1065]

Weiterhin ist es empfehlenswert, die Aufgaben einer Schiedsinstitution auf unterschiedliche Gremien aufzuteilen, um damit im Sinne einer Gewaltenteilung zu verhindern, dass Befugnisse ausgenutzt werden.[1066] Wählt eine Schiedsinstitution zum Beispiel die Rechtsform des Vereins, steht ihr eine erhebliche Organisationsfreiheit zu.[1067] Diese kann sie nutzen, indem sie die Vereinsangelegenheiten dem Vorstand und der Mitgliederversammlung überlässt und für die

---

1061 Vgl. *Wilhelmi*, J. Disp. Resol. 2006, 319 (330).

1062 *Ebbing*, S. 373.

1063 *Rogers*, 54 Kansas L. Rev. 2006, 1301 (1314 f.).

1064 *Mourre*, in: Berg, Arbitration, 86 (105).

1065 Vgl. in diesem Zusammenhang Art. 1 Abs. 2, 3 Appendix I, Art. 3 Appendix II ICC-SchO; Ziff. 1.1 Abs. 3, 4 Kodex für gute Verfahrenspraxis des Spanischen Schiedsgerichtsvereins, abrufbar unter go.wwu.de/di9w4.

1066 *Weber-Stecher*, in: Habegger/Hochstrasser et al., Arbitral Institutions under Scrutiny, 37 (42).

1067 Siehe hierzu bereits oben ab S. 215.

Angelegenheiten rund um die Administration der Schiedsverfahren unabhängige Gremien einrichtet.[1068]

Anknüpfend an eine solche Aufgabenaufteilung sollte eine Schiedsinstitution mit Unvereinbarkeitsregelungen personelle Trennungen herstellen. Hierbei sollten umso höhere Anforderungen gelten, je wesentlicher eine Person oder ein Gremium auf ein Schiedsverfahren einwirken kann. Besonders betroffen sind damit Schiedsrichter, da diese den größten Einfluss auf den Ausgang eines Verfahrens haben.[1069] Zudem sollten auch Unvereinbarkeiten für die Personen vorgeschrieben werden, die anstelle der Parteien einen Schiedsrichter auswählen können, denn hiermit können sie mittelbar auf ein Schiedsverfahren einwirken.[1070]

Zuletzt sollten Schiedsinstitutionen Vorsicht walten lassen, wenn sie Interessengruppen einbinden. Zwar kann hierdurch hilfreiche Expertise einfließen.[1071] Allerdings darf eine Verflechtung mit bestimmten Branchen nicht dazu führen, dass die Neutralität der Schiedsinstitution gefährdet wird. Daher muss den Parteien von vornherein deutlich gemacht werden, dass jedweder Einfluss von Interessengruppen auf ein Schiedsverfahren ausgeschlossen ist.[1072] Zum Beispiel kann man Vertreter von Interessengruppen nur in solchen Gremien zulassen, die ausschließlich eine beratende und unverbindliche Funktion haben.[1073]

bb) Individuelle Verhaltenspflichten

Weiterhin sollten die einzelnen Personen innerhalb einer Schiedsinstitution individuellen Verhaltenspflichten unterliegen. Einige Verhaltensweisen sollten ausdrücklich verboten sein, wie zum Beispiel, Rechtsberatung in Verbindung mit einem Schiedsverfahren zu leisten oder Vorteile entgegenzunehmen.[1074] Außerdem ist eine Pflicht zur Offenlegung etwaiger Interessenkonflikte sinnvoll.[1075]

1068 Siehe für eine solche Aufgabenaufteilung zum Beispiel die DIS, die für die Administration des Schiedsverfahren verschiedene Gremien errichtet hat, siehe die DIS-Satzung unter go.wwu.de/2l3-w.

1069 Siehe zum Beispiel Ziff. 3(iv), 4-6 DIS-Integritätsgrundsätze.

1070 Zum Beispiel dürfen die Mitglieder des DIS-Ernennungsausschusses in keiner Weise an dem betreffenden Schiedsverfahren beteiligt sein, siehe Art. 13 Abs. 2 DIS-SchO und § 14 Abs. 6 DIS-Satzung.

1071 *Eidenmüller*, in: Schütze/Klötzel/Gebauer, FS Thümmel, 125 (136).

1072 *Mourre*, in: Berg, Arbitration, 86 (106).

1073 Dies trifft beispielsweise auf den DIS-Beirat zu, siehe § 10 Abs. 1 DIS-Satzung.

1074 So die Empfehlung des Spanischen Schiedsgerichtsvereins, siehe Ziff. 3.1 Rn. 35(b), (c) Kodex für gute Verfahrenspraxis, abrufbar unter go.wwu.de/di9w4.

1075 So auch die Empfehlung des Spanischen Schiedsgerichtsvereins, siehe Ziff. 3.1 Rn. 35(a) Kodex für gute Verfahrenspraxis, abrufbar unter go.wwu.de/di9w4.

Schiedsrichter beispielsweise müssen nach den meisten Schiedsgerichtsordnungen darlegen, ob sie sich für unabhängig und unparteilich halten, und etwaige Interessenkonflikte unverzüglich offenlegen.[1076] Dieses Instrument sollte über das Schiedsrichteramt hinaus auch auf die Mitarbeiter einer Schiedsinstitution angewendet werden.[1077] Weiterhin sollte bei einem Interessenkonflikt ein Mitwirkungsverbot greifen, sodass die Person dem betreffenden Schiedsverfahren fernbleiben muss.[1078] Dieses Mitwirkungsverbot sollte auch beinhalten, keine Unterlagen mehr bezüglich des Schiedsverfahrens entgegennehmen zu dürfen und vorhandene Unterlagen zurückzugeben oder zu vernichten.[1079] Schließlich sollte geregelt werden, welche Folgen zu erwarten sind, wenn gegen diese Pflichten verstoßen wird.[1080] Innerhalb der Schiedsinstitution kann zu diesem Zweck eine Stelle bestimmt werden, die darüber entscheidet, welche Maßnahmen ergriffen werden.[1081]

Zur Umsetzung solcher Anforderungen wird oftmals der Erlass eines Verhaltenskodexes vorgeschlagen.[1082] Die DIS ist dem gefolgt und hat Integritätsgrundsätze entwickelt, um „*das Vertrauen in die Schiedsgerichtsbarkeit [zu] fördern*“[1083].

1076 Siehe nur Art. 11 Abs. 2 S. 2 ICC-SchO; Art. 5 Abs. 4 LCIA-SchO; Art. 11 Abs. 4 HKIAC-SchO; Art. 11 UNCITRAL-SchO; Art. 9 Abs. 4 S. 2 DIS-SchO; Art. 22 WIPO-SchO; Art. 13 Abs. 4 SIAC-SchO; Art. 14 Abs. 2 ICDR-SchO; Rule 17(a) AAA-SchO; Art. 12 SAC-SchO; Art. 18 SCC-SchO; Art. 31 CIETAC-SchO; Art. 20 Abs. 2 CAM-SchO; Art. 16 Abs. 4 VIAC-SchO; Art. 11 NAI-SchO.

1077 Siehe beispielhaft Art. 4 Abs. 3 S. 1, Art. 6 Abs. 4 S. 1 DIS-GeschO; noch weitgehender Art. 2 Abs. 3 Appendix II ICC-SchO.

1078 Siehe zum Beispiel Art. 2 Abs. 4 Appendix II ICC-SchO; Art. 4 Abs. 3 S. 1, Art. 6 Abs. 4 S. 1 DIS-GeschO; Art. 9 Abs. 2 Internal SAC-Rules; so auch die Empfehlung des Spanischen Schiedsgerichtsvereins, siehe Ziff. 3.1 Rn. 35(a) Kodex für gute Verfahrenspraxis, abrufbar unter go.wwu.de/di9w4.

1079 Art. 4 Abs. 3 S. 2, Art. 6 Abs. 4 S. 2 DIS-GeschO; Art. 2 Abs. 5 Appendix II ICC-SchO; Art. 9 Abs. 2 S. 3 Internal SAC-Rules; so auch die Empfehlung des Spanischen Schiedsgerichtsvereins, siehe Ziff. 3.1 Rn. 35(a) Kodex für gute Verfahrenspraxis, abrufbar unter go.wwu.de/di9w4.

1080 *Weston*, 88 Minn. L. Rev. 2004, 449 (458, 512).

1081 Siehe in diesem Kontext auch *Warwas*, S. 328 f.

1082 *Gerbay*, The Functions of Arbitral Institutions, S. 201; *Mourre*, in: Berg, Arbitration, 86 (105 ff.); *Warwas*, S. 231; *Ziadé*, 25 Arb. Int. 2009, 427 (429); siehe auch Ziff. 3 Rn. 34 Kodex für gute Verfahrenspraxis des Spanischen Schiedsgerichtsvereins, abrufbar unter go.wwu.de/di9w4; siehe hierzu auch die Positionen der Schiedsinstitutionen bei *Berg*, S. 730 ff.

1083 Siehe Ziff. 2 DIS-Integritätsgrundsätze.

Es bietet sich an, die bisher besprochenen Vorgaben ebenfalls in einem solchen Verhaltenskodex umzusetzen und sich dabei die Integritätsgrundsätze der DIS als Vorbild zu nehmen. Allerdings ist an diesen zu kritisieren, dass sie nicht in den Anwendungsbereich der DIS-SchO fallen (Art. 1 Abs. 3 DIS-SchO), sodass ihnen bloß ein symbolischer Charakter zukommt. Integritätsgrundsätze sollten jedoch verbindlicher Bestandteil der Schiedsgerichtsordnung und damit auch der Vertragsbeziehungen der am Schiedsverfahren Beteiligten sein.[1084] Der folgende Formulierungsvorschlag wird also als ein Bestandteil der DMS-SchO unterbreitet:

> (1) Alle Personen, die seitens des DMS unmittelbar oder mittelbar an einem Streitbeilegungsverfahren beteiligt sind, unterliegen der Verpflichtung, das Vertrauen der Parteien in eine neutrale Streitbeilegung zu wahren und nach höchsten Integritätsstandards zu handeln.
> (2) [1]Alle Personen, die seitens des DMS unmittelbar oder mittelbar an einem Streitbeilegungsverfahren beteiligt sind, müssen Interessenkonflikte vermeiden, soweit ihnen das möglich ist. [2]Ihnen ist verboten, in Verbindung mit einem Streitbeilegungsverfahren Vorteile entgegenzunehmen. [2]Ihnen ist verboten, den Parteien Rechtsberatung zu leisten, insbesondere dürfen sie nicht als Parteivertreter tätig werden. [3]Ihnen ist verboten, eine medienpolitische Funktion im Staatsapparat auszuüben und sie dürfen an einem Medienunternehmen nicht mit mehr als 0,5 Prozent am Nominalkapital beteiligt sein. [4]Übernimmt der Präsident des DMS ein Amt als Schiedsrichter, Schlichter oder Schiedsgutachter, ruht sein Amt als Präsident für die Dauer dieses Streitbeilegungsverfahrens; seine Befugnisse gehen auf den Vizepräsidenten über.
> (3) [1]Alle Personen, die seitens des DMS unmittelbar oder mittelbar an einem Streitbeilegungsverfahren beteiligt sind, müssen unverzüglich solche Umstände offenlegen, die Zweifel an ihrer Neutralität begründen können. [2]In einem solchen Fall gilt ein umfassendes Verbot, an dem Streitbeilegungsverfahren mitzuwirken. [3]Dies umfasst ein Verbot, bei den Verhandlungen anwesend zu sein. [4]Außerdem dürfen Unterlagen, die das Verfahren betreffen, nicht angenommen werden und bereits erhaltene Unterlagen müssen zurückgegeben oder vernichtet werden.
> (4) [1]Wenn eine Person, die seitens des DMS unmittelbar oder mittelbar an einem Streitbeilegungsverfahren beteiligt ist, nicht nach höchsten Integritätsstandards handelt, soll das innerhalb der Medienstiftung zuständige Gremium entscheiden, ob der Verstoß eine Sanktion erfordert. [2]Bei leichten Verstößen kann eine mündliche oder schriftliche Rüge erteilt werden. [3]Bei wiederholten oder sonstigen erheblichen Verstößen kann ein Schiedsrichter, Schlichter oder Schiedsgutachter von der Liste des DMS entfernt werden; Personen, die Funktionen des DMS übernehmen, können verpflichtet werden, ihre Befugnisse an einen Nachfolger abzugeben.

1084 So auch *Weber-Stecher*, in: Habegger/Hochstrasser et al., Arbitral Institutions under Scrutiny, 37 (42).

C. Ergebnis

Eine der wichtigsten Aufgaben einer neuen Schiedsinstitution liegt darin, ihre Legitimität zu steigern. Hierfür muss sie ihre Bekanntheit steigern und Maßnahmen ergreifen, die zu einer externen Legitimierung führen, insbesondere sollte sie mit anerkannten Organisationen kooperieren. Auch der Verzicht auf den üblichen Haftungsausschluss kann auf Parteien vertrauenerweckend wirken. Außerdem kann sie durch die Verabschiedung von Integritätsgrundsätzen eine interne Legitimierung erzielen. Insgesamt muss sie es mit solchen Maßnahmen schaffen, ihr Legitimitätsdefizit auszugleichen.

Zusammenfassung der Handlungsempfehlungen

Nachfolgend werden die Ergebnisse in der Form von Handlungsempfehlungen zusammengefasst. Vorgeschlagen werden zum einen Änderungen an der Musterschiedsvereinbarung (**A**) und der Schiedsgerichtsordnung (**B**). Zum anderen werden Empfehlungen formuliert, die auf die Überwindung des Legitimitätsdefizits gerichtet sind (**C**).

A. Änderung der Musterschiedsvereinbarung

Die Musterschiedsvereinbarung für Schiedsverfahren darf keinen Zweifel daran lassen, dass die Parteien die ordentliche Gerichtsbarkeit ausschließen wollen.[1085] Außerdem sollte sie weit formuliert sein.[1086]

> Alle Streitigkeiten, die sich aus oder im Zusammenhang mit diesem Vertrag oder über dessen Gültigkeit ergeben, werden durch ein Schiedsverfahren nach der Schiedsgerichtsordnung des Deutschen Medienschiedsgerichts (DMS) unter Ausschluss des ordentlichen Rechtsweges endgültig entschieden.

Im Übrigen sollte den Parteien auch ein Zusatz zu der Musterklausel für das beschleunigte Schiedsverfahren[1087] zur Verfügung gestellt werden:

> Die Parteien vereinbaren, das Schiedsverfahren im Sinne der DMS-SchO beschleunigt durchzuführen.

B. Änderung der Schiedsgerichtsordnung

Die Änderungen der DMS-SchO verfolgen im Wesentlichen drei Ziele. Erstens sollen rechtliche Mängel behoben werden. Zweitens soll das Schiedsverfahren effizient gestaltet werden, indem die Vorzüge einer Schiedsinstitution genutzt werden.[1088] Drittens soll der Eigenheit medienrechtlicher Schiedsverfahren Rechnung getragen werden.[1089]

1085 Siehe hierzu ab S. 59.
1086 Siehe hierzu ab S. 130.
1087 Siehe hierzu ab S. 91.
1088 Siehe hierzu ab S. 104.
1089 Siehe hierzu ab S. 107.

I. Zusammensetzung des Schiedsgerichts

Ein Schiedsgericht sollte nur aus einem oder drei Schiedsrichtern bestehen.[1090] Außerdem sollte die Schiedsrichterliste geöffnet werden.[1091] Zuletzt sollte das Bestellungsverfahren nicht zum Scheitern des Schiedsverfahrens führen können, indem Befugnisse auf den Präsidenten des DMS übergehen.[1092] Diese Änderungen können gemeinsam wie folgt umgesetzt werden:

> (1) [1]Die Parteien können sich auf eine ungerade Anzahl von Schiedsrichtern, in der Regel nicht mehr als drei, einigen. [2]Wenn sich die Parteien bis 15 Tage nach Beginn des Schiedsverfahrens nicht geeinigt haben, entscheidet der Präsident, ob das Schiedsgericht aus einem Einzelschiedsrichter oder drei Schiedsrichtern besteht. [3]Hierbei berücksichtigt er insbesondere den Streitwert, die Komplexität und den Umfang der Streitigkeit sowie das Interesse der Parteien an einer zügigen Streitbeilegung.
> (2) [1]Die Parteien können sich auf ein Verfahren zur Bestellung der Schiedsrichter einigen. [2]Liegt keine Vereinbarung vor, erfolgt die Bestellung nach den folgenden zwei Absätzen.
> (3) [1]Im Falle eines Einzelschiedsrichters fordert der Präsident die Parteien auf, die Bestellung innerhalb von 30 Tagen gemeinsam vorzunehmen. [2]Erfolgt die Bestellung des Schiedsrichters nicht fristgerecht, nimmt der Präsident die Bestellung vor.
> (4) [1]Im Falle eines Schiedsrichterkollegiums fordert der Präsident die Parteien auf, innerhalb von 30 Tagen jeweils die Hälfte der beisitzenden Schiedsrichter zu bestellen. [2]Sollte ein beisitzender Schiedsrichter nicht fristgerecht bestellt werden, nimmt der Präsident die Bestellung vor. [3]Sind alle beisitzenden Schiedsrichter bestellt, werden sie vom Präsidenten aufgefordert, innerhalb von 30 Tagen gemeinsam einen weiteren Schiedsrichter zu bestellen, der den Vorsitz des Schiedsgerichts übernimmt. [4]Erfolgt die Bestellung des Vorsitzenden nicht fristgerecht, nimmt sie der Präsident vor.

II. Ablehnung eines Schiedsrichters

Die Ablehnung eines Schiedsrichters sollte erfolgen können, wenn berechtigte Zweifel an seiner Unabhängigkeit *oder* Unparteilichkeit bestehen.[1093] Das Ablehnungsverfahren sollte nicht das Scheitern des Schiedsverfahrens vorsehen, wenn zwei Schiedsrichter abgelehnt wurden; außerdem sollte über den Ablehnungsantrag nicht das Schiedsgericht unter Ausschluss des angefochtenen Schiedsrichters entscheiden, sondern der Präsident des DMS. [1094]

1090 Siehe hierzu ab S. 65.
1091 Siehe hierzu ab S. 67.
1092 Siehe hierzu ab S. 69.
1093 Siehe hierzu ab S. 71.
1094 Siehe hierzu ab S. 71.

(1) [1]Eine Partei kann beantragen, dass ein Schiedsrichter abgelehnt wird, wenn Umstände vorliegen, die berechtigte Zweifel an seiner Unparteilichkeit oder Unabhängigkeit begründen oder wenn er die zwischen den Parteien vereinbarten Voraussetzungen nicht erfüllt. [2]Eine Partei kann einen Schiedsrichter, den sie bestellt oder an dessen Bestellung sie mitgewirkt hat, nur aus Gründen ablehnen, die ihr erst nach der Bestellung bekannt geworden sind.
(2) [1]Die Partei muss innerhalb von zwei Wochen, nachdem sie Kenntnis von der Bestellung des Schiedsrichters oder, wenn dies später sein sollte, dem Ablehnungsgrund erlangt hat, diesen dem Schiedsgericht, der anderen Partei und dem Präsidenten schriftlich darlegen. [2]Tritt der angefochtene Schiedsrichter von seinem Amt nicht zurück und stimmt die andere Partei der Ablehnung nicht zu, so entscheidet der Präsident über den Ablehnungsantrag, nachdem er den Parteien und den Schiedsrichtern Gelegenheit zur Stellungnahme gegeben hat. [3]Wenn der Präsident selbst als Schiedsrichter tätig ist, entscheidet der Vizepräsident.
(3) [1]Das Schiedsgericht, inklusive dem angefochtenen Schiedsrichter, kann das Schiedsverfahren während des Ablehnungsverfahrens fortsetzen. [2]Bevor über den Ablehnungsantrag entschieden ist, darf das Schiedsverfahren nicht beendet werden.

III. Zuständigkeit des Schiedsgerichts

Die Möglichkeit, dass sich das Schiedsgericht für unzuständig erklären kann, sollte abgeschafft werden. Der entsprechende § 3 Abs. 3 lit. b DMS-SchO sollte daher gestrichen werden.[1095]

IV. Durchführung des Schiedsverfahrens

Hinsichtlich der Durchführung von Schiedsverfahren sollten zunächst drei Vorschriften gestrichen werden. Dies betrifft erstens § 20 Abs. 1 DMS-SchO, der die allgemeinen Verfahrensgrundsätze der ZPO inkorporiert und damit die Flexibilität des Schiedsverfahrens einschränkt.[1096] Zweitens betrifft dies § 2 DMS-SchO, der Leipzig zwingend als Schiedsort vorsieht.[1097] Drittens sollte § 23 Abs. 2 DMS SchO gestrichen werden, da er eine englische Verfahrensführung nur zulässt, wenn die Parteien dies schon in der Schiedsvereinbarung regeln.[1098]

Dafür sollte eine Bestimmung aufgenommen werden, um die Durchführung virtueller Verhandlungen zu ermöglichen.[1099]

1095 Siehe hierzu ab S. 77.
1096 Siehe hierzu ab S. 80.
1097 Siehe hierzu ab S. 82.
1098 Siehe hierzu ab S. 83.
1099 Siehe hierzu ab S. 84.

[1]Wenn die Parteien nichts anderes vereinbart haben, kann das Schiedsgericht entscheiden, eine mündliche Verhandlung mittels Videokonferenz oder anderer Telekommunikationsmittel durchzuführen. [2]Vor einer Entscheidung gibt das Schiedsgericht den Parteien Gelegenheit zur Stellungnahme.

Außerdem sollten Vorschriften für ein beschleunigtes Verfahren in die DMS-SchO aufgenommen werden.[1100]

(1) [1]Vereinbaren die Parteien in ihrer Schiedsvereinbarung oder nachträglich, aber spätestens bis zur Klagebeantwortung, das Schiedsverfahren beschleunigt durchführen zu wollen, gelten die allgemeinen Vorschriften der DMS-SchO mit den folgenden Änderungen. [2]Der Präsident soll die Parteien auf die Möglichkeit eines beschleunigten Verfahrens hinweisen, sobald das DMS die Schiedsklage empfangen hat.
(2) [1]Wenn die Parteien nichts anderes vereinbart haben, wird das Schiedsverfahren durch einen Einzelschiedsrichter durchgeführt. [2]Der Präsident fordert die Parteien auf, die Bestellung innerhalb von 15 Tagen gemeinsam vorzunehmen. [3]Erfolgt die Bestellung des Schiedsrichters nicht fristgerecht, nimmt der Präsident die Bestellung vor.
(3) [1]Wenn das Schiedsgericht Fristen setzt, muss es dem Interesse der Parteien an einer beschleunigten Durchführung des Schiedsverfahrens Rechnung tragen. [2]Das Schiedsgericht hat die Befugnis, die Fristen in den allgemeinen Vorschriften zu verkürzen. [3]Das Schiedsgericht kann die Anzahl und den Umfang von Schriftsätzen begrenzen, insbesondere kann es bestimmen, dass nach Schiedsklage und Klagebeantwortung jede Partei nur noch einen Schriftsatz einreichen darf.
(4) Wenn die Parteien auf eine mündliche Verhandlung nicht übereinstimmend verzichten, kann das Schiedsgericht bestimmen, dass nur eine mündliche Verhandlung stattfindet.
(5) [1]Das Schiedsgericht hat das Schiedsverfahren innerhalb von sechs Monaten durch den Erlass eines Schiedsspruchs zu beenden. [2]Kann dieser Zeitraum nicht eingehalten werden, verliert die Schiedsvereinbarung nicht ihre Wirksamkeit und das Schiedsgericht nicht seine Zuständigkeit.

V. Beendigung des Schiedsverfahrens

Die Möglichkeit einer Erhöhung des Schiedsrichterhonorars sollte konkretisiert werden und es sollte dem Interessenkonflikt vorgebeugt werden, der durch die Doppelfunktion des Präsidenten entstehen kann.[1101]

[1]Der Präsident kann das Honorar der Schiedsrichter abweichend von der Kostentabelle höher oder niedriger festsetzen, sollte dies aufgrund der besonderen Umstände des Einzelfalles notwendig erscheinen. [2]Zu berücksichtigende Umstände sind insbesondere die Komplexität und die wirtschaftliche Bedeutung der Streitigkeit sowie der mit dem

1100 Siehe hierzu ab S. 91.
1101 Siehe hierzu ab S. 98.

Schiedsverfahren einhergehende Aufwand für die Schiedsrichter. [3]Ist der Präsident selbst als Schiedsrichter tätig, geht die Befugnis nach Satz 1 auf den Vizepräsidenten über.

§ 30 Abs. 3 lit. h DMS-SchO ist zu streichen, weil nicht das DMS selbst, sondern ein staatliches Gericht für die Vollstreckbarerklärung zuständig ist.[1102]

VI. Exkurs: Schiedsgutachten- und Schlichtungsverfahren

Die Vorschriften zum Schiedsgutachten- und Schlichtungsverfahren sollten in separate Schiedsgutachten- und Schlichtungsordnungen überführt werden.[1103] Zudem sollten separate Musterklauseln bereitgestellt werden.[1104]

Für alle Streitigkeiten, die sich aus oder im Zusammenhang mit diesem Vertrag oder über dessen Gültigkeit ergeben, wird ein Schiedsgutachtenverfahren nach der Schiedsgutachtenordnung des Deutschen Medienschiedsgerichts (DMS) durchgeführt.
Für alle Streitigkeiten, die sich aus oder in Zusammenhang mit diesem Vertrag oder über dessen Gültigkeit ergeben, wird ein Schlichtungsverfahren nach der Schlichtungsordnung des Deutschen Medienschiedsgerichts (DMS) durchgeführt.

Der Übergang eines Schlichtungsverfahrens in ein Schiedsverfahren sollte nur bei gleichzeitiger Einschränkung des Ablehnungsrechts der Parteien erfolgen können.[1105]

[1]Die Parteien können jederzeit schriftlich vereinbaren, das Schlichtungsverfahren in ein Schiedsverfahren überzuleiten. [2]Sie können vereinbaren, dass alle oder nur einzelne Personen, die als Schlichter tätig waren, das Schiedsrichteramt übernehmen. [3]Entscheiden sie sich hierfür, dürfen sie den Schiedsrichter nicht aus einem Grund ablehnen, der auf die vorherige Tätigkeit als Schlichter zurückzuführen ist.

VII. Vertraulichkeit des Schiedsverfahrens

Die DMS-SchO sollte die Vertraulichkeit im Schiedsverfahren gewährleisten. Hierfür sollten zunächst alle Beteiligten Vertraulichkeitspflichten unterworfen werden.[1106]

(1) [1]Das Schiedsverfahren ist vertraulich, sodass die Schiedsrichter, die Parteien und das DMS der Pflicht unterliegen, keine Informationen über das Schiedsverfahren an Dritte weiterzugeben, sofern diese nicht öffentlich zugänglich sind. [2]Alle am Schiedsverfahren

1102 Siehe hierzu ab S. 98.
1103 Siehe hierzu ab S. 99.
1104 Siehe hierzu ab S. 100.
1105 Siehe hierzu ab S. 102.
1106 Siehe hierzu ab S. 162.

Beteiligten gelten nicht als Dritte, insbesondere nicht Schiedsrichter, Parteien, ihre Vertreter, Zeugen und Sachverständige. [3]Jede Partei und das Schiedsgericht sollen mit jeder Person, die in das Schiedsverfahren eingebracht wird, eine separate Vertraulichkeitsvereinbarung mit Verweis auf diese Vorschrift schließen.
(2) Zu den vertraulichen Informationen zählen insbesondere die Existenz des Schiedsverfahrens, die Identität der am Schiedsverfahren Beteiligten, der Streitgegenstand, die vorgebrachten Beweise und Unterlagen, mündliche Vorträge und Entscheidungen des Schiedsgerichts.
(3) [1]Eine Offenlegung vertraulicher Informationen ist ausnahmsweise zulässig, soweit sie zur Erfüllung einer rechtlichen Pflicht, zur Vollstreckung oder Aufhebung des Schiedsspruchs oder zum Schutz oder zur Verfolgung eines Rechts erforderlich ist. [2]Im Übrigen können die Parteien die Vertraulichkeit ausschließen oder weitere Ausnahmen vereinbaren.
(4) [1]Wird gegen die Vertraulichkeitspflicht verstoßen, ist das Schiedsgericht berechtigt, angemessene Maßnahmen zu ergreifen. [2]Das Schiedsgericht darf insbesondere eine Vertragsstrafe gegen eine Partei verhängen und ihre Höhe nach billigem Ermessen bestimmen.

Außerdem kann man dem Schiedsgericht die Möglichkeit einräumen, für bestimmte geheimhaltungsbedürftige Informationen weitere Maßnahmen zu treffen.[1107]

(1) [1]Die Parteien können beim Schiedsgericht beantragen, dass es bestimmte Informationen als geheimnisschutzbedürftig klassifiziert. [2]Das Schiedsgericht sollte dem Antrag stattgeben, soweit die beantragende Partei darlegen konnte, dass durch die Offenlegung der Informationen im Schiedsverfahren ein schwerer Schaden für sie zu erwarten ist.
(2) [1]Das Schiedsgericht bestimmt, welche Maßnahmen zum Zwecke des Geheimnisschutzes ergriffen werden. [2]Das Schiedsgericht kann insbesondere den Zugang zu den geheimnisschutzbedürftigen Informationen beschränken, soweit dies nicht den Anspruch der anderen Partei auf rechtliches Gehör verletzt. [3]Außerdem kann das Schiedsgericht verlangen, dass Personen, an die geheimnisschutzbedürftige Informationen weitergegeben werden, vorher eine Vertraulichkeitsvereinbarung unterschreiben müssen.

VIII. Einstweiliger Rechtsschutz

Dem Schiedsgericht sollte es nicht nur möglich sein, einstweilige Maßnahmen zu erlassen, es sollten auch die Voraussetzungen hierfür vorgegeben werden.[1108] Um den zeitlichen Nachteil auszugleichen, dass ein Schiedsgericht einstweilige Maßnahmen erst anordnen kann, sobald es gebildet ist, kann die

1107 Siehe hierzu ab S. 165.
1108 Siehe hierzu ab S. 175.

Entscheidungsbefugnis allein auf den vorsitzenden Schiedsrichter übertragen werden.[1109]

> (1) [1]Sofern die Parteien nichts anderes vereinbart haben, kann das Schiedsgericht auf Antrag einer Partei eine einstweilige Maßnahme anordnen und einmal getroffene Maßnahmen wieder abändern, aussetzen oder aufheben. [2]Das Schiedsgericht darf im Zusammenhang mit einer solchen Maßnahme von jeder Partei eine angemessene Sicherheit verlangen. [3]Im Falle eines Schiedsrichterkollegiums entscheidet der Vorsitzende.
> (2) Bei der Beurteilung, ob eine einstweilige Maßnahme erforderlich ist, sollte das Schiedsgericht insbesondere berücksichtigen, ob eine begründete Wahrscheinlichkeit besteht, dass die beantragende Partei in der Sache obsiegen wird und welcher Schaden den Parteien wahrscheinlich droht, wenn die Maßnahme angeordnet oder nicht angeordnet wird.
> (3) [1]Erweist sich eine Maßnahme nach Absatz 1 als ungerechtfertigt, ist die Partei, welche sie beantragt hat, der anderen Partei zum Ersatz des daraus entstandenen Schadens verpflichtet. [2]Dieser Anspruch kann im laufenden Schiedsverfahren geltend gemacht werden.
> (4) [1]Diese Vorschrift lässt das Recht der Parteien unberührt, einstweiligen Rechtsschutz beim staatlichen Gericht zu beantragen. [2]Das Ersuchen eines staatlichen Gerichts um einstweiligen Rechtsschutz stellt keinen Verstoß gegen die Schiedsvereinbarung dar und lässt die Befugnisse des Schiedsgerichts unberührt.

Zudem kann ein Eilschiedsrichterverfahren eingerichtet werden.[1110]

> (1) [1]Sofern das Schiedsgericht noch nicht gebildet ist und die Parteien nichts anderes vereinbart haben, kann jede Partei die Bestellung eines Eilschiedsrichters beantragen. [2]Die Partei muss hierfür darlegen, dass die Anordnung einer einstweiligen Maßnahme so dringend ist, dass die Bildung des Schiedsgerichts nicht abgewartet werden kann. [3]Der Eilschiedsrichter soll seine Entscheidung innerhalb von 15 Tagen nach seiner Bestellung treffen.
> (2) [1]Sobald das Schiedsgericht gebildet ist, endet das Amt des Eilschiedsrichters. [2]Das Schiedsgericht kann Anordnungen des Eilschiedsrichters ändern, aussetzen und aufheben.
> (3) [1]Die allgemeinen Vorschriften, insbesondere zur Anordnung einstweiliger Maßnahmen, gelten entsprechend. [2]Der Präsident hat die Befugnis, die Fristen in den allgemeinen Vorschriften zu verkürzen. [3]Bei weiteren verfahrensrechtlichen Fragen hat der Präsident die Befugnis, diese im eigenen Ermessen zu regeln.

Zuletzt kann man dem Schiedsgericht ermöglichen, Anordnungen ex parte zu erlassen.[1111]

1109 Siehe hierzu ab S. 179.
1110 Siehe hierzu ab S. 180.
1111 Siehe hierzu ab S. 184.

[1]Die Partei kann beantragen, dass das Schiedsgericht die einstweilige Maßnahme anordnet, ohne zuvor die andere Partei anzuhören. [2]Das Schiedsgericht kann dem nur stattgeben, wenn der mit dem Antrag verfolgte Zweck ansonsten gefährdet wäre. [3]Außerdem muss es die andere Partei spätestens mit der Anordnung informieren und ihr unverzüglich rechtliches Gehör gewähren. [4]Im Übrigen gelten die Vorschriften zur Anordnung einstweiliger Maßnahmen entsprechend.

C. Umsetzung legitimierender Maßnahmen

Zum Abbau seines Legitimitätsdefizits muss das DMS zunächst seine Bekanntheit steigern, indem es etwa an potenzielle Parteien Werbebroschüren verschickt, publiziert oder Veranstaltungen organisiert.[1112] In erster Linie aber sollte sich das DMS um Kooperationsvereinbarungen bemühen, sei es mit der DIS, um eine organisatorische Verbindung herzustellen, oder aber mit Medienverbänden, um Streitigkeiten vermittelt zu bekommen.[1113] Zudem kann das DMS erwägen, auf seinen Haftungsausschluss zu verzichten, weil ein solcher die erforderliche Vertrauensbildung behindert.[1114] Es sollte außerdem § 12 Abs. 7 DMS-SchO streichen, damit die Parteien mit den Schiedsrichtern Schiedsrichterverträge schließen können.[1115] Im Übrigen sollte es selbstregulierende Maßnahmen ergreifen, insbesondere sollte ein Verhaltenskodex für die Schiedsinstitution Bestandteil der Schiedsgerichtsordnung werden.[1116]

(1) Alle Personen, die seitens des DMS unmittelbar oder mittelbar an einem Streitbeilegungsverfahren beteiligt sind, unterliegen der Verpflichtung, das Vertrauen der Parteien in eine neutrale Streitbeilegung zu wahren und nach höchsten Integritätsstandards zu handeln.
(2) [1]Alle Personen, die seitens des DMS unmittelbar oder mittelbar an einem Streitbeilegungsverfahren beteiligt sind, müssen Interessenkonflikte vermeiden, soweit ihnen das möglich ist. [2]Ihnen ist verboten, in Verbindung mit einem Streitbeilegungsverfahren Vorteile entgegenzunehmen. [2]Ihnen ist verboten, den Parteien Rechtsberatung zu leisten, insbesondere dürfen sie nicht als Parteivertreter tätig werden. [3]Ihnen ist verboten, eine medienpolitische Funktion im Staatsapparat auszuüben und sie dürfen an einem Medienunternehmen nicht mit mehr als 0,5 Prozent am Nominalkapital beteiligt sein. [4]Übernimmt der Präsident des DMS ein Amt als Schiedsrichter, Schlichter oder

1112 Siehe hierzu ab S. 221.
1113 Siehe hierzu ab S. 223.
1114 Siehe hierzu ab S. 227.
1115 Siehe hierzu ab S. 211.
1116 Siehe hierzu ab S. 234.

Schiedsgutachter, ruht sein Amt als Präsident für die Dauer dieses Streitbeilegungsverfahrens; seine Befugnisse gehen auf den Vizepräsidenten über.
(3) [1]Alle Personen, die seitens des DMS unmittelbar oder mittelbar an einem Streitbeilegungsverfahren beteiligt sind, müssen unverzüglich solche Umstände offenlegen, die Zweifel an ihrer Neutralität begründen können. [2]In einem solchen Fall gilt ein umfassendes Verbot, an dem Streitbeilegungsverfahren mitzuwirken. [3]Dies umfasst das Verbot, bei den Verhandlungen anwesend zu sein. [4]Außerdem dürfen Unterlagen, die das Verfahren betreffen, nicht angenommen werden und bereits erhaltene Unterlagen müssen zurückgegeben oder vernichtet werden.
(4) [1]Wenn eine Person, die seitens des DMS unmittelbar oder mittelbar an einem Streitbeilegungsverfahren beteiligt ist, nicht nach höchsten Integritätsstandards handelt, soll das innerhalb der Medienstiftung zuständige Gremium entscheiden, ob der Verstoß eine Sanktion erfordert. [2]Bei leichten Verstößen kann eine mündliche oder schriftliche Rüge erteilt werden. [3]Bei wiederholten oder sonstigen erheblichen Verstößen kann ein Schiedsrichter, Schlichter oder Schiedsgutachter von der Liste des DMS entfernt werden; Personen, die Funktionen des DMS übernehmen, können verpflichtet werden, ihre Befugnisse an einen Nachfolger abzugeben.

Fazit

Aus Sicht einer neuen Schiedsinstitution ist der „*Markt der Streitbeilegung*“[1117] insbesondere in Deutschland angespannt. Die staatlichen Gerichte genießen eine hohe Anerkennung und gewährleisten im Allgemeinen einen effektiven Rechtsschutz. Zudem bietet die DIS ein ausgezeichnetes Angebot für all jene, die eine außergerichtliche Streitbeilegung vorziehen. Weil der Markt so kompetitiv ist, werden an eine neue Schiedsinstitution also hohe Ansprüche gestellt, vermutlich höhere als an etablierte Schiedsinstitutionen. Selbst wenn sie diesen gerecht werden, fehlt ihnen dennoch die wichtigste Ressource – Anerkennung. Diese bildet das entscheidende Kriterium, wenn Parteien eine Schiedsinstitution auswählen. Deswegen sind etablierte Schiedsinstitutionen im Vorteil, während neue unter einem Legitimitätsdefizit leiden.

Vor diesem Hintergrund ist es nicht verwunderlich, dass das DMS den hohen Ansprüchen, die an eine neue Schiedsinstitution gestellt werden, nicht gerecht wird. Kritisch ist jedoch, dass das DMS auch das vorhandene Potenzial eines administrierten Schiedsverfahrens nicht ausschöpft. Dieses liegt aufgrund der regionalen Ausrichtung des DMS nicht in der internationalen Vollstreckbarkeit von Schiedssprüchen oder der Wählbarkeit eines Drittstaates als neutrales Forum. Im Vordergrund stehen vielmehr Aspekte, wie die freie Auswahl eines Schiedsrichters, die Flexibilität der Verfahrensdurchführung und die Vertraulichkeit. Beim DMS allerdings wird die Schiedsrichterwahl durch eine geschlossene Schiedsrichterliste und die Flexibilität durch die Inkorporation der Verfahrensgrundsätze der ZPO stark eingeschränkt; die Vertraulichkeit wird ebenfalls nicht gewährleistet. Mögliche Vorteile eines Schiedsverfahrens werden so zu Nachteilen. Ferner weist das DMS weitere Defizite auf, zum Beispiel ist die Musterschiedsvereinbarung teilweise unwirksam und das Schiedsgericht kann sich willkürlich für unzuständig erklären.

Trotz dieser Mängel ist es zu begrüßen, ein Schiedsverfahren zu entwickeln, das auf die Interessen der Medienbranche zugeschnitten ist. Hierfür spricht zunächst, dass die Nachfrage nach einer außergerichtlichen Streitbeilegung in der wachsenden Medienbranche steigt. Außerdem stellt die medienrechtliche Expertise der beim DMS gelisteten Schiedsrichter den größten Vorzug des DMS

1117 *Eidenmüller*, in: Schütze/Klötzel/Gebauer, FS Thümmel, 125 (128).

dar. Diese Spezialisierung bildet ein Alleinstellungsmerkmal, das es von anderen Schiedsinstitutionen abhebt und ihm damit eine Existenzberechtigung verleiht.

Deswegen ist zu hoffen, dass die zugrunde liegende Idee fortbestehen wird. Voraussetzung hierfür ist jedoch die Erhöhung der Legitimität des DMS. Zum einen muss der Bekanntheitsgrad gesteigert werden und zum anderen müssen Parteien überzeugt werden, dem DMS einen Vertrauensvorschuss zu gewähren. Zu diesem Zweck sollten insbesondere Kooperationen mit anderen Organisationen, wie der DIS, angestrebt werden. Daneben sollte das DMS sein Regelwerk reformieren und Maßnahmen zur internen Legitimierung etablieren. Die unterbreiteten Handlungsempfehlungen mögen hierfür eine Orientierung bieten.

Anhang

DMS-Schiedsvereinbarung

DEUTSCHES MEDIENSCHIEDSGERICHT
SCHIEDSVEREINBARUNG

(gültig ab 01.01.2017)

Das Deutsche Medienschiedsgericht schlägt folgende Muster-Schiedsvereinbarung für Schiedsverfahren vor dem Deutschen Medienschiedsgericht vor:

„Alle medienrechtlichen Streitigkeiten, die sich im Zusammenhang mit [Streitgegenstand genau bezeichnen] ergeben, werden nach der Schiedsgerichtsordnung des Deutschen Medienschiedsgerichts [unter Ausschluss des ordentlichen Rechtsweges endgültig/unter fortwährender uneingeschränkter Zulässigkeit einer Klage vor einem staatlichen Gericht] entschieden.

Der Ort des Schiedsverfahrens ist Leipzig. Der Spruchkörper des Medienschiedsgerichts für dieses Schiedsverfahren ist [eine Kammer mit drei Mitgliedern/eine große Kammer mit fünf Mitgliedern/ein Senat mit sieben Mitgliedern]. Die Mitglieder des Spruchkörpers und die Ersatzmitglieder werden [vom Präsidenten des Medienschiedsgerichts nach billigem Ermessen/mit Ausnahme des Vorsitzenden des Spruchkörpers von den Parteien selbst] bestellt.

Die Sprache des Schiedsverfahrens ist [Deutsch/Englisch].

Es findet ausschließlich das Recht der Bundesrepublik Deutschland Anwendung."

DMS-Schiedsgerichtsordnung

Deutsches Medienschiedsgericht
Schiedsgerichtsordnung

(vom 14. Dezember 2016)

I. Abschnitt
Allgemeine Vorschriften

§ 1
Anwendungsbereich

(1) Diese Schiedsgerichtsordnung findet auf Verfahren Anwendung, die nach einer von den Parteien getroffenen Schiedsvereinbarung durch das Deutsche Medienschiedsgericht (im Folgenden: Medienschiedsgericht) gemäß den Bestimmungen dieser Schiedsgerichtsordnung entschieden werden sollen.

(2) Soweit die Parteien nichts anderes vereinbart haben, findet die bei Beginn des jeweiligen konkreten Schiedsverfahrens gültige Schiedsgerichtsordnung Anwendung; danach erfolgende Änderungen berühren dieses Schiedsverfahren nur, wenn es in den entsprechenden Übergangsregelungen der Schiedsgerichtsordnung ausdrücklich vorgesehen ist.

(3) Diese Schiedsgerichtsordnung ist in deutscher und in englischer Sprache abgefasst, wobei in Zweifelsfällen der deutsche Text maßgeblich ist.

(4) Ein Muster für eine wirksame Schiedsvereinbarung ist auf der Internetseite des Deutschen Medienschiedsgerichtes unter www.deutsches-medienschiedsgericht.de verfügbar.

§ 2
Sitz

Der Sitz des Medienschiedsgerichtes ist Leipzig.

§ 3
Zuständigkeit des Medienschiedsgerichtes

(1) Das Medienschiedsgericht ist ausschließlich in medienrechtlichen Streitigkeiten im Sinne von Absatz 2 tätig.

(2) Eine medienrechtliche Streitigkeit liegt vor, wenn von mindestens einer der am Verfahren unmittelbar beteiligten Parteien Medien geschaffen, verwertet, genutzt oder vertrieben werden und die Streitigkeit sich im Schwerpunkt auf diese Tätigkeiten bezieht. Medien im Sinne von Satz 1 sind Kommunikationsmittel, die durch technische Vervielfältigung und Verbreitung mittels Schrift, Bild oder Ton Inhalte an Nutzer weitergeben. Hierzu zählen

insbesondere Printmedien (z. B. Zeitungen, Zeitschriften, Plakate, Flugblätter) und elektronische Medien (z. B. Rundfunk und Online-Dienste).

(3) Das Medienschiedsgericht ist abweichend von der vorstehenden Regelungen nicht zuständig für
   a) urheberrechtliche Streitigkeiten über die Höhe von Geräte- und sonstigen Abgaben nach Maßgabe der §§ 54 ff. Urhebergesetz (UrhG) und
   b) Streitigkeiten, für deren Entscheidung das Medienschiedsgericht sich für unzuständig erklärt. Eine Unzuständigkeitserklärung kann insbesondere aufgrund mangelnder Bedeutung der Sache für die Entwicklung des Medienrechts erfolgen.

§ 4
Anwendbares Recht

(1) Sofern die Parteien nichts anderes vereinbart haben, findet ausschließlich das Recht der Bundesrepublik Deutschland Anwendung.

(2) Sofern durch die Vereinbarung der Anwendung einer ausländischen Rechtsordnung zusätzliche Kosten für eine etwaige Einholung eines entsprechenden Rechtsgutachtens entstehen, sind diese Kosten von den Parteien nach Maßgabe des § 18 zu tragen.

§ 5
Verfahrensziele

(1) Das Medienschiedsgericht kann durch einen verfahrenseinleitenden Antrag im Sinne von § 28 angerufen werden, um
   a) einen Schiedsspruch zu fällen (Schiedsverfahren),
   b) die einvernehmliche Beilegung einer Streitigkeit in einem Schlichtungsverfahren zu unterstützen (Schlichtungsverfahren) und
   c) ein Element einer Streitigkeit zu begutachten, eine Leistung oder eine Leistungsmodalität nach billigem Ermessen zu bestimmen oder eine Vertragsanpassung vorzunehmen (Schiedsgutachten).

(2) Das Schiedsverfahren ist im III. Abschnitt, das Schlichtungsverfahren im IV. Abschnitt und das Schiedsgutachten im V. Abschnitt dieser Schiedsgerichtsordnung geregelt.

II. Abschnitt
Organisationsvorschriften

§ 6
Schiedsrichter des Medienschiedsgerichtes

(1) Das Medienschiedsgericht setzt sich aus mindestens zehn unabhängigen Schiedsrichtern zusammen, die über eine besondere Fachkunde im Bereich der Medien und des Medienrechts verfügen und die Reputation für Fairness und Integrität genießen.
(2) Vermittelt durch die Vielfalt seiner Schiedsrichter soll das Medienschiedsgericht über fachliche Kompetenzen in allen wesentlichen Bereichen der Medien verfügen.
(3) Die Benennung der Schiedsrichter erfolgt durch den Beschluss der Mitgliederversammlung des Vereins „Deutsches Medienschiedsgericht e. V.", in welchem die jeweils amtierenden Schiedsrichter mit einfacher Mehrheit der anwesenden Mitglieder gewählt werden.
(4) Die Bestellung der Schiedsrichter im einzelnen Verfahren und die Zusammensetzung des für das jeweilige Verfahren zuständigen Spruchkörpers erfolgt nach § 12.

§ 7
Amtszeit

(1) Die Schiedsrichter werden für vier Jahre nominiert. Wiederholte Benennungen sind zulässig.
(2) Die Schiedsrichter sollen nach Ablauf der Dauer ihrer Benennung alle Verfahren, an denen sie beteiligt sind, zu Ende bringen. Satz 1 gilt nicht in den Fällen von § 11.

§ 8
Unvereinbare Tätigkeiten

Kein Schiedsrichter des Medienschiedsgerichtes darf
- eine maßgebliche politische Funktion im Staatsapparat ausüben;
- an einem Medienunternehmen mit mehr als 0,5 % am Nominalkapital eines Unternehmens beteiligt sein;
- Mitglied eines Organs des Vereins „Deutsches Medienschiedsgericht" oder Mitglied eines Organs eines Mitglieds des Vereins „Deutsches Medienschiedsgericht" sein.

§ 9
Verpflichtung der Schiedsrichter

Jeder Schiedsrichter des Medienschiedsgerichtes verpflichtet sich durch die Aufnahme seiner Tätigkeit, sein Schiedsrichteramt unparteiisch und gewissenhaft auszuüben, das Verfahren zu fördern, auf eine angemessene Beschleunigung zu achten sowie Verschwiegenheit zu wahren.

§ 10
Präsident und Vizepräsident

Die benannten Schiedsrichter des Medienschiedsgerichtes wählen mit einfacher Mehrheit einen Präsidenten und einen Vizepräsidenten für die Amtsdauer von jeweils vier Jahren. Die Wiederwahl ist beliebig oft zulässig.

§ 11
Rücktritt von Schiedsrichtern, Widerruf der Benennung

(1) Erfüllt ein Schiedsrichter die Voraussetzungen zur Benennung nicht mehr oder ist es dem Schiedsrichter aus tatsächlichen oder rechtlichen Gründen unmöglich, die Aufgaben als Schiedsrichter zu erfüllen, hat er den Verein „Deutsches Medienschiedsgericht e. V." zu informieren und zurückzutreten.

(2) Der Rücktritt eines Schiedsrichters des Medienschiedsgerichtes ist schriftlich mittels eines an die Geschäftsstelle des Vereines „Deutsches Medienschiedsgericht e. V." gerichteten Rücktrittsschreibens zu erklären.

(3) Tritt eine Schiedsrichter trotz des Vorliegens der Voraussetzungen von Absatz 1 nicht zurück, so kann der Vorstand des Vereines „Deutsches Medienschiedsgericht e. V." mit einfacher Mehrheit die Benennung des Schiedsrichters mit sofortiger Wirkung widerrufen.

(4) Der Rücktritt nach Absatz 2 oder der Widerruf nach Absatz 3 hat für abgeschlossene Verfahren keine Bedeutung. Mit Zustimmung der Parteien kann ein laufendes Verfahren bis zu dessen Beendigung unter Mitwirkung eines zurückgetretenen oder ausgeschlossenen Schiedsrichters geführt werden; andernfalls wird er durch den erstbenannten Ersatzschiedsrichter im Sinne von § 12 Absatz 4 ersetzt.

§ 12
Bestellung der Schiedsrichter, Konstituierung des Spruchkörpers

(1) Mitglieder des Spruchkörpers in jedem Verfahren vor dem Medienschiedsgericht können ausschließlich benannte Schiedsrichter im Sinne von § 6 sein. Für die rechtswirksame Konstituierung eines Spruchkörpers des Medienschiedsgerichtes können die Parteien wählen, ob die Mitglieder des Spruchkörpers und die Ersatzmitglieder
   a) vom Präsidenten des Medienschiedsgerichtes nach billigem Ermessen oder
   b) mit Ausnahme des Vorsitzenden des Spruchkörpers von den Parteien selbst

   bestellt werden sollen.

(2) Der Spruchkörper kann eine Kammer mit drei Mitgliedern, eine große Kammer mit fünf Mitgliedern oder ein Senat mit sieben Mitgliedern sein. Welcher Spruchkörper gebildet werden soll, entscheiden die Parteien abschließend, wobei sie diese Entscheidung bereits in der Schiedsvereinbarung treffen sollen. Anderenfalls erfolgt diese Entscheidung im

Sinne von Satz 1 und Satz 2 ad hoc spätestens zwei Wochen nach Eingang des verfahrenseinleitenden Antrags im Sinne von § 28 beim Medienschiedsgericht; kommt eine einvernehmliche Entscheidung der Parteien nicht zustande, ist das Schiedsverfahren gescheitert.

(3) Der Spruchkörper ist durch die Bestellung der Schiedsrichter innerhalb von zwei Monaten nach Eingang des verfahrenseinleitenden Antrags im Sinne von § 28 beim Medienschiedsgericht zu konstituieren. Andernfalls ist das Schiedsverfahren gescheitert.

(4) Im Falle der Bestellung der Schiedsrichter durch die Parteien bestellt jede Partei je die Hälfte der Schiedsrichter mit Ausnahme des die ungerade Anzahl verursachenden Vorsitzenden des Spruchkörpers. Die von den Parteien bestellten Schiedsrichter wählen diesen Vorsitzenden. Kann eine Einigung auf einen Vorsitzenden nicht herbeigeführt werden, bestimmt diesen der Präsident des Medienschiedsgerichtes. Der Vorsitzende muss die Befähigung zum Richteramt nach § 5 des Deutschen Richtergesetzes besitzen. Jede Partei bestellt des Weiteren jeweils einen Ersatzschiedsrichter und einen zweiten Ersatzschiedsrichter.

(5) Sollte es einem bestellten Schiedsrichter unmöglich sein, an einem Verfahren fristgerecht mitzuwirken, insbesondere in Fällen von Krankheit oder beruflicher Überlastung, teilt der Schiedsrichter dies den Parteien und dem Medienschiedsgericht innerhalb von zwei Wochen nach Kenntnisnahme seiner Bestellung mit. Entsprechendes gilt, wenn der bestellte Schiedsrichter nicht dazu bereit ist, an einem Verfahren in englischer Sprache im Sinne von § 23 Absatz 1 mitzuwirken.

(6) Sind alle Schiedsrichter nach den vorstehenden Vorschriften bestellt, gilt der Spruchkörper als konstituiert und sind die Parteien darüber feststellend nach § 16 zu informieren.

(7) Mit Bestellung und vorbehaltlich der Erklärung nach Abs. 5 kommt der Schiedsrichtervertrag zwischen dem Verein und den Schiedsrichtern zustande. Zwischen den Parteien und den Schiedsrichtern entsteht kein Vertragsverhältnis.

§ 13
Ablehnung eines Schiedsrichters im Einzelfall

(1) Ein Schiedsrichter kann abgelehnt werden, wenn
   a) er als staatlicher Richter von der Entscheidung des Falles gesetzlich ausgeschlossen wäre,
   b) Umstände vorliegen, die berechtigte Zweifel an seiner Unparteilichkeit und Unabhängigkeit aufkommen lassen, oder
   c) er seinen Pflichten als Schiedsrichter im Verfahren trotz Aufforderung mit angemessener Fristsetzung einer der Parteien nicht genügt.

   Kein Schiedsrichter des Medienschiedsgerichtes soll an Entscheidungen in Fällen beteiligt sein, in denen er als Bevollmächtigter, Berater, Rechtsanwalt, Gutachter oder von der Partei benannter Schiedsrichter bereits für oder gegen eine der beteiligten Parteien tätig war.

(2) Das Vorliegen eines Ablehnungsgrundes im Sinne von Absatz 1 und die ihn begründenden Umstände hat der Schiedsrichter in jedem Stadium des Verfahrens offen zu legen.

(3) Jede Partei kann einen Antrag auf Ablehnung stellen. Der Antrag muss dem Medienschiedsgericht innerhalb von zwei Wochen nach Kenntnis der Ablehnungsgründe durch die Partei zugehen.

(4) Eine Partei, die einen Schiedsrichter selbst bestellt hat, kann einen Ablehnungsantrag gegen diesen Schiedsrichter nicht aus Gründen stellen, die ihr vor der Bestellung bekannt waren. Eine Partei, die in Kenntnis eines Ablehnungsgrundes Anträge gestellt oder verhandelt hat, kann aus diesem Ablehnungsgrund keinen Ablehnungsantrag stellen.

(5) Ein Schiedsrichter gilt als abgelehnt, wenn er auf den Ablehnungsantrag hin seine Bestellung freiwillig niederlegt oder die andere Partei sich mit der Ablehnung einverstanden erklärt. Tritt der abgelehnte Schiedsrichter von seinem Amt nicht zurück oder stimmt die andere Partei der Ablehnung nicht zu, so entscheidet die Mehrheit der anderen Schiedsrichter des Spruchkörpers des Medienschiedsgerichtes über die Ablehnung mit einfacher Mehrheit.

(6) Bleibt die Ablehnung nach Abs. 5 erfolglos, kann die Partei, die den Ablehnungsantrag gestellt hat, den Ablehnungsantrag innerhalb von zwei Wochen nach Kenntnisnahme von der Entscheidung dem Oberlandesgericht Dresden gemäß § 1062 ZPO zur Entscheidung vorlegen.

(7) Im Falle einer erfolgreichen Ablehnung übernimmt der von der betroffenen Partei benannte Ersatzschiedsrichter die Stelle des abgelehnten Schiedsrichters. Werden mehr als zwei Schiedsrichter eines Spruchkörpers erfolgreich abgelehnt, ist das Schiedsverfahren gescheitert.

§ 14
Übereinstimmende Entlassung

Die Parteien können jederzeit übereinstimmend erklären, dass ein Schiedsrichter entlassen wird und an seine Stelle einer der bestellten Ersatzschiedsrichter treten soll.

§ 15
Benennung und Bestellung des Ersatzschiedsrichters

(1) Wird ein Schiedsrichter abgelehnt, durch Parteivereinbarung entlassen, tritt er von seinem Amt zurück, wird das Amt als benannter Schiedsrichter widerrufen, ist er dauerhaft durch Krankheit verhindert oder verstirbt er, tritt an seine Stelle ein von der betroffenen Partei zuvor bestellter Ersatzschiedsrichter.

(2) Wird ein bestellter Ersatzschiedsrichter aktiv, wird der zweite Ersatzschiedsrichter zum neuen Ersatzschiedsrichter und muss die Partei, die betroffen ist, binnen zwei Wochen nach Amtsübernahme einen neuen zweiten Ersatzschiedsrichter bestellen.

(3) Wird der Vorsitzende abgelehnt, durch Parteivereinbarung entlassen, tritt er von seinem Amt zurück, wird das Amt als benannter Schiedsrichter widerrufen, ist er dauerhaft durch

Krankheit verhindert oder verstirbt er, tritt an seine Stelle ein neuer Vorsitzender. Für die Wahl des neuen Vorsitzenden gilt § 12 Abs. 4 dieser Schiedsgerichtsordnung entsprechend.

§ 16
Information über bestellte Schiedsrichter

Nach der Bestellung aller Schiedsrichter und der Ersatzschiedsrichter informiert das Medienschiedsgericht die Parteien über die Zusammensetzung des Spruchkörpers.

§ 17
Pflichten der Schiedsrichter

(1) Die Schiedsrichter sind zur Unparteilichkeit verpflichtet.
(2) Sie haben das Verfahren zu fördern und auf eine angemessene Beschleunigung zu achten.
(3) Die Schiedsrichter sind zur Verschwiegenheit verpflichtet.

§ 18
Kosten

(1) Die Kosten des Verfahrens umfassen (1) das Honorar und die Auslagen der Schiedsrichter sowie (2) die Bearbeitungsgebühr des Medienschiedsgerichtes, die das Medienschiedsgericht gemäß der zu Beginn des jeweiligen Schiedsverfahrens gültigen Kostentabelle (Anlage zu § 18) festsetzt, (3) die Honorare und Auslagen der vom Medienschiedsgericht beauftragten Sachverständigen einschließlich Gutachtern im Sinne von § 4 Absatz 2 und (4) die angemessenen Aufwendungen der Parteien für ihre Vertretung und andere Auslagen im Zusammenhang mit dem Schiedsverfahren, (1) bis (4) jeweils zuzüglich etwa anfallender gesetzlicher Umsatzsteuer. Für die Kosten im Sinne der Ziffern (1), (2) und (3) des Satzes 1 haften die Parteien gegenüber dem Verein „Deutsches Medienschiedsgericht e.V." als Gesamtschuldner.
(2) Die Bearbeitungsgebühr des Medienschiedsgerichtes und das Honorar für die Schiedsrichter gemäß der Kostentabelle bestimmt sich vorbehaltlich Absatz 3 nach dem Streitwert, der vom Medienschiedsgericht nach pflichtgemäßem Ermessen festgesetzt wird. Der Mindeststreitwert für ein Verfahren vor dem Medienschiedsgericht soll EUR 100.000,00 betragen.
(3) Der Präsident des Medienschiedsgerichtes kann das Honorar der Schiedsrichter abweichend von der Kostentabelle höher oder niedriger festsetzen, sollte dies aufgrund der besonderen Umstände des Einzelfalles notwendig erscheinen.
(4) Das Medienschiedsgericht setzt die Kosten des Verfahrens nach §§ 91 ff. Zivilprozessordnung (ZPO) fest und bestimmt, welche der Parteien die Kosten zu tragen hat bzw. in welchem Verhältnis sie verteilt werden sollen. Als angemessene Aufwendungen der Parteien gelten die Kosten ihrer Rechtsvertretung durch qualifizierte Anwälte auf Basis eines durchschnittlichen Stundensatzes von EUR 350,00 netto, wobei die Kosten der Rechtsvertretung

nur anzusetzen sind, soweit sie zur Wahrung der Rechte der Partei im Verfahren notwendig erscheinen und je Partei netto zehn Prozent des festgesetzten Streitwerts nicht übersteigen.

(5) Das Honorar der Schiedsrichter und die Bearbeitungsgebühr des Medienschiedsgerichtes werden im Fall der Klagerücknahme oder der Beendigung des Schiedsverfahrens vor Beginn der mündlichen Verhandlung vom Medienschiedsgericht festgesetzt und betragen ein Drittel des entsprechenden Betrages der zu Beginn des jeweiligen Schiedsverfahrens gültigen Kostentabelle. Wenn die Parteien keine Vereinbarung über die Verteilung der Verfahrenskosten oder anderer kostenrelevanter Fragen getroffen haben, entscheidet das Medienschiedsgericht über diese Fragen.

(6) Das Medienschiedsgericht verlangt auf Basis eines vorläufigen Streitwerts das Honorar der Schiedsrichter und die Bearbeitungsgebühr des Medienschiedsgerichtes als Vorschuss, der von beiden Parteien je zur Hälfte zu bezahlen ist. Werden Sachverständige benötigt, kann das Medienschiedsgericht deren Beauftragung von der vorherigen Bezahlung eines Vorschusses abhängig machen. Innerhalb von vier Wochen nach Beendigung des Verfahrens fordert das Medienschiedsgericht die Parteien unter Beifügung einer Rechnung auf, die jeweils festgesetzten Kosten des Verfahrens zu zahlen; geleistete Vorschüsse werden dabei angerechnet.

III. Abschnitt
Schiedsverfahren vor dem Medienschiedsgericht

§ 19
Verfahrensregeln

(1) Das Medienschiedsgericht kann mit den Parteien eine vorbereitende Erörterung durchführen und für einzelne Verfahren besondere Verfahrensregeln vereinbaren. Im Übrigen gelten die im Folgenden niedergelegten Verfahrensregelungen.

(2) Sofern sich aus dieser Schiedsgerichtsordnung nichts anderes ergibt, finden die Vorschriften der Zivilprozessordnung (ZPO) über das Schiedsverfahren entsprechend Anwendung.

§ 20
Grundsätze der Verfahrensleitung

(1) Das Medienschiedsgericht darf seiner Entscheidung nur das Tatsachenmaterial zugrunde legen, das von den Parteien vorgetragen ist. Das Medienschiedsgericht soll durch Erörterungen, Hinweise und Fragen auf eine Konkretisierung und Ergänzung des Sachvortrages, die Bezeichnung der Beweismittel und eine sachdienliche Antragstellung hinwirken. Im Übrigen gelten hinsichtlich der Verfahrensgrundsätze und zur Darlegungs- und Beweislast die Vorschriften der ZPO.

(2) Haben die Parteien nichts anderes vereinbart, so kann das Medienschiedsgericht einen oder mehrere Sachverständige zur Erstattung eines Gutachtens über bestimmte vom Medienschiedsgericht festzulegende Fragen, auch das deutsche Recht und ausländische Rechtsordnungen betreffende Rechtsfragen, bestellen. Es kann ferner eine Partei auffordern, dem Sachverständigen jede sachdienliche Auskunft zu erteilen oder alle für das Verfahren erheblichen Schriftstücke, Daten oder Sachen zur Besichtigung vorzulegen oder zugänglich zu machen.

(3) Haben die Parteien nichts anderes vereinbart, so hat der Sachverständige, wenn eine Partei dies beantragt oder das Medienschiedsgericht es für erforderlich hält, nach Erstattung seines schriftlichen oder mündlichen Gutachtens an einer mündlichen Verhandlung teilzunehmen. Bei der Verhandlung können die Parteien dem Sachverständigen Fragen stellen und eigene Sachverständige zu den streitigen Fragen aussagen lassen.

§ 21
Mündliche Verhandlung

(1) Sofern die Parteien übereinstimmend nichts anderes beantragen, findet zu jedem vom Medienschiedsgericht zu entscheidenden Rechtsstreit eine mündliche Verhandlung statt.

(2) Sofern die Parteien dies übereinstimmend und ausdrücklich wünschen, kann die Öffentlichkeit zur Verhandlung zugelassen werden.

§ 22
Abwesenheit einer Partei

Im Falle der Abwesenheit einer Partei beim mündlichen Verhandlungstermin findet die Regel von § 1048 ZPO zur Säumnis entsprechende Anwendung.

§ 23
Sprache

(1) Die Parteien können als Verfahrenssprache des Schiedsverfahrens die englische Sprache vereinbaren. Diese Vereinbarung über die Verfahrenssprache muss bereits in der Schiedsvereinbarung getroffen werden.

(2) Fehlt eine solche Vereinbarung, so ist die Verfahrenssprache Deutsch.

(3) Auf Verlangen des Spruchkörpers müssen von den Parteien eingebrachte fremdsprachige Dokumente auf Kosten der Parteien übersetzt werden.

§ 24
Verhandlungsprotokoll

Über jede mündliche Verhandlung ist ein Verhandlungsprotoll aufzunehmen, das den Parteien durch die Geschäftsstelle des Medienschiedsgerichtes übersandt wird.

§ 25
Form der Verfahrensleitung

(1) Die Verfahrensleitung und die Erteilung richterlicher Hinweise ergehen während der mündlichen Verhandlung und werden zu Protokoll genommen.
(2) Verfahrensleitende Entscheidungen außerhalb der mündlichen Verhandlung können durch den Spruchkörper zu jeder Zeit im Umlaufverfahren getroffen und den Parteien durch den Vorsitzenden mitgeteilt werden.

§ 26
Entscheidungsfindung

Alle Entscheidungen des Gerichts werden mit einfacher Mehrheit der jeweils für den Spruchkörper bestellten Schiedsrichter getroffen.

§ 27
Übersendungen der Schriftsätze

(1) Die Schiedsklage und alle weiteren Schriftsätze sind dem Gericht und gleichzeitig der anderen Partei zuzuleiten.
(2) Die Anträge sowie Schriftsätze, die weitere Anträge oder eine Modifizierung der Anträge oder verfahrensbeendende Erklärungen enthalten, sind durch eingeschriebenen Brief oder jede andere Übersendungsart, die einen Nachweis des Zugangs gewährleistet, zu übersenden.
(3) Hat eine Partei einen Verfahrensbevollmachtigten bestellt, so sind die Schriftsätze an diesen zu übersenden. Vor dem Medienschiedsgericht herrscht kein Anwaltszwang.

§ 28
Beginn des Verfahrens

Der Beginn des Verfahrens richtet sich nach § 1044 der Zivilprozessordnung. Das Medienschiedsgericht betreibt das Verfahren erst nach Eingang des Vorschusses gemäß § 18 Absatz 6.

§ 29
Anträge

(1) Die Schiedsklage muss das Folgende enthalten:
   a. einen Antrag auf Einleitung des Verfahrens,
   b. die Bezeichnung der Parteien und ihre Anschriften sowie etwaige Verfahrensbevollmächtigte und deren Anschriften,
   c. einen hinreichend bestimmten Sachantrag,
   d. die Darlegung der tatsächlichen Umstände, aus denen sich der Gegenstand des Verfahrens ergibt,
   e. die Wiedergabe der Schiedsvereinbarung sowie
   f. die Angabe des Streitwertes.

(2) Im Falle der Bestellung der Schiedsrichter durch die Parteien soll die Schiedsklage auch angeben, welche Schiedsrichter und Ersatzschiedsrichter der Antragsteller bestellt.

(3) Sind die Anträge unvollständig, so fordert der Vorsitzende den Antragsteller zur Ergänzung unter Fristsetzung auf.

(4) Von den Anträgen und übrigen Schriftsätzen sowie ihrer Anlagen müssen so viele Exemplare eingereicht werden, dass jedem Schiedsrichter ein Exemplar zur Verfügung steht.

§ 30
Schiedsspruch

(1) Das Gericht ist bei Erlass des Schiedsspruches an die Anträge der Parteien gebunden.

(2) Der Schiedsspruch ist schriftlich zu erlassen. Dabei muss eine für die Übersendung an alle Parteien ausreichende Anzahl an Urschriften gefertigt werden.

(3) Der Schiedsspruch hat Folgendes zu enthalten:
   a) die Bezeichnung der Parteien, ihrer Anschriften und ihrer etwaigen Verfahrensbevollmächtigten,
   b) die Namen und Unterschriften der an der Entscheidung mitwirkenden Schiedsrichter des Medienschiedsgerichtes,
   c) das Datum der Abfassung des Schiedsspruches,
   d) den Tenor
   e) den Tatbestand, der auch die Anträge der Parteien enthält,
   f) die Gründe, auf denen er beruht,
   g) die Entscheidung über die Kostentragung und Kostenfestsetzung und
   h) eine Erklärung über die Vollstreckbarkeit des Schiedsspruches im Sinne von §§ 1060 ff. der Zivilprozessordnung (ZPO).

(4) Der Schiedsspruch ist mittels eingeschriebenen Briefes an alle Parteien zuzustellen.

§ 31
Rechtsbehelfe gegen den Schiedsspruch

Der Schiedsspruch hat unter den Parteien die Wirkung eines rechtskräftigen Urteils. Rechtsbehelfe gegen den Schiedsspruch sind nur nach Maßgabe von § 1059 ZPO möglich. Vor Beginn des Schiedsverfahrens dürfen die Parteien jedoch davon abweichend vereinbaren, dass die Klage vor einem staatlichen Gericht uneingeschränkt zulässig bleiben soll. Diese Vereinbarung muss bereits in der Schiedsvereinbarung getroffen werden.

§ 32
Berichtigung

Die Parteien können bei der Geschäftsstelle des Medienschiedsgerichtes die Berichtigung von offensichtlichen Rechen-, Druck- und Rechtsschreibfehlern sowie sonstigen Fehlern, die den Inhalt des Schiedsspruches nicht verändern, beantragen.

IV. Abschnitt
Schlichtungsverfahren vor dem Medienschiedsgericht

§ 33
Anzahl der Schiedsrichter für das Schlichtungsverfahren

(1) Die Parteien können vereinbaren, ob das Schlichtungsverfahren vor einer Kammer mit drei Schiedsrichtern oder vor einer großen Kammer mit fünf Schiedsrichtern des Medienschiedsgerichtes im Sinne von § 6 der Schiedsgerichtsordnung des Medienschiedsgerichtes geführt werden soll.
(2) Vereinbaren die Parteien keine Anzahl der Schiedsrichter, erfolgt das Schlichtungsverfahren vor einer Kammer mit drei Schiedsrichtern.
(3) Im Übrigen finden die §§ 12 ff. Anwendung.

§ 34
Einleitung des Schlichtungsverfahrens

(1) Die Partei, die ein Schlichtungsverfahren einleiten will, hat der anderen Partei eine schriftliche Aufforderung zur Streitbeilegung nach dieser Schiedsgerichtsordnung zu übersenden. In der verfahrenseinleitenden Aufforderung ist der Gegenstand der Streitigkeit darzustellen.
(2) Eine Kopie der verfahrenseinleitenden Aufforderung ist dem Medienschiedsgericht zu übersenden.

§ 35
Beginn des Schlichtungsverfahrens

(1) Das Schlichtungsverfahren beginnt mit der schriftlichen Einverständniserklärung der anderen Partei zur Durchführung des Schlichtungsverfahrens gegenüber dem Medienschiedsgericht. Die Einverständniserklärung muss innerhalb eines Monats ab Zugang der schriftlichen Aufforderung zur Streitbeilegung erfolgen.
(2) Lehnt die andere Partei die Aufforderung ab, findet das Schlichtungsverfahren nicht statt. Die Aufforderung gilt als abgelehnt, wenn die Partei nicht innerhalb der Frist nach § 36 Absatz 1 antwortet.

§ 36
Wesen des Schlichtungsverfahrens

(1) Die Schiedsrichter unterstützen die Parteien in unabhängiger und unparteiischer Weise in ihrem Bemühen, die Streitigkeit einvernehmlich beizulegen.
(2) Die Schiedsrichter legen den Ablauf des Schlichtungsverfahrens in Abstimmung mit den Parteien fest.
(3) Wenn die Parteien es wünschen, können die Schiedsrichter in jedem Stadium des Verfahrens Vorschläge für die Beilegung der Streitigkeit machen. Die Vorschläge müssen nicht begründet werden.
(4) Alle Beteiligten sind zur Vertraulichkeit verpflichtet.

§ 37
Beendigung des Schlichtungsverfahrens

(1) Wird in einem Schlichtungsverfahren nach angemessener Zeit keine Einigung erzielt, wird das Schlichtungsverfahren beendet.
(2) Die Schiedsrichter haben über die Beendigung auf Verlangen einer Partei ein Protokoll zu fertigen. Das Protokoll ist von allen Schiedsrichtern zu unterzeichnen.
(3) Die Parteien können jederzeit schriftlich vereinbaren, dass die Schlichtung in ein Schiedsverfahren übergeleitet werden soll, bei dem das Schiedsverfahren vor der gleichen Kammer oder vor der großen Kammer fortgesetzt wird.
(4) Wird in einem Schlichtungsverfahren zwischen den Parteien eine Einigung erzielt, so ist das Ergebnis von den Schiedsrichtern in einem Protokoll festzuhalten, das von allen Schiedsrichtern und den Parteien unterzeichnet wird.

V. Abschnitt
Schiedsgutachten des Medienschiedsgerichtes

§ 38
Gegenstand des Schiedsgutachtens

(1) Der Gegenstand des Schiedsgutachtens bestimmt sich nach der übereinstimmenden Anfrage der Parteien. Der Gegenstand des Schiedsgutachtens kann insbesondere die Begutachtung eines Elementes einer Entscheidung, die Bestimmung der Leistung oder Leistungsmodalität oder eine Vertragsanpassung sein.

(2) Die Parteien können sich darüber hinaus auf eine Erweiterung oder Anpassung des Gegenstandes des Schiedsgutachtens einigen.

(3) Alle Beteiligten sind zur Vertraulichkeit verpflichtet.

§ 39
Anzahl der Schiedsrichter für das Schiedsgutachten

(1) Die Parteien können vereinbaren, ob das Schiedsgutachten vor einer Kammer mit drei Schiedsrichtern oder vor einer großen Kammer mit fünf Schiedsrichtern des Medienschiedsgerichtes im Sinne von § 6 der Schiedsgerichtsordnung des Medienschiedsgerichtes erstellt werden soll.

(2) Vereinbaren die Parteien keine Anzahl der Schiedsrichter, wird das das Schiedsgutachten vor einer Kammer mit drei Schiedsrichtern erstellt.

(3) Im Übrigen finden die §§ 12 ff. Anwendung.

§ 40
Entscheidung im Schiedsgutachten

(1) Die Entscheidung im Schiedsgutachten ist mit Stimmenmehrheit zu treffen.

(2) Die Entscheidung ist durch die Schiedsrichter zu begründen.

§ 41
Vorläufige Anordnungen

(1) Auf übereinstimmenden Antrag der Parteien treffen die Schiedsrichter vorläufige Anordnungen im Zusammenhang mit dem Verfahren zum Schiedsgutachten, wenn dies für eine geordnete Vertragsdurchführung zwischen den Parteien erforderlich ist.

(2) Die vorläufigen Anordnungen können mit Auflagen versehen werden.

(3) Den Parteien ist vor Erlass der vorläufigen Anordnung rechtliches Gehör zu gewähren. Erfolgt eine vorläufige Anordnung ohne vorheriges rechtliches Gehör, ist dieses unverzüglich nachzuholen.

(4) Die vorläufigen Anordnungen verlieren mit Erlass der Entscheidung ihre Wirkung.

§ 42
Bindungswirkung

(1) Die Entscheidungen der Schiedsrichter im Schiedsgutachten sind für die Parteien bindend. Die Bindungswirkung entfällt, wenn und soweit sie durch eine gerichtliche oder schiedsgerichtliche Entscheidung aufgehoben oder abgeändert werden.
(2) Handelt eine der Parteien in Übereinstimmung mit der Entscheidung und im Vertrauen auf deren Bindungswirkung, kann die Rechtshandlung keine Schadensersatzpflicht begründen.

VI. Abschnitt
Schlussbestimmungen

§ 43
Haftungsausschluss

(1) Mit Ausnahme der vorsätzlichen Begehung einer Pflichtverletzung ist die Haftung des Schiedsrichters für seine Entscheidungstätigkeit ausgeschlossen.
(2) Mit Ausnahme der vorsätzlichen oder grob fahrlässigen Begehung einer Pflichtverletzung ist eine Haftung der Schiedsrichter, des Vereins „Deutsches Medienschiedsgericht e.V.", seiner Organe und seiner Mitarbeiter für jede andere Handlung oder Unterlassung im Zusammenhang mit einem Verfahren vor dem Medienschiedsgericht im Sinne von § 5 Absatz 1 ausgeschlossen.

§ 44
Salvatorische Klausel

Die Unwirksamkeit dieser vorstehenden Regelungen lässt die Wirksamkeit der übrigen Regelungen dieser Schiedsgerichtsordnung unberührt. An die Stelle der unwirksamen Regelung tritt die gesetzlich zulässige Regelung, die dem Sinn und Zweck der unwirksamen Regelung wirtschaftlich am nächsten kommt.

KOSTENTABELLE
(Anlage zu § 18)

I. Honorare für die Schiedsrichter

Die im Folgenden aufgeführten Honorare der Schiedsrichter gelten für das Schiedsverfahren und das Schiedsgutachten und stellen das Honorar je Schiedsrichter für die jeweils konstituierten Spruchkörper dar. Der Vorsitzende erhält im Falle einer streitigen Entscheidung den doppelten Honorarsatz. Für das Schlichtungsverfahren reduziert sich der Betrag jeweils auf ein Drittel.

Bei Schiedsverfahren und Schiedsgutachten der Kammer:

Streitwert	**Honorar je Schiedsrichter (zzgl. Umsatzsteuer)**
bis EUR 100.000,00	EUR 2.000,00
bis EUR 200.000,00	EUR 4.700,00
bis EUR 300.000,00	EUR 6.700,00
bis EUR 500.000,00	EUR 9.600,00
bis EUR 1.000.000,00	EUR 14.500,00
bis EUR 2.000.000,00	EUR 24.400,00
bis EUR 3.000.000,00	EUR 34.200,00
bis EUR 5.000.000,00	EUR 53.800,00
ab EUR 5.000.001,00	EUR 55.800,00 zuzüglich EUR 2.000,00 je Streitwerterhöhung um weitere EUR 5.000.000,00

II. Bearbeitungsgebühr des Medienschiedsgerichtes

Bei Schiedsverfahren, Schlichtungsverfahren und Schiedsgutachten der Kammer, der großen Kammer und des Senates:

Streitwert	**Bearbeitungsgebühr (zzgl. Umsatzsteuer)**
bis EUR 100.000,00	EUR 1.000,00
bis EUR 200.000,00	EUR 2.000,00
bis EUR 300.000,00	EUR 2.900,00
bis EUR 500.000,00	EUR 4.100,00
bis EUR 1.000.000,00	EUR 6.200,00
bis EUR 2.000.000,00	EUR 10.400,00
bis EUR 3.000.000,00	EUR 14.600,00
bis EUR 5.000.000,00	EUR 23.100,00
ab EUR 5.000.001,00	EUR 24.100,00 zuzüglich EUR 2000,00 je Streitwerterhöhung um weitere EUR 5.000.000,00

DMS-Satzung

SATZUNG

DES VEREINS

„DEUTSCHES MEDIENSCHIEDSGERICHT e. V."

vom 26. August 2016

Präambel

Die Medienbranche setzt sich aus allen Einrichtungen zusammen, die mit der Entwicklung, der Produktion und dem Vertrieb von medialen Inhalten zu Informations- und Unterhaltungszwecken beschäftigt sind. Kunst und Kultur sind auf die Vermittlung durch die Medienbranche angewiesen. Auch die für eine funktionierende Demokratie unentbehrliche fundierte Recherche und Verbreitung von Tatsachen und Meinungen benötigt eine jederzeit leistungs- und handlungsfähige pluralistische Medienlandschaft.

Die rasche technische Entwicklung im Medienbereich, insbesondere im Bereich der Digitalisierung, begründet einen erheblichen Bedarf für eine rasche und abschließende Klärung rechtlicher Fragen möglichst in einer abschließenden Instanz.

Das durch diesen neu gegründeten Verein errichtete und betriebene Deutsche Medienschiedsgericht macht es sich zur Aufgabe, einen schnellen, effizienten und fairen Weg zur Entscheidung über medienrechtliche Konflikte anzubieten. Das Deutsche Medienschiedsgericht wird ständig mit geeigneten Schiedsrichtern besetzt sein, aus denen die Parteien im Einzelfall auswählen und so die Konstituierung des Spruchkörpers erheblich beschleunigen können.

§ 1
Name, Sitz und Geschäftsjahr

(1) Der Verein trägt den Namen

„Deutsches Medienschiedsgericht",

nach Eintragung in das Vereinsregister, die alsbald bewirkt werden soll, mit dem Namenszusatz „eingetragener Verein" in der abgekürzten Form „e.V.

(2) Der Verein hat seinen Sitz in Leipzig und ist in das Vereinsregister des Amtsgerichts Leipzig einzutragen.

(3) Das Geschäftsjahr ist das Kalenderjahr.

§ 2
Zweck und Aufgaben

(1) Der Verein verfolgt ausschließlich und unmittelbar gemeinnützige Zwecke im Sinne des Abschnitts „Steuerbegünstigte Zwecke" der Abgabenordnung.

(2) Zweck des Vereins ist die Errichtung, das Betreiben und die Förderung des „Deutschen Medienschiedsgerichts" in Leipzig. Mit dem Angebot von Schiedsverfahren auf Grundlage der Schiedsgerichtsordnung für das Deutsche Medienschiedsgericht soll im Wege der raschen und abschließenden Beilegung von Rechtsstreitigkeiten durch Entscheidung oder Schlichtung das Funktionieren einer jederzeit leistungs- und handlungsfähigen Medienbranche unterstützt werden. Dadurch fördert der Verein selbstlos das Demokratische Staatswesen der Bundesrepublik sowie Kunst und Kultur im Allgemeinen und die für das Funktionieren einer demokratischen Gesellschaft wichtige Medienvielfalt als Basis der grundrechtlich geschützten freien Meinungsbildung und -äußerung im Besonderen.

(3) Der Satzungszweck wird insbesondere verwirklicht durch:

a) die Bereitstellung eines institutionellen Schiedsgerichts in Mediensachen („Deutsches Medienschiedsgericht");
b) die Benennung von Schiedsrichtern;
c) die Beschaffung der personellen, sachlichen und finanziellen Mittel zur Durchführung der Schiedsverfahren, Schlichtungsverfahren und Schiedsgutachten;
d) die Vorbereitung, Unterstützung und Verwaltung von Schiedsverfahren, Schlichtungsverfahren und Schiedsgutachten des Deutschen Medienschiedsgerichts.

(4) Der Verein ist selbstlos tätig; er verfolgt nicht in erster Linie eigenwirtschaftliche Zwecke.

(5) Mittel des Vereins dürfen nur für die satzungsmäßigen Zwecke verwendet werden. Die Mitglieder erhalten keine Zuwendungen aus Mitteln des Vereins. Es darf keine Person durch Ausgaben, die dem Zweck des Vereins fremd sind, oder durch unverhältnismäßig hohe Vergütungen begünstigt werden.

§ 3
Mitgliedschaft

(1) Mitglied des Vereins kann jede natürliche und juristische Person des privaten und des öffentlichen Rechts werden, die bereit ist und Gewähr dafür bietet, den Zweck des Vereins nach § 2 nach Kräften zu unterstützen. Natürliche Personen sollen nur Mitglieder werden, wenn sie eine bedeutende medienrechtliche oder medienpraktische Tätigkeit ausüben oder darin eine besondere Erfahrung haben. Juristische Personen sollen durch ihren Gesellschaftszweck oder ihre gesetzlichen Aufgaben in besonderer Weise mit den Medien verbunden sein.

(2) Juristische Personen werden durch ihre Organe vertreten.

(3) Die Mitgliedschaft ist beim Verein schriftlich zu beantragen.

(4) Der Vorstand entscheidet mit einer Dreiviertelmehrheit über die Aufnahme eines Mitglieds. Das Ergebnis dieser Entscheidung ist dem Antragssteller schriftlich mitzuteilen.

§ 4
Beginn und Ende der Mitgliedschaft

(1) Die Mitgliedschaft beginnt mit der Unterzeichnung einer Beitrittserklärung und endet durch Austrittserklärung, Tod, Ausschluss oder Streichung der Mitgliedschaft sowie bei juristischen Personen durch Wegfall der Rechtsfähigkeit.

(2) Der Austritt aus dem Verein kann nur zum Ende eines Kalenderjahres erfolgen und muss dem Vorstand gegenüber spätestens drei Monate vor Ablauf des Kalenderjahres schriftlich erklärt werden.

§ 5
Ausschluss, Streichung

(1) Zur Ausschließung bedarf es eines begründeten Antrags des Vorstands und eines Beschlusses der Mitgliederversammlung mit Dreiviertelmehrheit der anwesenden Mitglieder. Ein Mitglied kann nur ausgeschlossen werden, wenn in seiner Person ein wichtiger Grund vorliegt, insbesondere wenn das Mitglied schuldhaft in grober Weise gegen die Interessen des Vereins oder die Bestimmungen dieser Satzung gehandelt hat. Die Mitgliederversammlung muss dem auszuschließenden Mitglied vor der Beschlussfassung über den Ausschluss die Möglichkeit geben, gehört zu werden. Bei der Abstimmung über seinen Ausschluss hat das auszuschließende Mitglied kein Stimmrecht. Der Ausschluss wird mit der Beschlussfassung wirksam. Der Beschluss des Ausschlusses ist dem Betroffenen durch den Vorstand mittels eingeschriebenen Briefs bekanntzugeben.

(2) Eine Streichung der Mitgliedschaft ist zulässig, wenn das Mitglied trotz zweimaliger schriftlicher Mahnung durch den Vorstand mit der Zahlung des Beitrages im Rückstand ist. Die Streichung kann durch den Vorstand erst beschlossen werden, wenn seit Absendung des zweiten Mahnschreibens, das den Hinweis auf eine drohende Streichung enthalten muss, drei Monate vergangen sind, ohne dass der rückständige Beitrag entrichtet worden ist.

§ 6
Beiträge und Geschäftsjahr

(1) Der Verein finanziert sich aus:

a) Mitgliedsbeiträgen;
b) Förderbeiträgen;
c) Gebühren aus der Durchführung von Schiedsverfahren, Schlichtungsverfahren und Schiedsgutachtenverfahren.

(2) Der jährliche Mitgliedsbeitrag wird durch Beschluss der Mitgliederversammlung festgelegt. Er ist zu Beginn des Geschäftsjahres zu zahlen. Mit der Aufnahme als Mitglied wird der erste Jahresbeitrag für das laufende Jahr fällig, wobei der Zeitpunkt des Beitritts für die Höhe des Jahresbeitrags keine Bedeutung hat. Förderbeiträge werden auf freiwilliger Basis geleistet oder für einen bestimmten Zeitraum vereinbart.

§ 7
Organe des Vereins

Die Organe des Vereins sind der Vorstand und die Mitgliederversammlung.

§ 8
Vorstand

(1) Der Vorstand besteht aus

a) dem/der Vorsitzenden;
b) bis zu zwei stellvertretenden Vorsitzenden (erste/r und zweite/r stellvertretende/r Vorsitzende/r);

Der/die erste stellvertretende Vorsitzende übt im Innenverhältnis bei Abwesenheit oder Verhinderung des/der Vorsitzenden dessen/deren Aufgaben und Befugnisse nach dieser Satzung aus; ist auch dieser/diese verhindert, tritt der/die zweite stellvertretende Vorsitzende an seine/ihre Stelle. Ist nur ein Vorstandsmitglied bestellt, so gilt dieses als Vorsitzender im Sinne dieser Satzung; die Regelungen über den stellvertretenden Vorsitzenden finden in diesem Fall keine Anwendung.

(2) Die Vorstandsmitglieder werden durch die Mitgliederversammlung für zwei Jahre gewählt. Die Vorstandsmitglieder bleiben nach Ablauf ihrer Amtszeit noch bis zur Wahl eines Nachfolgers im Amt. Wiederwahl ist zulässig. Scheidet ein Vorstandsmitglied vorzeitig aus, so wählt die Mitgliederversammlung zum nächstmöglichen Zeitpunkt einen Nachfolger für die verbleibende Amtsdauer. Bis zur Wahl des Nachfolgers reduziert sich die Anzahl der Vorstandsmitglieder um das vorzeitig ausgeschiedene Mitglied.

(3) Der Vorsitzende und die stellvertretenden Vorsitzenden werden durch die Vorstandsmitglieder für zwei Jahre gewählt. Absatz (2) Sätze 2 bis 4 gelten entsprechend. Der Vorsitzende und die stellvertretenden Vorsitzenden sind jeweils von den Beschränkungen von § 181 Alt. 2 BGB befreit.

(4) Der Verein wird gerichtlich und außergerichtlich durch jeweils zwei Mitglieder des Vorstandes gemäß Abs. 1 a) und/oder b) gemeinschaftlich vertreten. Sofern nur ein Vorstandsmitglied bestellt ist, vertritt dieses den Verein alleine; das alleinige Vorstandsmitglied ist von den Beschränkungen von § 181 Alt. 2 BGB befreit.

(5) Der Vorstand ist für alle Angelegenheiten des Vereins zuständig, soweit sie nicht durch Gesetz oder diese Satzung der Mitgliederversammlung zugewiesen sind. Er führt die Geschäfte des Vereins und erfüllt insbesondere folgende Aufgaben:

a) Einberufung, Vorbereitung und Leitung der Mitgliederversammlungen;
b) Buchführung;
c) Ausführung der Beschlüsse der Mitgliederversammlung;
d) Aufstellung eines Haushalts- und Mittelverwendungsplans;
e) Erstellung des Geschäftsberichtes;
f) Einladung neuer Mitglieder und Beantragung eines begründeten Mitgliederausschlusses;
g) Abschluss von Anstellungsverträgen.

6) Der Vorstand kann sich eine Geschäftsordnung geben.

(7) Die Mitglieder des Vorstandes sind ehrenamtlich tätig. Sie erhalten ihre im Rahmen der Amtsausübung tatsächlich entstandenen, erforderlichen Aufwendungen ersetzt.

(8) Die Mitglieder des Vorstandes haften nur für Vorsatz und grobe Fahrlässigkeit.

§ 9
Sitzungen des Vorstandes

(1) Der Vorstand tritt nach Bedarf zusammen, mindestens jedoch zweimal im Jahr. Der Vorsitzende leitet die Sitzung des Vorstandes.

(2) Der Vorsitzende lädt die Vorstandsmitglieder spätestens sieben Tage vor dem Sitzungstermin unter Angabe der Tagesordnung, der Tagungszeit und des Tagungsortes ein. Die Einladung erfolgt schriftlich an die jeweils zuletzt mitgeteilte Anschrift des Vorstandsmitglieds, mit Zustimmung des jeweiligen Vorstandsmitglieds kann sie auch per Telefax oder E-Mail erfolgen. Sind alle Vorstandsmitglieder in der Versammlung anwesend, kann auf die Einhaltung der Formalien der Einladung durch einstimmigen Beschluss der Vorstandsmitglieder verzichtet werden; Beschlussfassungen im Umlaufverfahren sind ebenfalls zulässig.

(3) Jedes Vorstandsmitglied kann die Ergänzung der Tagesordnung beantragen. Soweit der Gegenstand keiner eingehenden Vorbereitung bedarf und alle Vorstandsmitglieder zustimmen, wird der Gegenstand in die Tagesordnung der anberaumten Sitzung aufgenommen, andernfalls in die Tagesordnung der darauffolgenden Sitzung.

(4) Der Vorstand ist beschlussfähig, wenn der Vorsitzende, bei dessen Verhinderung der 1. oder 2. stellvertretende Vorsitzende, und mindestens die Hälfte der weiteren vorhandenen Vorstandsmitglieder anwesend sind. Ist er nicht beschlussfähig, so ist unter Wahrung aller Formalien eine neue Sitzung innerhalb von zwei Wochen einzuberufen, die in jedem Fall beschlussfähig ist. Hierauf ist in der Einladung hinzuweisen.

(5) Der Vorstand fasst seine Beschlüsse, soweit gesetzlich oder durch diese Satzung nicht anders bestimmt, mit der einfachen Mehrheit der abgegebenen Stimmen. Bei Stimmengleichheit entscheidet die Stimme des Vorsitzenden.

(6) Der Vorstand kann mit Zustimmung sämtlicher Vorstandsmitglieder Beschlüsse auch im schriftlichen Verfahren oder durch fernmündliche Abstimmung fassen.

(7) Über die Sitzungen des Vorstandes ist ein Protokoll zu führen. Das Protokoll enthält Angaben zu Ort, Zeit, Teilnehmern, Beschlussinhalten und Abstimmungsergebnissen. Der Vorsitzende bestimmt jeweils zu Beginn der Sitzung den Protokollführer. Das Protokoll ist durch den Vorsitzenden und den Protokollführer zu unterzeichnen und an die Mitglieder des Vorstandes per E-Mail zu übersenden.

(8) Beschlüsse des Vorstandes können nur innerhalb eines Monats ab Zugang des Protokolls, längstens jedoch innerhalb von sechs Monaten nach der Sitzung, angefochten werden.

§ § 10
Aufgaben der Mitgliederversammlung

(1) Die Aufgaben der Mitgliederversammlung sind:

a) Wahl und Abberufung des Vorstandes;
b) Entgegennahme des Geschäftsberichtes und Entlastung des Vorstandes;
c) Genehmigung des Haushalts- und Mittelverwendungsplans;
d) Ausschließung eines Vereinsmitglieds;
e) Beschlussfassung über Satzungs- und Zweckänderungen;
f) Beschlussfassung über die Auflösung des Vereins;
g) Beschlussfassung über die Benennung und Ersatzbenennung von Schiedsrichtern am Medienschiedsgericht in Leipzig im Sinne von § 11;
h) Beschlussfassung über die Errichtung und das in-Kraft-treten der Schiedsgerichtsordnung des Deutschen Medienschiedsgerichts, die nicht Bestandteil der Satzung ist, und über deren Änderung;
i) Beschlussfassung über eine pauschale, angemessene Aufwandsentschädigung der Mitglieder des Vorstandes;
j) Beschlussfassung über alle sonstigen, der Mitgliederversammlung durch den Vorstand vorgelegten Angelegenheiten.

(2) Die Mitgliederversammlung fasst ihre Beschlüsse mit der einfachen Mehrheit der anwesenden Mitglieder, soweit nicht durch das Gesetz oder diese Satzung eine andere Mehrheit vorgeschrieben ist. Für die Beschlussfassung über die Gegenstände nach Absatz (1) d), e) f), und i) ist eine Dreiviertelmehrheit der anwesenden Mitglieder erforderlich. Für Beschlüsse nach Absatz (1) f) gilt ergänzend § 13 Absatz (1). Beschlüsse über Änderungen der Satzung oder des Zwecks dürfen erst zur Eintragung gebracht werden, nachdem das zuständige Finanzamt die Unbedenklichkeit der Änderung im Hinblick auf die Gemeinnützigkeit des Vereins bestätigt hat.

(3) Mit Einverständnis aller Mitglieder und Mitglieder des Vorstandes ist in besonders begründeten Einzelfällen eine Beschlussfassung auch im schriftlichen Umlaufverfahren oder fernmündlich im Rahmen einer Telefonschaltkonferenz zulässig.

§ 11
Benennung der Schiedsrichter am Medienschiedsgericht

Der Mitgliederversammlung obliegt auf Vorschlag des Vorstands mit einfacher Mehrheit die Benennung und Ersatzbenennung von Schiedsrichtern am Medienschiedsgericht in Leipzig.

§ 12
Mitgliederversammlung

(1) Die ordentliche Mitgliederversammlung findet einmal im Jahr, innerhalb der ersten neun Monate des Geschäftsjahres statt. Die Versammlung wird durch den Vorsitzenden des Vorstandes geleitet. Ist weder der Vorsitzende noch sein Stellvertreter anwesend, bestimmt die Mitgliederversammlung den Versammlungsleiter, der die Aufgaben des Vorsitzenden in der Mitgliederversammlung wahrzunehmen und insbesondere das Protokoll zu unterzeichnen hat.

(2) Außerordentliche Mitgliederversammlungen können vom Vorstand einberufen werden. Sie müssen einberufen werden, wenn es das Vereinsinteresse gebietet oder 1/10 der Mitglieder es unter Angabe des Zwecks und der Gründe vom Vorstand schriftlich verlangen.

(3) Der Vorstand lädt die Mitglieder spätestens zwei Wochen vor dem Versammlungstermin unter Angabe der Tagesordnung, der Tagungszeit und des Tagungsortes ein. Die Einladung erfolgt schriftlich an die jeweils zuletzt mitgeteilte Anschrift des Mitgliedes, mit Zustimmung des jeweiligen Mitglieds kann sie auch per Telefax oder Email erfolgen. Sind alle Mitglieder in der Versammlung anwesend, kann auf die Einhaltung der Formalien der Einladung durch einstimmigen Beschluss der Mitglieder verzichtet werden.

(4) Jedes Mitglied kann schriftlich die Ergänzung der Tagesordnung beim Vorsitzenden beantragen, dieser entscheidet nach pflichtgemäßem Ermessen. Beantragt mindestens ein Viertel der Mitglieder fristgemäß die Ergänzung der Tagesordnung, so muss sie erfolgen. Die Ergänzung muss mindestens sieben Tage vor dem Versammlungstermin beantragt werden (Zugang). Der Vorsitzende teilt die ergänzte Tagesordnung den Mitgliedern in der Form des Absatzes (3) unverzüglich, mindestens drei Tage vor dem Versammlungstermin mit (Zugang). Kann diese Frist nicht mehr eingehalten werden, so ist der Gegenstand auf die Tagesordnung der nächsten Mitgliederversammlung zu nehmen. In besonders eilbedürftigen Angelegenheiten kann ohne Einhaltung dieser Frist über eine einstweilige Regelung des Gegenstandes beschlossen werden, wenn alle anwesenden Mitglieder hiermit einverstanden sind; in diesem Fall ist bei nächster Gelegenheit eine ordentliche Beschlussfassung der Mitgliederversammlung über den Gegenstand herbeizuführen.

(5) Mitglieder oder deren gesetzliche Vertreter können sich im Rahmen der Mitgliederversammlung und Beschlussfassung durch Bevollmächtigte vertreten lassen. Bevollmächtigte können nur Mitglieder des Vereins sein bzw. Personen, die zu Mitgliedern des Vereins in einem Gesellschafts- oder Anstellungsverhältnis stehen oder Personen, die zum Vollmachtgeber in einem Gesellschafts- oder Anstellungsverhältnis stehen. Der Vertreter muss für jede Mitgliederversammlung eine gesonderte und schriftliche Vollmacht vorlegen, die zum Protokoll der Versammlung zu nehmen ist. Ein Mitglied kann zugleich maximal drei weitere Mitglieder vertreten.

(6) Die Mitgliederversammlung ist beschlussfähig, wenn mindestens die Hälfte der Mitglieder anwesend oder vertreten ist. Ist sie nicht beschlussfähig, so ist unter Wahrung aller Formalien eine neue Versammlung innerhalb von einem Monat einzuberufen, die in jedem Fall beschlussfähig ist. Hierauf ist in der Einladung hinzuweisen.

(7) Über die Sitzung der Mitgliederversammlung ist ein Protokoll zu führen. Das Protokoll enthält Angaben zu Ort, Zeit, Teilnehmern, Beschlussinhalten und Abstimmungsergebnissen. Der Vorsitzende bestimmt jeweils zu Beginn der Sitzung den Protokollführer. Das Protokoll ist durch den Vorsitzenden und den Protokollführer zu unterzeichnen.

(8) Beschlüsse der Mitgliederversammlung können nur innerhalb eines Monats ab Zugang des Protokolls, längstens jedoch innerhalb von sechs Monaten nach der Versammlung, angefochten werden.

§ 13
Auflösung des Vereins

(1) Über die Auflösung des Vereins kann nur in einer eigens zu diesem Zweck einberufenen Mitgliederversammlung beschlossen werden. Beschlussfähig ist die Mitgliederversammlung in diesem Fall nur, wenn mindestens zwei Drittel der Mitglieder anwesend sind. Die Regelungen des § 12 Absatz (6) Satz 2 und 3 gelten entsprechend.

(2) Sofern die Mitgliederversammlung nicht anderes beschließt, werden im Falle der Auflösung des Vereins die zu diesem Zeitpunkt amtierenden Vorstandsmitglieder zu gemeinschaftlich vertretungsberechtigten Liquidatoren.

(3) Bei Auflösung oder Aufhebung des Vereins fällt das Vermögen des Vereins an die Medienstiftung der Sparkasse Leipzig, die es unmittelbar und ausschließlich für ihre gemeinnützige Zwecke zu verwenden hat.

§ 14
Übergangsbestimmungen für die Gründung

(1) Abweichend von § 4 Abs. 1 erwerben die Gründungsmitglieder die Mitgliedschaft durch Unterzeichnung der Gründungssatzung in der Gründungsversammlung.

(2) Abweichend von § 8 Abs. 3 S. 1 werden der/die Vorsitzende und die stellvertretenden Vorsitzenden des Vorstands auf der Gründungsversammlung durch die Gründungsmitglieder gewählt.

(3) Der Vorstand ist ermächtigt, vom Registergericht und vom Finanzamt etwa beanstandete Satzungsbestandteile abzuändern, soweit dies zur Erlangung der Rechtsfähigkeit durch Eintragung in das Vereinsregister und zur Erlangung der Gemeinnützigkeit erforderlich ist. Dabei dürfen auch redaktionelle Unstimmigkeiten im Satzungstext behoben werden.

Diese Satzung wurde am 26. August 2016 in Leipzig errichtet.

Literaturverzeichnis

Aaron, Sam, International Arbitration III: Choosing An Arbitration Institution and a Set of Rules, S. African L.J. 1991, 306-324.

Abrahamson, Laura C., Costs, Delay and Transparency – A Comment on Continued Legitimacy Concerns from the User's Perspective, in: Berg, Albert Jan van den (Hrsg.), Arbitration, The Next Fifty Years, Alphen aan den Rijn 2012, 354-360.

Adams, Michael, Ökonomische Analyse des Zivilprozesses, Königstein im Taunus 1981.

Aden, Menno, Die Nichtöffentlichkeit des Schiedsverfahrens – Verstoß gegen prozessuales Grundrecht?, DZWIR 2012, 360-363.

Aden, Menno, Internationale Handelsschiedsgerichtsbarkeit, Kommentar zu den Schiedsverfahrensordnungen ICC, DIS, Wiener Regeln, UNCITRAL, LCIA, 2. Auflage, München 2003.

Aden, Menno, Der Verfahrensverstoß des Schiedsgerichtsinstituts, Überlegungen zur Änderung der ICC-Schiedsgerichtsordnung zum 1.1.1988, RIW 1988, 757-763.

Adolphsen, Jens, Europäisches und internationales Zivilprozessrecht in Patentsachen, 3. Auflage, Köln 2021.

Adolphsen, Jens, Sportschiedsgerichtsbarkeit Anfang 2016, SpuRt 2016, 46-51.

Ahlberg, Hartwig / Götting, Horst-Peter / Lauber-Rönsberg, Anne (Hrsg.), Beck'scher Online-Kommentar Urheberrecht, 31. Auflage, München 2021.

Ahrens, Claus, Gewerblicher Rechtsschutz, Tübingen 2008.

Ahrens, Hans-Jürgen, Die Koordination der Verfahren zur Schutzentziehung und wegen Verletzung von registrierten Rechten des Geistigen Eigentums, GRUR 2009, 196-200.

Akerlof, George A., The Market for "Lemons": Quality Uncertainty and the Market Mechanism, QJE 1970, Vol. 84, 488-500.

Aldrich, Howard E. / Fiol, C. Marlene, Fools Rush in?, The Institutional Context of Industry Creation, AMR 1994, Vol. 19, 645-670.

Alexander-Katz, G., Probleme des Patentnichtigkeitsstreits, GRUR 1956, 292-299.

Ali, Arif Hyder / Wessel, Jane / De Gramont, Alexandre et al., The International Arbitration Rulebook: A Guide to Arbitral Regimes, Den Haag 2019.

Alnaber, Rania, Emergency Arbitration: Mere Innovation or Vast Improvement, Arb. Int. 2019, Vol. 35, 441-472.

Altenkirch, Markus, Die Beendigung des Schiedsrichtervertrags durch den Schiedsrichter, SchiedsVZ 2014, 113-121.

Alvarez, Guillermo Aguilar, The Challenge of Arbitrators, Arb. Int. 1990, Vol. 6, 203-225.

American Arbitration Association, The Code of Ethics for Arbitrators in Commercial Disputes, Effective March 1, 2004, abrufbar unter go.wwu.de/e1tap.

American Arbitration Association / International Centre for Dispute Resolution, 2019 B2B Dispute Resolution, Infographic, abrufbar unter go.wwu.de/yca2f.

Ampatzi, Styliani, Das AGB-Recht in der nationalen und internationalen Schiedsgerichtsbarkeit im unternehmerischen Geschäftsverkehr: Eine Untersuchung im deutschen und griechischen Recht, Baden-Baden 2019.

Ann, Christoph, Die idealistische Wurzel des Schutzes geistiger Leistungen, GRUR Int 2004, 597-603.

Araujo, Nadia de / *Nardi, Marcelo* de, 22ª Sessão Diplomática Da Conferência Da Haia E a Convenção Sobre Sentenças Estrangeiras: Primeiras Reflexões Sobre as Vantagens Para O Brasil Da Sua Adoção, RSTPR 2019, Vol. 7, 198-221.

Archibald, Matthew E., Between Isomorphism and Market Partitioning: How Organizational Competencies and Resources Foster Cultural and Sociopolitical Legitimacy, and Promote Organizational Survival, in: Johnson, Cathryn (Hrsg.), Legitimacy Processes in Organizations, Bingley 2004, 171-211.

Arntz, Thomas, Die missglückte Eskalationsklausel, SchiedsVZ 2014, 237-244.

Arroyo, Diego P. Fernández, Nothing is for Free: The Prices to Pay for Arbitralizing Legal Disputes, in: Cadiet, Loïc / Hess, Burkhard / Isidro, Marta Requejo (Hrsg.), Privatizing Dispute Resolution, Trends and Limits, Baden-Baden 2019, 617-646.

Arroyo, Manuel (Hrsg.), Arbitration in Switzerland, The Practitioner's Guide, 2. Auflage, Alphen aan den Rijn 2018.

Arsic, Jasna, International Commercial Arbitration on the Internet – Has the Future Come Too Early?, J. Int. Arb. 1997, Vol. 14, 209-222.

Artz, Markus / Ball, Wolfgang / Benecke, Martina et al. (Hrsg.), beck-online. GROSSKOMMENTAR BGB, München 2021.

Astakhova, Daria, Russian Arbitration Reform: A Leap into the Unknown?, Kluwer Arbitration Blog v. 14.8.2015, abrufbar unter go.wwu.de/-it1n.

Backsmann, Till Alexander / Fröhlingsdorf, Josef, Innovative Information and Communication Technology as Tools for Cost Efficient and Reasonable Conduct of International Arbitral Proceedings, Cultural Challenges and Conflicts, in: Klausegger, Christian / Klein, Peter et al. (Hrsg.), Austrian Yearbook on International Arbitration 2020, Wien 2020, 419-426.

Bader, Johann / Ronellenfitsch, Michael (Hrsg.), Beck'scher Online-Kommentar VwVfG mit VwVG und VwZG, 52. Auflage, München 2021.

Bagner, Hans, Confidentiality – A Fundamental Principle in International Commercial Arbitration?, J. Int. Arb. 2001, Vol. 18, 243-249.

Baigel, Baruch, The Emergency Arbitrator Procedure under the 2012 ICC Rules: A Juridical Analysis, J. Int. Arb. 2014, Vol. 31, 1-18.

Bain, Joe S., Barriers to New Competition: Their Character and Consequences in Manufacturing Industries, Cambridge, MA 1956.

Bajpai, Ananya / Kala, Shambhavi, Data Protection, Cybersecurity and International Arbitration: Can they Reconcile?, Indian J. Arb. L. 2019, 1-18.

Baker, C. Mark / Greenwood, Lucy, The Regionalisation of International Arbitration: Maintaining Interntational Standards in Appointing Arbitrators, in: Wautelet, Patrick / Kruger, Thalia / Coppens, Govert (Hrsg.), The Practice of Arbitration: Essays in Honour of Hans van Houtte, Oxford 2012, 15-21.

Baldwin, Chales S., Protecting Confidential and Proprietary Commercial Information in International Arbitration, Tex. Int'l L. J. 1996, Vol. 31, 451-494.

Ball, Markham, Just Do It – Drafting the Arbitration Clause in an International Agreement, J. Int. Arb. 1993, Vol. 10, 29-44.

Balthasar, Stephan, International Arbitration in Germany, in: Balthasar, Stephan (Hrsg.), International Commercial Arbitration, A Handbook, 2. Auflage, München 2021, 449-488.

Bälz, Kilian / Stompfe, Philipp, Asymmetrische Streitbeilegungsklauseln in internationalen Wirtschaftsverträgen: Zulässigkeit, Grenzen, Gestaltungsmöglichkeiten, SchiedsVZ 2017, 157-164.

Bandel, Stefan, Einstweiliger Rechtsschutz im Schiedsverfahren: Zulässigkeit und Wirkungen schiedsrichterlicher und gerichtlicher einstweiliger Maßnahmen gemäß den Bestimmungen des SchiedsVfG, München 2000.

Bärmann, Johannes, Schiedsfähigkeit, in: Bökelmann, Erhard / Henckel, Wolfram / Jahr, Günther (Hrsg.), Festschrift für Friedrich Weber zum 70. Geburtstag am 19. Mai 1975, Berlin 1975, 1-22.

Barreto, Ilídio / Baden-Fuller, Charles, To Conform or To Perform? Mimetic Behaviour, Legitimacy-Based Groups and Performance Consequences, J. Manag. Stud. 2006, Vol. 43, 1559-1581.

Bartel, Barry C., Med-Arb as a Distinct Method of Dispute Resolution: History, Analysis, and Potential, Willamette L. Rev. 1991, Vol. 27, 661-692.

Bartels, Axel, Geheimnisverrat des Dissenters im schiedsrichterlichen Verfahren, SchiedsVZ 2014, 133-137.

Baum, Joel A. C. / Oliver, Christine, Institutional Embeddedness and the Dynamics of Organizational Populations, American Sociological Review 1992, Vol. 57, 540-559.

Baum, Joel A. C. / Oliver, Christine, Institutional Linkages and Organizational Mortality, ASQ 1991, Vol. 36, 187-218.

Baumann, Antje / Wagner, Benjamin, Schiedsfähigkeit I, II oder III - Ob Ihr Recht habt oder nicht, sagt Euch der BGH, Zur Schiedsfähigkeit von Beschlussmängelstreitigkeiten in Personengesellschaften, BB 2017, 1993-1997.

Baumann, Thomas, Patentstreitigkeiten vor Schiedsgerichten: Eine rechtsvergleichende Betrachtung ausgewählter Probleme nach deutschem und schweizerischem Recht, Frankfurt am Main 2008.

Baumbach, Adolf / Lauterbach, Wolfgang / Hartmann, Peter et al., Zivilprozessordnung mit GVG und anderen Nebengesetzen, 79. Auflage, München 2021.

Baur, Daniel, Der Filmlizenzvertrag, Baden-Baden 2013.

Beater, Axel, Medienrecht als eigenständiges Rechtsgebiet, JZ 2005, 822-829.

Bechtel, Caroline, Das Deutsche Sportschiedsgericht: Organisation - Verfahren - Entscheidungen, Köln 2019.

Bechtold, Stefan / Frankenreiter, Jens / Klerman, Daniel, Forum Selling Abroad, S. Cal. L. Rev. 2019, Vol. 92, 487-556.

Beitzke, Günther, Zuständigkeitsstreit zwischen staatlichem Gericht und Schiedsgericht, ZZP 1936/37, Vol. 60, 317-333.

Benjamin, Peter, Inter-Institutional Agreements Designed to Extend Existing Facilities for International Commercial Arbitration, Int'l & Comp. L.Q. 1959, Vol. 8, 289-298.

Benkard, Georg (Begr.), Patentgesetz, Gebrauchsmustergesetz, Patentkostengesetz, 11. Auflage, München 2015.

Bennett, Daniel R. / Hodgson, Madeleine A., Confidentiality in Arbitration: A Principled Approach, McGill J. Disp. Resol. 2016-2017, Vol. 3, 98-112.

Benson, Bruce L., To Arbitrate or To Litigate, That Is the Question, EJLE 1999, Vol. 8, 91-151.

Benton, Gary L. / Andersen, Steven K., Technology Arbitration Revisited, Disp. Resol. J. 2020, Vol. 74, 1-26.

Benton, Gary L. / Compton, Chris / Schiefelbein, Les, SVAMC Survey 2017, Cost is the Top Tech Litigation Problem, Survey Shows Arbitration Strongly Preferred for Specialized Expertise, abrufbar unter go.wwu.de/29i-k.

Benz, Stephan, Strengthening Interim Measures in International Arbitration, Geo. J. Int'l L. 2018, Vol. 50, 143-176.

Benzidi, Sarah, Med-Arb: How to Mitigate the Risk of Setting aside or Refusal of Recognition and Enforcement of a Med-Arb Award, Am. J. Mediation 2017, Vol. 10, 1-36.

Berg, Albert Jan van den (Hrsg.), Legitimacy: Myths, Realities, Challenges, New York 2015.

Berg, Albert Jan van den (Hrsg.), International Dispute Resolution, Towards an International Arbitration Culture, Den Haag 1998.

Berg, Albert Jan van den (Hrsg.), Yearbook Commercial Arbitration, 16. Auflage, Den Haag 1991.

Berger, Klaus Peter, Institutional Arbitration, Harmony, Disharmony and the "Party Autonomy Paradox", XI Conferencia Internacional Hugo Grocio de Arbitraje, Madrid 2018.

Berger, Klaus Peter, Private Dispute Resolution in International Business, Negotiation, Mediation, Arbitration, 3. Auflage, Alphen aan den Rijn 2015.

Berger, Klaus Peter, Streitentscheidung durch Schiedsgerichte – Ad Hoc oder Institutionell? Ein Schiedsverfahren als Alternative zum Zivilprozess – nicht nur bei hohen Streitwerten, AnwBl 2009, 771-774.

Berger, Klaus Peter, Die Ergänzenden Regeln für Beschleunigte Verfahren der Deutschen Institution für Schiedsgerichtsbarkeit, SchiedsVZ 2008, 105-110.

Berger, Klaus Peter, Das neue Schiedsverfahrensrecht in der Praxis, RIW 2001, 7-20.

Berger, Klaus Peter, Das neue Recht der Schiedsgerichtsbarkeit: The New German Arbitration Law, Köln 1998.

Berger, Klaus Peter, »Sitz des Schiedsgerichts« oder »Sitz des Schiedsverfahrens«?, RIW 1993, 8-12.

Berger, Klaus Peter, International Economic Arbitration, Deventer 1993.

Berger, Klaus Peter, International Economic Arbitration in Germany: A New Era, Arb. Int. 1992, Vol. 8, 101-120.

Berner, Robert / Grow, Brian, Banks vs. Consumers (Guess Who Wins), Businessweek 2008, 72-79.

Berninger, Anja / Theißen, Christian, Das Deutsche Sportschiedsgericht in Dopingstreitigkeiten, SpuRt 2008, 185-188.

Binder, Peter, International Commercial Arbitration and Conciliation in UNCITRAL Model Law Jurisdictions, 4. Auflage, Alphen aan den Rijn 2019.

Binder, Peter, Analytical Commentary to the UNCITRAL Arbitration Rules, London 2013.

Blandfort, Fabian, Rechtsstaatliche Bindungen der internationalen Sportschiedsgerichtsbarkeit: Das Urteil des EGMR in der Rechtssache Mutu und Pechstein v. Schweiz, SchiedsVZ 2019, 120-126.

Blankley, Kristen M., Keeping a Secret from Yourself? Confidentiality When the Same Neutral Serves Both as Mediator and as Arbitrator in the Same Case, Baylor L.R. 2011, Vol. 63, 317-367.

Bleistein, Romana / Degenhart, Christoph, Sportschiedsgerichtsbarkeit und Verfassungsrecht, NJW 2015, 1353-1357.

Blessing, Marc, Drafting Arbitration Clauses, in: World Intellectual Property Organization (Hrsg.), Worldwide Forum on the Arbitration of Intellectual Property Disputes, Genf 1994, 95-145.

Blessing, Marc (Hrsg.), Objective Arbitrability, Antitrust Disputes, Intellectual Property Disputes, A Collection of Reports and Materials Delivered at the ASA Conference Held in Zurich on 19 November 1993, Basel 1994.

BLP Law, International Arbitration Survey, Party-Appointed Arbitrators, abrufbar unter go.wwu.de/7ss5h.

Böcker, Christian, Das neue Recht der objektiven Schiedsfähigkeit: Deutschland, Österreich, Spanien, Aachen 1998.

Böckstiegel, Karl-Heinz, Schlichten statt Richten, Möglichkeiten und Wege außergerichtlicher Streitbeilegung, DRiZ 1996, 267-273.

Böckstiegel, Karl-Heinz, Public Policy and Arbitrability, in: Sanders, Pieter (Hrsg.), Comparative Arbitration Practice and Public Policy In Arbitration, Deventer 1987, 177-204.

Böckstiegel, Karl-Heinz, The New Arbitration Rules of the International Chamber of Commerce, in: Flume, Werner / Hahn, Hugo J. et al. (Hrsg.), Internationales Recht und Wirtschaftsordnung: Festschrift für F. A. Mann zum 70. Geburtstag am 11. August 1977, München 1977, 575-590.

Bond, Stephen, Expert Report, Arb. Int. 1995, Vol. 11, 273-281.

Bone, Robert G., Civil Procedure: The Economics of Civil Procedure, New York 2003.

Boog, Christopher, Die Durchsetzung einstweiliger Massnahmen in internationalen Schiedsverfahren, Aus schweizerischer Sicht, mit rechtsvergleichenden Aspekten, Zürich 2011.

Boog, Christopher, Swiss Rules of International Arbitration – Time to Introduce an Emergency Arbitrator Procedure?, ASA Bulletin 2010, Vol. 28, 462-477.

Bork, Reinhard, Der Begriff der objektiven Schiedsfähigkeit, (§ 1025 Abs. 1 ZPO), ZZP 1987, Vol. 100, 249-272.

Born, Gary, International Arbitration and Forum Selection Agreements, Drafting and Enforcing, Alphen aan den Rijn 2021.

Born, Gary, International Commercial Arbitration, 3. Auflage, Alphen aan den Rijn 2021.

Born, Gary / Day, Anneliese / Virjee, Hafez, Remote Hearings (2020 Survey): A Spectrum of Preferences, J. Int. Arb. 2021, Vol. 38, 291-308.

Born, Gary / Day, Anneliese / Virjee, Hafez, Empirical Study of Experiences with Remote Hearings, A Survey of Users' Views, in: Scherer, Maxi / Bassiri, Niuscha / Wahab, Mohamed S. Abdel (Hrsg.), International Arbitration and the COVID-19 Revolution, Alphen aan den Rijn 2020, 137-150.

Börner, Achim-Rüdiger / Oehmke, Ralf, Schiedsgerichtsklauseln in fortgeltenden deutsch-deutschen Wirtschaftsverträgen, DB 1993, 2217-2220.

Bornkamm, Joachim, Das Ende der ex-parte-Verfügung auch im Wettbewerbs- und Immaterialgüterrecht, GRUR 2020, 715-724.

Borris, Christian, Gesellschaftsrechtliche Streitigkeiten in der Schiedspraxis, SchiedsVZ 2018, 242-246.

Borris, Christian, Die „Schiedsfähigkeit" von Beschlussmängelstreitigkeiten in der Personengesellschaft, Zum Beschluss des BGH vom 6.4.2017 („Schiedsfähigkeit III"), NZG 2017, 761-767.

Borris, Christian, Die „Ergänzenden Regeln für gesellschaftsrechtliche Streitigkeiten" der DIS („DIS-ERGeS"), SchiedsVZ 2009, 299-311.

Borris, Christian, Abfassung von Schiedsklauseln und Ausgestaltung des Schiedsverfahrens in Streitigkeiten aus gesellschaftsrechtlichen Vertragsverhältnissen, in: Böckstiegel, Karl-Heinz / Berger, Klaus Peter / Bredow, Jens (Hrsg.), Die Beteiligung Dritter an Schiedsverfahren, Köln 2005, 109-129.

Bosch, Wolfgang, Rechtskraft und Rechtshängigkeit im Schiedsverfahren, Tübingen 1991.

Boyd, Stewart, Expert Report, Arb. Int. 1995, Vol. 11, 265-271.

Braitmayer, Sven-Erik, Verfahrensrecht in Patentsachen, 4. Auflage, Köln 2010.

Brandl, Martha, Internationale Schlichtungsverfahren in Wirtschaftsstreitigkeiten: Umsetzung- und Entwicklungsperspektiven für das deutsche Recht nach dem UNCITRAL Modellgesetz (2002), Marburg 2016.

Brandner, Gert / Kläger, Roland, Ein Sieg über (oder für) das System der Sportschiedsgerichtsbarkeit?, SchiedsVZ 2015, 112-119.

Bredow, Jens, Arbitration in Germany: Features of the German Institution of Arbitration, in: Cordero-Moss, Giuditta (Hrsg.), International Commercial Arbitration, Different Forms and their Features, Cambridge 2013, 144-187.

Bredow, Jens / Bühler, Michael, Zur Änderung der Schiedsgerichtsordnung der Internationalen Handelskammer, IPrax 1988, 69-75.

Breidenbach, Stephan / Peres, Holger, Die DIS-Mediationsordnung, SchiedsVZ 2010, 125-130.

Briner, Robert, The Arbitrability of Intellectual Property Disputes With Particular Emphasis on the Situation in Switzerland, in: World Intellectual Property Organization (Hrsg.), Worldwide Forum on the Arbitration of Intellectual Property Disputes, Genf 1994, 55-79.

Brinkmann, Gisbert, Schiedsgerichtsbarkeit und Maßnahmen des einstweiligen Rechtsschutzes, Berlin 1977.

Brown, Alexis C., Presumptions Meets Reality: An Exploration of the Confidentiality Obligation in International Commercial Arbitration, Am. U. Int'l L. R. 2001, Vol. 16, 969-1026.

Brunet, Edward, Questioning the Quality of Alternate Dispute Resolution, Tul. L. Rev. 1987, Vol. 62, 1-56.

Brunk, Axel, Der Sportler und die institutionelle Sportschiedsgerichtsbarkeit: Zur Wirksamkeit erzwungener Schiedsvereinbarungen im Sport und dem Gebot unabhängiger und überparteilicher Rechtspflege am Beispiel des Tribunal Arbitral du Sport (TAS) und des Deutschen Sportschiedsgerichts (DSS), Baden-Baden 2016.

Bruton, Garry D. / Ahlstrom, David / Li, Han-Lin, Institutional Theory and Entrepreneurship: Where Are We Now and Where Do We Need to Move in the Future?, Entrepreneurship Theory and Practice 2010, Vol. 34, 421-440.

Buchwitz, Wolfram, Schiedsverfahrensrecht, Berlin 2019.

Bühler, Michael W., Nochmals: Handelt der Schiedsgerichtshof der IHK bei der Amtsenthebung eines Schiedsrichters als Verwaltungs - oder Rechtsprechungsorgan?, ASA Bulletin 1987, Vol. 5, 142-149.

Bühring-Uhle, Christian / Kirchhoff, Lars / Scherer, Gabriele, Arbitration and Mediation in International Business, 2. Auflage, Alphen aan den Rijn 2006.

Burova, Elena, New Rules of the Game for Arbitral Institutions in Russia: Two Recent Governmental Authorizations, Kluwer Arbitration Blog v. 23.5.2017, abrufbar unter go.wwu.de/zzsc5.

Buys, Cindy G., The Tensions between Confidentiality and Transparency in International Arbitration, Am. Rev. Int. Arb. 2003, Vol. 14, 121-138.

Callies, Gralf-Peter, Reflexive Transnational Law, The Privatisation of Civil Law and the Civilisation of Private Law, ZfRSoz 2002, 185-216.

Carbonneau, Thomas E., The Ballad of Transborder Arbitration, U.Miami L. Rev. 2002, Vol. 56, 773-829.

Carlevaris, Andrea, The Bounds of Party Autonomy in Institutional Arbitration, in: Carlevaris, Andrea / Lévy, Laurent et al. (Hrsg.), International Arbitration under Review: Essays in Honour of John Beechey, Paris 2015, 103-125.

Carlevaris, Andrea, Confidentiality in ICC Arbitration, in: Malatesta, Alberto / Sali, Rinaldo (Hrsg.), The Rise of Transparency in International Arbitration, The Case for the Anonymous Publication of Arbitral Awards, Huntington 2013, 123-136.

Carlevaris, Andrea, The Enforcement of Interim Measures Ordered by International Arbitrators: Different Legislative Approaches and Recent Developments in the Amendment of the Uncitral Model Law, in: Association for International Arbitration (Hrsg.), Interim Measures in International Commercial Arbitration, Antwerpen 2007, 13-26.

Caron, David D. / Caplan, Lee M. (Hrsg.), The UNCITRAL Arbitration Rules: A Commentary, 2. Auflage, Oxford 2012.

Casella, Alessandra, On Market Integration and the Development of Institutions: The Case of International Commercial Arbitration, European Economic Review 1996, Vol. 40, 155-186.

Castello, James E., Arbitral Ex Parte Interim Relief – The View in Favor, Disp. Resol. J. 2003, Vol. 58, 60-69.

Cavalieros, Philippe / Kim, Janet, Emergency Arbitrators Versus the Courts: From Concurrent Jurisdiction to Practical Considerations, J. Int. Arb. 2018, Vol. 35, 275-306.

Celli, Alessandro L. / Benz, Nicola, Arbitration and Intellectual Property, European Business Organization Law Review 2002, Vol. 3, 593-610.

Cepl, Philipp Moritz / Voß, Ulrike (Hrsg.), Prozesskommentar zum gewerblichen Rechtsschutz: ZPO mit spezieller Berücksichtigung des Marken-, Patent-, Gebrauchsmuster-, Design-, Urheber- und Lauterkeitsrechts sowie des UKlaG, 2. Auflage, München 2018.

Chan, Calvin, Of Arbitral Institutions and Provisional Determinations on Jurisdiction: The Global Gold Case, Arb. Int. 2009, Vol. 25, 403-426.

Charles, Philippa, The Proper Law of the Arbitration Agreement, Arbitration 2014, Vol. 80, 55-61.

Charny, David, Nonlegal Sanctions in Commercial Relationships, Harv. L. Rev. 1990, Vol. 104, 373-467.

Chartered Institute of Arbitrators, The Chartered Institute of Arbitrators Code of Professional and Ethical Conduct for Members, (October 2009), abrufbar unter go.wwu.de/3v-uc.

Chawla, Chahat, International Arbitration During COVID-19: A Case Counsel's Perspective, Kluwer Arbitration Blog v. 4.6.2020, abrufbar unter go.wwu.de/hrtcn.

Chen, Sisi, Die Rolle der Schiedsinstitutionen in der internationalen Handelsschiedsgerichtsbarkeit: Eine vergleichende Studie zur Schiedsgerichtsbarkeit in Deutschland und in China, Berlin 2019.

Cheng, Teresa / Li, Justin, Liability of Arbitration Institutions: What does the Future Hold?, in: Hanotiau, Bernard / Mourre, Alexis (Hrsg.), Players' Interaction in International Arbitration, Paris 2012, 113-121.

Cherkeh, Rainer T. / Momsen, Carsten / Orth, Jan F. (Hrsg.), Handbuch Sportstrafrecht, München 2021.

Choi, Stephen J., The Problem with Arbitration Agreements, Vand. J. Transnat'l L. 2003, Vol. 36, 1233-1240.

Christie, Andrew F., Online Dispute Resolution, The Phenomenon of the UDRP, in: Torremans, Paul (Hrsg.), Research Handbook on Cross-border Enforcement of Intellectual Property, Cheltenham 2014, 642-681.

Chrocziel, Peter, Gewerbliche Schutzrechte als Gegenstand eines Schiedsverfahrens, in: Bohlig, Manfred / Brandi-Dohrn, Matthias et al. (Hrsg.), Lohn der Leistung und Rechtssicherheit – Festschrift für Albert Preu zum 70. Geburtstag, München 1988, 177-198.

Chrocziel, Peter / Kasolowsky, Boris / Whitener, Robert et al., International Arbitration of Intellectual Property Disputes: A Practitioner's Guide, München 2017.

Clay, Thomas, L'Arbitre, Paris 2001.

Cohn, E. J., The Rules of Arbitration of the International Chamber of Commerce, ICLQ 1965, Vol. 14, 132-171.

Collins, Michael, Privacy and Confidentiality in Arbitration Proceedings, Arb. Int. 1995, Vol. 11, 321-336.

Cook, Trevor / Garcia, Alejandro I., International Intellectual Property Arbitration, Alphen aan den Rijn 2010.

Cooter, Robert D. / Ulen, Thomas, Law & Economics, 6. Auflage, Boston 2012.

Council of Bars and Law Societies of Europe, Code of Conduct for European Lawyers, abrufbar unter go.wwu.de/pesl-.

Craig, W. Laurence / Park, William W. / Paulsson, Jan, International Chamber of Commerce Arbitration, 3. Auflage, Dobbs Ferry 2000.

Cremades, Bernardo M., Offene Fragen zur Haftung von Schiedsrichtern und Schiedsinstitutionen, in: Glossner, Ottoarndt (Hrsg.), Jahrbuch für die Praxis der Schiedsgerichtsbarkeit, Band 4, Heidelberg 1990, 31-41.

Croft, Clyde / Kee, Christopher / Waincymer, Jeff, A Guide to the UNCITRAL Arbitration Rules, Cambridge 2013.

Crookenden, Simon, Who Should Decide Arbitration Confidentiality Issues?, Arb. Int. 2009, Vol. 25, 603-613.

Dacin, M. Tina, Isomorphism in Context: The Power and Prescription of Institutional Norms, AMJ 1997, Vol. 40, 46-81.

Daly, Brooks William / Goriatcheva, Evgeniya / Meighen, Hugh, A Guide to the PCA Arbitration Rules, Oxford 2016.

Danckwerts, Rolf Nikolas, Örtliche Zuständigkeit bei Urheber-, Marken- und Wettbewerbsverletzungen im Internet, Wider einen ausufernden „fliegenden Gerichtsstand" der bestimmungsgemäßen Verbreitung, GRUR 2007, 104-107.

Darian-Smith, Mark / Ghosh, Varun, The Fruit of the Arbitration Tree: Confidentiality in International Arbitration, Arbitration 2015, Vol. 81, 360-366.

David, René, Arbitration in International Trade, Deventer 1985.

De Werra, Jacques, Arbitrating International Intellectual Property Disputes: Time to Think beyond the Issue of (Non-)Arbitrability, Int'l Bus. L.J. 2012, Vol. 2012, 299-318.

Debevoise & Plimpton, Annotated Model Arbitration Clause for International Contracts, abrufbar unter go.wwu.de/fb75e.

Deephouse, David L., To Be Different, or to Be the Same? It's a Question (And Theory) of Strategic Balance, Strat. Mgmt. J. 1999, Vol. 20, 147-166.

Deephouse, David L., Does Isomorphism Legitimate?, AMJ 1996, Vol. 39, 1024-1039.

Degenhart, Christoph, Chance für Medienbranche, Themen + Frequenzen 03/2016, 24-25.

Deister, Jochen / Degen, Thomas, Darf der Gerichtsstand noch fliegen? – § 32 ZPO und das Internet, NJOZ 2010, 1-6.

Delmar, Frédéric / Shane, Scott, Legitimating First: Organizing Activities And The Survival Of New Ventures, Journal of Business Venturing 2004, Vol. 19, 385-410.

Delvolvé, Jean-Louis / Rouche, Jean / Pointon, Gerald H., French Arbitration Law and Practice: A Dynamic Civil Law Approach to International Arbitration, 2. Auflage, Alphen aan den Rijn 2009.

Dendorfer, Renate / Lack, Jeremy, The Interaction Between Arbitration and Mediation: Vision vs. Reality, SchiedsVZ 2007, 195-205.

Departmental Advisory Committee on Arbitration Law, Report on the Arbitration Bill, Arb. Int. 1997, Vol. 13, 275-316.

Derains, Yves, The View Against Arbitral Ex Parte Interim Relief, Disp. Resol. J. 2003, Vol. 58, 61-63.

Derains, Yves / Schwartz, Eric A., A Guide to the ICC Rules of Arbitration, 2. Auflage, Den Haag 2005.

Dessemontet, Francois, The Specificity of Intellectual Property Arbitration, in: Torremans, Paul (Hrsg.), Research Handbook on Cross-border Enforcement of Intellectual Property, Cheltenham 2014, 607-641.

Deutsche Presse-Agentur, Pressemitteilung v. 17.9.2017, Deutsches Medienschiedsgericht noch ohne Verfahren, abrufbar unter go.wwu.de/hu4xd.

Dezalay, Yves / Garth, Bryant G., Dealing in Virtue: International Commercial Arbitration and the Construction of a Transnational Legal Order, Chicago 1996.

Dezalay, Yves / Garth, Bryant, Fussing about the Forum: Categories and Definitions as Stakes in a Professional Competition, Law & Soc. Inquiry 1996, Vol. 21, 285-312.

Dickler, Jana Felicia, Schiedsgerichtsbarkeit und Reform der EuGVVO: Standort Europa zwischen Stagnation und Fortschritt, Tübingen 2015.

Dilanni, Isaac, The Role of Competition in the Market for Adjudication, Sup. Ct. Econ. Rev. 2010, Vol. 18, 203-232.

DiMaggio, Paul J. / Powell, Walter W., The Iron Cage Revisited: Institutional Isomorphism and Collective Rationality in Organizational Fields, Am. Sociol. Rev. 1983, Vol. 48, 147-160.

Dissmann, Richard, Totgesagte leben länger – wie es mit der Beschlussverfügung weitergehen kann, GRUR 2020, 1152-1162.

Ditchev, Alexandre, Le «Contrat d'arbitrage», Essai Sur Le Contrat Ayant Pour Objet la Mission D'Arbitrer, Rev. Arb. 1981, 395-410.

Dobrev, Stanislav D. / Gotsopoulos, Aleksios, Legitimacy Vacuum, Structural Imprinting, and the First Mover Disadvantage, AMJ 2010, Vol. 53, 1153-1174.

Dolotova, Maria / Gridasov, Alexander, Legal Challenges that the ICC and SIAC May Face in Russia, Kluwer Arbitration Blog v. 11.6.2021, abrufbar unter go.wwu.de/es02g.

Dörr, Dieter / Schwartmann, Rolf, Medienrecht, 6. Auflage, Heidelberg 2019.

Drahozal, Christopher R., Commercial Norms, Commercial Codes, and International Commercial Arbitration, Vand. J. Transnat'l L. 2000, Vol. 33, 79-146.

Dreier, Horst (Hrsg.), Grundgesetz – Kommentar, Band 3, 3. Auflage, Tübingen 2018.

Dreier, Horst (Hrsg.), Grundgesetz – Kommentar, Band 2, 3. Auflage, Tübingen 2015.

Dreier, Thomas / Schulze, Gernot (Hrsg.), Urheberrechtsgesetz, Verwertungsgesellschaftenrecht, Kunsturhebergesetz: Kommentar, 6. Auflage, München 2018.

Dresel, Catharina Antonia, Das Trennungsprinzip im Patentrecht, Frankfurt am Main 2015.

Droulers, Diana C., Institutional Commercial Arbitration from the Inside, in: Hobér, Kaj / Magnusson, Annette / Öhrström, Marie (Hrsg.), Between East and West: Essays in Honour of Ulf Franke, Huntington 2010, 141-147.

Druschel, Johannes / Jauch, Andreas, Der Schutz von Know-how im deutschen Zivilprozess: Der Status quo und die zu erwartenden Änderungen, Teil I: Der derzeitige und zukünftige prozessuale Geheimnisschutz im Know-how-Verletzungsverfahren, BB 2018, 1218-1223.

Dumont, Nicolas M., Happy End für ein Stiefkind? – Regierungsentwurf zur Umsetzung der Know-how-Richtlinie, BB 2018, 2441-2446.

Dundas, Hew R., Confidentiality in Arbitration: The Story Continues – Department of Economic Policy & Development, City of Moscow v (1) Bankers Trust Company and (2) International Industrial Bank, Arbitration 2003, Vol. 69, 296-304.

Dupeyre, Romain, Les Arbitres Et Centres d'Arbitrage Face à Leurs Responsabilites, Le Droit Francais à Son Point d'Équilibre, Rev. Arb. 2014, Vol. 32, 265-285.

Dütz, Wilhelm, Rechtsstaatlicher Gerichtsschutz im Privatrecht: Zum sachlichen Umfang der Zivilgerichtsbarkeit, Bad Homburg vor der Höhe 1970.

Ebbing, Frank, Private Zivilgerichte: Möglichkeiten und Grenzen privater (schiedsgerichtlicher) Zivilrechtsprechung, München 2003.

Eberl, Walter (Hrsg.), Beweis im Schiedsverfahren, Baden-Baden 2015.

Edinger, Thomas, Gerichtsverfahren per Videokonferenz, DRiZ 1996, 290.

Edwards, Amy, Confidentiality in Arbitration: Fact or Fiction?, Int. A.L.R. 2001, 94-95.

Efroni, Zohar, The Anticybersquatting Consumer Protection Act and the Uniform Dispute Resolution Policy: New Opportunities For International Forum Shopping?, Colum. J.L. & Arts 2003, 335-369.

Ehlers, Dirk / Pünder, Hermann (Hrsg.), Allgemeines Verwaltungsrecht mit Online-Zugang zur Jura-Kartei-Datenbank, 15. Auflage, Berlin 2016.

Eichmann, Helmut / Jestaedt, Dirk / Fink, Elisabeth et al., Designgesetz: Gesetz über den rechtlichen Schutz von Design, Gemeinschaftsgeschmacksmusterverordnung; Verordnung (EG) Nr. 6/2002 über das Gemeinschaftsgeschmacksmuster, 6. Auflage, München 2019.

Eidenmüller, Horst, Competition between State Courts and Private Tribunals, in: Schütze, Rolf A. / Klötzel, Thomas R. / Gebauer, Martin (Hrsg.), Usus Atque Scientia: Festschrift für Roderich C. Thümmel zum 65. Geburtstag am 23. Oktober 2020, Berlin 2020, 125-141.

Eidenmüller, Horst, Hybride ADR-Verfahren bei internationalen Wirtschaftskonflikten, RIW 2002, 1-11.

Eidgenössisches Institut für Geistiges Eigentum, Rechtsauskunft, SchPMMBl. 1976, 9-10.

Ekey, Friedrich L. / Bender, Achim / Fuchs-Wissemann, Georg (Hrsg.), Markenrecht: MarkenG, UMV und Markenrecht ausgewählter ausländischer Staaten, 4. Auflage, Heidelberg 2019.

Elrifai, Silke Noa / Hasaan, Amr Arafa / Lozano, Laura, Arbitral Institutions Through the Magnifier: On the Nature of Their Decisions and Exposure to Suit, Cardozo J. Conflict Resol. 2018, Vol. 19, 309-357.

Elsing, Siegfried H., Procedural Efficiency in International Arbitration: Choosing the Best of Both Legal Worlds, SchiedsVZ 2011, 114-123.

Elsing, Siegfried H., Streitverkündung und Schiedsverfahren, SchiedsVZ 2004, 88-94.

Elsing, Siegfried H., Anmerkung zu BGH, Beschl. v. 6.6.2002 – III ZB 44/01, JR 2003, 244-246.

Emmert, Carolin, Gesellschaftsrechtliche Streitigkeiten im institutionellen Schiedsverfahren: Problemstellungen bei der Gestaltung von Schiedsvereinbarungen nach BGH "Schiedsfähigkeit" II im internationalen Kontext und Lösungsmöglichkeiten mit Hilfe institutioneller Schiedsordnungen, Baden-Baden 2020.

Enders, Peter / Börstinghaus, Ulf (Hrsg.), Einstweiliger Rechtsschutz, 3. Auflage, Bonn 2016.

Enzberg, Donata Freiin von / Timmermann, Jade, Hamburg – A German Hotspot for Arbitration, SchiedsVZ 2019, 81-85.

Epping, Manja, Die Schiedsvereinbarung im internationalen privaten Rechtsverkehr nach der Reform des deutschen Schiedsverfahrensrechts, München 1999.

Epping, Volker / Hillgruber, Christian (Hrsg.), Beck'scher Online Kommentar Grundgesetz, 47. Auflage, München 2021.

Erman, Walter (Begr.), Bürgerliches Gesetzbuch: Handkommentar mit AGG, EGBGB (Auszug), ErbbauRG, LPartG, ProdHaftG, VBVG, VersAusglG und WEG, 16. Auflage, Köln 2020.

Erney, Eleanor C., Technological Innovations in The Future of International Considerations for The Use of COVID-Era Arbitration, in: González-Bueno,

Carlos (Hrsg.), 40 under 40, International Arbitration 2021, Madrid 2021, 171-184.

Eslami, Nassim, Die Nichtöffentlichkeit des Schiedsverfahrens, Tübingen 2016.

Falck, Kurt von, Zur Reform der Bestimmungen über Schutzbereich und Verletzung des Patents, Bericht des Unterausschusses "Schutzbereich, Lizenz, Verletzung" des Fachausschusses für Patent- und Gebrauchsmusterrecht der Deutschen Vereinigung für gewerblichen Rechtsschutz und Urheberrecht, GRUR 1971, 541-550.

Falkowski, Jens, Deutschlandfunk vom 20.8.2016, Start des Medienschiedsgerichts - Lieber Schlichtung als Gericht, abrufbar unter go.wwu.de/igvco.

Fechner, Frank, Medienrecht: Lehrbuch des gesamten Medienrechts unter besonderer Berücksichtigung von Presse, Rundfunk und Multimedia, 21. Auflage, Tübingen 2021.

Fehling, Michael / Kastner, Berthold / Störmer, Rainer (Hrsg.), Verwaltungsrecht: VwVfG, VwGO, Nebengesetze – Handkommentar, 5. Auflage, Baden-Baden 2021.

Fesler, Michael, The Extent of Confidentiality in International Commercial Arbitration, Arbitration 2012, Vol. 78, 48-58.

Fezer, Karl-Heinz / Büscher, Wolfgang / Obergfell, Eva Inés (Hrsg.), Lauterkeitsrecht: Kommentar zum Gesetz gegen den unlauteren Wettbewerb (UWG), Band 2, §§ 3a bis 20 UWG, Anhang zu § 3 Abs. 3 UWG, 3. Auflage, München 2016.

Fisher, Franklin M., Diagnosing Monopoly, Q. Rev. Econ. Bus. 1979, Vol. 19, 7-33.

Fisher, Greg, The Complexities of New Venture Legitimacy, Organization Theory 2020, Vol. 1, 1-25.

Fitzner, Uwe / Lutz, Raimund / Bodewig, Theo (Hrsg.), Beck'scher Online-Kommentar Patentrecht, 20. Auflage, München 2021.

Flecke-Giammarco, Gustav / Bücheler, Gebhard / Zahner, Lena, Arbitrating in Uncertain Times – Institutional Responses to COVID-19, SchiedsVZ 2020, 133-138.

Flecke-Giammarco, Gustav / Boog, Christopher / Elsing, Siegfried H. et al. (Hrsg.), The DIS Arbitration Rules – An Article-by-Article Commentary, Alphen aan den Rijn 2020.

Foden, Timothy / Repousis, Odysseas G., Giving Away Home Field Advantage: The Misguided Attack on Confidentiality in International Commercial Arbitration, Arb. Int. 2019, Vol. 35, 401-418.

Forster, Edith / Schwarz, Mathias, Streitschlichtung und Mediation in der Film- und Medienwirtschaft, ZUM 2004, 800-816.

Fortier, L. Yves, The Occasionally Unwarranted Assumption of Confidentiality, Arb. Int. 1999, Vol. 15, 131-139.

Fouchard, Philippe, Relationships between the Arbitrator and the Parties and the Arbitral Institution, ICC Bulletin, Suppl. (The Status of the Arbitrator) 1995, Vol. 6, 12-23.

Fouchard, Philippe, Les Institutions Permanentes D'Arbitrage Devant Le Juge Étatique (A Propos D'Une Jurisprudence Récente), Rev. Arb. 1987, 225-274.

Fouchard, Philippe / Gaillard, Emmanuel / Goldman, Berthold et al., Fouchard, Gaillard, Goldman on International Commercial Arbitration, Den Haag 1999.

Franck, Susan D., The Liability of International Arbitrators: A Comparative Analysis and Proposal for Qualified Immunity, N.Y.L. Sch. J. Int'l & Comp. L. 2000, Vol. 20, 1-59.

Fritze, Ulrich, Zulässigkeit der privaten Schiedsgerichtsbarkeit für Streitigkeiten auf dem Gebiet des geistigen Eigentums, GRUR Int 1992, 218-221.

Frohne, Ronald, Schiedsverfahren nach den AFMA Rules (American Film Market Association), XVIII. Münchner Symposion zum Film- und Medienrecht: Alternative Streitbeilegung in der Film und Medienwirtschaft, ZUM 2004, 793-799.

Froitzheim, Oliver, Die Ablehnung von Schiedsrichtern wegen Befangenheit in der internationalen Schiedsgerichtsbarkeit: Internationale Standards und Kasuistik, Köln 2016.

Frost, Ina Anne, Schiedsgerichtsbarkeit im Bereich des geistigen Eigentums nach deutschem und US-amerikanischem Schiedsrecht, München 2001.

Fuchs, Dominik S., Alternative Dispute Resolution According To The WIPO Uniform Domain Name Dispute Resolution Policy (UDRP), Y.B. Com. Arb. 2010, 305-318.

Fuchs, Felix, Das Haager Übereinkommen vom 2. Juli 2019 über die Anerkennung und Vollstreckung ausländischer Urteile in Zivil- oder Handelssachen, GWR 2019, 395-399.

Fuhlrott, Michael / Hiéramente, Mayeul (Hrsg.), BeckOK GeschGehG, 8. Auflage, München 2021.

Gaier, Reinhard, Ex-parte-Eilmaßnahmen des Schiedsgerichts und das Prozessgrundrecht der Waffengleichheit – Zugleich Besprechung von BVerfG Beschl. v. 3.6.2020 – 1 BvR 1246/20, SchiedsVZ 2021, 7-12.

Gaillard, Emmanuel, Sociology of International Arbitration, Arb. Int. 2015, Vol. 31, 1-17.

Gal, Jens, Die Haftung des Schiedsrichters in der internationalen Handelsschiedsgerichtsbarkeit, Tübingen 2009.

Gaul, Hans Friedhelm, Die Rechtskraft und Aufhebbarkeit des Schiedsspruchs im Verhältnis zur Verbindlichkeit des staatlichen Richterspruchs, in: Berger, Klaus Peter / Ebke, Werner F. et al. (Hrsg.), Festschrift für Otto Sandrock zum 70. Geburtstag, Heidelberg 2000, 285-328.

Geiben, Jörg, Die Privatsphäre und Vertraulichkeit im Schiedsverfahren: Eine rechtsvergleichende Untersuchung des deutschen, englischen und US-amerikanischen Schiedsrechts, Köln 2001.

Geimer, Reinhold, Prozessschiedsspruch wegen (vermeintlicher) Unzuständigkeit des Schiedsgerichts, in: Ebke, Werner F. / Olzen, Dirk / Sandrock, Otto (Hrsg.), Festschrift für Siegfried H. Elsing zum 65. Geburtstag, Frankfurt am Main 2015, 147-151.

Geimer, Reinhold, Beteiligung weiterer Parteien im Schiedsgerichtsverfahren, insbesondere die Drittwiderklage, in: Böckstiegel, Karl-Heinz / Berger, Klaus Peter / Bredow, Jens (Hrsg.), Die Beteiligung Dritter an Schiedsverfahren, Köln 2005, 71-91.

Geimer, Reinhold, Dritte als weitere Parteien im Schiedsverfahren, in: Rasmussen-Bonne, Hans-Eric / Freer, Richard et al. (Hrsg.), Balancing of Interests: Liber Amicorum Peter Hay zum 70. Geburtstag, Frankfurt am Main 2005, 163-180.

Geimer, Reinhold, Schiedsgerichtsbarkeit und Verfassung (aus deutscher Sicht), in: Schlosser, Peter (Hrsg.), Integritätsprobleme im Umfeld der Justiz, Die Organisation der Rechtsberatung; Schiedsgerichtsbarkeit und Verfassungsrecht, Bielefeld 1994, 113-199.

Geisinger, Elliott / Voser, Nathalie (Hrsg.), International Arbitration in Switzerland, A Handbook for Practitioners, 2. Auflage, Alphen aan den Rijn 2013.

Gélinas, Paul-A., Arbitration Clauses: Achieving Effectiveness, in: Berg, Albert Jan van den (Hrsg.), Improving the Efficiency of Arbitration and Awards, 40 Years of Application of the New York Convention, Den Haag 1999, 47-66.

Gerbay, Rémy, The Functions of Arbitral Institutions, Alphen aan den Rijn 2016.

Gerbay, Rémy, Is the End Nigh Again? An Empirical Assessment of the "Judicialization" of International Arbitration, Am. Rev. Int. Arb. 2014, Vol. 25, 223-247.

Gersdorf, Hubertus / Paal, Boris P. (Hrsg.), Beck'scher Online-Kommentar Informations- und Medienrecht, 32. Auflage, München 2021.

Gerstenmaier, Klaus-Albrecht, Die Vollziehbarkeit von Entscheidungen des Eilschiedsrichters, in: Ebke, Werner F. / Olzen, Dirk / Sandrock, Otto (Hrsg.), Festschrift für Siegfried H. Elsing zum 65. Geburtstag, Frankfurt am Main 2015, 153-164.

Ghaffari, A. / Walters, E., The Emergency Arbitrator: The Dawn of a New Age?, Arb. Int. 2014, Vol. 30, 153-168.

Gibson, Christopher, Digital Dispute Resolution, Internet Domain Names and WIPO's Role, CRi 2001, 33-39.

Gielen, Nico, Im Hinterzimmer zur Netzsperre – Die neue Clearingstelle Urheberrecht im Internet (CUII), DFN-Infobrief Recht 7/2021, 7-12.

Gielen, Nico / Wahnschaffe, Christian Johannes, Die virtuelle Verhandlung im Schiedsverfahren, SchiedsVZ 2020, 257-265.

Giessen, Philipp, Der Pre-Arbitral-Referee und der Emergency Arbitrator in der internationalen Schiedsgerichtsbarkeit, Frankfurt am Main 2012.

Gleiss, Alfred / Helm, Horst, Beratungsgeheimnis im Schiedsgerichtsverfahren, MDR 1969, 93-95.

Glunz, Benjamin, Psychologische Effekte beim gerichtlichen Einsatz von Videotechnik: Eine empirische und rechtsvergleichende Untersuchung zum US-amerikanischen, australischen und deutschen Zivilprozess, Tübingen 2012.

Goette, Wulf / Habersack, Mathias (Hrsg.), Münchener Kommentar zum Aktiengesetz, Band 4, §§ 179-277, 5. Auflage, München 2021.

Goksu, Tarkan, Schiedsgerichtlicher Instanzenzug – Welches Verfahren bei Rechtsmitteln an ein Oberschiedsgericht?, SchiedsVZ 2016, 606-628.

Goldmedia / HMS / Wink, Rüdiger, Monitoringbericht, Kultur- und Kreativ-Wirtschaft 2020, Langfassung, 13. Nov. 2020, abrufbar unter go.wwu.de/lo-8b.

Götting, Horst-Peter, Persönlichkeitsrechte als Vermögensrechte, Tübingen 1995.

Götting, Horst-Peter / Nordemann, Axel (Hrsg.), UWG: Handkommentar, 3. Auflage, Baden-Baden 2016.

Gottwald, Peter, Mediation und gerichtlicher Vergleich: Unterschiede und Gemeinsamkeiten, in: Lüke, Gerhard / Mikami, Takehiko / Prütting, Hanns (Hrsg.), Festschrift für Akira Ishikawa zum 70. Geburtstag am 27. November 2001, Berlin 2001, 137-155.

Gottwald, Peter / Adolphsen, Jens, Das neue deutsche Schiedsverfahrensrecht, DStR 1998, 1017-1025.

Götz, Andreas, Der Schiedsrichter zwischen Dienstleistungserbringung und Richtertätigkeit – Zum sogenannten Spruchrichterprivileg im System der Schiedsrichterhaftung, SchiedsVZ 2012, 311-317.

Göz, Philipp / Peitsmeyer, Philip, Schiedsverfahren bei Beschlussmängelstreitigkeiten in Personengesellschaften, SchiedsVZ 2018, 7-14.

Grabrucker, Marianne, Gründungschronik des Bundespatentgerichts, in: Bender, Achim / Schülke, Klaus / Winterfeldt, Volker (Hrsg.), 50 Jahre Bundespatentgericht: Festschrift zum 50-jährigen Bestehen des Bundespatentgerichts am 1. Juli 2011, Köln 2011, 35-54.

Grantham, William, The Arbitrability of International Intellectual Property Disputes, Berkeley Journal of International Law 1996, Vol. 14, 173-221.

Gremminger, Nicolas, Die Haftung von Schiedsorganisationen, Berlin 2018.

Grierson, Jacob / Hooft, Anne van, Arbitrating Under the 2012 ICC Rules: An Introductory User's Guide, Alphen aan den Rijn 2012.

Grimberg, Steffen, taz v. 23.7.2021, Streits zwischen Rundfunk und Presse: Wie Medien sich k.o.-regulieren, abrufbar unter go.wwu.de/04y3u.

Griss, Irmgard, Streitbeilegung durch Schlichtung, in: Fitz, Hanns / Kalss, Susanne et al. (Hrsg.), Festschrift für Hellwig Torggler, Wien 2013, 359-372.

Gruber, Joachim, Die bundesdeutschen Gerichte und der internationale Wirtschaftsverkehr, ZRP 1990, 172-173.

Grupp, Thomas M., Entwicklungen im Umfeld einer Rechts- und Gerichtsstandswahl in Zeiten von Brexit, EuZW 2017, 974-980.

Gu, Weixia, Confidentiality Revisited: Blessing or Curse in International Commercial Arbitration?, Am. Rev. Int. Arb. 2005, Vol. 15, 607-637.

Günther, Klaus, Einschränkungen der Erhebung von Dokumentenbeweisen aufgrund von Vertraulichkeit und Geschäftsgeheimnissen, in: Berger, Klaus Peter / Ebke, Werner F. et al. (Hrsg.), Festschrift für Otto Sandrock zum 70. Geburtstag, Heidelberg 2000, 341-356.

Günther, Philipp Helmut / Beyerlein, Thorsten, DesignG: Designgesetz, 3. Auflage, Frankfurt am Main 2015.

Gurry, Francis, The Dispute Resolution Services of the World Intellectual Property Organization, Journal of International Economic Law 1999, 385-398.

Gurry, Francis, Introduction, Am. Rev. Int. Arb. 1994, Vol. 5, 1-5.

Gurry, Francis, Objective Arbitrability – Antitrust Disputes – Intellectual Property Disputes, in: Blessing, Marc (Hrsg.), Objective Arbitrability, Antitrust Disputes, Intellectual Property Disputes, A Collection of Reports and Materials Delivered at the ASA Conference Held in Zurich on 19 November 1993, Basel 1994, 110-120.

Gurry, Francis, The WIPO Arbitration Center and Its Services, in: World Intellectual Property Organization (Hrsg.), Worldwide Forum on the Arbitration of Intellectual Property Disputes, Genf 1994, 323-329.

Gusy, Martin F. / Hosking, James Milton, Guide to the ICDR International Arbitration Rules, 2. Auflage, Oxford 2019.

Haas, Ulrich, Der Court of Arbitration for Sport im Spiegel der deutschen Rechtsprechung, ZVglRWiss 2015, Vol. 114, 516-544.

Haas, Ulrich, Vertraulichkeit im Zusammenhang mit Schiedsverfahren, in: Geimer, Reinhold / Schütze, Rolf A. (Hrsg.), Recht ohne Grenzen: Festschrift für Athanassios Kaissis zum 65. Geburtstag, München 2012, 315-331.

Habscheid, Walther J., Zur Gerichtsqualität der internationalen Schiedsgerichtshöfe, JZ 1995, 188-189.

Habscheid, Walther J., Internationale Schiedsgerichtsbarkeit und Privatautonomie, Zum Schicksal der Aussenhandelsarbitrageklauseln nach dem Zusammenbruch der sozialistischen Staatenwelt, in: Meier, Isaak / Riemer, Hans Michael / Weimar, Peter (Hrsg.), Recht und Rechtsdurchsetzung: Festschrift für Hans Ulrich Walder zum 65. Geburtstag, Zürich 1994, 323-333.

Habscheid, Walther J., Zur Frage der Kompetenz-Kompetenz der Schiedsgerichte, in: Grunsky, Wolfgang / Stürner, Rolf et al. (Hrsg.), Festschrift für Fritz Baur, Tübingen 1981, 425-443.

Habscheid, Walther J. / Habscheid, Edgar, Wegfall einer internationalen Schiedsinstitution, Schiedsvertrag und Schiedsrichtervertrag, JZ 1994, 945-953.

Habscheid, Walther J. / Habscheid, Edgar, The End of East-West Commercial Arbitration – Arbitration between the Former Two Germanies, Arb. Int. 1993, Vol. 9, 203-218.

Habscheid, Walther J. / Habscheid, Edgar, Ende der West-Ost-Handelsschiedsgerichtsbarkeit? Insbesondere zur deutsch-deutschen Schiedsgerichtsbarkeit, DtZ 1992, 370-375.

Habscheid, Walther J. / Calavros, Constantin, Aus der höchstrichterlichen Rechtsprechung zur Schiedsgerichtsbarkeit, KTS 1979, 1-12.

Hacking, David, A New Competition, Rivals for Centres of Arbitration, Arbitration 1979, 166-179.

Haft, Fritjof / Schlieffen, Katharina von (Hrsg.), Handbuch Mediation, 3. Auflage, München 2016.

Halket, Thomas D. (Hrsg.), Arbitration of International Intellectual Property Disputes, 2. Auflage, New York 2021.

Haller, Heiko, Vorlagepflicht von Schiedsrichterakten im staatlichen Überprüfungsverfahren, SchiedsVZ 2011, 179-183.

Hamann, Hartmut / Lennarz, Thomas, Schiedsverfahren oder staatliche Gerichtsverfahren – Was ist besser?, JA 2012, 801-808.

Hammer, Gottfried, Überprüfung von Schiedsverfahren durch staatliche Gerichte in Deutschland, München 2018.

Hancock, Tila Maria de, The ICC Court of Arbitration: The Institution and its Procedures, J. Int. Arb. 1984, Vol. 1, 21-38.

Hannan, Michael T. / Freeman, John, Organizational Ecology, Cambridge, MA 1989.

Hantke, Dietmar, Die Bildung des Schiedsgerichts, SchiedsVZ 2003, 269-273.

Harbst, Ragnar, Die Rolle der staatlichen Gerichte im Schiedsverfahren: Ein Rechtsvergleich zwischen dem englischen Arbitration Act 1996 und deutschem Schiedsverfahrensrecht, Heidelberg 2002.

Harte-Bavendamm, Henning / Henning-Bodewig, Frauke (Hrsg.), Gesetz gegen den unlauteren Wettbewerb (UWG) mit Preisangabenverordnung: Kommentar, 4. Auflage, München 2016.

Harte-Bavendamm, Henning / Ohly, Ansgar / Kalbfus, Björn, GeschGehG, Gesetz zum Schutz von Geschäftsgeheimnissen, München 2020.

Haubner, Nadine, Patentstreitigkeiten und Schiedsgerichtsbarkeit, InTeR 2014, 239-246.

Haueisen, Fritz, Die Entscheidung verwaltungsrechtlicher Streitigkeiten durch Schiedsgerichte, NJW 1962, 2129-2132.

Hautot, Isabelle, Les Pouvoirs de la Cour d'Arbitrage de la C.C.I. De Décider Ou Non d'Organiser L'Arbitrage, ASA Bulletin 1990, Vol. 8, 12-31.

Haveman, Heather A., Follow the Leader: Mimetic Isomorphism and Entry Into New Markets, ASQ 1993, Vol. 38, 593-627.

Heermann, Peter W., Einführung einer gesetzlich vorgeschriebenen Sportschiedsgerichtsbarkeit durch die Hintertür?, SpuRt 2015, 4-10.

Heermann, Peter W., Zukunft der Sportschiedsgerichtsbarkeit sowie entsprechender Schiedsvereinbarungen im Lichte des Pechstein-Verfahrens sowie des § 11 RegE-AntiDopG, SchiedsVZ 2015, 78-88.

Heermann, Peter W. / Schlingloff, Jochen (Hrsg.), Münchener Kommentar zum Lauterkeitsrecht, Band 2, §§ 5-20 UWG, 2. Auflage, München 2014.

Heidel, Thomas (Hrsg.), Aktienrecht und Kapitalmarktrecht, 5. Auflage, Baden-Baden 2020.

Heinrich, Andreas, Schiedsfähigkeit III – Richtungswechsel des BGH bei Beschlussmängelstreitigkeiten in Personengesellschaften, ZIP 2018, 411-415.

Heinz, Volker G. / Mariott, Arthur L., Arbitral Institutions in Germany: The Schiedsgericht Berlin, Int'l Bus. Law. 1992, Vol. 20, 209-211.

Heinze, Christian A., Einstweiliger Rechtsschutz im europäischen Immaterialgüterrecht, Tübingen 2007.

Hennerkes, Brun-Hagen / Schiffer, K. Jan, Schiedsgerichtsbarkeit und mittelständische Unternehmen, BB 1992, 1439-1444.

Henriques, Duarte Gorjão, The Role of Good Faith in Arbitration: Are Arbitrators and Arbitral Institutions Bound to Act in Good Faith?, ASA Bulletin 2015, Vol. 33, 514-532.

Henssler, Martin / Strohn, Lutz (Hrsg.), Gesellschaftsrecht, BGB, HGB, PartGG, GmbHG, AktG, GenG, UmwG, InsO, AnfG, IntGesR, 5. Auflage, München 2021.

Hentsch, Christian-Henner, Selbstregulierung als Win-Win-Lösung: Die neue Clearingstelle Urheberrecht im Internet, MMR-Aktuell 2021, 438500.

Henze, Hartwig, Schiedsfähigkeit von Gesellschafterbeschlüssen im GmbH-Recht, ZGR 1988, 542-557.

Herbst, Gerhard, Das Bundespatentgericht als Gericht der ordentlichen Gerichtsbarkeit, in: Bundespatentgericht (Hrsg.), Festschrift – 25 Jahre Bundespatentgericht, Köln 1986, 47-62.

Herdzina, Klaus / Seiter, Stephan, Einführung in die Mikroökonomik, 12. Auflage, München 2015.

Hermanns, Ferdinand, Zur Frage der Verletzung des rechtlichen Gehörs im schiedsgerichtlichen Verfahren, IPrax 1987, 353-356.

Herrington, David H. / O'Dell, Zachary S. / Mgaloblishvili, Leila, Why Arbitrate International IP Disputes?, in: Pierce, John V. / Gunter, Pierre-Yves (Hrsg.), The Guide to IP Arbitration, London 2020, 7-24.

Herrmann, Gerold, Conciliation as a New Method of Dispute Settlement, in: Sanders, Pieter (Hrsg.), New Trends in the Development of International Commercial Arbitration and the Role of Arbitral and Other Institutions, Deventer 1983, 145-165.

Herrmann, Gerold, Commentary on the UNCITRAL Conciliation Rules, in: Sanders, Pieter (Hrsg.), Yearbook Commercial Arbitration, 2. Auflage, Alphen aan den Rijn 1977, 170-190.

Hess, Burkhard, Privatizing Dispute Resolution and its Limits, in: Cadiet, Loïc / Hess, Burkhard / Isidro, Marta Requejo (Hrsg.), Privatizing Dispute Resolution, Trends and Limits, Baden-Baden 2019, 17-46.

Hesse, Hans Gerd, Die Einrede der völligen Vorwegnahme, GRUR 1968, 287-292.

Hilgard, Mark C., Zur Ablehnung eines Richters im Schiedsverfahren, BB 2015, 456-462.

Hilger, Norbert, Zur Geltung des beschränkten Untersuchungsgrundsatzes im neuen Schiedsverfahrensrecht, BB 2000, 2-7.

Hill, Richard, On-line Arbitration: Issues and Solutions, Arb. Int. 1999, Vol. 15, 199-207.

Hill, Richard, The Internet, Electronic Commerce and Dispute Resolution: Comments, J. Int. Arb. 1997, 103-110.

Hippel, Thomas von, Nonprofit Organizations in Germany, in: Hopt, Klaus J. / Hippel, Thomas von (Hrsg.), Comparative Corporate Governance of Non-Profit Organizations, Cambridge 2010, 197-227.

Hobeck, Paul / Weyhreter, Matthias, Anordnung von vorläufigen oder sichernden Maßnahmen durch Schiedsgerichte in ex-parte-Verfahren, SchiedsVZ 2005, 238-241.

Hobeck, Paul / Stubbe, Christian, Genese einer Schiedsklausel, SchiedsVZ 2003, 15-23.

Hobér, Kaj, Interim Measures by Arbitrators, in: Berg, Albert Jan van den (Hrsg.), International Arbitration 2006, Back to Basics?, Alphen aan den Rijn 2007, 721-750.

Hochbaum, Johann-Friedrich, Mißglückte internationale Schiedsvereinbarungen: Zweckverfehlung bei internationalen Schiedsvereinbarungen nach deutschem Recht, Heidelberg 1995.

Hoellering, Michael F., Managing International Commercial Arbitration – The Institution's Role, Disp. Resol. J. 1994, 12-18.

Hoeren, Thomas, Internetrecht: Ein Grundriss, 3. Auflage, Berlin 2018.

Hoeren, Thomas / Münker, Reiner, Geheimhaltungsvereinbarung: Rechtsnatur und Vertragsprobleme im IT-Sektor, MMR 2021, 523-527.

Hoeren, Thomas / Münker, Reiner (Hrsg.), GeschGehG, Gesetz zum Schutz von Geschäftsgeheimnissen, Berlin 2021.

Hoeren, Thomas / Prinz, Matthias, Abschaffung des fliegenden Gerichtsstands?, ZRP 2009, 223.

Hofbauer, Simone / Burkart, Michael / Bander, Lara et al., Survey on Scrutiny of Arbitral Institutions, in: Habegger, Philipp / Hochstrasser, Daniel et al. (Hrsg.), Arbitral Institutions under Scrutiny, Huntington 2013, 1-35.

Hoffet, Franz, Rechtliche Beziehungen zwischen Schiedsrichtern und Parteien, Zürich 1991.

Hoffman, Peter M. / Gendron, Lindsee, Judicial Review of Arbitration Awards after Cable Connection: Towards a Due Process Model, UCLA Ent. L. Rev. 2010, Vol. 17, 1-38.

Hoffmann, Bernd von, Der internationale Schiedsrichtervertrag – eine kollisionsrechtliche Skizze, in: Plantey, Alain / Böckstiegel, Karl-Heinz / Bredow, Jens (Hrsg.), Festschrift für Ottoarndt Glossner zum 70. Geburtstag, Heidelberg 1994, 143-153.

Hoffmann, Hermann, Von „Law – Made in Germany" zu „Commercial Litigation in Germany", IWRZ 2018, 58-62.

Hofmann, Karsten, Zur Notwendigkeit eines institutionellen Sportschiedsgerichts in Deutschland: Eine Untersuchung der nationalen Sportgerichtsbarkeit unter besonderer Beachtung der §§ 1025 ff. ZPO, Hamburg 2009.

Holder, Daniel, Vertraulichkeit im Schiedsverfahren nach deutschem Recht: Unter Berücksichtigung der Rechtslage in England, Australien, Schweden und Neuseeland, Frankfurt am Main 2009.

Hölters, Wolfgang (Hrsg.), Aktiengesetz: Kommentar, 3. Auflage, München 2017.

Holtzmann, Howard M. / Neuhaus, Joseph E. / Kristjánsdóttir, Edda et al., A Guide to the 2006 Amendments to the UNCITRAL Model Law on International Commercial Arbitration: Legislative History and Commentary, Alphen aan den Rijn 2015.

Holzberger, Annekathrin, Die materiellrechtliche und kollisionsrechtliche Einordnung des Schiedsrichtervertrages, Frankfurt am Main 2015.

Holzner, Nelson, Die objektive Schiedsfähigkeit von Immaterialgüterrechtsstreitigkeiten, Baden-Baden 2001.

Homfeldt, Arne, Die Beachtung der Rechtskraft im Zivilprozess von Amts wegen, Frankfurt am Main 2001.

Honcharenko, Kateryna, Insight Panel: Remote Proceedings during the COVID-19 Lockdown, The Resolver 2020, 15-18.

Hong Kong International Arbitration Centre, Annual Report, 2019 Reflections, abrufbar unter go.wwu.de/67gh2.

Hooft, Annet von, Arbitration and Intellectual Property, in: Meulemeester, Dirk de / Berlingin, Maxime / Kohl, Benoît (Hrsg.), Liber Amicorum – 50 Years of Solutions, CEPANI 1969-2019, Mechelen 2019, 301-313.

Hoppe, Daniel / Oldekop, Axel (Hrsg.), Geschäftsgeheimnisse, Schutz von Know-how und Geschäftsinformationen: Praktikerhandbuch mit Mustern, Köln 2021.

Horlach, Christin, Rechtsbehelfe gegen Unzuständigkeitsentscheidungen von Schiedsinstitutionen: Unter Berücksichtigung von Unzuständigkeitsentscheidungen von Schiedsgerichten, Rostock 2013.

Horn, Jakob, Der Emergency Arbitrator und die ZPO, Tübingen 2019.

Horn, Simon, Der Eilschiedsrichter im institutionellen Schiedsverfahren, SchiedsVZ 2016, 22-30.

Horn, Wieland, Die Zuständigkeiten der Markenbehörden und die Bindung an ihre Entscheidungen im ausländischen Recht, Ein Beitrag zur großen Warenzeichenrechtsreform, GRUR Int 1969, 384-393.

Hörnle, Julia, Cross-border Internet Dispute Resolution, Cambridge 2009.

Horvath, Günther J., The Judicialization of International Arbitration, Does the Increasing Introduction of Litigation-Style Practices, Regulations, Norms and Structures into International Arbitration Risk a Denial of Justice in International Business Disputes?, in: Kröll, Stefan Michael / Mistelis, Loukas et al. (Hrsg.), Liber Amicorum Eric Bergsten: International Arbitration and International Commercial Law – Synergy, Convergence and Evolution, New York 2011, 251-271.

Horvath, Günther J., Schiedsgerichtsbarkeit und Mediation - Ein glückliches Paar?, SchiedsVZ 2005, 292-302.

Höttler, Philipp, Das fingierte Schiedsverfahren: Schiedsgerichtsbarkeit zwischen Autonomisierung und Missbrauch, Köln 2007.

Houtte, Hans van, Ten Reasons Against a Proposal for Ex Parte Interim Measures of Protection in Arbitration, Arb. Int. 2004, Vol. 20, 85-95.

Houtte, Hans van / McAsey, Bridie, The Liability of Arbitrators and Arbitral Institutions, in: Habegger, Philipp / Hochstrasser, Daniel et al. (Hrsg.), Arbitral Institutions under Scrutiny, Huntington 2013, 133-169.

Hüffer, Uwe / Koch, Jens, Aktiengesetz, 15. Auflage, München 2021.

Hunter, Martin / Peres, Renan Frediani Torres, Interim Measures in International Commercial Arbitration, in: Ziadé, Nassib G. (Hrsg.), Liber Amicorum Samir Saleh: Reflections on Dispute Resolution with Particular Emphasis on the Arab World, Alphen aan den Rijn 2020, 69-88.

Hwang, M., Commercial Courts and International Arbitration – Competitors or Partners?, Arb. Int. 2015, Vol. 31, 193-212.

Hwang, Michael / Thio, Nicholas, A Contextual Approach to the Obligation of Confidentiality in Arbitration in Singapore: An Analysis of the Decision of the Singapore High Court in AAT and Others v. AAZ, Arb. Int. 2012, Vol. 28, 225-242.

Hwang, Michael / Thio, Nicholas, A Proposed Model Procedural Order on Confidentiality in International Arbitration: A Comprehensive and Self-Governing Code, J. Int. Arb. 2012, Vol. 29, 137-169.

Hwang, Michael / Chung, Katie, Defining the Indefinable: Practical Problems of Confidentiality in Arbitration, J. Int. Arb. 2009, Vol. 26, 609-645.

ICC Commission on International Arbitration, Final Report in Intellectual Property Disputes and Arbitration, ICC Bulletin 1998, Vol. 9, 37-73.

Inderkum, Hans-Heinrich, Der Schiedsrichtervertrag nach dem Recht der nicht internationalen Schiedsgerichtsbarkeit der Schweiz unter Mitberücksichtigung der Schiedsordnung des IPRG, Altdorf 1989.

Ingerl, Reinhard / Rohnke, Christian, Markengesetz: Gesetz über den Schutz von Marken und sonstigen Kennzeichen, 3. Auflage, München 2010.

International Bar Association, Guidelines for Drafting International Arbitration Clauses, abrufbar unter go.wwu.de/fvr6u.

International Bar Association, Rules of Ethics for International Arbitrators, 1987, abrufbar unter go.wwu.de/l-r7a.

International Chamber of Commerce, ICC Dispute Resolution: 2019 Statistics, abrufbar unter go.wwu.de/-0kdl.

Jahnke, Hans-Peter, Die verfassungsrechtlichen Rahmenbedingungen der Schiedsgerichtsbarkeit, Baden-Baden 2019.

Jarass, Hans D. / Pieroth, Bodo (Begr.), Grundgesetz für die Bundesrepublik Deutschland: Kommentar, 16. Auflage, München 2020.

Jarrosson, Charles, Le Statut Juridique de l'Arbitrage Administré, Rev. Arb. 2016, 445-470.

Jarrosson, Charles, L'Instance Arbitrale: Le Rôle Respectif de L'Institution, de l'Arbitre Et Des Parties Dans L'Instance Arbitrale, Rev. Arb. 1990, Vol. 1990, 381-394.

Jarvin, Sigvard Hakan Ludvig, What Has Become of Our Anticipations about Arbitration Three Decades Ago? Reflections on Experience, Expectations and Evolution in International Commercial Arbitration, in: Ziadé, Nassib G. (Hrsg.), Liber Amicorum Samir Saleh: Reflections on Dispute Resolution with Particular Emphasis on the Arab World, Alphen aan den Rijn 2020, 115-132.

Jarvin, Sigvard Hakan Ludvig, Handelt der Schiedsgerichtshof der IHK bei der Amtsenthebung eines Schiedsrichters als Verwaltungs - oder Rechtsprechungsorgan?, ASA Bulletin 1986, Vol. 4, 243-248.

Jensen, J. Ole, Tribunal Secretaries in International Arbitration, Oxford 2019.

Jeong-Ha, Sunju, Einstweilige Maßnahmen in der Schiedsgerichtsbarkeit, Köln 1991.

Jestaedt, Bernhard, Patentschutz und öffentliches Interesse, in: Loewenheim, Ulrich / Raiser, Thomas (Hrsg.), Festschrift für Fritz Traub zum 65. Geburtstag, Frankfurt am Main 1994, 141-152.

Jobst, Simon, Das gesellschaftsrechtliche Schiedsverfahren zwischen Privatautonomie und Verfahrensgarantien: Ein deutsch-italienischer Rechtsvergleich über Beschlussmängelstreitigkeiten vor Schiedsgerichten, Tübingen 2020.

John, Nicolas / Wellmann, Maximilian, Data Security Management and Data Protection for Video Conferencing Software, Int. Cybersecur. Law Rev. 2020, Vol. 1, 39-50.

Johnson, Cathryn, Introduction: Legtimacy Processes in Organizations, in: Johnson, Cathryn (Hrsg.), Legitimacy Processes in Organizations, Bingley 2004, 1-24.

Junker, Markus / Beckmann, Roland Michael / Rüßmann, Helmut (Hrsg.), Juris Praxiskommentar BGB, Band 2 – Schuldrecht, 9. Auflage, Saarbrücken 2020.

Jürgens, Uwe, Abgestürzte Gerichtsstände – Der fliegende Gerichtsstand im Presserecht, NJW 2014, 3061-3067.

Kadioglu, Cemre / Habib, Sadaff, Virtual Hearings to the Rescue: Let's Pause for the Seat?, Kluwer Arbitration Blog v. 13.7.2020, abrufbar unter go.wwu.de/3dlt7.

Kahlert, Heiner, Vertraulichkeit im Schiedsverfahren: Eine Untersuchung nach deutschem Recht mit internationalen Bezügen, Tübingen 2015.

Kalbfus, Björn, Rechtsdurchsetzung bei Geheimnisverletzungen – Welchen prozessualen Schutz gewährt das Geschäftsgeheimnisgesetz dem Kläger?, WRP 2019, 692-699.

Kalra, Vinod, New Trends in the Development of International Commercial Arbitration and the Role of Arbitral and Other Institutions, in: Sanders, Pieter (Hrsg.), New Trends in the Development of International Commercial Arbitration and the Role of Arbitral and Other Institutions, Deventer 1983, 82-85.

Kaneko, Daniel Kenji, EU-Einheitspatent und Schiedsverfahren: Zugleich ein Beitrag zur objektiven Schiedsfähigkeit der Patentnichtigkeitsklage, Baden-Baden 2018.

Kaplan, Neil, Interim Measures – A Practical Experience, in: Berg, Albert Jan van den (Hrsg.), International Arbitration 2006, Back to Basics?, Alphen aan den Rijn 2007, 768-775.

Karlsson, Tomas / Middleton, Karen Williams, Strategies for Creating New Venture Legitimacy, Industry and Higher Education 2015, Vol. 29, 469-479.

Karrer, Pierre A., Interim Measures Issued by Arbitral Tribunals and the Courts: Less Theory, Please, in: Berg, Albert Jan van den (Hrsg.), International Arbitration and National Courts, The Never Ending Story, Alphen aan den Rijn 2001, 97-110.

Karton, Joshua, The Culture of International Arbitration and the Evolution of Contract Law, Oxford 2013.

Kassis, Antoine, The Questionable Validity of Arbitration and Awards under the Rules of the International Chamber of Commerce, J. Int. Arb. 1989, Vol. 6, 79-100.

Kaufmann-Kohler, Gabrielle / Schultz, Thomas, Jusletter v. 5.12.2005, The Use of Information Technology in Arbitration, abrufbar unter go.wwu.de/t1v7o.

Keber, Tobias, Netzsperren und die neue Clearingstelle Urheberrecht im Internet (CUII) – eine kritische Bestandsaufnahme aus Sicht der Internetnutzer:innen, CR 2021, 391-397.

Kemper, Manfred, Das auf Außenhandelsverträge mit Partnern aus RGW-Ländern anwendbare Recht, Allgemeine Bedingungen des RGW und Schiedsgerichtsbarkeit, WiR 1991, Vol. 6, 181-185.

Keukenschrijver, Alfred, Patentnichtigkeitsverfahren, 7. Auflage, Köln 2021.

Keussen, Christof, Der Amtsermittlungsgrundsatz im Patentnichtigkeitsverfahren - zeitgemäß oder ein Relikt?, in: Bender, Achim / Schülke, Klaus / Winterfeldt, Volker (Hrsg.), 50 Jahre Bundespatentgericht: Festschrift zum 50-jährigen Bestehen des Bundespatentgerichts am 1. Juli 2011, Köln 2011, 331-342.

Kim, Kap-You / Satish, Bhushan, Emergency Arbitrator Proceedings: Where Are We Now Legal Criteria for Granting Relief in and Where Do We Go from Here?, in: Kaplan, Neil / Moser, Michael J. (Hrsg.), Jurisdiction, Admissibility and Choice of Law in International Arbitration: Liber Amicorum Michael Pryles, Alphen aan den Rijn 2018, 175-192.

Kindler, Peter, Beurkundungsbedürftigkeit von Schiedsgerichtsordnungen beim GmbH-Beteiligungskauf, NZG 2014, 961-967.

Kiontke, Andreas, Die Bindung des Verletzungsgerichts an die Markeneintragung: Kritische Betrachtung eines Grundgedankens des deutschen Markenrechts, Jena 2013.

Kirchgässner, Gebhard, Homo Oeconomicus: The Economic Model Of Behaviour And Its Applications In Economics And Other Social Sciences, New York 2008.

Kirchhof, Paul, Transparenz des öffentlich-rechtlichen Rundfunks, Baden-Baden 2017.

Kirchner, Jörg, Schiedsgerichtsbarkeit in Berlin – zum Begriff des "Wegfalls" eines ständigen Schiedsgerichts gem. § 1033 Nr. 1 ZPO, DtZ 1992, 270-272.

Kirchner, Jörgand / Mariott, Arthur L., International Arbitration in the Aftermath of Socialism – The Example of the Berlin Court of Arbitration, J. Int. Arb. 1993, Vol. 10, 5-16.

Klerman, Daniel / Reilly, Greg, Forum Selling, Southern California Law Review 2016, Vol. 89, 241-315.

Klitzsch, Wolfram, Grundbegriffe der Wirtschaft: Ein Nachschlagwerk für Einsteiger, Wiesbaden 2019.

Klötzel, Thomas R., Justitiae Dilatio Est Quaedam Negatio – Considerations on Expedited Arbitral Procedures, in: Schütze, Rolf A. / Klötzel, Thomas R. /

Gebauer, Martin (Hrsg.), Usus Atque Scientia: Festschrift für Roderich C. Thümmel zum 65. Geburtstag am 23. Oktober 2020, Berlin 2020, 395-419.

Klowait, Jürgen / Gläßer, Ulla (Hrsg.), Mediationsgesetz: Handkommentar, 2. Auflage, Baden-Baden 2018.

Knoblach, Steffen, Sachverhaltsermittlung in der internationalen Wirtschaftsschiedsgerichtsbarkeit: Eine rechtsvergleichende Untersuchung des deutschen und englischen Schiedsrechts und der IBA-Rules on the Taking of Evidence in International Commercial Arbitration, Berlin 2003.

Kohl, Berthold Johannes, Vorläufiger Rechtsschutz in internationalen Handelsschiedsverfahren, Frankfurt am Main 1990.

Köhler, Helmut / Bornkamm, Joachim / Feddersen, Jörn et al., Gesetz gegen den unlauteren Wettbewerb – GeschGehG, PAngV, UKlaG, DL-InfoV, 39. Auflage, München 2021.

Köhler, Markus, Beweiserhebung in-camera Geschäftsgeheimnisschutz in IP-Schiedsverfahren, in: Schütze, Rolf A. / Klötzel, Thomas R. / Gebauer, Martin (Hrsg.), Usus Atque Scientia: Festschrift für Roderich C. Thümmel zum 65. Geburtstag am 23. Oktober 2020, Berlin 2020, 439-451.

Köhler, Markus, Der fliegende Gerichtsstand, Die Bestimmung des zuständigen Gerichts bei ubiquitären Rechtsverletzungen, WRP 2013, 1130-1137.

Kojovic, Tijana, Court Enforcement of Arbitral Decisions on Provisional Relief - How Final is Provisional?, J. Int. Arb. 2001, Vol. 18, 511-532.

Kommission zur Neuordnung des Schiedsverfahrensrechts, Bericht mit einem Diskussionsentwurf zur Neufassung des Zehnten Buchs der ZPO, Bonn 1994.

Köndgen, Johannes, Ehrverletzungen durch Gerichtsentscheid und Spruchrichterprivileg, JZ 1979, 246-252.

Kornmeier, Udo, Schiedsfähigkeit und materielle Vergleichsbefugnis, Überlegungen zur Auslegung des Merkmals »Vergleich« in § 1025 Abs. 1 ZPO, ZZP 1981, Vol. 94, 27-49.

Kornmeier, Udo, Die Verfahrensordnungen in der internationalen Schiedsgerichtsbarkeit, RIW 1980, 381-386.

Kotelnikov, Andrey / Kurochkin, Sergey Anatolievich / Skvortsov, Oleg, Arbitration in Russia, Alphen aan den Rijn 2019.

Kraft, Peter, Perspektiven der Schiedsgerichtsbarkeit in Streitigkeiten über gewerbliche Schutzrechte - Sind staatliche oder zwischenstaatliche Maßnahmen erforderlich?, in: Deutsche Institution für Schiedsgerichtsbarkeit (Hrsg.), DIS-MAT XIII, Schiedsgerichtsbarkeit und Gewerblicher Rechtsschutz: Tagungsbeiträge zur DIS-Vortragsveranstaltung "Wes Geistes Kind? Der Streit um geistiges und gewerbliches Eigentum - Ein Fall fürs Schiedsgericht?", 12. Oktober 2005, München, Bonn 2006, 113-119.

Krapfl, Claudia, Die Dokumentenvorlage im internationalen Schiedsverfahren: Ein deutsch-US-amerikanischer Vergleich, Frankfurt am Main 2007.

Kraßer, Rudolf / Ann, Christoph, Patentrecht: Lehrbuch zum deutschen und europäischen Patentrecht und Gebrauchsmusterrecht, 7. Auflage, München 2016.

Kreindler, Richard H. / Schäfer, Jan K. / Wolff, Reinmar, Schiedsgerichtsbarkeit: Kompendium für die Praxis, Frankfurt am Main 2006.

Kreissl, Stephan, Mediation – Von der Alternative zum Recht zur Integration in das staatliche Konfliktlösungssystem, SchiedsVZ 2012, 230-244.

Krimpenfort, Mark Tell, Vorläufige und sichernde Maßnahmen im schiedsrichterlichen Verfahren, Marburg 2001.

Kröll, Stefan Michael, National Report for Germany, in: Bosman, Lise (Hrsg.), ICCA International Handbook on Commercial Arbitration, National Reports and Basic Legal Texts, Alphen aan den Rijn 2020, 1-70.

Kröll, Stefan Michael, Die Entwicklung des Schiedsrechts 2017, NJW 2018, 836-839.

Kröll, Stefan Michael, Die schiedsrechtliche Rechtsprechung 2016 und 2017, SchiedsVZ 2018, 61-74.

Kröll, Stefan Michael, Die schiedsrechtliche Rechtsprechung 2007, SchiedsVZ 2008, 62-72.

Kröll, Stefan Michael, Recourse against Negative Decisions on Jurisdiction, Arb. Int. 2004, Vol. 29, 55-72.

Kröll, Stefan Michael, Die Ablehnung eines Schiedsrichters nach deutschem Recht, ZZP 2003, Vol. 116, 195-221.

Kronke, Herbert, Internationale Schiedsverfahren nach der Reform, RIW 1998, 257-265.

Kronke, Herbert / Nacimiento, Patricia / Otto, Dirk et al. (Hrsg.), Recognition and Enforcement of Foreign Arbitral Awards: A Global Commentary on the New York Convention, Alphen aan den Rijn 2010.

Krüger, Wolfgang / Rauscher, Thomas (Hrsg.), Münchener Kommentar zur Zivilprozessordnung mit Gerichtsverfassungsgesetz und Nebengesetzen, Band 1, §§ 1-354, 6. Auflage, München 2020.

Krüger, Wolfgang / Rauscher, Thomas (Hrsg.), Münchener Kommentar zur Zivilprozessordnung mit Gerichtsverfassungsgesetz und Nebengesetzen, Band 2, §§ 355-945b, 6. Auflage, München 2020.

Krüger, Wolfgang / Rauscher, Thomas (Hrsg.), Münchener Kommentar zur Zivilprozessordnung mit Gerichtsverfassungsgesetz und Nebengesetzen, Band 3, §§ 946-1117, EGZPO, GVG, EGGVG, UKlaG, Internationales und Europäisches Zivilprozessrecht, 5. Auflage, München 2017.

Kühn, Wolfgang, Vorläufiger Rechtsschutz und Schiedsgerichtsbarkeit, in: Glossner, Ottoarndt (Hrsg.), Jahrbuch für die Praxis der Schiedsgerichtsbarkeit, Band 1, Heidelberg 1987, 47-62.

Kühn, Wolfgang / Gantenberg, Ulrike, Confidentiality in Arbitration, in: Bachmann, Birgit / Breidenbach, Stephan et al. (Hrsg.), Grenzüberschreitungen – Beiträge zum internationalen Verfahrensrecht und zur Schiedsgerichtsbarkeit: Festschrift für Peter Schlosser zum 70. Geburtstag, Tübingen 2005, 461-475.

Kühner, Detlev, Geschäftsgeheimnisse und Schiedsverfahren – neuerdings ein Gegensatz?, IHR 2003, 202-207.

Kunz-Hallstein, Hans Peter, Europäisierung und Modernisierung des deutschen Warenzeichenrechts - Fragen einer Anpassung des deutschen Markenrechts an die EG Markenrichtlinie, GRUR Int 1990, 747-759.

Kurtz, Constantin, Grenzüberschreitender einstweiliger Rechtsschutz im Immaterialgüterrecht, Göttingen 2004.

Lachmann, Jens-Peter, Handbuch für die Schiedsgerichtspraxis, 3. Auflage, Köln 2008.

Lachmann, Jens-Peter, Klippen für die Schiedsvereinbarung, SchiedsVZ 2003, 28-33.

Lack, Jeremy, Addressing the IP Dispute Resolution Paradox: Combining Mediation with Arbitration and Litigation, in: Pierce, John V. / Gunter, Pierre-Yves (Hrsg.), The Guide to IP Arbitration, London 2020, 102-129.

Landau, Toby, The Effect of the New English Arbitration Act on Institutional Arbitration, J. Int. Arb. 1996, Vol. 13, 113-128.

Landbrecht, Johannes, Staatlicher Eilrechtsschutz am deutschen Schiedsort und grenzüberschreitende Vollstreckung, SchiedsVZ 2013, 241-248.

Landes, William M., An Economic Analysis Of The Courts, J.L. & Econ. 1971, Vol. 14, 61-107.

Landes, William M. / Posner, Richard A., Adjudication as a Private Good, J. Legal Stud. 1979, Vol. 8, 235-284.

Landolt, Phillip / Garcia, Alejandro I., Commentary on WIPO Arbitration Rules, abrufbar unter go.wwu.de/qsjzh.

Laschet, Franz Florian, Rechtsmittel gegen Prozeß-, Vorab oder Zwischenentscheidungen eines Schiedsgerichts oder einer Schiedsgerichtsorganisation, in: Habscheid, Walther J. / Schwab, Karl Heinz (Hrsg.), Beiträge zum internationalen Verfahrensrecht und zur Schiedsgerichtsbarkeit – Festschrift für Heinrich Nagel zum 75. Geburtstag, Münster 1987, 167-188.

Laschet, Franz Florian, Schiedsgerichtsbarkeit und einstweiliger Rechtsschutz, ZZP 1986, Vol. 99, 271-290.

Lasprogata, Gail A., Virtual Arbitration: Contract Law and Alternative Dispute Resolution Meet in Cyberspace, J. Legal Stud. Educ. 2001, Vol. 19, 107-140.

Laukemann, Björn, Effektiver einstweiliger Rechtsschutz an der Schnittstelle von Schiedsverfahren und staatlicher Justiz, ZZP 2013, Vol. 126, 175-202.

Laumen, Hans-Willi, Beweisführung und Beweisaufnahme im Schiedsverfahren, MDR 2015, 1276-1280.

Lederer, Nadine, The Enforcement of Cross-Border Online Arbitral Awards and Online Arbitration Agreements. The New York Convention and the Internet: Friends or Foes?, Spain Arb. Rev. 2019, Vol. 34, 63-75.

Lederer, Nadine, The German Media Arbitral Tribunal, Kluwer Arbitration Blog v. 29.3.2017, abrufbar unter go.wwu.de/b0uqj.

Legler, Thomas / Schäffler, Andrea, A Look to the Future of International IP Arbitration, in: Pierce, John V. / Gunter, Pierre-Yves (Hrsg.), The Guide to IP Arbitration, London 2020, 217-227.

Leipold, Dieter, Das Haftungsprivileg des Spruchrichters, JZ 1967, 737-741.

Leisinger, Christian M., Vertraulichkeit in internationalen Schiedsverfahren, Baden-Baden 2012.

Leitzen, Mario, Die Anordnung vorläufiger oder sichernder Maßnahmen durch Schiedsgerichte nach § 1041 ZPO, Köln 2002.

Lendermann, Nathalie, Procedure Shopping Through Hybrid Arbitration Agreements: Considerations On Party Autonomy In Institutional International Arbitration, Baden-Baden Germany 2018.

Lerach, Mark, „Schwanengesang des ‚fliegenden Gerichtsstands' im UWG?" – Eine Zwischenbilanz, GRUR-Prax 2020, 37-39.

Levin, Daniel, Arbitral Succession in German Re-Unification: A Decision, Am. Rev. Int. Arb. 1991, Vol. 2, 493-500.

Lew, Julian David Mathew, Achieving the Dream: Autonomous Arbitration, Arb. Int. 2006, Vol. 22, 179-204.

Lew, Julian David Mathew, Expert Report, Arb. Int. 1995, Vol. 11, 283-295.

Lew, Julian David Mathew, The Arbitration of Intellectual Property Disputes, in: World Intellectual Property Organization (Hrsg.), Worldwide Forum on the Arbitration of Intellectual Property Disputes, Genf 1994, 187-196.

Lew, Julian David Mathew / Mistelis, Loukas A. / Kröll, Stefan Michael, Comparative International Commercial Arbitration, Den Haag 2003.

Lewisch, Peter, Der Zivilprozess: Soziales Übel oder soziale Wohltat?, in: Lewisch, Peter / Rechberger, Walter H. (Hrsg.), 100 Jahre ZPO, Ökonomische Analyse des Zivilprozesses, Wien 1998, 97-119.

Liebscher, Oliver, Schiedsinstitutionen, in: Oberhammer, Paul (Hrsg.), Schiedsgerichtsbarkeit in Zentraleuropa, Arbitration in Central Europe, Wien 2005, 61-88.

Liebscher, Oliver, Schiedsrichtervertrag und anwendbares Recht – Anmerkung zum Urteil des österreichischen OGH vom 28.4.1998, BB 1999, 2-4.

Liebscher, Thomas, „Schiedsfähigkeit" personengesellschaftsrechtlicher Beschlussmängelstreitigkeiten, in: Schütze, Rolf A. / Klötzel, Thomas R. / Gebauer, Martin (Hrsg.), Usus Atque Scientia: Festschrift für Roderich C. Thümmel zum 65. Geburtstag am 23. Oktober 2020, Berlin 2020, 487-500.

Lieder, Jan, Reform des gesellschaftsrechtlichen Beschlussmängelrechts, Eine Nachlese zum 72. Deutschen Juristentag 2018 in Leipzig, NZG 2018, 1321-1333.

Lim, Benson, Asia's Diversity: The Strength of Asia's Arbitration Centres Lied in Their Differences, Not in Their Similarities, Arbitration 2014, Vol. 80, 370-376.

Lindacher, Walter F., Schiedsgerichtliche Kompetenz zur vorläufigen Entziehung der Geschäftsführungs- und Vertretungsbefugnis bei Personengesellschaften, ZGR 1979, 201-221.

Liniger, Stefan, Immaterialgüterrechtliche Streitigkeiten vor internationalen Schiedsgerichten mit Sitz in der Schweiz, Bern 2002.

Lionnet, Klaus, Rechtspolitische Bedeutung der Schiedsgerichtsbarkeit, in: Berger, Klaus Peter / Ebke, Werner F. et al. (Hrsg.), Festschrift für Otto Sandrock zum 70. Geburtstag, Heidelberg 2000, 603-608.

Lionnet, Klaus, Parteiherrschaft im Schiedsgerichtsprozeß bei der Beweisaufnahme, in: Plantey, Alain / Böckstiegel, Karl-Heinz / Bredow, Jens (Hrsg.), Festschrift für Ottoarndt Glossner zum 70. Geburtstag, Heidelberg 1994, 209-220.

Lionnet, Klaus / Lionnet, Annette, Handbuch der internationalen und nationalen Schiedsgerichtsbarkeit, 3. Auflage, Stuttgart 2005.

Lissner, Benjamin, Das Deutsche Medienschiedsgericht, Streitbeilegung 2.0 oder zahnloser Tiger?, GRUR-Prax 2016, 522-524.

Lo, Alex, Virtual Hearings and Alternative Arbitral Procedures in the COVID-19 Era: Efficiency, Due Process, and Other Considerations, Contemp. Asia Arb. J. 2020, Vol. 13, 85-98.

Loh, Quentin, The Rise of International Commercial Courts – A Threat to Arbitration, in: Schütze, Rolf A. / Klötzel, Thomas R. / Gebauer, Martin (Hrsg.),

Usus Atque Scientia: Festschrift für Roderich C. Thümmel zum 65. Geburtstag am 23. Oktober 2020, Berlin 2020, 501-513.

Löhr, Marcel C., Rechtsschutz im Schiedsverfahrensrecht, Frankfurt am Main 2017.

London Court of Arbitration, 2018 Annual Casework Report, abrufbar unter go.wwu.de/yfadj.

London Court of Arbitration, 2019 Annual Casework Report, abrufbar unter go.wwu.de/ehqmn.

London Court of Arbitration, Facts and Figures 2016, A Robust Caseload, abrufbar unter go.wwu.de/by2-f.

London Court of Arbitration, Facts and Figures 2017, Casework Report, abrufbar unter go.wwu.de/83l0e.

Loos, Christa M., Die Schiedsgerichtsbarkeit im Verwaltungsrecht, Wiesbaden 1984.

López, Alejandro Ortiz, Arbitration and IT, Arb. Int. 2005, Vol. 21, 343-360.

Loquin, Eric, La Sentence Arbitrale: L'Examen Du Projet De Sentence Par L'Institution Et La Sentence Au Deuxieme Degré Réflexions Sur La Nature Et La Validité De L'Intervention De L'Institution Arbitrale Sur La Sentence, Rev. Arb. 1990, 427-464.

Lörcher, Gino / Lörcher, Heike / Lörcher, Torsten, Das Schiedsverfahren – national, international – nach neuem Recht, 2. Auflage, Heidelberg 2001.

Lörcher, Torsten / Otte, Daniel, Schiedsklauseln in gesellschaftsrechtlichen Auseinandersetzungen nach „Schiedsfähigkeit II“ und „Schiedsfähigkeit III“, in: Schütze, Rolf A. / Klötzel, Thomas R. / Gebauer, Martin (Hrsg.), Usus Atque Scientia: Festschrift für Roderich C. Thümmel zum 65. Geburtstag am 23. Oktober 2020, Berlin 2020, 515-532.

Loritz, Karl-Georg, Haftungsfragen bei Schiedsrichtern und Mediatoren, Zugleich eine kritische Betrachtung des sog. Spruchrichterprivilegs, in: Bruns, Alexander / Kern, Christoph et al. (Hrsg.), Festschrift für Rolf Stürner zum 70. Geburtstag, 1. Teilband: Deutsches Recht, Tübingen 2013, 327-345.

Loritz, Karl-Georg, Probleme der Rechtskraft von Schiedssprüchen im deutschen Zivilprozeßrecht, ZZP 1992, Vol. 105, 1-19.

Loschelder, Michael, Die Reform des Patentnichtigkeitsberufungsverfahrens, GRUR 2009, 296-300.

Lüdtke, Egon, Der Schiedsrichtervertrag, Würzburg 1933.

Lühmann, Tobias B., Die Rechtskraft des Schiedsspruchs im deutschen und US-amerikanischen Recht: Zugleich ein Beitrag zur Bedeutung des Parteiwillens für die Bestimmung der Schiedsspruchwirkungen, Tübingen 2014.

Lüke, Wolfgang / Blenske, Holger, Die Schiedsfähigkeit von Beschlußmängelstreitigkeiten, Möglichkeiten und Grenzen der Rechtsgestaltung, ZGR 1998, 253-304.

Lungstras, Richard, Das Berufungsverfahren vor dem Court of Arbitration for Sport (CAS) im Lichte der Verfahrensgarantien gemäß Art. 6 EMRK, Baden-Baden 2019.

Ly, Filip de / *Friedman, Mark / Di Brozolo, Radicati*, International Law Association International Commercial Arbitration Committee's Report and Recommendations on 'Confidentiality in International Commercial Arbitration', Arb. Int. 2012, Vol. 28, 355-396.

Maier, Hans Jakob, Handbuch der Schiedsgerichtsbarkeit: Ein Handbuch der deutschen und internationalen Schiedsgerichtspraxis, Herne 1979.

Malatesta, Alberto, Confidentiality in International Commercial Arbitration, in: Malatesta, Alberto / Sali, Rinaldo (Hrsg.), The Rise of Transparency in International Arbitration, The Case for the Anonymous Publication of Arbitral Awards, Huntington 2013, 39-51.

Malcher, Ulrike, Gemeinsame virtuelle Konferenz des BMJV und der DIS „Stärkung des Streitbeilegungsstandorts Deutschland – Status Quo und Quo Vadis", SchiedsVZ 2021, 287-289.

Mangoldt, Hermann von / Klein, Friedrich / Starck, Christian, Grundgesetz, Kommentar, Band 3, Artikel 83-146, 7. Auflage, München 2018.

Mangoldt, Hermann von / Klein, Friedrich / Starck, Christian, Grundgesetz, Kommentar, Band 2, Artikel 20-82, 7. Auflage, München 2018.

Mankowski, Peter, Die Ablehnung von Schiedsrichtern, SchiedsVZ 2004, 304-313.

Mann, Thomas / Sennekamp. Christoph / Uechtritz, Michael (Hrsg.), Verwaltungsverfahrensgesetz: Großkommentar, 2. Auflage, Baden-Baden 2019.

Marchac, Grégoire, Interim Measures in International Commercial Arbitration under the ICC, AAA, LCIA and UNCITRAL Rules, Am. Rev. Int. Arb. 1999, Vol. 10, 123-138.

Margellos, Théophile / Bonne, Sophia / Humphreys, Gordon et al. (Hrsg.), Mediation, Creating Value in International Intellectual Property Disputes, Alphen aan den Rijn 2018.

Markert, Lars / Burghardt, Jan, Navigating the Digital Maze - Pertinent Issues in E-Arbitration, J. Arb. Stud. 2017, Vol. 27, 3-31.

Marsman, Albert, International Arbitration in the Netherlands: With a Commentary on the NAI and PCA Arbitration Rules, Alphen aan den Rijn 2021.

Martens, Pam, CounterPunch v. 20.7.2009, Judicial Apartheid, abrufbar unter go.wwu.de/s7q7v.

Mattli, Walter, Private Justice in a Global Economy: From Litigation to Arbitration, in: Koremenos, Barbara / Lipson, Charles / Snidal, Duncan (Hrsg.), The Rational Design of International Institutions, Cambridge 2004, 159-187.

Matusche-Beckmann, Annemarie / Spohnheimer, Frank, Überlegungen zu den Rechtsbehelfen gegen den (Nicht-)Ausschluss befangener Schiedsrichter, in: Kronke, Herbert / Thorn, Karsten (Hrsg.), Grenzen überwinden – Prinzipien bewahren: Festschrift für Bernd von Hoffmann zum 70. Geburtstag am 28. Dezember 2011, Bielefeld 2011, 1029-1041.

Maunz, Theodor / Dürig, Günter (Begr.), Grundgesetz: Kommentar, 94. Auflage, München 2021.

McAsey, Bridie, International Arbitral Institutions, in: Baetens, Freya (Hrsg.), Legitimacy of Unseen Actors in International Adjudication, Cambridge 2019, 51-69.

McIlwrath, Michael / Savage, John, International Arbitration and Mediation: A Practical Guide, New York 2010.

Medienpolitik.net, Interview v. 25.7.2016, "Es muss schneller entschieden werden" – Erstes deutsches Medienschiedsgericht soll in Leipzig entstehen, abrufbar unter go.wwu.de/a7vig.

Melis, Werner, Kooperationsübereinkommen der Wirtschaftskammer Österreich mit Schiedsgerichtsinstitutionen, in: Fitz, Hanns / Kalss, Susanne et al. (Hrsg.), Festschrift für Hellwig Torggler, Wien 2013, 859-867.

Melis, Werner, Functions and Responsibility of Arbitral Institutions, Comp. Law Y.B. Int'l Bus. 1991, Vol. 13, 107-118.

Melis, Werner, Taak en Verantwoordelijkheid van Arbitrage-Instituten, TvA 1988, 25-32.

Menon, Sundaresh, The Transnational Protection of Private Rights: Issues, Challenges, and Possible Solutions, Asian J. Int. Law 2015, Vol. 5, 219-245.

Merk, Beate, Alternative Streitbeilegung in der Film- und Medienwirtschaft, Grußwort zur Eröffnung des XVIII. Symposions zum Film- und Medienrecht des Instituts für Urheber- und Medienrecht am 2. Juli 2004 in München, ZUM 2004, 777-779.

Merten, Detlef, Zum Spruchrichterprivileg des § 839 Abs. 2 BGB, in: Tittel, Josef (Hrsg.), Multitudo Legum Ius Unum – Kollisionsrecht und Rechtsvergleichung: Festschrift für Wilhelm Wengler zu seinem 65. Geburtstag, Band II: Kollisionsrecht und Rechtsvergleichung, Berlin 1973, 519-540.

Mes, Peter (Hrsg.), Patentgesetz, Gebrauchsmustergesetz: Kommentar, 5. Auflage, München 2020.

Meyer, John W. / Rowan, Brian, Institutionalized Organizations: Formal Structure as Myth and Ceremony, AJS 1977, Vol. 83, 340-363.

Meyer, Leane, Internationale Schiedsgerichtsbarkeit in Hongkong und Deutschland – Vorbildfunktion des asiatischen Erfolgsmodells für die deutsche Reform?, Eine rechtsvergleichende Untersuchung der staatlichen Schiedsverfahrensrechte und der institutionellen Schiedsgerichtsordnungen von HKIAC und DIS, Baden-Baden 2020.

Michaelis, Oliver, Der Schiedszwang im Profisport – Unter Besprechung der aktuellen Rechtsprechung am Fall Claudia Pechstein, SchiedsVZ 2019, 331-340.

Micsunescu, Somi Constanze, Der Amtsermittlungsgrundsatz im Patentprozessrecht: Überlegungen zur Reform des Patentnichtigkeitsverfahrens, Tübingen 2010.

Mistelis, Loukas, Efficiency – What Else?, Efficiency as the Emerging Defining Value of International Arbitration: Between Systems Theories and Party Autonomy, in: Schultz, Thomas / Ortino, Federico (Hrsg.), The Oxford Handbook of International Arbitration, Oxford 2020, 349-376.

Möller, Kaspar Henrik, Echte Schiedsgerichtsbarkeit im Verwaltungsrecht: Eine Studie zu Rechtsrahmen und Kontrolle nichtstaatlicher Streitentscheidung im Verwaltungsrecht, Berlin 2014.

Möller, Mirko, Das Gesetz zur Stärkung des fairen Wettbewerbs, NJW 2021, 1-9.

Monheim, Dirk, Sportlerrechte und Sportgerichte im Lichte des Rechtsstaatsprinzips – auf dem Weg zu einem Bundessportgericht, München 2006.

Moollan, Salim, The Exposure of Institutions to Post-Award Lawsuits and Attacks, in: Carlevaris, Andrea / Lévy, Laurent et al. (Hrsg.), International Arbitration under Review: Essays in Honour of John Beechey, Paris 2015, 287-293.

Moschel, Werner, Zum Problem der Haftung der Schiedsrichter, KTS 1957, Vol. 18, 154-156.

Moser, Michael J. / Yeoh, Friven, Choosing an Arbitral Institution in Cross-Border Commercial Arbitration, In-House Persp. 2006, 18-24.

Motejl, Christina / Rosenow, Jörg, Entstehungsgeschichte, Zweck und wesentlicher In- halt des Gesetzes zur Stärkung des fairen Wettbewerbs, WRP 2021, 699-704.

Mourre, Alexis, Soft Law as a Condition for the Development of Trust in International Arbitration, Rev. Bras. Arb. 2016, 82-98.

Mourre, Alexis, The Proper Use of Med-Arb in the Resolution of International Disputes, Asian Disp. Rev. 2016, Vol. 18, 94-99.

Mourre, Alexis, Arbitral Institutions and Professional Organizations as Lawmakers, in: Berg, Albert Jan van den (Hrsg.), Arbitration, The Next Fifty Years, Alphen aan den Rijn 2012, 86-111.

Mourre, Alexis, Institutional Arbitration Rules: Do They Deserve More Deference from the Judiciary?, in: Wautelet, Patrick / Kruger, Thalia / Coppens, Govert (Hrsg.), The Practice of Arbitration: Essays in Honour of Hans van Houtte, Oxford 2012, 149-159.

Mourre, Alexis, Arbitration and Criminal Law: Jurisdiction, Arbitrability and Duties of the Arbitral Tribunal, in: Mistelis, Loukas A. / Brekoulakis, Stavros L. (Hrsg.), Arbitrability, International & Comparative Perspectives, Alphen aan den Rijn 2009, 207-240.

Mueller, Christoph, La Confidentialité en Arbitrage Commercial International: Un Trompe-L'Œil?, ASA Bulletin 2005, Vol. 23, 216-240.

Mueller, Christoph / Pearson, Sabrina, Waving the Green Flag to Emergency Arbitration under the Swiss Rules: the Sauber Saga, ASA Bulletin 2015, Vol. 33, 808-824.

Mueller, Milton, Rough Justice: A Statistical Assessment of ICANN's Uniform Dispute Resolution Policy, The Information Society 2001, 151-163.

Mugdan, Benno, Die gesammten Materialien zum Bürgerlichen Gesetzbuch für das Deutsche Reich, II. Band: Recht der Schuldverhältnisse, Berlin 1899.

Mühlberger, Sven J., Die Beschränkbarkeit des „fliegenden Gerichtsstands" innerhalb Deutschlands bei Immaterialgüterrechtsverletzungen im Internet, WRP 2008, 1419-1423.

Müller, Hanswerner, Entscheidung verwaltungsrechtlicher Streitigkeiten durch Schiedsgerichte, NJW 1963, 282-285.

Müller, Willem / Nordemann, Jan Bernd, Die neue Clearingstelle Urheberrecht im Internet (CUII) – Urheberrechtliche und verfassungsrechtliche Voraussetzungen der Selbstregulierung von Sperransprüchen in Deutschland, ZUM 2021, 507-518.

Münch, Ingo von / Kunig, Philip (Begr.), Grundgesetz, Kommentar, Band 1: Präambel bis Art. 69, 7. Auflage, München 2021.

Münch, Joachim, Der Streitwertspruch des Schiedsgerichts, in: Bruns, Alexander / Kern, Christoph et al. (Hrsg.), Festschrift für Rolf Stürner zum 70. Geburtstag, 1. Teilband: Deutsches Recht, Tübingen 2013, 355-387.

Münch, Joachim, Anmerkung zu BGH, Beschl. v. 6.6.2002 – III ZB 44/01, SchiedsVZ 2003, 41-43.

Münster-Horstkotte, Alexander, Das Trennungsprinzip im deutschen Patentsystem, Probleme und Lösungsmöglichkeiten, Mitt. 2012, Vol. 103, 1-9.

Musielak, Hans-Joachim / Voit, Wolfgang (Hrsg.), Zivilprozessordnung mit Gerichtsverfassungsgesetz: Kommentar, 18. Auflage, München 2021.

Nacimiento, Patricia, Konfliktlösung nach allgemeinen Schiedsordnungen, insbesondere ICC (International Chamber of Commerce), AAA (American Arbitration Association) und DIS (Deutsche Institution für Schiedsgerichtsbarkeit), XVIII. Münchener Symposion zum Film- und Medienrecht: Alternative Streitbeilegung in der Film- und Medienwirtschaft, ZUM 2004, 785-793.

Nacimiento, Patricia, Abschied von der Vertraulichkeit im Schiedsverfahren? – Zum Urteil des schwedischen Högsta Domstolen vom 27.10.2000, BB 2001, 7-11.

Nacimiento, Patricia / Kröll, Stefan Michael / Böckstiegel, Karl-Heinz (Hrsg.), Arbitration in Germany: The Model Law In Practice, 2. Auflage, Alphen aan den Rijn 2015.

Nagy, Brian G. / Lohrke, Franz, Only the Good Die Young?, A Review of Liability of Newness and Related New Venture Mortality Research, in: Landström, Hans / Lohrke, Franz (Hrsg.), Historical Foundations of Entrepreneurship Research, Cheltenham 2010, 185-204.

Nagy, Brian G. / Pollack, Jeffrey M. / Rutherford, Matthew W. et al., The Influence of Entrepreneurs' Credentials and Impression Management Behaviors on Perceptions of New Venture Legitimacy, Entrepreneurship Theory and Practice 2012, Vol. 36, 941-965.

Naimark, Richard W. / Keer, Stephanie E., What do Parties Really Want From International Commercial Arbitration?, Disp. Resol. J. 2002, Vol. 57, 78-86.

Naimark, Richard W. / Keer, Stephanie E., International Private Commercial Arbitration – Expectations and Perceptions of Attorneys and Business People, Int'l Bus. Law. 2002, Vol. 30, 203-210.

Najar, Jean-Claude, Inside Out: A User's Perspective on Challenges in International Arbitration, Arb. Int. 2009, Vol. 25, 515-527.

Nakamura, Tatsuya, The Place of Arbitration in International Arbitration – It's Fictious Nature And Lex Arbitri, Mealey's IAR 2000, Vol. 15, 23-29.

Naón, Horacio A. Grigera, The Powers of the ICC International Court of Arbitration vis-à-vis PArties and Arbitrators, ICC Bulletin, Suppl. (Arbitration in the Next Decade) 1999, 55-71.

Nappert, Sophie, Commentary on the UNCITRAL Arbitration Rules 2010, A Practitioner's Guide, New York 2012.

Nappert, Sophie / Cohen, Paul, Case Study: The Practitioner's Perspective, in: Piers, Maud / Aschauer, Christian (Hrsg.), Arbitration in the Digital Age, The Brave New World of Arbitration, Cambridge 2018, 126-147.

Nariman, Fali S., Mediation and the Arbitrators, ICC Bulletin, Suppl. (Arbitration in the Next Decade) 1999, 43-47.

Navis, Chad / Glynn, Mary Ann, Legitimate Distinctiveness and the Entrepreneurial Identity: Influence on Investor Judgments of New Venture Plausibility, AMR 2011, Vol. 36, 479-499.

Nedden, Jan Heiner / Büstgens, Johanna, Die Beratung des Schiedsgerichts – Konfliktpotential und Lösungswege, SchiedsVZ 2015, 169-178.

Neill, Patrick, Confidentiality in Arbitration, Arb. Int. 1996, Vol. 12, 287-317.

Nerets, Valts, What Has Changed in Six Years Since the Latvian Arbitration Law "Reform" and What Needs to Be Changed?, Kluwer Arbitration Blog v. 11.3.2021, abrufbar unter go.wwu.de/c4939.

Niblett, Bryan, The Arbitration of Intellectual Property Disputes, in: World Intellectual Property Organization (Hrsg.), Worldwide Forum on the Arbitration of Intellectual Property Disputes, Genf 1994, 197-202.

Nienaber, Volker, Negotiating Arbitration Clauses with U.S. Companies, SchiedsVZ 2005, 273-282.

Nikolova, Diana, Die Schiedsfähigkeit von Patenten, Köln 2020.

Nissen, Ulf Andreas, Die Online-Videokonferenz im Zivilprozess, Frankfurt am Main 2004.

Nolan, Michael / Gaspar, Christopher J. / Browand, Nathaniel T. et al., Strategic Considerations Once a Dispute Has Arisen, in: Pierce, John V. / Gunter, Pierre-Yves (Hrsg.), The Guide to IP Arbitration, London 2020, 65-72.

Nolting, Ekkehard, Neue Anforderungen an Schiedsklauseln zwischen Personengesellschaftern – „Schiedsfähigkeit III", ZIP 2017, 1641-1646.

Norouzi, Ali B. / Summerer, Thomas, DAV-Stellungnahme zum Anti-Doping-Gesetz, SpuRt 2015, 63-65.

Noussia, Kyriaki, Confidentiality in International Commercial Arbitration: A Comparative Analysis of the Position under English, US, German and French Law, Berlin 2010.

Nünning, Volker, Medienkorrespondenz v. 20.12.2020, Deutsches Medienschiedsgericht in Leipzig: Von der Branche nicht benötigt, abrufbar unter go.wwu.de/ikgdv.

Oberhammer, Paul, Zur Vertraulichkeit im Schiedsverfahren, in: Nakamura, Hideo (Hrsg.), Festschrift für Kostas E. Beys, dem Rechtsdenker in attischer Dialektik, zum 70. Geburtstag am 25. November 2003, Athen 2003, 1139-1166.

Ochmann, Richard, Das schiedsrichterliche Verfahren unter Berücksichtigung der gewerblichen Schutzrechte und seine Vor- und Nachteile gegenüber dem staatlichen Gerichtsverfahren, GRUR 1993, 255-260.

Oda, Hiroshi, Russian Arbitration Law and Practice, Oxford 2020.

Oebbecke, Janbernd, Justiz im Wettbewerb, DÖV 2007, 177-186.

Oetting, Torsten, Der Schiedsrichtervertrag nach dem UML im deutschen Recht unter rechtsvergleichenden Aspekten, München 1994.

Öhlberger, How Confidential Is Arbitration in Austria? A Comparative Analysis, in: Klausegger, Christian / Klein, Peter et al. (Hrsg.), Austrian Yearbook on International Arbitration 2011, Wien 2011, 65-85.

Ohly, Ansgar / Sosnitza, Olaf, Gesetz gegen den unlauteren Wettbewerb mit Preisangabenverordnung; Kommentar, 7. Auflage, München 2016.

Oldenstam, Robin / Pachelbel, Johann von, Confidentiality and Arbitration - A Few Reflections and Practical Notes, SchiedsVZ 2006, 31-36.

Ong, Colin Yee Cheng, Confidentiality of Arbitral Awards and the Advantage for Arbitral Institutions to Maintain a Repository of Awards, Asian Int. Arb. J. 2005, Vol. 1, 169-180.

Onyema, Emilia, International Commercial Arbitration and the Arbitrator's Contract, London 2010.

Ostendorf, Patrick, Vertragsstrafe und pauschalierter Schadensersatz als Instrumente der Vertragsgestaltung, JuS 2015, 977-981.

Oster, Jan, European and International Media Law, Cambridge 2017.

Osterthun, Birthe, Schadensfälle im Schiedsverfahren: Vermeidung oder schiedsrichterliche Haftung, Bargstedt 2002.

Pagenberg, Jochen, The Arbitratbility of Intellectual Property Disputes in Germany, in: World Intellectual Property Organization (Hrsg.), Worldwide Forum on the Arbitration of Intellectual Property Disputes, Genf 1994, 81-94.

Pappas, Brian A., Med-Arb and the Legalization of Alternative Dispute Resolution, Harv. Neg. L. Rev. 2015, Vol. 20, 157-204.

Parikh, Shaneen, Obtaining Interim and Permanent Relief in International IP Arbitration, in: Pierce, John V. / Gunter, Pierre-Yves (Hrsg.), The Guide to IP Arbitration, London 2020, 181-202.

Parise Kuhnle, Federico, Effektiver Rechtsschutz im grenzüberschreitenden Handel durch private Schiedsgerichte: Eine theoretisch-empirische Untersuchung über Verfahrenseffektivität und Zugänglichkeit schiedsrechtlichen Rechtsschutzes am Beispiel kleiner und mittlerer Unternehmen, Baden-Baden 2015.

Paschke, Marian, Medienrecht, Berlin 2009.

Paschke, Marian, Medienrecht – Disziplinbildende Sinneinheit übergreifender Rechtsgrundsätze oder Chimäre?, ZUM 1990, 209-218.

Paschke, Marian / Berlit, Wolfgang / Meyer, Claus et al. (Hrsg.), Hamburger Kommentar: Gesamtes Medienrecht, 4. Auflage, Baden-Baden 2021.

Patterson, Mark R., Confidentiality in Patent Royalty Arbitration, Disp. Resol. J. 2020, Vol. 75, 61-88.

Paulsson, Jan, Moral Hazard in International Dispute Resolution, ICSID Rev. 2010, Vol. 25, 339-355.

Paulsson, Jan, Vicarious Hypochondria and Institutional Arbitration, Arb. Int. 1990, Vol. 6, 226-252.

Paulsson, Jan, Delocalisation of International Commercial Arbitration: When and Why It Matters, Int'l & Comp. L.Q. 1983, Vol. 32, 53-61.

Paulsson, Jan, Arbitration Unbound: Award Detached From the Law of Its Country of Origin, Int'l & Comp. L.Q. 1981, Vol. 30, 358-387.

Paulsson, Jan / Petrochilos, Georgios, UNCITRAL Arbitration, Alphen aan den Rijn 2017.

Paulsson, Jan / Rawding, Nigel, The Trouble with Confidentiality, Arb. Int. 1995, Vol. 11, 303-320.

Paulsson, Jan / Rawding, Nigel / Reed, Lucy, The Freshfields Guide to Arbitration Clauses in International Contracts, 3. Auflage, Alphen aan den Rijn 2010.

Pautsch, Arne / Hoffmann, Lutz (Hrsg.), VwVfG: Verwaltungsverfahrensgesetz Kommentar, 2. Auflage, Berlin 2021.

Peltzer, Oliver Markus, Die Dissenting Opinion in der Schiedsgerichtsbarkeit, Frankfurt am Main 2000.

Petrochilos, Georgios, Interim Measures under the Revised UNCITRAL Arbitration Rules, ASA Bulletin 2010, Vol. 28, 878-890.

Pfaff, Dieter, Grenzbewegungen der Schiedsfähigkeit, Patentnichtigkeit im Schiedsverfahren, in: Habscheid, Walther J. / Schwab, Karl Heinz (Hrsg.), Beiträge zum internationalen Verfahrensrecht und zur Schiedsgerichtsbarkeit – Festschrift für Heinrich Nagel zum 75. Geburtstag, Münster 1987, 278-293.

Pfaff, Dieter / Osterrieth, Christian, Lizenzverträge, Formularkommentar, 4. Auflage, München 2018.

Philippe, Denis, Interim Measures and Performance of the Contract by the Parties, in: Association for International Arbitration (Hrsg.), Interim Measures in International Commercial Arbitration, Antwerpen 2007, 27-38.

Picker, Bennett G., Mediation Practice Guide: A Handbook for Resolving Business Disputes, 2. Auflage, Washington 2003.

Pika, Maximilian, Schiedsspruch ultra partes?, Die subjektive Rechtskrafterstreckung anhand von Parteiautonomie und rechtlichem Gehör, ZZP 2018, Vol. 131, 225-259.

Pindyck, Robert S. / Rubinfeld, Daniel L., Mikroökonomie, 9. Auflage, London 2018.

Pitkowitz, Nikolaus / Richter, Marie-Therese, May a Neutral Third Person Serve as Arbitrator and Mediator in the same Dispute?, SchiedsVZ 2009, 225-230.

Plant, David W., The Arbitrator as Settlement Facilitator, J. Int. Arb. 2000, Vol. 17, 143-146.

Plavec, Katharina, Auslegung von Schiedsvereinbarungen, Tübingen 2021.

Polinsky, Alan Mitchell, An Introduction to Law and Economics, 5. Auflage, New York 2018.

Porter, Michael E., What is Strategy?, Harv. Bus. Rev. 1996, Vol. 74, 61-78.

Posner, Richard A., An Economic Approach to Legal Procedure and Judicial Administration, J. Legal Stud. 1973, Vol. 2, 399-458.

Poudret, Jean-François / Besson, Sébastien, Comparative Law of International Arbitration, 2. Auflage, London 2007.

Price, Charles, Conflict with State Courts, in: Association for International Arbitration (Hrsg.), Interim Measures in International Commercial Arbitration, Antwerpen 2007, 39-56.

Protopsaltou, Dimitris / Schultz, Thomas / Magnenat-Thalmann, Nadia, Taking the Fourth Party Further: Considering a Shared Virtual Workspace for Arbitration, Info. & Comm. Tech. L. 2006, Vol. 15, 157-174.

Prütting, Hanns, Das Pechstein-Urteil des BGH und die Krise der Sport-Schiedsgerichtsbarkeit, SpuRt 2016, 143-148.

Prütting, Hanns, Die rechtliche Stellung des Schiedsrichters, SchiedsVZ 2011, 233-239.

Prütting, Hanns, Schiedsgerichtsbarkeit und Verfassungsrecht, in: Bachmann, Birgit / Breidenbach, Stephan et al. (Hrsg.), Grenzüberschreitungen – Beiträge zum internationalen Verfahrensrecht und zur Schiedsgerichtsbarkeit: Festschrift für Peter Schlosser zum 70. Geburtstag, Tübingen 2005.

Prütting, Hanns (Hrsg.), Außergerichtliche Streitschlichtung, Handbuch für die Praxis, München 2003.

Prütting, Hanns, Vertraulichkeit in der Schiedsgerichtsbarkeit und in der Mediation, in: Briner, Robert / Fortier, L. Yves et al. (Hrsg.), Law of International Business and Dispute Settlement in the 21st Century – Recht der Internationalen Wirtschaft und Streiterledigung im 21. Jahrhundert: Liber Amicorum Karl-Heinz Böckstiegel, Köln 2001, 629-639.

Prütting, Hanns, Zur Rechtsstellung des Schiedsrichters – dargestellt am richterlichen Beratungsgeheimnis, in: Gottwald, Peter / Prütting, Hanns (Hrsg.), Festschrift für Karl Heinz Schwab zum 70. Geburtstag, München 1990, 409-419.

Prütting, Hanns / Gehrlein, Markus (Hrsg.), ZPO: Zivilprozessordnung – Kommentar, 13. Auflage, München 2021.

Pryles, Michael, Limits to Party Autonomy in Arbitral Procedure, J. Int. Arb. 2007, Vol. 24, 327-339.

Public Citizen (Hrsg.), The Arbitration Trap, How Credit Card Companies Ensnare Consumers, Washingtion, D.C. 2007.

Queen Mary University of London, 2006 International Arbitration Survey, International Arbitration: Corporate Attitudes and Practices, abrufbar unter go.wwu.de/zoech.

Queen Mary University of London, 2008 International Arbitration Survey, International Arbitration: Corporate Attitudes and Practices, abrufbar unter go.wwu.de/k0325.

Queen Mary University of London, 2012 International Arbitration Survey, Current and Preferred Practices in the Arbitral Process, abrufbar unter go.wwu.de/rh5m7.

Queen Mary University of London, 2013 International Arbitration Survey, Corporate Choices in International Arbitration – Industry Perspectives, abrufbar unter go.wwu.de/6-xd1.

Queen Mary University of London, 2015 International Arbitration Survey, Improvements and Innovations in International Arbitration, abrufbar unter go.wwu.de/lwllf.

Queen Mary University of London, 2018 International Arbitration Survey, The Evolution of International Arbitration, abrufbar unter go.wwu.de/ub1in.

Queen Mary University of London, 2021 International Arbitration Survey, Adapting Arbitration to a Changing World, abrufbar unter go.wwu.de/ddmzs.

Queen Mary University of London, Pre-empting and Resolving Technology, Media and Telecoms Disputes, abrufbar unter go.wwu.de/176rh.

Quinke, David, Die neuen DIS-ERGeS im Überblick, SchiedsVZ 2018, 241-242.

Quinke, David, Säumnis in Schiedsverfahren, SchiedsVZ 2013, 129-135.

Raden, Lutz van, Außergerichtliche Konfliktregelung im gewerblichen Rechtsschutz, GRUR 1998, 444-449.

Raeschke-Kessler, Hilmar, Zur Neutralität der Schiedsgerichtsinstitution am Beispiel der DIS, in: Geimer, Reinhold / Kaissis, Athanassios G. / Thümmel,

Roderich C. (Hrsg.), Ars Aequi Et Boni In Mundo: Festschrift für Rolf A. Schütze, München 2014, 457-462.

Raeschke-Kessler, Hilmar, Arbitration in the Changed East-West Relationship, Int'l Bus. Law. 1993, Vol. 21, 15-19.

Raeschke-Kessler, Hilmar, Die deutsche Rechtsprechung zur Schiedsgerichtsbarkeit von 1991 und die neuere Rechtsprechung zu Schiedsgutachten, BB 1992, 19-22.

Raeschke-Kessler, Hilmar / Berger, Klaus Peter, Recht und Praxis des Schiedsverfahrens, 4. Auflage, Köln 2006.

Raeschke-Kessler, Hilmar / Bühler, Michael, Aufsicht über den Schiedsrichter durch den ICC-Schiedsgerichtshof (Paris) und rechtliches Gehör der Parteien, ZIP 1987, 1157-1167.

Rao, Raghunath Singh / Chandy, Rajesh K. / Prabhu, Jaideep C., The Fruits of Legitimacy:Why Some New Ventures Gain More from Innovation Than Others, Journal of Marketing 2008, Vol. 72, 58-75.

Rasmussen, Matthew, Overextending Immunity: Arbitral Institutional Liability in the United States, England, and France, Fordham Int. Law J. 2002, Vol. 26, 1824-1875.

Rauscher, Thomas (Hrsg.), Münchener Kommentar zum FamFG: Gesetz über das Verfahren in den Angelegenheiten der freiwilligen Gerichtsbarkeit (FamFG) mit Internationalem und Europäischem Zivilverfahrensrecht in Familiensachen (IZVR, EuZVR), Band 1, §§ 1-270, 3. Auflage, München 2018.

Rawding, Nigel / Seeger, Karolos, Aegis v. European Re and the Confidentiality of Arbitration Awards, Arb. Int. 2003, Vol. 19, 483-489.

Real, Gustav K. L., Der Schiedsrichtervertrag: Inhalt und rechtliche Regelung im deutschen Recht mit rechtsvergleichenden Ausblicken, Köln 1983.

Redeker, Sandra Sophia / Pres, Sascha / Gittinger, Corin, Einheitlicher Geheimnisschutz in Europa (Teil 2), WRP 2015, 811-817.

Redfern, Alan / Hunter, Martin, Redfern and Hunter on International Arbitration, 6. Auflage, Oxford 2015.

Reed, Matthew R. / Miller, Ava R. / Tezuka, Hiroyuki et al., Arbitrability of IP Disputes, in: Pierce, John V. / Gunter, Pierre-Yves (Hrsg.), The Guide to IP Arbitration, London 2020, 25-49.

Reimer, Dietrich, Die Zuständigkeitsverteilung im Warenzeichenrecht, Mängel des geltenden Rechts und Vorschläge für eine Reform, GRUR 1969, 67-81.

Reimer, Ernst / Mußfeld, Richard, Die kaufmännischen Schiedsgerichte Deutschlands: Ihre Gestaltung und ihr Verfahren, Berlin 1931.

Reiner, Andreas, Handbuch der ICC-Schiedsgerichtsbarkeit: Die Verfahrensordnung des Schiedsgerichtshofes der Internationalen Handelskammer unter Berücksichtigung der am 1.1.1988 in Kraft getretenen Änderungen, Wien 1989.

Reinfeld, Roland, Das neue Gesetz zum Schutz von Geschäftsgeheimnissen, München 2019.

Reuben, Richard C., Confidentiality in Arbitration: Beyond the Myth, U. Kan. L. Rev. 2006, Vol. 54, 1255-1300.

Reuter, Stefan / Wegen, Gerhard, Das Haager Übereinkommen über Gerichtsstandsvereinbarungen vom 30. 6. 2005 – Entstehung, Charakteristika, Erfolgschancen, ZVglRWiss 2017, 382-417.

Reymond-Eniaeva, Elza, Towards a Uniform Approach to Confidentiality of International Commercial Arbitration, Cham 2019.

Rezende, Lídia, Will Virtual Hearings Lead to Unenforceable Awards?, in: González-Bueno, Carlos (Hrsg.), 40 under 40, International Arbitration 2021, Madrid 2021, 135-146.

Risse, Jörg / Reiser, Lisa, Die Haftung von Schiedsorganisationen, NJW 2015, 2839-2845.

Risse, Jörg / Oehm, Max Wilhelm, Vertraulichkeit und Nicht-Öffentlichkeit in Schiedsverfahren, Rechtsvergleichende und verfassungsrechtliche Überlegungen, ZVglRWiss 2015, Vol. 114, 407-430.

Ritz, Philipp, Privacy and Confidentiality Obligation on Parties in Arbitration under Swiss Law, J. Int. Arb. 2010, Vol. 27, 221-245.

Ritz, Philipp, Die Geheimhaltung im Schiedsverfahren nach schweizerischem Recht, Tübingen 2007.

Robine, Eric, The Liability of Arbitrators and Arbitral Institutions in International Arbitrations under French Law, Arb. Int. 1989, Vol. 5, 323-332.

Rogers, Catherine A., Transparency in International Commercial Arbitration, Kansas L. Rev. 2006, Vol. 54, 1301-1337.

Rogers, Catherine A., Is International Arbitration in a Race to the Top?, Kluwer Arbitration Blog v. 15.3.2018, abrufbar unter go.wwu.de/mewb4.

Rohnke, Christian, Die Bindung des Verletzungsgerichts an die eingetragene Marke, Ein überholtes Axiom, GRUR 2001, 696-705.

Röhricht, Alla / Wuschka, Sebastian, „Dabei sein ist alles? Einblicke in die Sportschiedsgerichtsbarkeit", SchiedsVZ 2015, 247-249.

Rooksby, Jacob H., Defining Domain, Brooklyn Law Review 2015, Vol. 80, 857-942.

Rosenau, René, Die öffentliche Hand als Partei in verwaltungs- und zivilrechtlichen Schiedsverfahren, Berlin 2018.

Rosenberg, Leo / Schwab, Karl Heinz / Gottwald, Peter, Zivilprozessrecht, 18. Auflage, München 2018.

Rosoff, Jacob, Hybrid Efficiency in Arbitration: Waiving Potential Conflicts for Dual Role Arbitrators in Med-Arb and Arb-Med Proceedings, J. Int. Arb. 2009, Vol. 26, 89-100.

Roth, Marianne, Schiedsgerichtsbarkeit in Berlin, Zur Frage der Fortgeltung von "Alt-Klauseln" – Zugleich eine Anmerkung zu den Entscheidungen des BGH vom 20.1.1994 und vom 9.2.1995, Croat. Arbit. Yearb. 1995, Vol. 2, 59-77.

Rubino-Sammartano, Mauro, International Arbitration Law and Practice, 3. Auflage, Huntington 2014.

Ruckteschler, Dorothee / Wendelstein, Anika, Kann ein Schiedsrichter zugleich Mediator sein?, in: Schütze, Rolf A. / Klötzel, Thomas R. / Gebauer, Martin (Hrsg.), Usus Atque Scientia: Festschrift für Roderich C. Thümmel zum 65. Geburtstag am 23. Oktober 2020, Berlin 2020, 741-753.

Ruess, Peter, Schiedsgerichtsvereinbarungen im Gewerblichen Rechtsschutz – eine Einführung, SchiedsVZ 2010, 23-25.

Rühl, Giesela, Building Competence in Commercial Law in the Member States, Legal and Parliamentary Affairs, Study for the JURI Committee, Brüssel 2018.

Rüssel, Ulrike, Schlichtungs-, Schieds- und andere Verfahren außergerichtlicher Streitbeilegung - Versuch einer begrifflichen Klarstellung, JuS 2003, 380-383.

Rüßmann, Helmut, Zwingendes Recht in den Schiedsregeln einer Schiedsinstitution?, in: Bruns, Alexander / Kern, Christoph et al. (Hrsg.), Festschrift für Rolf Stürner zum 70. Geburtstag, 1. Teilband: Deutsches Recht, Tübingen 2013, 481-492.

Rüther, David, Die Einschränkung des fliegenden Gerichtsstandes durch § 14 Abs. 2 S. 3 Nr. 1 UWG, WRP 2021, 726-732.

Rutledge, Peter B., Toward a Contractual Approach for Arbitral Immunity, Ga. L. Rev. 2004, 151-214.

Sabin, Cameron L., The Adjudicatory Boat without a Keel: Private Arbitration and the Need for Public Oversight of Arbitrators, Iowa L. Rev. 2002, Vol. 87, 1337-1382.

Sachs, Michael (Hrsg.), Grundgesetz: Kommentar, 9. Auflage, München 2021.

Säcker, Franz Jürgen / Rixecker, Roland / Oetker, Hartmut et al. (Hrsg.), Münchener Kommentar zum Bürgerlichen Gesetzbuch, Band 7, Schuldrecht – Besonderer Teil IV, §§ 705-853, Partnerschaftsgesellschaftsgesetz, Produkthaftungsgesetz, 7. Auflage, München 2020.

Säcker, Franz Jürgen / Rixecker, Roland / Oetker, Hartmut et al. (Hrsg.), Münchener Kommentar zum Bürgerlichen Gesetzbuch, Band 1, Allgemeiner Teil, §§ 1-240, AllgPersönlR, ProstG, AGG, 8. Auflage, München 2018.

Saenger, Ingo (Hrsg.), Zivilprozessordnung: Familienverfahren, Gerichtsverfassung, Europäisches Verfahrensrecht - Handkommentar, 9. Auflage, Baden-Baden 2021.

Saint Marc, Valery Denois de, Confidentiality of Arbitration and the Obligation to Disclose Information on Listed Companies or During Due Diligence Investigations, J. Int. Arb. 2003, Vol. 20, 211-216.

Salger, Hanns-Christian / Trittmann, Rolf (Hrsg.), Internationale Schiedsverfahren, Praxishandbuch, München 2019.

Sanchez, Jose F., Applying the Model Law's Standard for Interim Measures in International Arbitration, J. Int. Arb. 2020, Vol. 37, 49-86.

Sanders, Pieter, UNCITRAL's Model Law on International and Commercial Arbitration: Present Situation and Future, Arb. Int. 2005, Vol. 21, 443-482.

Sanders, Pieter, Quo Vadis Arbitration?, Sixty Years of Arbitration Practice, A Comparative Study, Den Haag 1999.

Sandrock, Otto, Claims for Advances on Costs and the Power of Arbitral Tribunals to Order their Payment, in: Aksen, Gerald / Böckstiegel, Karl-Heinz et al. (Hrsg.), Global Reflections on International Law, Commercial and Dispute Resolution: Liber Amicorum in Honour of Robert Briner, Paris 2005, 707-724.

Sandrock, Otto, Anmerkung zu BGH, Beschluß vom 6. Juni 2002 - III ZB 44/01, IDR 2002, 43-44.

Sandrock, Otto, How Much Freedom Should an International Arbitrator Enjoy?, The Desire for Freedom From Law v. The Promotion of International Arbitration, Am. Rev. Int. Arb. 1992, Vol. 3, 30-56.

Sandrock, Otto / Nöcker, Thomas, Einstweilige Maßnahmen internationaler Schiedsgerichte: bloße Papiertiger?, in: Glossner, Ottoarndt (Hrsg.), Jahrbuch für die Praxis der Schiedsgerichtsbarkeit, Band 1, Heidelberg 1987, 74-93.

Santacroce, Fabio G., The Emergency Arbitrator: A Fully-fledged Arbitrator rendering an Enforceable Decision?, Arb. Int. 2015, Vol. 31, 283-312.

Sauter, Eugen / Schweyer, Gerhard / Waldner, Wolfram, Der eingetragene Verein, Gemeinverständliche Erläuterung des Vereinsrechts unter Berücksichtigung neuester Rechtsprechung mit Formularteil, 21. Auflage, München 2021.

Sawang, Judith, Geheimhaltung und rechtliches Gehör im Schiedsverfahren nach deutschem Recht, Tübingen 2010.

Schäfer, Erik, Informationstechnologie in Schiedsverfahren nach 2018 DIS-Schiedsgerichtsordnung – Hinweise zu Art. 27.4(i) und Anlage 3 lit. G 2018 DIS-Schiedsgerichtsordnung, SchiedsVZ 2019, 195-216.

Schäfer, Erik, Case Study: The Institutional Perspective, in: Piers, Maud / Aschauer, Christian (Hrsg.), Arbitration in the Digital Age, The Brave New World of Arbitration, Cambridge 2018, 86-98.

Schäfer, Hans-Bernd / Ott, Claus, Lehrbuch der ökonomischen Analyse des Zivilrechts, 6. Auflage, Berlin 2020.

Schäfer, Manuela, Die Verträge zur Durchführung des Schiedsverfahrens: Analyse und Vergleich zweier Lösungsmodelle am Beispiel des deutschen und US-amerikanischen Rechtsraums, Teil I, Frankfurt am Main 2010.

Schenk, Michel, Schiedsfreiheit und staatliche Schutzpflichten: Schiedsgerichtsbarkeit als Ausübung grundrechtlicher Privatautonomie – Unter Berücksichtigung einer Schiedsgerichtsbarkeit mit staatlicher Beteiligung, Wiesbaden 2020.

Scherer, Maxi, Remote Hearings in International Arbitration: An Analytical Framework, J. Int. Arb. 2020, Vol. 37, 407-447.

Scherer, Maxi / Richman, Lisa M. / Gerbay, Remy, Arbitrating Under the 2014 LCIA Rules: A User's Guide, Alphen aan den Rijn 2015.

Schill, Stephan, Öffentlich-rechtliche Schiedsverfahren zwischen Risikobewältigung und Rechtsrisiko, DÖV 2010, 1013-1018.

Schlabrendorff, Fabian von, Anmerkung zu BGH, Beschl. v. 14.7.2011, III ZB 70/10, LMK 2011, 326224.

Schlaepfer, Anne Véronique, The Role of the Institution at the Commencement of the Proceedings, in: Habegger, Philipp / Hochstrasser, Daniel et al. (Hrsg.), Arbitral Institutions under Scrutiny, Huntington 2013, 55-63.

Schlosser, Peter, Das Zeugnisverweigerungsrecht von Schiedsrichtern und Mediatoren, in: Geimer, Reinhold / Kaissis, Athanassios G. / Thümmel, Roderich C. (Hrsg.), Ars Aequi Et Boni In Mundo: Festschrift für Rolf A. Schütze, München 2014, 519-525.

Schlosser, Peter, Der einstweilige Rechtsschutz in Sportangelegenheiten vor und nach Bildung des Schiedsgerichts, SchiedsVZ 2009, 84-93.

Schlosser, Peter, Befugnisse und Pflichten des Schiedsgerichtsobmanns, SchiedsVZ 2003, 1-9.

Schlosser, Peter, Das neue Recht der Schiedsgerichtsbarkeit, in: Gottwald, Peter (Hrsg.), Revision des EUGVÜ – Neues Schiedsverfahrensrecht, Ein Forschungsbericht, Bielefeld 2000, 163-209.

Schlosser, Peter, Die Schiedsfähigkeit im engeren und weiteren Sinne, in: Deutsche Institution für Schiedsgerichtsbarkeit (Hrsg.), DIS-MAT IV, Neues Deutsches Schiedsverfahrensrecht – Neue DIS-Schiedsgerichtsordnung, Bonn 1998, 49-66.

Schlosser, Peter, Anmerkung zu BGH, 29.3.1996 – II ZR 124/95, JZ 1996, 1020-1022.

Schlosser, Peter, Internationale Handelsschiedsgerichtsbarkeit im Zeichen staatlicher Neuordnung in Mittel- und Osteuropa, IPrax 1995, 360-362.

Schlosser, Peter, Das Recht der internationalen privaten Schiedsgerichtsbarkeit, 2. Auflage, Tübingen 1989.

Schlosser, Peter, Notwendige Reformen des deutschen Rechts der Schiedsgerichtsbarkeit, Eine Studie im Lichte der Rechtsvergleichung, ZIP 1987, 492.

Schlosser, Peter, Einstweiliger Rechtsschutz durch staatliche Gerichte im Dienste der Schiedsgerichtsbarkeit, ZZP 1986, Vol. 99, 241-270.

Schlosser, Peter, Schiedsgerichtsbarkeit und öffentlich-rechtlich beeinflusste Streitgegenstände, in: Böckstiegel, Karl-Heinz / Glossner, Ottoarndt (Hrsg.), Festschrift für Arthur Bülow zum 80. Geburtstag, Köln 1981, 189-197.

Schlüter, Maximilian, »Schiedsfähigkeit III« – Ein Schritt in Richtung eines neuen Rechts der Beschlussmängelstreitigkeiten?, DZWIR 2018, 251-259.

Schlüter, Oliver, § 32 ZPO und das Internet: Flugverbot für den „fliegenden Gerichtsstand", GRUR-Prax 2014, 272-274.

Schmidt, Felix, Der Schiedsspruch, SchiedsVZ 2013, 32-41.

Schmidt, Hubert (Hrsg.), COVID-19, Rechtsfragen zur Corona-Krise, 3. Auflage, München 2021.

Schmidt, Johannes / Saam, Daniel, Videokonferenzen im Zivilprozess, DRiZ 2020, 216-219.

Schmidt, Karsten, Schiedsklauseln in Personengesellschaftsverträgen, NZG 2018, 121-127.

Schmidt, Karsten, Gesellschafterstreitigkeiten vor Schiedsgerichten, in: Schriftenreihe der Gesellschaftsrechtlichen Vereinigung (Hrsg.), Gesellschaftsrecht in der Diskussion 2009, Köln 2010, 97-133.

Schmidt, Karsten, Schiedsklauseln und Schiedsverfahren im Gesellschaftsrecht als prozessuale Legitimationsprobleme - Ein Beitrag zur Verzahnung von Gesellschafts- und Prozessrecht, BB 2001, 1857-1864.

Schmidt, Karsten, Schiedsfähigkeit von GmbH-Beschlüssen, Eine Skizze mit Ausblicken auf das Recht der AG und der Personengesellschaften, ZGR 1988, 523-541.

Schmidt-Diemitz, Rolf, Internationale Schiedsgerichtsbarkeit – eine empirische Untersuchung, DB 1999, 369-372.

Schmieder, Hans-Heinrich, Zur Kompetenzverteilung zwischen Nichtigkeits- und Verletzungsverfahren nach neuem Patentrecht, GRUR, 561-565.

Schmitz, Amy J., Untangling the Privacy Paradox in Arbitration, Kansas L. Rev. 2006, Vol. 54, 1211-1254.

Schmitz, Peter, Schiedsvereinbarungen in der notariellen Praxis, RNotZ 2003, 591-612.

Schnabel, Christoph, Informationsfreiheitsgesetze und öffentlich-rechtliche Rundfunkanstalten, zugleich Anmerkung zu VG Köln ZUM-RD 2010, 174, ZUM 2010, 412-418.

Schoch, Friedrich (Hrsg.), Informationsfreiheitsgesetz: Kommentar, 2. Auflage, München 2016.

Schoch, Friedrich, Informationszugangsfreiheit des Einzelnen und Informationsverhalten des Staates, AfP 2010, 313-324.

Schoch, Friedrich / Schneider, Jens-Peter (Hrsg.), Verwaltungsrecht – VwVfG: Kommentar, München 2020.

Schockenhoff, Martin, Der Grundsatz der Vereinsautonomie: Inhalt und Geltung eines ungeschriebenen Tatbestandsmerkmals, AcP 1993, Vol. 193, 35-67.

Schöldström, Patrik, The Arbitrator's Mandate: A Comparative Study of Relationships in Commercial Arbitration Under the Laws of England, Germany, Sweden and Switzerland, Stockholm 1998.

Scholz, Rupert, Status-, Organ- und Verfahrensprobleme um den Sachverständigenrat, NJW 1973, 843-846.

Schoser, Franz, Die Industrie- und Handelskammern und ihre Rolle in der Schiedsgerichtsbarkeit, in: Plantey, Alain / Böckstiegel, Karl-Heinz / Bredow, Jens (Hrsg.), Festschrift für Ottoarndt Glossner zum 70. Geburtstag, Heidelberg 1994, 311-315.

Schregle, Ronja Marie, Neue Maßnahmen zum Geheimnisschutz in Geschäftsgeheimnisstreitsachen, GRUR 2019, 912-917.

Schricker, Gerhard, Die Einwilligung des Urhebers in entstellende Änderungen des Werks, in: Forkel, Hans / Kraft, Alfons (Hrsg.), Beiträge zum Schutz der Persönlichkeit und ihrer schöpferischen Leistungen – Festschrift für Heinrich Hubmann zum 70. Geburtstag, Frankfurt am Main 1985, 409-419.

Schricker, Gerhard / Loewenheim, Ulrich, Urheberrecht – UrhG, KUG, VGG: Kommentar, 6. Auflage, München 2020.

Schroeter, Ulrich G., Ad Hoc or Institutional Arbitration – A Clear-Cut Distinction: A Closer Look at Borderline Cases, Contemp. Asia Arb. J. 2017, Vol. 10, 141-200.

Schroth, Hans-Jürgen, Die „kleine Berufung" gegen Schiedsurteile im deutschen Recht, SchiedsVZ 2007, 291-295.

Schultz, Thomas / Ortino, Federico (Hrsg.), The Oxford Handbook of International Arbitration, Oxford 2020.

Schulze, Jörn-Christian, Grenzen der objektiven Schiedsfähigkeit im Rahmen des § 1030 ZPO: Eine Betrachtung des Rechts der Schiedsfähigkeit nach der Schiedsverfahrensrechtsreform, Frankfurt am Main 2003.

Schulze, Reiner / Dörner, Heinrich / Ebert, Ina et al., Bürgerliches Gesetzbuch: Handkommentar, 10. Auflage, Baden-Baden 2019.

Schütt, Philipp, Fast-Track Arbitration: Das neue beschleunigte Verfahren der ICC, SchiedsVZ 2017, 81-90.

Schüttel, Nadine, Streitbeilegung im Internet – Zukunft oder Irrweg?, Karlsruhe 2014.

Schütze, Rolf A. (Hrsg.), Institutionelle Schiedsgerichtsbarkeit, Kommentar, 3. Auflage, Köln 2017.

Schütze, Rolf A., Streitwertfestsetzung durch das Schiedsgericht und andere Probleme des Schiedsrichterhonorars, in: Fitz, Hanns / Kalss, Susanne et al. (Hrsg.), Festschrift für Hellwig Torggler, Wien 2013, 1105-1116.

Schütze, Rolf A., Die Bedeutung des effektiven Schiedsortes im internationalen Schiedsverfahren, in: Kronke, Herbert / Thorn, Karsten (Hrsg.), Grenzen überwinden – Prinzipien bewahren: Festschrift für Bernd von Hoffmann zum 70. Geburtstag am 28. Dezember 2011, Bielefeld 2011, 1077-1086.

Schütze, Rolf A., Die Ermessensgrenzen des Schiedsgerichts bei der Bestimmung der Beweisregeln, SchiedsVZ 2006, 1-5.

Schütze, Rolf A., Privatisierung richterlicher Tätigkeit. Ersetzung staatlicher Gerichte durch private Schiedsgerichte?, ZVglRWiss 2000, 241-250.

Schütze, Rolf A., Einstweiliger Rechtsschutz im Schiedsverfahren, Praxisgerechte Neuregelung oder juristischer Papiertiger?, BB 1998, 1650-1653.

Schütze, Rolf A., Die Schiedsgerichtsbarkeit der Internationalen Handelskammer, WM 1986, 345-349.

Schütze, Rolf A. / Tscherning, Dieter / Wais, Walter, Handbuch des Schiedsverfahrens: Praxis der deutschen und internationalen Schiedsgerichtsbarkeit, 2. Auflage, Berlin 1990.

Schwab, Karl Heinz, Wandlungen der Schiedsfähigkeit, in: Gerhardt, Walter / Diederichsen, Uwe et al. (Hrsg.), Festschrift für Wolfram Henckel zum 70. Geburtstag am 21. April 1995, Berlin 1995, 803-816.

Schwab, Karl Heinz, Einstweiliger Rechtsschutz und Schiedsgerichtsbarkeit, in: Grunsky, Wolfgang / Stürner, Rolf et al. (Hrsg.), Festschrift für Fritz Baur, Tübingen 1981, 627-645.

Schwab, Karl Heinz / Walter, Gerhard, Schiedsgerichtsbarkeit: Systematischer Kommentar zu den Vorschriften der Zivilprozeßordnung, des Arbeitsgerichtsgesetzes, der Staatsverträge und der Kostengesetze über das privatrechtliche Schiedsgerichtsverfahren, 7. Auflage, München 2005.

Schwartz, Eric A., The Role of the Arbitral Institution in the New Millennium, Arbitration 1999, Vol. 65, 321-325.

Schwartz, Ira M., Interim and Emergency Relief in Arbitration Proceedings, Disp. Resol. J. 2008, Vol. 63, 56-62.

Schwarz, Mathias (Hrsg.), Handbuch Filmrecht, 6. Auflage, München 2021.

Schweyer, Anne Barbara, Patentnichtigkeit und Patentverletzung und deren Beurteilung durch internationale private Schiedsgerichte nach dem Recht der Schweiz, Deutschlands, Italiens und Frankreichs, München 1981.

Secretary-General, International Commercial Arbitration, Analytical Commentary on Draft Text of a Model Law on International Commercial Arbitration, Report of the Secretary General, New York 1985.

Sedemund-Treiber, Antje, Gedanken zur Einrichtung eines Schiedsgerichts für Streitigkeiten aus dem Bereich des geistigen Eigentums in Deutschland, in: Einsele, Rolf W. / Franke, Erich R. (Hrsg.), Festschrift 50 Jahre VPP: 1955-2005; Rundbrief, Duisburg 2005, 382-395.

Segesser, Georg von, Vorsorgliche Massnahmen im Internationalen Schiedsprozess, ASA Bulletin 2007, Vol. 25, 473-492.

Seitz, Walter, Hexenjagd auf Dopingsünder? – Ein bundeseinheitliches Schiedsgericht für Sportdopingsachen muss her!, NJW 2002, 2838-2840.

Semrau-Brandt, Jana, Patentstreit zwischen Qualcomm und Apple: Schwächen des Geschäftsgeheimnisschutzes im Zivilprozess, GRUR-Prax 2019, 127-129.

Sendetska, Olga / Bär, Martin, Checking In With Competition In Europe: Where Do International Commercial Courts Stand?, Kluwer Arbitration Blog v. 26.4.2021, abrufbar unter go.wwu.de/s19j6.

Sendetska, Olga / Hamama, Olga, Draft Bills on Registration Requirements for Arbitral Institutions: Is Ukraine Joining the Regional Trend?, Kluwer Arbitration Blog v. 5.6.2021, abrufbar unter go.wwu.de/c31jl.

Shavell, Steven, Alternative Dispute Resolution: An Economic Analysis, J. Legal Stud. 1995, Vol. 24, 1-28.

Shepherd, Dean A. / Zacharakis, Andrew, A New Venture's Cognitive Legitimacy: An Assessment by Customers, Journal of Small Business Management 2003, Vol. 41, 148-167.

Shepherd, Dean A. / Douglas, Evan J. / Shanley, Mark, New Venture Survival, Ignorance, External Shocks, and Risk Reduction Strategies, Journal of Business Venturing 2000, Vol. 15, 393-410.

Sidel, Robin / Sharma, Amol, Credit-Card Disputes Tossed Into Disarray, Wall Street Journal v. 21.7.2009.

Siefarth, Christof / Feiler, Sebastian, Please Consider the Environment Before Conducting this Arbitration, in: Klausegger, Christian / Klein, Peter et al. (Hrsg.), Austrian Yearbook on International Arbitration 2020, Wien 2020, 427-431.

Simon, Jürgen, Das allgemeine Persönlichkeitsrecht und seine gewerblichen Erscheinungsformen: Ein Entwicklungsprozeß, Berlin 1981.

Singh, Jitendra / Tucker, David J. / House, Robert J., Organizational Legitimacy and the Liability of Newness, ASQ 1986, Vol. 31, 171-193.

Skiebe, Daniel, IP Dispute Resolution – Ordentliche Gerichte vs. Schiedsgerichte?, IPRB 2019, 230-234.

Skvortsov, Oleg, A Conservative Model of Arbitration: The Russian Experience, Indian J. Arb. L. 2020, Vol. 9, 60-77.

Slate II, William K., International Arbitration: Do Institutions Make a Difference?, Wake Forest L. Rev. 1996, 41-64.

Smeureanu, Ileana M., Confidentiality in International Commercial Arbitration, Alphen aan den Rijn 2011.

Smit, Hans (Hrsg.), WIPO Arbitration Rules: Commentary and Analysis, Yonkers 2000.

Smit, Hans, Confidentiality, Articles 73 to 76, Am. Rev. Int. Arb. 1998, Vol. 9, 233-252.

Smit, Hans, Case-Note on Esso/Bhp V. Plowman (Supreme Court of Victoria), Arb. Int. 1995, Vol. 11, 299-301.

Smit, Hans, Confidentiality in Arbitration, Arb. Int. 1995, Vol. 11, 337-340.

Smit, Hans, Expert Report, Arb. Int. 1995, Vol. 11, 297-298.

Smit, Hans, The Future Of International Arbitration: A Single Transnational Institution?, Colum. J. Transnat'l L. 1986, 9-34.

Smit, Robert H., General Commentary on the WIPO Arbitration Rules, Recommended Clauses, General Provisions and the WIPO Expedited Arbitration Rules, Am. Rev. Int. Arb. 1998, Vol. 9, 3-44.

Söderlund, Christer, The Parties' Contract with the Arbitration Institution, in: Hobér, Kaj / Magnusson, Annette / Öhrström, Marie (Hrsg.), Between East and West: Essays in Honour of Ulf Franke, Huntington 2010, 487-497.

Sorkin, David E., Judicial Review of ICANN Domain Name Dispute Decisions, Computer & High Technology Law Journal 2001, Vol. 18, 35-55.

Sosnitza, Olaf, Wettbewerbsprozessuale Fragen nach dem „Gesetz zur Stärkung des fairen Wettbewerbs", GRUR 2021, 671-678.

Sosnitza, Olaf, Der Grundsatz der Bindung des Verletzungsgericht an die Eintragung der Marke, in: Bender, Achim / Schülke, Klaus / Winterfeldt, Volker (Hrsg.), 50 Jahre Bundespatentgericht: Festschrift zum 50-jährigen Bestehen des Bundespatentgerichts am 1. Juli 2011, Köln 2011, 765-775.

Spehl, Stephan, Wann ist ein Schiedsgutachten offenbar unrichtig oder ist die BGH-Rechtsprechung dazu unrichtig?, in: Geimer, Reinhold / Kaissis, Athanassios G. / Thümmel, Roderich C. (Hrsg.), Ars Aequi Et Boni In Mundo: Festschrift für Rolf A. Schütze, München 2014, 553-559.

Spindler, Gerald / Stilz, Eberhard (Hrsg.), beck-online.GROSSKOMMENTAR AktG, München 2021.

Spohnheimer, Frank, Gestaltungsfreiheit bei antezipiertem Legalanerkenntnis des Schiedsspruchs: Zugleich ein Beitrag zur Gewährung rechtlichen Gehörs in Schiedsverfahren und zur Aufhebung von Schiedssprüchen, Tübingen 2010.

Sponseller, Mark A., Redefining Arbitral Immunity: A Proposed Qualified Immunity for Arbitrators, Hastings L.J. 1993, Vol. 44, 421-448.

Staats, Johann-Friedrich (Hrsg.), Deutsches Richtergesetz, Baden-Baden 2012.

Stackpool-Moore, Ruth, Institutional Appointment of Arbitrators, in: Berg, Albert Jan van den (Hrsg.), Arbitration, The Next Fifty Years, Alphen aan den Rijn 2012, 417-431.

Starr, Jennifer A. / MacMillan, Ian C., Resource Cooptation Via Social Contracting: Resource Acquisition Strategies for New Ventures, SMJ 1990, Vol. 11, 79-92.

Staudinger, Julius von (Begr.), Kommentar zum Bürgerlichen Gesetzbuch – Buch 2: Recht der Schuldverhältnisse: §§ 305-310; UKlaG (AGB-Recht 1 und Unterlassungsklagengesetz), Berlin 2020.

Staudinger, Julius von (Begr.), Kommentar zum Bürgerlichen Gesetzbuch – Buch 2: Recht der Schuldverhältnisse: §§ 839, 839a (Unerlaubte Handlungen 4 - Amtshaftungsrecht), Berlin 2020.

Stawowy, Peter, Flurfunk: Das Medienblog v. 18.12.2020, Deutsches Medienschiedsgericht (DMS): Trägerverein hat Auflösung beschlossen, abrufbar unter go.wwu.de/lvlmq.

Steffen, Erich, Das Haftungsprivileg des Spruchrichters und seine Geltung im außerdeliktischen Bereich, DRiZ 1968, 237-239.

Stein, Friedrich / Jonas, Martin (Begr.), Kommentar zur Zivilprozessordnung, Band 9, §§ 916-945b, §§ 960-1024, EGZPO, GVG, 23. Auflage, Tübingen 2020.

Stein, Friedrich / Jonas, Martin (Begr.), Kommentar zur Zivilprozessordnung, Band 10, §§ 1025-1066, 23. Auflage, Tübingen 2014.

Steinbrück, Ben, Die Unterstützung ausländischer Schiedsverfahren durch staatliche Gerichte: Eine rechtsvergleichende Untersuchung des deutschen, österreichischen, englischen, schweizerischen, französischen und US-amerikanischen Schiedsrechts, Tübingen 2009.

Steiner, Udo, Das Verhältnis von Schiedsgerichtsbarkeit und staatlicher Gerichtsbarkeit, SchiedsVZ 2013, 15-19.

Stelkens, Paul / Bonk, Heinz Joachim / Sachs, Michael, Verwaltungsverfahrensgesetz: Kommentar, 9. Auflage, München 2018.

Steul, Willi, Transparenz und Legitimation, in: Herzog, Christian / Hilker, Heiko et al. (Hrsg.), Transparency and Funding of Public Service Media, Die deutsche Debatte im internationalen Kontext, Wiesbaden 2018, 229-237.

Stewart, David P., The Hague Conference Adopts a New Convention on the Recognition and Enforcement of Foreign Judgments in Civil or Commercial Matters, Am. J. Int. Law 2019, Vol. 113, 772-783.

Stigler, George Joseph, The Organization of Industry, Chicago 1968.

Stinchcombe, Arthur L., Social Structure and Organizations, in: March, James G. (Hrsg.), Handbook of Organizations, Chicago 1965, 142-193.

Stix, Christel, Gerichtliche und aussergerichtliche Durchsetzung ziviler Rechtsansprüche: Rechtlicher Vergleich und ökonomische Analyse, Wiesbaden 1992.

Stober, Rolf, Staatsgerichtsbarkeit und Schiedsgerichtsbarkeit, NJW 1979, 2001-2008.

Stöber, Kurt / Otto, Dirk-Ulrich, Handbuch zum Vereinsrecht, 12. Auflage, Köln 2021.

Strieder, Joachim, Rechtliche Einordnung und Behandlung des Schiedsrichtervertrages, Köln 1984.

Ströbele, Paul, Die Bindung der ordentlichen Gerichte an Entscheidungen der Patentbehörden, Zugleich ein Beitrag zur Lehre vom Schutzumfang des Patents, Köln 1975.

Ströbele, Paul, Rückkehr zur Zweiteilungslehre?, Vorschläge für eine Reform der Kompetenzabgrenzung zwischen Patentbehörden und ordentlichen Gerichten im Verletzungsprozess, in: Ulmer, Eugen (Hrsg.), Gewerblicher Rechtsschutz; Urheberrecht, Wirtschaftsrecht – Festschrift zum 70. Geburtstag von Eugen Ulmer mit Beiträgen aus dem deutschen, ausländischen und internationalen Recht, Köln 1973, 125-134.

Strohbach, Heinz, Arbitration in Berlin, Arb. Int. 1992, Vol. 8, 185-188.

Strohbach, Heinz, Das Schiedsgericht Berlin und die Anwendbarkeit der ALB/RGW, WiR 1991, Vol. 11, 344-347.

Stuart, Toby E. / Hoang, Ha / Hybels, Ralph C., Interorganizational Endorsements and the Performance of Entrepreneurial Ventures, ASQ 1999, Vol. 44, 315-349.

Stubbe, Christian, Schiedsgutachten als modernes ADR-Instrument, SchiedsVZ 2006, 150-155.

Stumpf, Christoph, Alternative Streitbeilegung im Verwaltungsrecht: Schiedsgerichtsbarkeit - Schiedsgutachten - Mediation - Schlichtung, Tübingen 2006.

Stumpf, Herberrt, Vor- und Nachteile des Verfahrens vor Schiedsgerichten gegenüber dem Verfahren vor Ordentlichen Gerichten, in: Böckstiegel, Karl-Heinz / Glossner, Ottoarndt (Hrsg.), Festschrift für Arthur Bülow zum 80. Geburtstag, Köln 1981, 217-227.

Stürner, Michael, Deutsche Commercial Courts?, JZ 2019, 1122-1130.

Stürner, Rolf (Hrsg.), Bürgerliches Gesetzbuch mit Rom-I-, Rom-II-VO, EuUnthVO/HUntProt und EuErbVO: Kommentar, 18. Auflage, München 2021.

Suchman, Mark C., Managing Legitimacy: Strategic and Institutional Approaches, AMR 1995, Vol. 20, 571-610.

Susskind, Richard, Online Courts and the Future of Justice, Oxford 2019.

Swiss Arbitration Centre, Arbitration Statistics 2015, abrufbar unter go.wwu.de/7l8bt.

Swiss Arbitration Centre, Arbitration Statistics 2019, abrufbar unter go.wwu.de/rvcad.

Swoboda, Michael, Schiedsgerichtsordnungen deutscher Industrie- und Handelskammern, in: Plantey, Alain / Böckstiegel, Karl-Heinz / Bredow, Jens (Hrsg.), Festschrift für Ottoarndt Glossner zum 70. Geburtstag, Heidelberg 1994, 447-458.

Szász, Iván, The Value of a Network of Arbitration Institutions, in: Sanders, Pieter (Hrsg.), New Trends in the Development of International Commercial Arbitration and the Role of Arbitral and Other Institutions, Deventer 1983, 26-29.

The Arbitration Institute of the Stockholm Chamber of Commerce, Statistics 2019, abrufbar unter go.wwu.de/stvmw.

Theune, Ulrich, Schiedsrichteramt, Schiedsorganisationsvertrag und Schiedsrichtervertrag bei Geltung der DIS-Schiedsgerichtsordnung 2018, SchiedsVZ 2021, 177-204.

Thomas, Heinz / Putzo, Hans (Begr.), ZPO: Zivilprozessordnung, FamFG, Verfahren in Familiensachen, EGZPO, GVG, EGGVG, EU-Zivilverfahrensrecht: Kommentar, 42. Auflage, München 2021.

Thorn, Rachel, Drafting Arbitration Clauses in IP Agreements, in: Pierce, John V. / Gunter, Pierre-Yves (Hrsg.), The Guide to IP Arbitration, London 2020, 50-62.

Thornburg, Elizabeth G., Fast, Cheap, And Out Of Control: Lessons From the ICANN Dispute Resolution Process, J. Small & Emerging Bus. L. 2002, Vol. 6, 191-233.

Thümmel, Roderich C., Einstweiliger Rechtsschutz im Schiedsverfahren nach dem Entwurf zum Schiedsverfahrens-Neuregelungsgesetz, DZWIR 1997, 133-138.

Tietzel, Manfred, Die Rationalitätsannahme in den Wirtschaftswissenschaften, Der homo oeconomicus und seine Verwandten, JSW 1981, Vol. 32, 115-138.

Timár, Kinga, The Legal Relationship between the Parties and the Arbitral Institution, ELTE LJ 2013, 103-122.

Timmermann, Franz Hubert / Vogel, Hanspeter, Das "Schiedsgericht Berlin" – Nachfolger des "Schiedsgerichts bei der Kammer für Außenhandeln der DDR"?, BB 1992, 9-14.

Tombrink, Christian, «Der Richter und sein Richter» – Fragen der Amtshaftung für richterliche Entscheidungen, DRiZ 2002, 296-300.

Tombrink, Christian, Der irrende OLG-Senat - Zur Amtshaftung für fehlerhafte Gerichtsentscheidungen, NJW 2002, 1324-1326.

Torremans, Paul (Hrsg.), Research Handbook on Cross-border Enforcement of Intellectual Property, Cheltenham 2014.

Towfigh, Emanuel V. / Petersen, Niels, Ökonomische Methoden im Recht: Eine Einführung für Juristen, 2. Auflage, Tübingen 2017.

Trakman, Leon E., Confidentiality in International Commercial Arbitration, Arb. Int. 2002, Vol. 18, 1-18.

Trakman, Leon E. / Montgomery, Hugh, The 'Judicialization' of International Commercial Arbitration: Pitfall or Virtue?, Leiden Journal of International Law 2017, Vol. 30, 405-434.

Triebel, Volker / Hafner, Ralf, Präklusion und „Heilung" der Unzuständigkeit bei GmbH-Beschlussmängelstreitigkeiten im Schiedsverfahren, SchiedsVZ 2009, 313-321.

Triebel, Volker B. / Hyden, John S., Immunity of Arbitrators under German Law, in: Lew, Julian David Mathew (Hrsg.), The Immunity of Arbitrators, London 1990, 39-52.

Trigo, Ana Coimbra / Gouveia, Mariana França, Liability of Arbitral Institutions: A Case Law Overview, Rev. Bras. Arb. 2018, Vol. 15, 59-79.

Troller, Kamen, Specific Aspects of Intellectual Property Disputes in Arbitration – The Swiss Perspective, in: Blessing, Marc (Hrsg.), Objective Arbitrability, Antitrust Disputes, Intellectual Property Disputes, A Collection of Reports and Materials Delivered at the ASA Conference Held in Zurich on 19 November 1993, Basel 1994, 155-163.

Tung, Sherlin Hsie-lien, The Importance of Languages in International Arbitration and How They Impact Parties' Due Process Rights, in: Shaughnessy, Patricia / Tung, Sherlin (Hrsg.), The Powers and Duties of an Arbitrator: Liber Amicorum Pierre A. Karrer, Alphen aan den Rijn 2017, 359-372.

Tung, Sherlin Hsie-lien / Lin, Brian, More Transparency in International Commercial Arbitration: To Have or Not To Have?, Contemp. Asia Arb. J. 2018, Vol. 11, 21-44.

Überbacher, Florian, Legitimation of New Ventures: A Review and Research Programme, Journal of Management Studies 2014, Vol. 51, 667-698.

UK Departmental Advisory Committee, The 1996 DAC Report on the English Arbitration Bill, Arb. Int. 1999, Vol. 15, 413-433.

Ulmer, Peter / Brandner, Hans E. / Hensen, Horst-Dieter (Hrsg.), AGB-Recht, Kommentar zu den §§ 305 - 310 BGB und zum UKlaG, 12. Auflage, Köln 2016.

Unberath, Hannes, Mediation und Evaluation – Die Quadratur des Kreises, ZKM 2011, 44-48.

Unberath, Hannes, Mediationsklauseln in der Vertragsgestaltung: Prozessuale Wirkungen und Wirksamkeit, NJW 2011, 1320-1324.

UNESCO Institute for Statistics, The Globalisation Of Cultural Trade, A Shift In Consumption, International Flows Of Cultural Goods And Services 2004-2013, Montreal 2016.

Ungern-Sternberg, Joachim, Zur Durchführung des Verfahrens vor der Schiedsstelle nach dem Urheberrechtswahrnehmungsgesetz als Prozessvoraussetzung, in: Ohly, Ansgar / Bodewig, Theo et al. (Hrsg.), Perspektiven des Geistigen Eigentums und Wettbewerbsrechts: Festschrift für Gerhard Schricker zum 70. Geburtstag, München 2005, 567-580.

United Nations Commission on International Trade Law, Recommendations to Assist Arbitral Institutions and Other Interested Bodies With Regard to Arbitration Under the UNCITRAL Arbitration Rules, General Assembly Resolution 67/90, Wien 2013.

United Nations Commission on International Trade Law, 2012 Digest of Case Law on the Model Law on International Commercial Arbitration, Wien 2012.

United Nations Commission on International Trade Law, Report of the United Nations Commission on International Trade Law on the Work of its Eighteenth Session, Official Records: Fortieth Session, Supplement No. 17 (A/40/ 17), New York 1985.

United Nations Commission on International Trade Law (Hrsg.), Yearbook, Vol. XI (1980), New York 1982.

Veeder, Van Vechten, Arbitrators And Arbitral Institutions: Legal Risks For Product Liability?, Am. Univ. Bus. Law Rev. 2015, Vol. 5, 335-353.

Veeder, Van Vechten, Strategic Management in Commencing an Arbitration, in: Berg, Albert Jan van den (Hrsg.), Arbitration Advocacy in Changing Times, Alphen aan den Rijn 2011, 27-34.

Verbist, Herman / Schäfer, Erik / Imhoos, Christophe, ICC Arbitration in Practice, 2. Auflage, Alphen aan den Rijn 2015.

Vienna Internation Arbitral Centre, Statistics 2020, abrufbar unter go.wwu.de/ ut26x.

Villacorta, Diego Martínez, What About Emergency Arbitration? A Brief Overview of its Main Objectives, Features and Some Difficulties Faced on International Arbitration, in: González-Bueno, Carlos (Hrsg.), 40 under 40, International Arbitration 2021, Madrid 2021, 103-118.

Vogt, Stephan A., Der Schiedsrichtervertrag nach schweizerischem und internationalem Recht, Aachen 1996.

Voit, Wolfgang, Die Entscheidung des Schiedsgerichts über die eigene Unzuständigkeit als Prüfstein der dogmatischen Grundlagen des Schiedsverfahrensrechts, in: Heinrich, Christian (Hrsg.), Festschrift für Hans-Joachim Musielak zum 70. Geburtstag, München 2004, 595-617.

Vollmer, Lothar, Die Wirkungen rechtskräftiger Schiedssprüche bei gesellschaftsrechtlichen Gestaltungsklagen, BB 1984, 1774-1778.

Vollmer, Lothar, Satzungsmässige Schiedsklauseln, Zugleich ein Beitrag zum Rechtsschutz in inneren Vereinsangelegenheiten, Bad Homburg vor der Höhe 1970.

Völp, Fromut, Die Einrede des freien Standes der Technik und ihr Verhältnis zur Einrede der völligen Vorwegnahme des Klagpatents, GRUR 1956, 12-15.

Vorwerk, Volkert / Wolf, Christian (Hrsg.), Beck'scher Online-Kommentar ZPO, 41. Auflage, München 2021.

Voser, Nathalie, Interim Relief in International Arbitration: The Tendency towards a More Business-Oriented Approach, Disp. Resol. Int'l 2007, Vol. 1, 171-186.

Wach, Karl J. T., Die Münchener Regeln zur Beteiligung Dritter am Schiedsverfahren – The Munich Rules (TMR), SchiedsVZ 2020, 228-242.

Wachter, Robert / Yoon, Grace / Lee, Han Ah, Confidentiality in International IP Arbitration, in: Pierce, John V. / Gunter, Pierre-Yves (Hrsg.), The Guide to IP Arbitration, London 2020, 73-88.

Wackenhuth, Michael, Nochmals: Verletzung des rechtlichen Gehörs im schiedsgerichtlichen Verfahren, IPrax 1987, 355-356.

Wagner, Gerhard, Rechtsstandort Deutschland im Wettbewerb, Impulse für Justiz und Schiedsgerichtsbarkeit, München 2017.

Wagner, Gerhard, Die Richtlinie über Alternative Streitbeilegung und die Schiedsgerichtsbarkeit, in: Geimer, Reinhold / Kaissis, Athanassios G. / Thümmel, Roderich C. (Hrsg.), Ars Aequi Et Boni In Mundo: Festschrift für Rolf A. Schütze, München 2014, 679-690.

Wagner, Gerhard, The Dispute Resolution Market, Buff. L. Rev 2014, Vol. 62, 1085-1158.

Wagner, Gerhard, Bindung des Schiedsgerichts an Entscheidungen anderer Gerichte und Schiedsgerichte, in: Böckstiegel, Karl-Heinz / Berger, Klaus Peter / Bredow, Jens (Hrsg.), Die Beteiligung Dritter an Schiedsverfahren, Köln 2005, 7-53.

Wagner, Gerhard, Prozeßverträge: Privatautonomie im Verfahrensrecht, Tübingen 1998.

Wahab, Mohamed S. Abdel, The Global Information Society and Online Dispute Resolution: A New Dawn for Dispute Resolution, J. Int. Arb. 2004, 143-168.

Wahab, Mohamed S. Abdel / Katsh, Ethan, Revolutionizing Technologies and the Use of Technology in International Arbitration, Innovation, Legitimacy, Prospects and Challenges, in: Piers, Maud / Aschauer, Christian (Hrsg.), Arbitration in the Digital Age, The Brave New World of Arbitration, Cambridge 2018, 27-55.

Waincymer, Jeffrey M., Procedure and Evidence in International Arbitration, Alphen aan den Rijn 2012.

Walker, Janet, Privatizing Dispute Resolution and Its Limits: International Commercial Arbitration and National Courts, in: Cadiet, Loïc / Hess, Burkhard / Isidro, Marta Requejo (Hrsg.), Privatizing Dispute Resolution, Trends and Limits, Baden-Baden 2019, 597-614.

Wallgren-Lindholm, Carita, Ad hoc Arbitration v. Institutional Arbitration, in: Cordero-Moss, Giuditta (Hrsg.), International Commercial Arbitration, Different Forms and their Features, Cambridge 2013, 61-81.

Walter, Gerhard, Die Vollstreckbarerklärung als Voraussetzung bestimmter Wirkungen des Schiedsspruchs, in: Gottwald, Peter / Prütting, Hanns (Hrsg.), Festschrift für Karl Heinz Schwab zum 70. Geburtstag, München 1990, 539-559.

Walter, Gerhard, Dogmatik der unterschiedlichen Verfahren zur Streitbeilegung, ZZP 1990, Vol. 103, 141-170.

Walter, Gerhard, Anmerkung zu BGH, Urt. v. 26.01.1989 – X ZR 23/87, JZ 1989, 590-592.

Walter, Gerhard / Hauck, Gerswith, Anmerkung zu BGH, Urt. v. 20.1.1994 – III ZR 143/92, ZZP 1994, Vol. 107, 541-554.

Wandtke, Artur-Axel / Bullinger, Winfried (Hrsg.), Praxiskommentar: Urheberrecht, UrhG, VGG, InsO, UKlaG, KUG, EVtr, InfoSoc-RL, 5. Auflage, München 2019.

Wandtke, Artur-Axel / Ohst, Claudia (Hrsg.), Medienrecht Praxishandbuch, Band 3: Wettbewerbs- und Werberecht, 3. Auflage, Berlin 2014.

Wandtke, Artur-Axel / Ohst, Claudia (Hrsg.), Praxishandbuch Medienrecht, Band 1: Europäisches Medienrecht und Durchsetzung des geistigen Eigentums, 3. Auflage, Berlin 2014.

Ware, Stephen J., Domain-Name Arbitration in the Arbitration-Law Context: Consent To, and Fairness In, the UDRP, J. Small & Emerging Bus. L. 2002, 145-179.

Warwas, Barbara Alicja, The Liability of Arbitral Institutions, Legitimacy Challenges and Functional Responses, Den Haag 2017.

Weber, Christian, Die Sportschiedsgerichtsbarkeit nach dem World Anti-Doping Code und ihre Umsetzung in Deutschland, SchiedsVZ 2004, 193-198.

Weber-Stecher, Urs, Principles of Good Governance and Organisation of Arbitral Institutions, in: Habegger, Philipp / Hochstrasser, Daniel et al. (Hrsg.), Arbitral Institutions under Scrutiny, Huntington 2013, 37-53.

Webster, Thomas H., Handbook of UNCITRAL Arbitration, Commentary, 3. Auflage, London 2019.

Wegen, Gerhard, Die Kompetenzabgrenzung von Schiedsgerichten und Schiedsgutachtern zur Beantwortung rechtlicher Vorfragen – eine Fallskizze, in: Schütze, Rolf A. / Klötzel, Thomas R. / Gebauer, Martin (Hrsg.), Usus Atque Scientia: Festschrift für Roderich C. Thümmel zum 65. Geburtstag am 23. Oktober 2020, Berlin 2020, 959-965.

Weidemann, Helmut, Schiedsgerichtsbarkeit in verwaltungsrechtlichen Streitsachen, Marburg 1968.

Weizsäcker, C. C. von, A Welfare Analysis of Barriers to Entry, The Bell Journal of Economics 1980, Vol. 11, 399-420.

Welser, Irene, Effizienz in internationalen Schiedsverfahren – Wunsch oder Wirklichkeit?, in: Fitz, Hanns / Kalss, Susanne et al. (Hrsg.), Festschrift für Hellwig Torggler, Wien 2013, 1279-1294.

Wernicke, Stephan, Perspektiven des deutschen Rechts im Wettbewerb der Rechtsordnungen, Zwischen europäischem Vertrauensverlust und privatautonomer Renaissance, NJW 2017, 3038-3043.

Weston, Maureen A., Reexamining Arbitral Immunity in an Age of Mandatory and Professional Arbitration, Minn. L. Rev. 2004, Vol. 88, 449-517.

Westpfahl, Lars / Busse, Daniel, Vorläufige Maßnahmen durch ein bei Großprojekten vereinbartes ständiges Schiedsgericht, SchiedsVZ 2006, 21-28.

Westphalen, Friedrich Graf von, Sportschiedsgerichtsbarkeit – kritische Anmerkungen zum Entwurf von § 11 Anti-Doping-Gesetz, SpuRt 2015, 239-245.

Westphalen, Friedrich Graf von / Thüsing, Gregor (Hrsg.), Vertragsrecht und AGB-Klauselwerke, 46. Auflage, München 2021.

Wetter, Jan Gillis, The International Arbitral Process: Public and Private, Volume II, Dobbs Ferry 1979.

Wettig, Steffen / Kiparski, Gerd, Wiederaufleben des fliegenden Gerichtsstandes contra legem!?, Zugleich Entscheidungsanmerkung zu LG Düsseldorf, Beschl. v. 15.1.2021 – 38 O 3/21 und OLG Düsseldorf, Beschl. v. 16.2.2021 – 20 W 11/21, CR 2021, 177-182.

Weyland, Dag (Hrsg.), Bundesrechtsanwaltsordnung, Berufsordnung, Fachanwaltsordnung, Partnerschaftsgesellschaftsgesetz, Recht für Anwälte aus dem Gebiet der Europäischen Union, Patentanwaltsordnung: Kommentar, 10. Auflage, München 2020.

Wieczorek, Bernhard / Schütze, Rolf A., Zivilprozessordnung und Nebengesetze, Großkommentar, Band 11: §§ 916-1066, 5. Auflage, Berlin 2020.

Wieczorek, Bernhard / Schütze, Rolf A., Zivilprozessordnung und Nebengesetze, Großkommentar, Band 5, Teilband 1, §§ 300-329, 4. Auflage, Berlin 2015.

Wied-Nebbeling, Susanne / Schott, Hartmut, Grundlagen der Mikroökonomik, 4. Auflage, Berlin 2007.

Wilhelmi, Elizabeth, How Far is too Far?: Reexamining the Continuing Extension of Arbitral Immunity to Arbitral Organizations, J. Disp. Resol. 2006, 319-334.

Wille, Karola, Der MDR ist zu Transparenz verpflichtet, in: Herzog, Christian / Hilker, Heiko et al. (Hrsg.), Transparency and Funding of Public Service

Media, Die deutsche Debatte im internationalen Kontext, Wiesbaden 2018, 239-246.

Wilske, Stephan, The Impact of COVID-19 on International Arbitration - Hiccup or Turning Point?, Contemp. Asia Arb. J. 2020, Vol. 13, 7-44.

Wilske, Stephan, The Global Competition for the Best Place of Arbitration for International Arbitrations, A More or Less Biased Review of the Usual Suspects and Recent Newcomers, Contemp. Asia Arb. J. 2008, Vol. 1, 21-66.

Wilske, Stephan / Markert, Lars / Bräuninger, Laura, Entwicklungen in der internationalen Schiedsgerichtsbarkeit im Jahr 2016 und Ausblick auf 2017, SchiedsVZ 2017, 49-72.

Wimalasena, Philip, Die Veröffentlichung von Schiedssprüchen als Beitrag zur Normbildung, Tübingen 2016.

Wirth, Markus, Interim or Preventive Measures in Support of International Arbitration in Switzerland, ASA Bulletin 2000, Vol. 18, 31-45.

Wittinghofer, Matthias, Emmott v. Michael Wilson & Partners Ltd: Der englische Court of Appeal meint es ernst mit der Vertraulichkeit im Schiedsverfahren – oder nicht?, SchiedsVZ 2009, 156-160.

Wolf, Alexander, Ist der "Justizstandort Deutschland" international wettbewerbsfähig?, RIW 2019, 258-272.

Wolf, Christian, Die institutionelle Handelsschiedsgerichtsbarkeit, München 1992.

Wolf, Martin, "Summarische Verfahren" im neuen Schiedsverfahrensrecht, DB 1999, 1101-1107.

Wolff, Reinmar, Die Ergänzenden Regeln für gesellschaftsrechtliche Streitigkeiten der DIS: Bilanz der DIS-ERGeS 2009 und Vorstellung der DIS-ERGeS 2018, SchiedsVZ 2018, 246-257.

Wolff, Reinmar, Empfiehlt sich eine Reform des deutschen Schiedsverfahrensrechts?, SchiedsVZ 2016, 293-306.

Wolff, Reinmar, Beschlussmängelstreitigkeiten im Schiedsverfahren, NJW 2009, 2021-2023.

Wolff, Reinmar, Streitwertfestsetzung bei wertabhängiger Schiedsrichtervergütung – Schiedsrichter in eigener Sache?, SchiedsVZ 2006, 131-141.

Woltereck, Richard, Die Erledigung verwaltungsrechtlicher Streitigkeiten durch Schiedsgerichte, Hamburg 1965.

World Intellectual Property Organization, Guide to WIPO Arbitration, WIPO Publication No. 919E/2020, Genf 2020.

World Intellectual Property Organization, Resolving IP and Technology Disputes Through WIPO ADR, WIPO Publication No. 799E/2016, Genf 2016.

World Intellectual Property Organization (Hrsg.), Conference on Rules for Institutional Arbitration and Mediation, Genf 1995.

World Intellectual Property Organization, 2013 Survey on Dispute Resolution in Technology Transactions, abrufbar unter go.wwu.de/83sg3.

Yadykin, Aleksey Igorevich / Mekat, Martin C., Die Reform des russischen Schiedsverfahrensrechts, SchiedsVZ 2015, 269-275.

Yesilirmak, Ali, Provisional Measures, in: Lew, Julian David Mathew / Mistelis, Loukas A. (Hrsg.), Pervasive Problems in International Arbitration, Alphen aan den Rijn 2006, 185-200.

Yesilirmak, Ali, Provisional Measures in International Commercial Arbitration, Alphen aan den Rijn 2005.

Young, Michael / Chapman, Simon, Confidentiality in International Arbitration: Does the Exception Prove the Rule? Where Now for the Implied Duty of Confidentiality under English Law?, ASA Bulletin 2009, Vol. 27, 26-47.

Yu, Hong-Lin / Nasir, Motassem, Can Online Arbitration Exist Within the Traditional Arbitration Framework?, J. Int. Arb. 2003, Vol. 20, 455-473.

Zamora, José Mará Abascal, The Art of Interim Measures, in: Berg, Albert Jan van den (Hrsg.), International Arbitration 2006, Back to Basics?, Alphen aan den Rijn 2007, 751-767.

Zeller, Bruno, Judicialization of the Arbitral Process, Perth Int'l L.J. 2019, Vol. 4, 111-118.

Zerbe, Götz, Die Reform des deutschen Schiedsverfahrensrechts auf der Grundlage des UNCITRAL-Modellgesetzes über die internationale Handelsschiedsgerichtsbarkeit, Baden-Baden 1995.

Zhao, Eric Yanfei / Fisher, Greg / Lounsbury, Michael et al., Optimal Distinctiveness: Broadening the Interface between Institutional Theory and Strategic Management, Strat. Mgmt. J. 2017, Vol. 38, 93-113.

Ziadé, Nassib G., Reflections on the Role of Institutional Arbitration Between the Present and the Future, Arb. Int. 2009, Vol. 25, 427-430.

Zimmermann, Monica A. / Zeitz, Gerald J., Beyond Survival: Achieving New Venture Growth by Building Legitimacy, AMR 2002, Vol. 27, 414-431.

Zimmermann, Walter, Zivilprozessordnung mit FamFG (Allgemeiner Teil sowie Verfahren in Familiensachen) – GVG – EGGVG – EGZPO – Gebührentabellen nach GKG, FamGKG und RVG – Vergütungsverzeichnis zum RVG, 10. Auflage, Bonn 2016.

Zlatanska, Elinsa, To Publish, or Not To Publish Arbitral Awards: That is the Question…, Arbitration 2015, Vol. 81, 25-37.

Zöller, Richard (Begr.), Zivilprozessordnung mit FamFG (§§ 1-185, 200-270) und Gerichtsverfassungsgesetz, den Einführungsgesetzen, mit Internationalem Zivilprozessrecht, EuGVVO und weiteren EU-Verordnungen, Kostenanmerkungen, 33. Auflage, Köln 2020.

Zott, Christoph / Huy, Quy Nguyen, How Entrepreneurs Use Symbolic Management to Acquire Resources, ASQ 2007, Vol. 52, 70-105.

Zuberbühler, Tobias / Müller, Christoph / Habegger, Philipp (Hrsg.), Swiss Rules of International Arbitration, Commentary, 2. Auflage, Zürich 2013.

Zykin, Ivan S., Procedural Aspects of the Activities of Institutional Bodies, in: Hobér, Kaj / Magnusson, Annette / Öhrström, Marie (Hrsg.), Between East and West: Essays in Honour of Ulf Franke, Huntington 2010, 601-610.

Alle Internetadressen wurden zuletzt aufgerufen am 1. Oktober 2022.